Thomas Gordon
unter Mitarbeit von Judith Gordon Sands

Familienkonferenz in der Praxis

Aus dem Amerikanischen
von Hainer Kober

Hoffmann und Campe

Titel der Originalausgabe P.E.T. in Action
Erschienen bei Peter H. Wyden, New York

Gordon, Thomas:
Familienkonferenz in der Praxis: [wie Konflikte mit Kindern gelöst werden] / unter Mitarb. von Judith Gordon Sands. – 1. – 30. Tsd. – Hamburg: Hoffmann und Campe, 1978.
Einheitssacht.: P.E.T. in action ⟨dt.⟩
ISBN 3-455-08919-4

Umschlag Jan Buchholz und Reni Hinsch
Gesetzt aus der Borgis Garamond-Antiqua
Satzherstellung Süddeutsche Verlagsanstalt, Ludwigsburg
Druck- und Bindearbeiten Richterdruck, Würzburg
Printed in Germany

Inhalt

Danksagung

1970 begann ich die Widmung des Buches »Familienkonferenz« mit den Worten: »Meiner Judy ..., die mir beibrachte, was es heißt, Vater zu sein.« Auch dieses Mal habe ich meiner Tochter zu danken, aus der mittlerweile Frau Judy Gordon Sands wurde. Sie hat wesentlich zur Entstehung dieses Buches beigetragen. Zum einen arbeitete sie mit mir die verschiedenen Verfahren aus, anhand derer wir die Fälle, Gespräche, Berichte und Erzählungen von Eltern zusammentrugen, die an P.E.T.-Kursen teilgenommen haben. Judy führte alle Interviews durch und entwarf die Fragebogen. Außerdem nahm sie die mühevolle Aufgabe auf sich, alle Unterlagen, die wir von den Eltern erhalten hatten, einer Inhaltsanalyse zu unterziehen. Ihren sorgfältigen und klugen Vorarbeiten verdanke ich das umfangreiche Datenmaterial, auf das sich dieses Buch stützt. Ich bin ihr zu großem Dank verpflichtet.

Dank gebührt auch meiner Frau Linda, die eine veränderte Konzeption des Buches anregte. Ihrem Vorschlag verdanke ich auch den Titel. Schließlich vermittelte sie mir einen ganz neuen Begriff von Ich-Botschaften und ihrer Anwendung zur Vermeidung von Konflikten.

Besonders dankbar bin ich den P.E.T.-Kurs-Leitern, die uns Eltern für die Interviews vorschlugen und Tonbänder und Fallgeschichten zugänglich machten. Ganz bestimmt gäbe es ohne unser Kader fähiger und in ihrer Aufgabe aufgehender Konferenzleiter keine Absolventen von P.E.T.-Kursen!

Außerdem möchte ich meinem Verleger und Freund Peter H. Wyden für seine sehr nützlichen Vorschläge danken, der mich auch als erster dazu ermutigte, dieses Projekt anzugehen.

Ganz besonderen Dank schulde ich Karen Gleason, meiner Sekretärin, die nicht nur das Manuskript tippte, sondern mir auch einen großen Teil meiner Arbeit abnahm, so daß ich mich diesem Buch widmen konnte.

Vor allem aber danke ich all den Eltern, die ihre kostbare Zeit opferten und sich interviewen ließen oder uns Fragebogen, Bänder und persönliche Berichte überließen, so daß wir jetzt sehen können, wie die Familienkonferenz in der Praxis funktioniert.

T.G.

1 Familien nach der Familienkonferenz

Als die ›New York Times‹ die ›Familienkonferenz‹ eine »nationale Bewegung« nannte, war meine erste Reaktion ein gewisses Unbehagen. Als ich genauer darüber nachdachte, hielt ich es schon für möglich, daß die ›Familienkonferenz‹ einiges in Bewegung gesetzt hatte. Ich weiß, daß in 15 Jahren 250 000 Eltern an ›Familienkonferenz‹-Kursen teilgenommen haben. Da ich mich an die Niederschrift dieses Buches mache, sind mehr als eine Million Exemplare des ersten Buches ›Familienkonferenz‹ verkauft worden. Beinahe 8000 Fachleute aus jedem Staat der USA (und aus vielen anderen Ländern) haben an Trainingsveranstaltungen teilgenommen, um als qualifizierte Kurs-Leiter in ihren Heimatorten wirken zu können. Allein dieser quantitative Gesichtspunkt läßt es sicherlich gerechtfertigt erscheinen, von einer Art Bewegung zu sprechen. Doch die Vorstellung an sich, eine »Bewegung« ausgelöst zu haben, verschafft mir keine besondere Befriedigung. Weit wichtiger ist die Frage, ob mein erstes Buch und der Kurs konstruktive Bedeutung für das Familienleben gewonnen haben. An einem Kurs teilnehmen heißt nicht unbedingt, daß man auch etwas lernt, ganz zu schweigen von irgendwelchen Verhaltensänderungen. Genausowenig wie die Tatsache, daß man zur Schule geht, unbedingt bedeuten muß, daß man dort auch eine vernünftige Ausbildung erhält.

Sind Eltern, die an den Kursen teilgenommen haben, bessere Mütter und Väter geworden? Und wenn, in welchem Maße? Was machen sie anders? Wie wirkt sich das auf ihre Kinder aus? Hat die ›Familienkonferenz‹ die Eltern-Kind-Beziehung verbessert? Gehen Eltern, wenn sie über die Verfahren und Techniken der ›Familienkonferenz‹ verfügen, geschickter mit ihrem Nachwuchs um? Vermag die ›Familienkonferenz‹ Eltern von einigen ihrer Schwierigkeiten zu befreien? Ziehen Eltern, die durch die Erfahrung der ›Familienkonferenz‹ gegangen sind, Kinder groß, die eine größere Bereitschaft zu Verantwortung und Kooperation zeigen? Können Eltern in einem Kurs, den sie acht Wochen lang an einem Abend pro

Woche besuchen, lernen, effektiver mit den unvermeidlichen Eltern-Kind-Konflikten und Wertkollisionen fertig zu werden? Solche Fragen sollte man stellen – und beantworten – wenn man sich ein Urteil bilden will. Wir müssen uns also überlegen, wie sie sich auf das Familienleben auswirkt, und nicht, wie weit und wie schnell sie sich als »Bewegung« ausgebreitet hat. Wo könnte man diese Fragen besser beantwortet bekommen als in Familien, deren Väter und Mütter an Familienkonferenzen teilgenommen haben? In diesem Buch berichten Kursabsolventen, welche Erfahrungen sie beim Versuch machten, die in den Kursen erworbenen Fertigkeiten zu Hause anzuwenden. Dabei hören wir nicht nur von Folgen, sondern auch von Schwierigkeiten und Problemen. Wir werden Familien begegnen, die u. a. bekennen

»Wir sind nicht immer mit den Techniken der Familienkonferenz so zurechtgekommen, wie es eigentlich hätte der Fall sein müssen, besonders wenn es um unsere ältere Tochter ging.«

»Die Praxis in alltäglichen Situationen war weit schwieriger, als es den Anschein bei der Lektüre des Buches hatte.«

»Bei unserm Jüngsten war es, als redete man gegen eine Wand.« »Wenn ich die Technik der Familienkonferenz in der richtigen Weise verwende, funktioniert sie. Aber wenn Jimmy wirklich aufgeregt ist, sende ich nicht immer die angemessenen Botschaften.« »Ich habe immer noch einige Vorbehalte gegenüber der Familienkonferenz. Sie wissen schon: ›Wird sie wirklich funktionieren? Lade ich meinem Sohn nicht zuviel Verantwortung auf? Vielleicht sollte ich ihn stärker führen.‹«

Der Leser wird jedoch auch in Familien hineinsehen, die deutlich zeigen, wie effektiv die Techniken der ›Familienkonferenz‹ eingesetzt werden können. Dabei kommt es häufig zu spektakulären Erfolgen:

»Sie hat unserem Familienleben eine neue Wende gegeben.« »Unsere Probleme sind nicht mehr der Rede wert.«

»Nun erst fühle ich mich so, wie mich meine Kinder schon immer eingeschätzt haben: als vertrauenswürdige und verständnisvolle Person. Sie brauchen keine großen Geheimnisse mehr vor mir zu haben ... Das geht, weil wir einander vertrauen.«

»Die Familienkonferenz rettete unsere Ehe.«

»Lee und ich haben jetzt eine Tochter, die die meiste Zeit ihre Eltern liebt, die die meiste Zeit ihren Bruder liebt und die vor allem die meiste Zeit über sich selbst liebt. Nur manchmal noch zeigt sie zu wenig Rückgrat. Ich möchte aber nicht wissen, was wäre, wenn ich auch weiterhin der für alles verantwortliche, allwissende und allmächtige Vater geblieben wäre.«

Der Leser soll von den Erlebnissen all dieser Eltern hören – von den Erlebnissen derer, die Probleme hatten, und von den Erlebnissen derer, die von bemerkenswerten Erfolgen zu berichten wissen. Ich denke, er wird dann ganz bestimmt wertvolle Erkenntnisse über seine Elternrolle gewinnen. Außerdem bin ich, als ich die Niederschrift unserer auf Tonband aufgezeichneten Interviews mit Kurs-Absolventen näher betrachtete, zu der Überzeugung gelangt, daß ich in vielen Fällen erklären kann, warum manche Eltern Schwierigkeiten mit den Methoden der ›Familienkonferenz‹ haben. Ich habe deshalb überall in diesem Buch meine eigenen Auffassungen angefügt, um zu erklären, warum die Dinge in so mancher Situation schiefliefen. Damit möchte ich dem Leser helfen, einige der Fallen zu vermeiden, in die die Eltern tappten, wenn sie versuchten, die Techniken der Familienkonferenz im Ernstfall anzuwenden – das heißt zu Hause mit wirklichen Kindern.

Häufig fragt man mich: »Doktor Gordon, haben Sie irgendwelche Vorstellungen oder Konzepte verändert, seit Sie die ›Familienkonferenz‹ geschrieben haben?« Die Eltern wollen es häufig noch sehr viel genauer wissen, wie z. B.:

»Sind Sie immer noch der Meinung, daß Eltern ohne Macht und Autorität auskommen sollten?«

»Beharren Sie noch immer auf dem Standpunkt, man solle es den Kindern überlassen, die Lösungen für ihre Probleme zu finden?«

»Würden Sie heute zugeben, daß Eltern ihre Kinder doch für bestimmte Verhaltensweisen strafen sollten, die nun auf gar keinen Fall mehr zu akzeptieren sind?«

»Sind Sie immer noch dagegen, daß Eltern loben oder belohnen?«

In solchen Fragen spiegelt sich ein legitimes Interesse. Man möchte wissen, ob mein ursprüngliches Modell der ›Familienkonferenz‹ sich in der doch recht langen Praxis bewährt hat. Ich werde auf diese und viele andere ähnliche Fragen im folgenden antworten. Vorab will ich jedoch bekennen, daß das Familienkonferenz-Modell sich im Laufe der Jahre ständig gewandelt hat. Der schöpferischen Mitarbeit unserer Kursleiter ist es zu verdanken, daß die Unterrichtsmethoden grundlegend verbessert werden konnten. In regelmäßigen Zeitabständen stellte ich fest (oder rief mir ins Gedächtnis), daß das ursprüngliche theoretische Modell der ›Familienkonferenz‹ Lücken aufwies. Wichtige Ergänzungen haben zu einem vertieften Verständnis der dynamischen Eltern-Kind-Beziehung geführt. Auch als wir das umfangreiche Datenmaterial der Interviews und Fragebogen analysierten, auf das sich dieses Buch stützt, ergaben

sich neue Vorstellungen und Verbesserungen.
Der Leser, der mit den Grundsätzen und Techniken der ›Familienkonferenz‹ bereits vertraut ist, wird Verbesserungen und Ergänzungen wie die folgenden begrüßen:

1. Wir wissen jetzt, daß die Techniken der Familienkonferenz auch bei sehr kleinen Kindern – Säuglingen und Kleinkindern – mit Erfolg angewendet werden können, lange bevor ihre Sprachentwicklung einsetzt. Eine Mutter berichtete, wie es ihr mit Hilfe der Technik des aktiven Zuhörens gelang, ihr heftig strampelndes und schreiendes Baby beim Trockenlegen zu beruhigen!
2. Eltern brauchen nicht mehr so ängstlich bemüht zu sein, im Gespräch mit ihren Kindern Kommunikationshindernisse zu vermeiden. In vielen Gesprächssituationen mit Kindern ist eine allzu sorgfältige Kontrolle überflüssig. Eltern können in ihrer Wachsamkeit nachlassen und sogar zu Warnungen, Befehlen, Lösungen, Interpretationen, Fragen und Predigten Zuflucht nehmen. Entscheidend ist, daß sie wissen, *wann* diese Reaktionen keinen Schaden anrichten.
3. Wir wissen jetzt besser, warum Kinder durch Fragen geängstigt oder gehemmt werden können.
4. Wir haben neue Richtlinien für Eltern entwickelt, die ihren Kindern dadurch auf die Nerven gehen, daß sie das Zuhören übertreiben – die Rolle der Eltern-als-Ratgeber.
5. Wir haben neue Richtlinien für Eltern entwickelt, die helfen sollen, wenn Kinder Bitten um Hilfe oder Rücksichtnahme nicht zur Kenntnis nehmen.
6. Wir haben einige neue Anwendungsarten für Ich-Botschaften hinzugefügt – ein Verfahren, mit dessen Hilfe Eltern Kindern ihre Bedürfnisse genau mitteilen können. Dadurch lassen sich zukünftige Konflikte vermeiden.
7. Wir haben entdeckt, daß nachsichtige (tolerante) Eltern und strenge (autoritäre) Eltern sich sehr ähneln – sie sind sozusagen aus demselben Holz geschnitzt. Sie unterscheiden sich beileibe nicht so sehr, wie wir angenommen haben. Beide bedienen sich der »Sprache der Macht«.

Das Modell der Familienkonferenz ist also keineswegs unverändert geblieben. Deshalb sollen in diesem Buch auch nicht die Techniken und Verfahren wieder aufgewärmt werden, die ich im ersten Buch beschrieben habe. Leser, die das Buch bereits kennen, werden im vorliegenden

Buch folglich nicht nur eine Auffrischung bekommen (die viele Absolventen nach eigener Aussage brauchen), sondern werden auf diesen Seiten viele Elemente eines »Fortgeschrittenenkurses« der ›Familienkonferenz‹ entdecken. Mein erstes Buch ›Familienkonferenz‹ ist der einzige Text, der dem Verfahren der Kurse zugrunde liegt. In ihm wird beschrieben und dargelegt, wie sich die Beziehung zu Kindern verbessern läßt. Obwohl ich den Ausdruck nicht besonders mag, würde ich doch sagen, daß es sich um einen »Ratgeber« handelte. Der vorliegende Ergänzungsband ›Die Familienkonferenz in der Praxis‹ ist dagegen ein Buch über die Menschen, *die unser Verfahren verwenden*: Mütter, Väter und Kinder. Es ist ein Ergänzungsband, der dem Leser zeigt, wie es in Familien aussieht, in der sich Eltern in dieser Weise bemühen, bessere Beziehungen zu ihren Kindern und zueinander herzustellen.

Die vielen Beispiele und Dialoge aus dem Familienleben, die im ersten Buch aufgenommen wurden, dienten vor allem dazu, bestimmte Techniken und Verfahren zu illustrieren. Viele dieser Beispiele stammten auch von Eltern, die gerade an einem Kurs teilnahmen. Dieses Buch untersucht, was Eltern zustößt, nachdem sie einen solchen Kurs abgeschlossen haben und auf sich selbst gestellt sind. Einige erleben wir unmittelbar danach, einige ein Jahr später, andere vier Jahre später und manche sogar nach einem Zeitraum von neun Jahren. Wir werden konkrete Erkenntnisse anhand der Beispiele aus diesen Familien gewinnen können. Sie alle unterscheiden sich voneinander, aber sie folgen demselben Handlungsplan – sie setzen das Konzept der ›Familienkonferenz‹ in die Tat um.

Wir werden Elternteile ohne Partner erleben, die das Verfahren alleine meistern, und wir werden Familien mit Vater und Mutter erleben, in denen es den Partnern nicht gelingt, die neuen Techniken mit gleicher Effektivität anzuwenden. Wir werden auch von Fällen lesen, in denen Eltern Kinder aus früheren Ehen in eine neue Familieneinheit eingegliedert haben.

Einige Eltern entschlossen sich, die ›Familienkonferenz‹ zu Rate zu ziehen, als ihre Kinder noch sehr klein waren. Andere bedienten sich ihrer, um die Beziehung zu Kindern zu verbessern, die sich bereits in der Adoleszenz befanden und sich ablehnend, aufrührerisch und nachtragend verhielten.

Wir werden sehen, wie die ›Familienkonferenz‹ bei ganz normalen und mit gestörten Kindern funktioniert. Einige sind überaktiv, andere behindert, einige leiden unter schweren Krankheiten oder sind drogenabhängig.

Die Informationen über Kinder und Eltern bezogen wir aus Fragebogen, kurzen Berichten und Interviews. Für die Sammlung und Analyse der Daten war meine Tochter Judy Gordon Sands verantwortlich. Außerdem arbeitete Judy eng mit mir zusammen, als ich die Grundkonzeption des Buches entwickelte. Im Anhang wird das ganze Projekt etwas vollständiger beschrieben.
Eines können wir mit Sicherheit aus der Analyse unserer Daten schließen: Die ›Familienkonferenz‹ gibt den Eltern Techniken an die Hand, mit deren Hilfe sie effektiver mit ihren Alltagsproblemen fertig werden können. Überall in diesem Buch wird zu beobachten sein, wie diese Techniken funktionieren, wenn Eltern mit Alltagsschwierigkeiten zu tun haben: wenn die Kinder sich vor unangenehmen Arbeiten drücken, das Badezimmer schmutzig machen, ungefragt an den Kühlschrank gehen, zu spät kommen, lärmen, im Mülleimer wühlen, mit Waffen spielen, wenn es Schwierigkeiten bei der Sauberkeitserziehung gibt, wenn sie kein Gemüse essen wollen, wenn sie zuviel fernsehen, mit schmutzigen Schuhen in die Wohnung kommen, sich vor dem Abwaschen drücken, keine Lust zur Schule haben, nicht zu Bett wollen, radfahren wollen, wo sie nicht dürfen, und in vielen andren Dingen nicht die Meinung ihrer Eltern teilen.
Eine Mutter faßte ihre Empfindung mit den Worten zusammen: »Die ›Familienkonferenz‹ trägt sicherlich dazu bei, daß Eltern die Welt in einem neuen Licht sehen.«
Das meine ich auch, und ich bin mehr als je davon überzeugt, daß die ›Familienkonferenz‹ vielen Eltern hilft, viele Angelegenheiten des häuslichen Lebens in einem neuen Licht zu sehen: ihre Aufgabe als Eltern, die Fähigkeit ihrer Kinder, die eigenen Probleme zu lösen, die Bedeutung elterlicher Rechte innerhalb der Familie, den Wert eines demokratischen und machtfreien Klimas in der Familie und den Nutzen von Beziehungen zu den Kindern, aus denen Achtung und Liebe erwachsen. Unter solchen Bedingungen können alle Familienmitglieder ihre besten Möglichkeiten realisieren.

II Grundlagen sind wichtiger als Techniken

Unter all den Erfahrungen, die wir gemacht haben, ist die Erkenntnis am wichtigsten, daß Eltern das theoretische Modell verstehen müssen, das der ›Familienkonferenz‹ zugrunde liegt, wenn sie zum effektiven Einsatz der erworbenen Techniken in der Lage sein sollen. Instrumente sind nicht genug – Eltern müssen wissen, wann und warum sie sie verwenden. Dazu müssen sie einiges über die Grundlagen wissen.

Das ist eigentlich gar nicht so überraschend. Zum Segeln bei Wind und Wetter und auf allen Gewässern gehört mehr als nur die Fähigkeit, die Ruderpinne bedienen oder die Segel setzen zu können. Der kundige Segler muß die Grundlagen der Navigation ebenso wie die Vektortheorie beherrschen. Der Pilot, der sein Flugzeug sicher lenken will, muß sich in der Theorie der Aerodynamik ebenso wie in der der Meteorologie auskennen, ganz zu schweigen davon, daß er wissen muß, wie seine Maschine funktioniert. Die simplen Fertigkeiten, derer ein Pilot bedarf, um zu starten, einwandfrei zu fliegen und zu landen, sind nämlich so einfach, daß ein achtjähriges Kind sie lernen könnte.

Nicht anders geht es Eltern: Will man in dieser Rolle effektiv sein, braucht man gewisse Grundkenntnisse über zwischenmenschliche Beziehungen. Man muß sich im großen und ganzen ein Bild davon machen können, was zwischen zwei Menschen passiert, die zueinander in Beziehung stehen. Man kann seiner Aufgabe als Vater oder Mutter nur gerecht werden, wenn man sich nach irgendeiner prinzipiellen Theorie oder einem Plan richtet – Wissenschaftler nennen es ein »Modell«. Mißverständnisse des Modells führen unweigerlich dazu, daß man die Techniken unangemessen einsetzt. Die Bedeutung dieses Umstandes war mir nicht so klar, als die ›Familienkonferenz‹ noch in ihren Kinderschuhen steckte. Erst später als ich Eltern in den Kursen beobachtete, begriff ich, wie wichtig es ist, daß sie das Modell erfassen, das der ›Familienkonferenz‹ zugrunde liegt. Vor ihrer Teilnahme an derartigen Kursen haben viele Eltern beispielsweise eines oder mehr Bücher über Fragen des

Elternverhaltens gelesen und daraus bestimmte Dinge gelernt, z. B. die Art und Weise, wie sie auf die Gefühle von Kindern reagieren müssen. Wir stellten aber fest, daß nur wenige Eltern die zugrundeliegende Theorie verstanden hatten. So waren sie nicht in der Lage zu entscheiden, wann sie eine bestimmte Technik anzuwenden hatten und wann nicht. Außerdem konnten sie nur selten erklären, *warum* die Technik angewendet werden sollte.

In unseren Interviews mit Eltern hörten wir häufig Aussagen wie die folgenden:

»Mir war schon weitgehend bekannt, was einem in der Familienkonferenz beigebracht wird. Doch der Kurs faßte all diese isolierten Techniken und Vorstellungen zu einer funktionierenden Einheit zusammen.«

»Die ›Familienkonferenz‹ half mir zu erkennen, was ich tat und warum ich es tat.«

»Ich glaube, daß ich jetzt verstehe, was in jeder nur denkbaren Situation geschieht, in der ich mich mit meinen Kindern befinde. Ich bin ihr gewachsen und glaube, daß ich fähig bin zu entscheiden, was getan werden muß.«

Einmal erzählte eine Mutter, wie sie ein sehr bekanntes Buch über Kindererziehung aufgenommen hatte, das sie vor ihrer Teilnahme an unserem Kurs gelesen hatte:

»Als ich das Buch von Doktor X las, gefiel wir, was man nach seinem Vorschlag Kindern sagen sollte. Es hatte Hand und Fuß. Doch dann sagten meine Kinder nicht dasselbe wie die Kinder in seinem Buch. So konnte ich niemals in der Weise antworten, die er mir empfahl.«

Eine andere Mutter begriff, wie wichtig es ist, eine Theorie zu haben – einen »methodischen Plan« nannte sie es:

»In Doktor X Buch erfährt man genau, wie das Gespräch verlaufen soll. Er gibt aber keinen methodischen Plan. Einen Handlungsplan wissen Sie... Man liest das Buch zu Ende, und es ist sehr vernünftig, doch wie soll man anfangen? Wie soll man es benutzen?«

Ich glaube, diese Eltern hatten das Wesentliche verstanden. Sie vermißten ein Modell, mit dessen Hilfe sie das Prinzip verstehen konnten, von dem die besondere Kommunikationstechnik abgeleitet worden war. Deshalb konnten sie die Technik auch nicht in den neuen, häufig wechselnden Situationen anwenden, die sich in der eigenen Familie ergaben. Die Situationen waren eben niemals mit denen identisch, die der Autor in seinem Buch anführte. Sie konnten nicht von der *besonderen* Situation im Buch auf *ähnliche* (aber verschiedene) Situationen in ihrer Familie verallgemeinern. Wenn ich den Terminus »Modell« oder »Theorie« benutze, beziehe ich mich damit nicht auf irgendeine mehr oder minder unbegründete Vorstellung. In der Wissenschaft versteht man unter einem theoretischen Modell einen Plan oder ein Bündel von Richtlinien, anhand derer sich viele verschiedene Ereignisse oder Geschehnisse verstehen und erklären lassen. Die ›Familienkonferenz‹ beruht auf einem solchen Plan – einer Theorie der zwischenmenschlichen Beziehungen, die vieles (wenn natürlich auch nicht alles) erklärt, was sich in einer Beziehung zwischen zwei Menschen ereignet. Wir wissen jetzt besser, welche Elemente dieses Modells für Eltern besonders schwer zu verstehen sind. Darüber hinaus haben wir bessere Verfahren entwickelt, Eltern diese grundlegende Theorie zu vermitteln. Solange sie diese Grundlagen nicht begriffen haben, werden sie kaum in der Lage sein zu entscheiden, welche Technik in welcher Situation angebracht ist.

Die Theorie der ›Familienkonferenz‹ ist nicht nur ein Plan für effektive Beziehungen zwischen Eltern und Kindern, sondern eine viel allgemeinere Theorie, die auf alle zwischenmenschlichen Beziehungen anzuwenden ist – auf die zwischen Mann und Frau, Vorgesetztem und Untergebenem, Lehrer und Schüler, zwischen Rechtsanwalt und Klient oder Freund und Freund. Anfangs sind Eltern von dieser Tatsache stets überrascht. Aus Gründen, die mir nicht ganz einleuchten, gehen nämlich die meisten Eltern davon aus, daß sich die Eltern-Kind-Beziehung grundlegend von anderen Beziehungstypen unterscheidet. Nach der Auffassung von Eltern sind Kinder keine vollwertigen Menschen.

Die meisten Eltern sind der Überzeugung, daß man Erwachsenen gegenüber keine kritischen Bemerkungen machen sollte, durch die man sie in ihrem Stolz treffen würde. Sie wären dann verletzt, und die Beziehung zu ihnen würde darunter leiden. Dieselben Eltern meinen, daß es sich mit Kindern ganz anders verhalte. Sie sind der Überzeugung, das Kind wäre in einem solchen Fall nicht verletzt und die Tatsache, daß man es herabgesetzt habe, würde der Beziehung keinen Abbruch tun. Die meisten Eltern behaupten sogar, daß Kinder Kritik brauchten und daß es ihnen nicht schade, wenn ihr Selbstbewußtsein von Zeit zu Zeit einen Dämpfer erhalte. Deshalb sei es die Pflicht guter Eltern, ihren Kindern solche Botschaften in reichlichem Maße zukommen zu lassen – »zu ihrem eigenen Besten«.

Eltern, die nachdrücklich die Auffassung vertreten, daß die Gewalt aus zwischenmenschlichen Beziehungen zu verbannen sei, lassen sich dadurch nicht daran hindern, ihre Kinder körperlich zu strafen, ja, sie vertreten sogar die Auffassung, daß es diesen nütze! Ferner sind Eltern im allgemeinen zweisprachig – eine Sprache benutzen sie mit Menschen und eine andere mit Kindern. Wenn ein Freund eine Schüssel fallen läßt und sie dabei zerbricht, würden die meisten Eltern bestrebt sein, ihrem Freund das Gefühl der Verlegenheit oder der Schuld zu ersparen. Ihre Botschaft würde in etwa lauten: »Oh, mach dir keine Gedanken wegen der Schüssel – das kann jedem passieren!« Wehe aber, wenn der achtjährige Sohn die Schüssel fallen läßt. Dann hören wir eine andere Sprache – zum Beispiel: »Mein Gott noch mal, die schöne Schüssel – warum bist du auch so ungeschickt? Kannst du denn nicht aufpassen?«

Es fällt Eltern schwer einzusehen, daß auch Kinder Menschen sind und daß die Ereignisse in der Eltern-Kind-Beziehung sich deshalb anhand derselben Grundsätze erklären lassen, die für alle zwischenmenschlichen Beziehungen gelten. Die Eltern, mit denen wir zusammengearbeitet haben, mußten einige sehr drastische Änderungen an ihren eigenen Theorien über Eltern und über Kinder vornehmen, bevor sie ihr Verhalten als Vater oder Mutter verändern konnten:

1. Sie mußten damit Schluß machen, ihre Kinder als eine besondere Spezies zu betrachten, und damit beginnen, sie als Personen wahrzunehmen.
2. Sie mußten sich zu der Einsicht bequemen, daß die Verhaltensweise ihrer Kinder im wesentlichen durch das bestimmt wird, was in der Eltern-Kind-Beziehung passiert.
3. Sie mußten anfangen, einige der generellen Prinzipien (Grundlagen) zwischenmenschlicher Beziehungen zu verstehen.

Daher halte ich es für notwendig, in diesem ersten Kapitel die Grundprinzipien der Theorie zwischenmenschlicher Beziehungen zusammenzufassen, auf die sich die ›Familienkonferenz‹ gründet. Eltern, die dieses Buch gelesen oder an einem unserer Kurse teilgenommen haben, werden vielleicht versucht sein, das Kapitel zu überschlagen. Ich glaube jedoch, daß auch sie es mit Nutzen lesen werden. Nicht nur weil wir die Theorie ergänzen und verfeinern, sondern auch, weil sie prüfen können, ob sie die Theorie wirklich verstanden haben. Eltern, die noch überhaupt keine Bekanntschaft mit dem Modell der ›Familienkonferenz‹ gemacht haben, sollten das erste Buch lesen. Nur so können sie sich einen vollständigen Überblick der grundlegenden Theorie verschaffen. Denn wenn sie die Theorie nicht verstanden haben, werden sie nicht beurteilen können, wann die Techniken zu verwenden sind, die in den folgenden Kapiteln beschrieben und an Beispielen demonstriert werden.

Das Inkonsequenz-Prinzip

Eine der Überzeugungen, denen man am häufigsten begegnet, ist die, daß Eltern konsequent sein müßten. Wenn man heute eine bestimmte Verhaltensweise seines Kindes nicht akzeptiert, darf man sie auch morgen nicht akzeptieren, oder man ist inkonsequent. Und dies sei falsch, haben die Eltern gelernt. Das gleiche gilt für den umgekehrten Fall: Wenn man irgendeine Verhaltensweise am Montag »erlaubt«, verhält man sich seinem Kind gegenüber nicht richtig, wenn man sich von demselben Verhalten am Freitag auf die Palme bringen läßt oder es für unerträglich hält.

Dieser Mythos wurde in unseren Kursen bald zerstört. Sehr zur Erleichterung der Eltern, die sich bislang verzweifelt bemüht hatten, ihm gerecht zu werden, und als Lohn für ihre Mühe nur Schuldgefühle und Selbstvorwürfe geerntet hatten. Denn das Ziel war einfach zu hoch gesteckt. Es wurde gezeigt, daß an manchen Tagen bestimmte Verhaltensweisen akzeptabel sind, weil die Eltern in einer entsprechenden Verfassung sind. Zu anderen Zeiten können sie die gleichen Geschehnisse nicht akzeptieren, weil sie anders aufgelegt sind. Eine Mutter zweier aggressiver Kinder berichtet, daß sie auf den häufigen Streit ihrer Kinder unterschiedlich reagiert:

»Es hängt von meiner Stimmung ab, ob ich ihnen erlaube, ihre Streitereien in meiner Nähe auszutragen. Ich meine damit, daß es mich manchmal, wenn ich z. B. die Zeitung lese oder ähnlichen Beschäftigungen nachgehe, nicht berührt, wenn sie sich in meiner Nähe streiten oder sonst etwas anstellen. Es gibt aber Augenblicke, wo ich es nicht ausstehen kann, wenn sie in meiner Nähe spielen. Das merken sie, als läge Gedankenübertragung vor. Dann gehen sie woanders hin.«

Ein Vater, ein Arzt, erzählte von der Inkonsequenz in seinem Verhalten gegenüber den Patienten in der Sprechstunde:

»Es gibt Tage, an denen mein Toleranzniveau ausgezeichnet ist. Dann sitze ich und höre zu. Das kann eine ganze Stunde lang dauern. Auch ein überfülltes Wartezimmer kann mich dann nicht stören ... Es gibt aber Zeiten, da fehlt mir diese Bereitschaft ... Dann sage ich unter Umständen zu einem Patienten: ›Ich begreife gut, daß Sie das Bedürfnis haben, sich auszusprechen, aber ich kann Ihnen heute nicht zuhören.‹ Und ich nenne ihm den Grund dafür. Ich füge hinzu: ›Herzlich gern zu einem anderen Zeitpunkt.‹ oder ›Lassen Sie sich einen neuen Termin geben.‹ Kein Patient hat sich bisher darüber aufgeregt. Für mich war es eine Offenbarung!

Bevor ich an der Familienkonferenz teilgenommen hatte, war es ganz anders. Wenn ich damals etwas zu tun hatte, regte es mich auf, wenn ein Patient vor mir saß und mir sein Herz ausschütten wollte. Ich sah dann zur Uhr oder ließ ihn auf andere Weise merken, daß ich kein Interesse an dem hatte, was er mir mitteilen wollte. Dann war er böse. Ich war nicht ehrlich zu ihm gewesen.«

Abbildung 1

Der Begriff des »Toleranzniveaus«, den der Arzt verwendet, stammt aus dem Modell der Familienkonferenz. Er öffnet den Eltern die Augen darüber, daß sie gar nicht anders als inkonsequent sein können. In unseren Kursen fordern wir die Eltern zunächst auf, sich ein Rechteck oder ein Fenster vorzustellen (Abb. 1). Darin sehen sie alle Verhaltensweisen ihres Kindes.

Abbildung 2

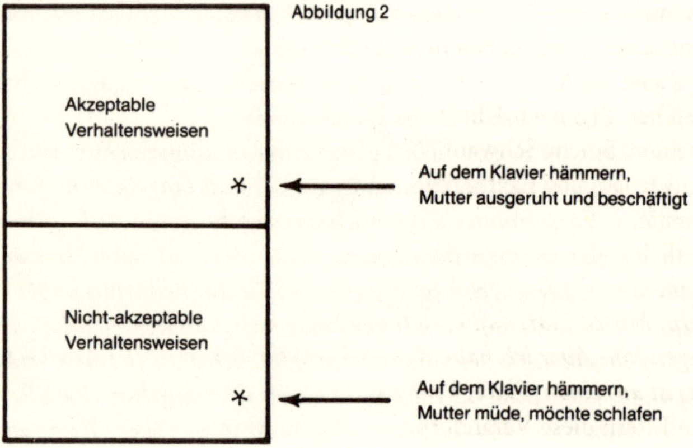

Dann machen wir deutlich, daß das Rechteck jedes Elternteils zwei verschiedene Verhaltensweisen enthält (Abb. 2): akzeptable und nicht-akzeptable.
Wenn die Mutter ausgeruht ist und einer interessanten und befriedigenden Tätigkeit nachgeht, wird sie wahrscheinlich akzeptieren, daß ihre dreijährige Tochter auf dem Klavier herumhämmert. Diese Handlung wäre aber wahrscheinlich nicht akzeptabel, wenn die Mutter müde wäre und schlafen wollte. Außerdem gibt es Tage, an denen der Toleranzbereich eines Elternteils sehr groß ist. Alles läuft wie geschmiert, und beinahe nichts kann ihn aus der Ruhe bringen. Das Rechteck hätte die Form wie Abbildung 3.

Abbildung 3

Dann wieder mag Vater aufgebracht sein oder Sorgen haben. Alles scheint schiefzugehen. Sein Rechteck sieht dann vielleicht so wie Abbildung 4 aus:
An solchen Tagen wird ihm fast alles, was sein Kind tut, nicht-akzeptabel erscheinen. Solche Schwankungen der Trennungslinie (oder des »Toleranzniveaus«) sind häufig und für die meisten Eltern unvermeidlich. Es ist verständlich und normal, daß sie zu verschiedenen Zeiten in unterschiedlicher Verfassung sind.
»Es gibt Momente, in denen habe ich das Gefühl, nutzlos und ein Versager zu sein. Mir ist klar, daß es daher kommt, daß ich müde und niedergeschlagen bin. Aber ich habe dann einfach an allem etwas auszusetzen – nichts ist an seinem Platz, keiner kann es mir recht machen.«
Wenn Eltern diese Veränderung des Rechtecks verstehen, erkennen sie

damit die Tatsache an, daß sie schließlich auch nur Menschen sind und Stimmungsschwankungen unterworfen sind. Sie lernen es, mit dem Umstand zu leben, daß sie nicht immer die gleichen Gefühle ihren Kindern gegenüber hegen. Sie befreien sich von dem Schuldgefühl, das die Inkonsequenz ihres Verhaltens geschaffen hat.

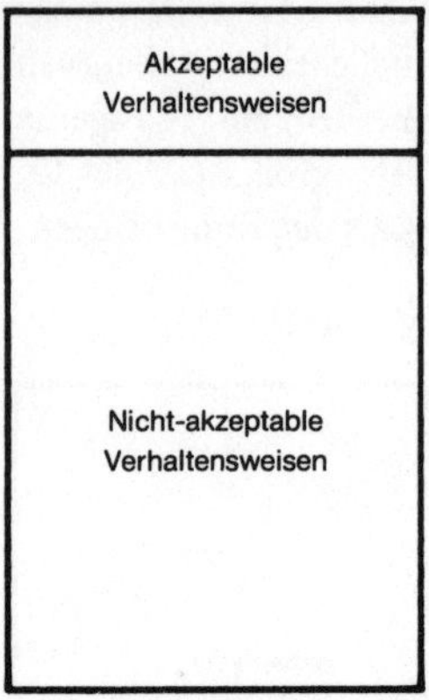

Abbildung 4

Es gibt noch zwei andere Faktoren, die die Einstellungen und Verhaltensweisen von Eltern Schwankungen aussetzen. Zum einen läßt es sich überhaupt nicht vermeiden, daß Eltern das eine Kind akzeptabler als das andere finden. Kinder besitzen nun einmal unterschiedliche Persönlichkeiten und Merkmale. Zum anderen erleben Eltern immer wieder, daß ihre Einstellung zu bestimmten Verhaltensweisen sich je nach der Umwelt ändert, in der jene gezeigt werden.

Warum verhalten sich Eltern in ihrem Empfinden und Handeln inkonsequent gegenüber ihren Kindern, wenn sie mehrere Kinder haben? Weil nun einmal mit manchen Kindern leichter umzugehen ist als mit anderen. Und dies aus vielen Gründen. Stellen wir uns zum Beispiel vor, daß ein Kleinkind (Kind A) sehr aggressiv, äußerst mobil und extrem neugierig ist. Es steckt seine Nase in alles und stiftet jede nur erdenkliche Unruhe in der Familie. Das andere Kind in dieser Familie (Kind B) weist ganz andere Merkmale auf – es ist ruhig, sorgsam und umsichtig. Aller Wahrscheinlichkeit nach werden die typischen Verhaltensrechtecke der Eltern für diese beiden so gegensätzlichen Kinder unterschiedliche Formen aufweisen.

Einige Kinder, die ich kennengelernt habe, übten soviel Charme und Anziehungskraft auf mich aus, daß ich in der Regel alles akzeptierte, was

sie taten. Ich bin aber auch anderen Kindern begegnet, die aufgrund ihrer besonderen Charaktermerkmale Verhaltensweisen an den Tag legten, die ich einfach nicht akzeptieren konnte.
Und wie verleitet die Umwelt Eltern zur Inkonsequenz? Nehmen wir als Beispiel ein lebhaftes Spiel. Draußen im Hof mag es der Vater akzeptieren – oder ihm sogar mit Wohlwollen begegnen. Im Wohnzimmer wird er solch ein Verhalten nicht dulden (Abb. 5 und 6).

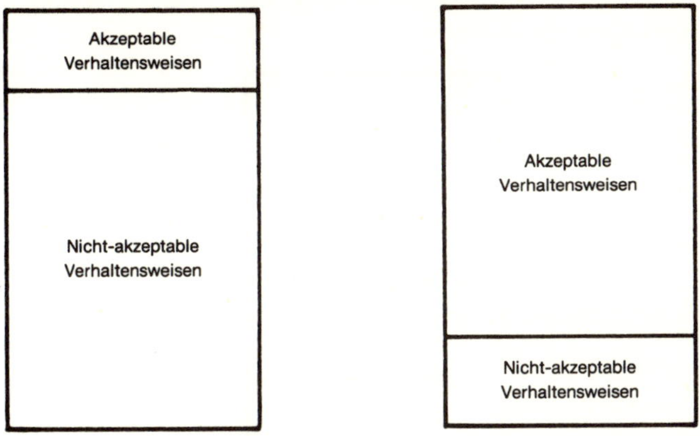

Kind A

Abbildung 5

Kind B

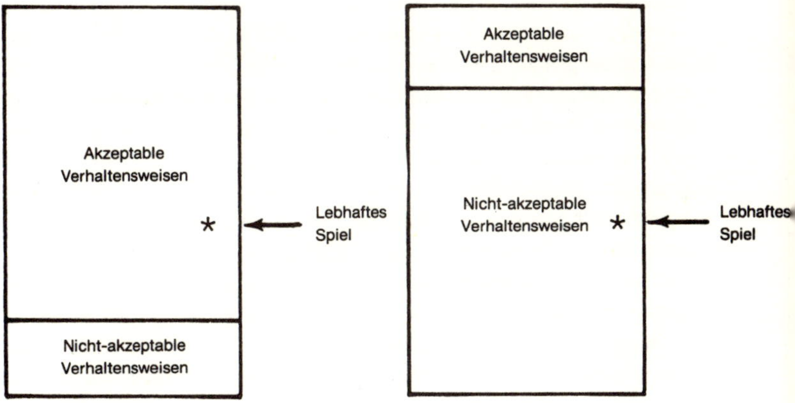

Umwelt außerhalb der Wohnung

Abbildung 6

Umwelt innerhalb der Wohnung

Die Tischmanieren eines 14jährigen Sohnes mögen zu Hause akzeptabel sein, in einem Restaurant aber nicht-akzeptabel und peinlich.
Alle Eltern werden von diesen drei Faktoren beeinflußt: ihrer Stimmung, dem Kind und der Umwelt. Ständig ertappen sie sich dabei, daß sie in Einstellungen und Verhalten ihren Kindern gegenüber inkonsequent sind. Durch die Wechselwirkung der drei Faktoren ist die Trennungslinie zwischen dem Bereich der akzeptablen Verhaltensweisen und dem Bereich der nicht-akzeptablen Verhaltensweisen (Abb. 7) ständigen Schwankungen unterworfen.

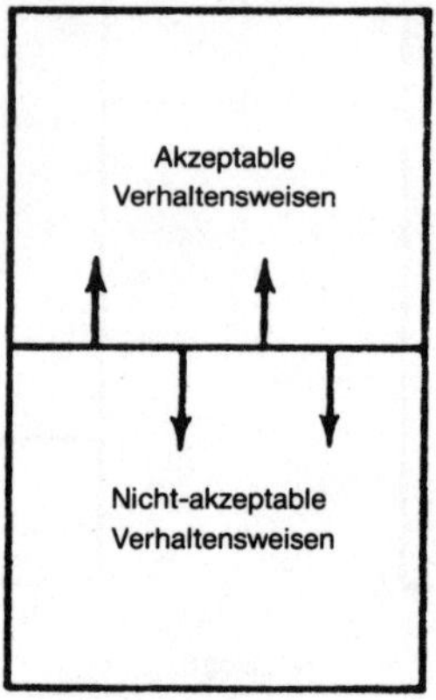

Abbildung 7

Da haben wir das Prinzip der Inkonsequenz. Ständig wird man sich ihrer schuldig machen, und zwar in dem Maße, in dem man Stimmungsschwankungen unterworfen ist, es mit verschiedenen Kindern zu tun hat und sich in unterschiedlichen Umwelten bewegt. Sofern man das Prinzip akzeptiert, wird man sich viel Schuldgefühle und Angst ersparen. Wir alle sind Menschen, und als solche empfinden wir inkonsequente Gefühle gegenüber unseren Kindern. Wenn wir uns zu dieser Tatsache bekennen, können wir uns das Geschäft der Elternschaft um ein beträchtliches erleichtern.
Eine weitere Erscheinungsform des Prinzips der Inkonsequenz sollte erwähnt werden. Denn noch eine andere generell hingenommene Vorstellung erschwert das Dasein von Eltern unnötig. Gemeint ist die Überzeugung, daß beide Eltern in Verhalten und Empfinden einem Kind gegenüber immer identisch vorgehen müßten – ihm gegenüber »geschlossen Front« machen müßten. Abgesehen davon, daß dieser Grundsatz zu vielen Streitigkeiten und Auseinandersetzungen zwischen den

Eltern führt, kann er auch die Ursache von Schuldgefühlen und Groll sein. So berichtet eine Mutter:

»Mein Mann glaubt, daß es ein Zeichen von Schwäche sei, wenn man mit den Kindern verhandle. Statt dessen müsse man sie ins Bett schicken, wenn man mit ihnen unzufrieden sei... Die ›Familienkonferenz‹ hat mir die Augen geöffnet. Ich weiß nun, was mir gefehlt hat. Dies gilt insbesondere für die Vorstellung, daß Mann und Frau durchaus anderer Meinung sein können. Als ich das las, fiel es mir wie Schuppen von den Augen. Wenn ich an all die Schuldgefühle denke, die ich hatte, wenn ich mich seiner Meinung nicht anschließen konnte!... Der Gedanke, daß ich ein Recht hatte, eine andere Meinung zu haben, war zu schön... Er empfindet es immer noch als sehr bedrohlich, aber ich fühle mich jetzt sicher... Als ich zum ersten Mal eine abweichende Auffassung äußerte, war er verletzt, als widersetzte ich mich seiner Autorität, die ich ihm bislang zugebilligt hatte.«

Eine andere Mutter berichtet von den Erfahrungen, die sie bei dem Versuch machte, eine geschlossene Front mit dem Vater zu bilden:

»Man hatte uns immer gesagt, wir müßten eine geschlossene Front bilden, wissen Sie, oder unsere Kinder würden verrückt, unausgeglichen oder etwas dergleichen. Unser Kursleiter dagegen meinte, es sei absolut nicht notwendig. Unsere Kinder würden es schon verkraften, weil sie wüßten, daß zwei Menschen nicht immer und in jeder Hinsicht der gleichen Meinung sein können. Unserem Sohn Mike gegenüber hatte ich immer versucht, die Meinung meines Mannes zu vertreten. Immer hieß es: ›Dein Vater meint dies und dein Vater meint das. Tu, was dein Vater sagt.‹ Ich fühlte mich dann aber nicht in der Lage, Mike während der häufigen Abwesenheit seines Vaters bei der Lösung seiner Probleme zu helfen, weil ich erst sicher gehen mußte, ob das, was ich vorhatte, auch im Sinne von Vater war... Ich glaubte, alles müsse erst mit dem Vater abgestimmt werden.«

Solche Konflikte können sehr gefährlich für die Ehebeziehungen sein. Zu ihrer Vermeidung oder Entschärfung lehrt die ›Familienkonferenz‹ deshalb die Eltern, unabhängige Beziehungen zu ihren Kindern zu suchen, statt sich zu bemühen, eine geschlossene Front ihnen gegenüber zu bilden. Jedem Elternteil steht es frei, individuell auf ein bestimmtes Verhalten des Kindes zu reagieren. Die Rechtecke sehen dann wie bei Abbildung 8 (S. 30) aus.

In diesem Falle sollte es die Mutter dem Vater überlassen, auf die Tischmanieren des Kindes einzuwirken. Schließlich fühlt er sich durch

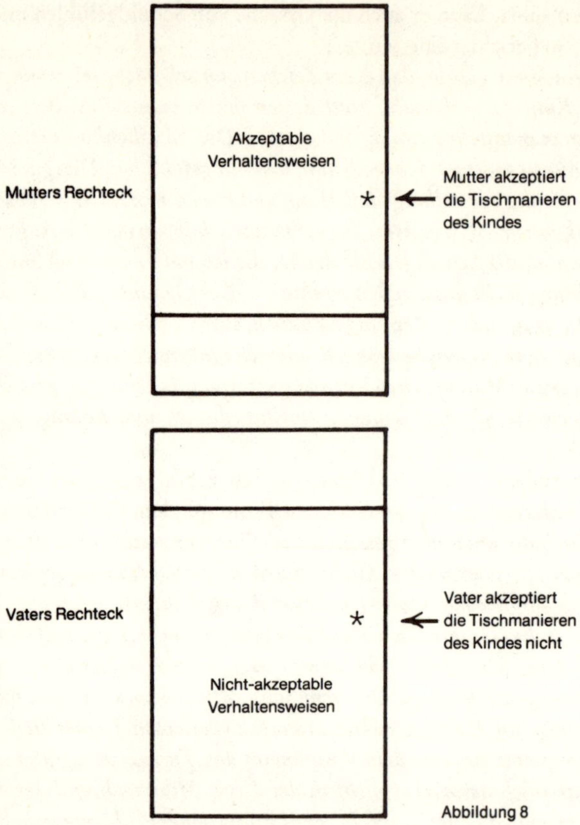

Abbildung 8

sie gestört. Sie sollte nicht in den Fehler verfallen, an seiner Stelle zu handeln. In diesem Falle würde sie gegen ihr Empfinden handeln – in gewissem Sinne wäre sie also unehrlich. Zum einen würde sie das sicherlich belasten (sie würde Groll empfinden oder sich unterwürfig vorkommen). Zum anderen besteht die Gefahr, daß das Kind die Unaufrichtigkeit der Mutter bemerken und die Achtung vor ihr verlieren würde. Einige der Schwierigkeiten, die mit der Ideologie der geschlossenen Front verknüpft sind, zeigen sich im folgenden Auszug aus einem Interview mit einer Mutter. Sie berichtet, wie ihr Mann und sie ihre Inkonsequenz erkannten und das Problem der Tischmanieren in ihrer Familie lösten:

M: Nach dem Kurs veränderte ich mich von Grund auf ... Besonders auffällig war die Veränderung in meiner Beziehung zu den Kindern. Dies war auch der Grund dafür, daß mein Mann dann ebenfalls an einem Kurs teilnahm: er sah, wie sehr sich meine Beziehung zu den Kindern verändert hatte.

L: Wie veränderte sich die Beziehung?

M: Oh, ich wurde viel gelassener. Er bemerkte, wie sich die Kommunikation veränderte – wirklich positiv veränderte. Außerdem bemerkte er, daß ich ihm seine eigenen Probleme überließ.

L: Zum Beispiel?

M: Oh, ein schönes Beispiel sind die Tischmanieren. Ich kümmerte mich nicht mehr um die Tischmanieren der Kinder. Das war nicht mein Problem. Es machte mir nichts aus, wie sie das Essen hineinstopften. Er aber war von einem sehr strengen Onkel erzogen worden, der das reinste Drama aus den Tischmanieren gemacht hatte. Früher hatte ich die Kinder bei Tisch zurechtgewiesen, weil ihn störte, was sie taten.

L: Sie hatten sich also um eine geschlossene Front bemüht.

M: Ich hatte die Verantwortung für ihn übernommen ... Als dies Problem im Kurs zur Sprache kam, dachte ich: »Warum tue ich das? Warum meckere ich über etwas, was mich nicht stört, sondern was eigentlich sein Problem ist ...?« Ich hatte immer geglaubt, er sei großzügig und ich nervös. Dann bemerkte ich aber, daß er einen Großteil der Probleme besaß, nicht ich. Daraufhin hackte ich nicht mehr so viel auf den Kindern herum. Und ich stellte fest, daß ich dabei gar nicht so schlecht fuhr. Ich hatte bislang das Empfinden gehabt, die »Lästige« in der Familie zu sein. Jetzt fiel der Druck von mir ab, während er gezwungen war, sich mit den Dingen zu beschäftigen, die ihm nicht paßten ... Ich bemerkte auch, daß die Kinder, wenn sie mit mir allein waren, auf die Dinge verzichteten, die sie taten, wenn er anwesend war. Es geschah also nur, um ihn zu ärgern ...

L: Wie lösten Sie das Problem?

M: Nun, es stellte sich heraus, daß meinen Mann die Tischmanieren der Kinder nur störten, wenn wir zum Essen in ein Restaurant gingen. Er mochte es nicht, wenn sie dann mit den Händen aßen oder in anderer Hinsicht gegen die guten Sitten verstießen. So einigten wir uns darauf, daß er die Kinder zu Hause in Frieden lassen würde. Dafür beschlossen wir, an einem Abend in der Woche im Eßzimmer mit Tischdecke und Kerzen zu essen. Die Kinder sollten sich ihrer besten Manieren befleißigen. Auf diese Weise sollten sie so essen lernen, wie Vater es von ihnen in der Öffentlichkeit erwartete. Ich brauchte mich die übrige Zeit nicht um

sie zu kümmern, trotzdem würden sie die Unterweisung erhalten, die er für notwendig hielt.
L: Funktionierte das?
M: Großartig. Außerdem machte es Spaß. Wissen Sie, wenn der Tisch schön gedeckt wird und Kerzen brennen, reißt sich jeder ein bißchen zusammen.

Das Prinzip des Problembesitzes

Ein entscheidender Begriff der ›Familienkonferenz‹ ist das Prinzip des Problembesitzes. Seine Bedeutung kann nicht hoch genug eingeschätzt werden. Aus den Interviews mit den Eltern geht hervor, daß die falsche Anwendung der ›Familienkonferenz‹ häufig daher rührt, daß die Eltern dieses Prinzip mißverstehen. Der Begriff ging in die ›Familienkonferenz‹ ein, weil viele Eltern den Fehler machen, die Probleme ihrer Kinder an deren Stelle lösen zu wollen, statt sie dazu zu bewegen, diese selbst zu lösen. In den Interviews hörten wir viele Äußerungen wie die folgende:
»Wissen Sie, sie hatten die Gewohnheit angenommen, mit allen ihren Problemen zu mir zu kommen. Da hieß es z. B.: ›Mir ist ein Zehncentstück in einen Kanaldeckel gefallen, was soll ich jetzt tun?‹ Ich mußte einfach alles für sie erledigen, weil ich mir ein entsprechendes Image geschaffen hatte. Mama war zuständig für das Lösen von Problemen, bis sie davon so frustriert war, daß ihr die Rolle zum Halse heraushing. Ich wußte nicht, wie ich sie loswerden sollte. Ich konnte einfach nicht sagen: ›Laßt mich um Gottes Willen in Ruhe. Ich bin müde. Ich habe Kopfschmerzen. Haut ab und löst eure Probleme selbst.‹ Sie wurden ja nicht mit ihnen fertig.«
»Das größte Erlebnis mit der ›Familienkonferenz‹ war für mich, daß ich zu entscheiden lernte, wer ein bestimmtes Problem besitzt. Es war wirklich von der allergrößten Bedeutung. Mir fiel es wie Schuppen von den Augen, daß Frankie Probleme hatte und daß ich sie nicht in Besitz zu nehmen brauchte ... Und ich hatte sie jahrelang besessen.«
»Bevor ich am Kurs teilnahm, ließ ich sie ihre Probleme nicht selbst lösen. Ich versuchte, ihr irgendwie zu helfen. Heute hat sie aber – so glaube ich – ihre Fähigkeit erheblich verbessert, mit ihren Problemen selbst fertig zu werden ... Es tut mir gut zu sehen, wie sie ihre eigenen kleinen Beziehungsprobleme selbst löst ... Ich bin erstaunt festzustellen, daß sie auf diesem Gebiet weit mehr Fähigkeiten besitzt, als ich in ihrem Alter oder auch später noch besaß. Ich habe das Gefühl, daß ich ihr bei ihrer

Entwicklung helfe. Sie hat viele Entwicklungsschritte getan, zu denen ich nie in der Lage war ... Die Technik der ›Familienkonferenz‹ ermöglicht mir, sie ihren eigenen Problemen weitgehend zu überlassen, ohne meine Lösungen aufzudrängen ... Die Feststellung, daß sie sich mit ihren Problemen befaßt, ermöglichte mir, mich zurückzuhalten. Ich zwinge ihr meine Lösungen nicht auf, die der Situation weit weniger gerecht werden als diejenigen, auf die sie selbst kommt.«

Wenn die Eltern das Prinzip des Problembesitzes verstanden haben, kann es zu einer tiefgreifenden Veränderung in ihrem Verhalten gegenüber den Kindern führen. Im Kurs werden die Eltern mit dem Begriff anfangs auf dieselbe Weise vertraut gemacht, die zur Unterscheidung »akzeptabler« und »nicht-akzeptabler« Verhaltensweisen verwendet werden. Wieder müssen Sie sich ein Rechteck vorstellen. Diesmal müssen Sie jedoch einen dritten Bereich hinzufügen. Dies geht aus dem rechten Rechteck der Abbildung 9 unten hervor.

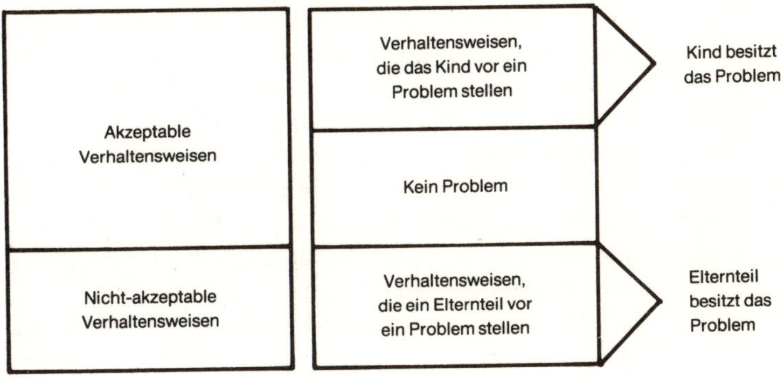

Abbildung 9

Beginnen wir mit dem unteren Teil des Rechtecks auf der rechten Seite. Wie der Leser erinnern wird, handelt es sich hier um die Verhaltensweisen, die von dem Elternteil nicht akzeptiert werden, weil sie seine Rechte verletzen oder ihn daran hindern, seine eigenen Bedürfnisse zu befriedigen. Beispiele: das Kind ist laut, wenn die Eltern sprechen, das Kind trödelt, wenn die Eltern es eilig haben, das Kind kritzelt auf die Tapete, das Kind verstreut seine Spielsachen oder Kleidungsstücke im Wohnzimmer, das Kind verkratzt die Tischplatte usw. Solche Verhaltensweisen bedeuten, daß der Elternteil das Problem besitzt. Es ist an ihm, das

Verhalten zu verändern, das das Problem hervorruft.

Im oberen Teil des Rechtecks zeigen wir Verhaltensweisen des Kindes, die anzeigen, daß hier das Kind das Problem besitzt: die Bedürfnisse des Kindes werden nicht befriedigt, das Kind ist unglücklich, frustriert oder in Schwierigkeiten. Beispiele: das Kind ist unzufrieden, weil es niemanden zum Spielen hat; das Kind wird von einem seiner Freunde zurückgewiesen; dem Kind erscheinen seine Schularbeiten zu schwierig; das Kind ist auf seinen Lehrer böse; der Teenager ist unglücklich wegen seines Übergewichtes. Es handelt sich um Probleme aus dem Lebensbereich der Kinder. Sie haben mit dem Leben der Eltern nichts zu tun. In solchen Situationen besitzt das Kind das Problem.

Der Mittelbereich des Rechtecks ist Verhaltensweisen des Kindes vorbehalten, die weder für die Eltern noch für es selbst ein Problem darstellen. Es ist dies die kostbare Zeit, in der Eltern und Kinder in einer problemfreien Beziehung zueinander stehen, zusammen spielen, sich unterhalten, arbeiten oder irgendeiner anderen gemeinsamen Beschäftigung nachgehen. Es ist dies die *problemfreie Zone*.

Gerade wenn das Kind das Problem besitzt, sind Eltern häufig versucht einzuspringen, die Verantwortung für seine Lösung zu übernehmen, sich selbst Vorwürfe zu machen, wenn sie dazu nicht in der Lage sind. Die ›Familienkonferenz‹ bietet Eltern, die bestrebt sind, ihren Kindern zu helfen, eine Alternative an: dem Kind das Problem zu überlassen und abzuwarten, was es selbst für eine Lösung findet. Etwas vereinfacht enthält der neue Ansatz folgende Elemente:

1. Alle Kinder bekommen in ihrem Leben unvermeidlich mit Problemen der verschiedensten Art zu tun.
2. Kinder haben ungeahnte und meistens unentdeckte Fähigkeiten zur Lösung ihrer Probleme.
3. Wenn Eltern ihre Kinder mit vorfabrizierten Lösungen versorgen, bleiben die Kinder abhängig. Sie kommen nicht dazu, eigene Problemlösungs-Fertigkeiten zu entwickeln. Immer wieder werden sie sich an ihre Eltern wenden, wenn sie auf ein neues Problem stoßen.
4. Wenn Eltern die Probleme ihrer Kinder übernehmen (oder sie in »Besitz« nehmen), übernehmen sie die volle Verantwortung dafür, mit einer guten Lösung aufzuwarten. Dies wächst sich nicht nur zu einer sehr unangenehmen Belastung aus, sondern wird auch zu einer ihre Kräfte übersteigenden Aufgabe. Niemand hat die unerschöpfliche Weisheit, die erforderlich ist, um für die persönlichen Probleme anderer Leute gute Lösungen herbeizuzaubern.

5. Wenn die Eltern akzeptieren können, daß sie die Probleme ihres Kindes nicht besitzen, fällt es ihnen viel leichter, die Lösungen, die ihr Kind selbst sucht, »anzubahnen«, »zu katalysieren« oder »zu unterstützen«. *Sie unterstützen das Kind bei seinem Versuch, sich aus eigener Kraft durch den Problemlösungsprozeß hindurchzuarbeiten.*
6. Kinder brauchen bei bestimmten Problemen Hilfe. Auf lange Sicht ist jedoch – so paradox es klingt – die beste Form der Hilfe eine Art »Nicht-Hilfe«. Genauer gesagt, handelt es sich um eine Form der Hilfe, die dem Kind die Verantwortung dafür überläßt, seine eigenen Lösungen zu suchen und zu finden. In der Familienkonferenz nennen wir dies die »Hilfstechniken« (Abb. 10).

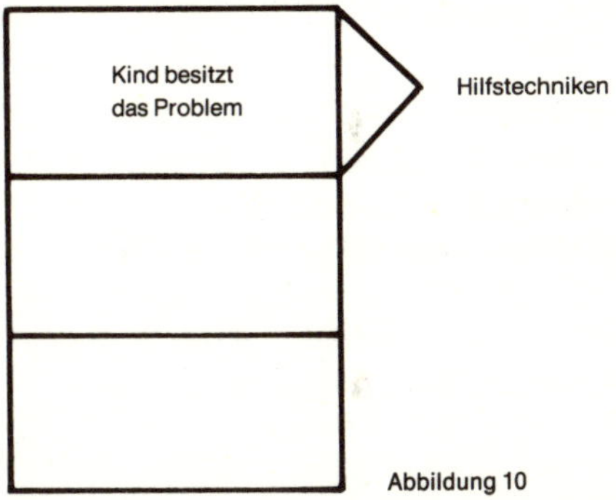

Abbildung 10

Wenn die Verhaltensweisen des Kindes die Eltern vor ein Problem stellt (jenes Verhalten, das wir oben im unteren Drittel des Rechtecks untergebracht haben), müssen wir auf eine andere Art von Techniken zurückgreifen. Wir benötigen Techniken, die geeignet sind, das nicht-akzeptable Verhalten des Kindes zu verändern. Wenn ein Kind die Rechte der Eltern verletzt oder etwas tut, was die Eltern daran hindert, ihre Bedürfnisse zu befriedigen, besitzen die Eltern das Problem. Folglich brauchen sie Techniken, die *ihnen selbst nützen.* Wir nennen diese Kategorie »Konfrontationstechniken« (Abb. 11).

Wenn die *Eltern* das Problem besitzen, bedarf es einer Haltung, die dem Kind mitteilt: »Ich habe ein Problem und brauche *deine* Hilfe.« Wir haben es also mit einer ganz anderen Haltung zu tun als im Falle, da das Kind ein Problem besitzt. Dort übermitteln die Eltern die Botschaft: »Es scheint, als hättest du ein Problem; brauchst du *meine* Hilfe?« Wir können jetzt die wichtigsten Merkmale unseres Modells graphisch darstellen:

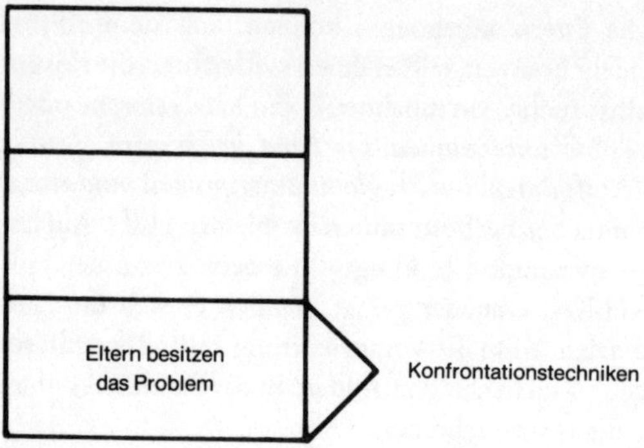

Abbildung 11

1. Wir vermitteln den Eltern Techniken, durch die sich die Zahl der Probleme des Kindes reduzieren lassen (die die Zone im oberen Drittel des Rechtecks schrumpfen lassen).
2. Außerdem vermitteln wir den Eltern ganz andere Techniken, durch die sich die Zahl der Probleme, vor die sie durch ihre Kinder gestellt werden, reduzieren lassen (die die Zone im unteren Drittel des Rechtecks schrumpfen lassen) (Abb. 12).

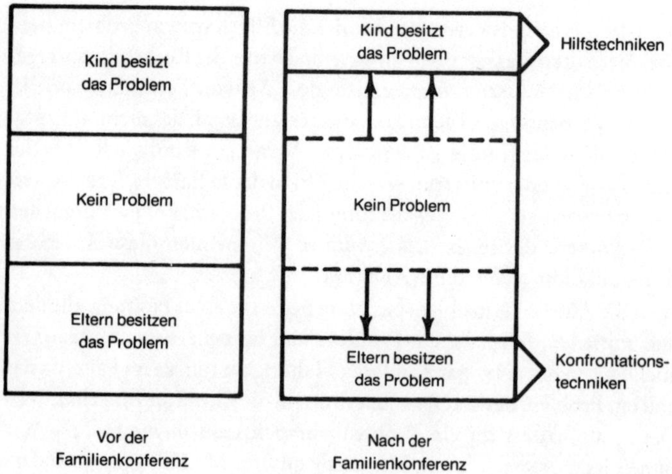

Abbildung 12

Die erfolgreiche Anwendung dieser beiden Techniken vergrößert die problemfreie Zone. In der Eltern-Kind-Beziehung wird jener Zeitraum größer, da niemand irgendwelche Probleme hat. Beide Teile können ihre Bedürfnisse befriedigen und ihr gemeinsames Leben genießen.
In den Kapiteln III, IV und V werde ich mich ausschließlich mit den Hilfstechniken beschäftigen. Dabei werde ich von den Schwierigkeiten berichten, denen die Eltern häufig begegnen. Ich werde Vorschläge machen und Richtlinien geben, anhand derer die Eltern solche Schwierigkeiten überwinden oder vermeiden können. Außerdem werde ich in Fallbeschreibungen zu zeigen versuchen, welcher Lohn und Nutzen sie erwartet, wenn sie diese Techniken bei ihren Kindern effektiv verwenden. In den Kapiteln VI, VII und VIII werde ich mich mit den entsprechenden Aspekten der Konfrontations-Techniken befassen.

III Neue Möglichkeiten, Kindern bei ihren Problemen zu helfen

Es ist ganz gewiß nicht einfach, Eltern dazu zu bewegen, den Kommunikationsstil zu verändern, den sie verwenden, wenn *das Kind das Problem besitzt.* Wir haben es hier mit Gewohnheiten zu tun, die den Betroffenen in Fleisch und Blut übergegangen sind. Die meisten Eltern reagieren angesichts einer Situation, in der ihr Kind vor einem Problem steht, genauso, wie ihre Eltern es taten. Da sie nie die Möglichkeiten hatten, sich eine bessere Reaktionsweise anzueignen, begehen die Eltern die gleichen Fehler, die *ihre* Eltern machten. Eltern, deren eigene Eltern Moralpredigten hielten, neigen dazu, bei eigenen Kindern ebenso zu verfahren. Eine Mutter, deren Eltern sich vor allem auf Vorträge und Faktenvermittlung verließen, wird bei dem Versuch, ihrem Kind bei der Lösung eines Problems zu helfen, höchstwahrscheinlich in der gleichen Weise reagieren. Kinder, die Trost und Einfühlung gewöhnt sind, werden trostreiche und einfühlsame Eltern werden. Individuen, deren Eltern immer mit Rat und Lösungen für ihre Probleme zur Stelle gewesen sind, werden sich dabei ertappen, daß sie als Eltern dasselbe versuchen.

Die ›Familienkonferenz‹ verlangt von den Eltern, die meisten ihrer Gewohnheiten zu *verlernen*, die sie ihren Kindern gegenüber angenommen haben, wenn diese vor eigenen Problemen stehen. Genauer, *Eltern müssen lernen, mit dem Reden aufzuhören und mit dem Zuhören anzufangen.* Es stellt sich jedoch heraus, daß viele Eltern den Unterschied zwischen Zuhören und Reden nicht kennen! Wir haben unsere Techniken verbessert, den Eltern diesen Unterschied klarzumachen.

Kaum begegnet man heute noch irgendwelchen Eltern, die nie gehört haben, wie wichtig es ist, Kindern zuzuhören. Keine der Autoritäten, denen man in Büchern, Zeitschriften, auf der Rednertribüne oder auf dem Bildschirm begegnet, verzichtet auf diese abgedroschene Phrase, wenn sie ihre Gebrauchsanweisung zur vorbildlichen Erfüllung der Elternrolle liefert.

Fast genauso häufig, wie diese Weisheit hergebetet wird, sind Eltern davon überzeugt, daß sie ihren Kindern in der Praxis wirklich zuhören. »Natürlich höre ich meinen Kindern zu«, meinen die meisten Eltern. Nur noch wenige Eltern halten sich in unserer Zeit an die altmodische Vorstellung, daß »man Kinder sehen, aber nicht hören soll«. So sind die Eltern sehr überrascht, wenn sie feststellen, daß sie sich den Begriff des Zuhörens zwar *abstrakt* zu eigen gemacht haben, daß sie aber *in konkreten Situationen* zum aktiven Zuhören nicht in der Lage sind. Und gerade dort wäre es so nötig.

In der ›Familienkonferenz‹ lernen die Eltern zunächst zu unterscheiden, wann sie ihren Kindern *zuhören* und wann sie zu ihnen *sprechen*. Eine Mutter drückte es so aus:

»Was mich am meisten bedrückt, ist, daß man niemals weiß, ob das Kind ein Problem hat – manchmal trägt es seine Schwierigkeiten tagelang mit sich herum. Der Gedanke ist schrecklich, daß ich die Gelegenheit versäumt habe, ihm zu helfen, weil ich die Tür zugemacht habe ... Ich habe viel Zeit damit zugebracht, mit ihm zu sprechen – ich glaube, ich habe sehr viel mit ihm geredet ... Es hat uns viel Mühe gemacht, an unseren Sohn heranzukommen. Ich fand keinen Zugang zu ihm. Er ist sehr still. Verzweifelt habe ich nach Dingen gesucht, die ich ihm sagen konnte. Schließlich bin ich seine Mutter und muß mit ihm reden.«

Viele Eltern lassen in Interviews wie diesen erkennen, daß sie zuhören und reden verwechseln:

»Wenn dieses Problem sich zeigte, wußte ich nicht, was ich tun sollte. Früher habe ich schreckliche Angst vor dieser Situation gehabt. Ich wußte nicht, was ich sagen sollte.«

»Früher habe ich viel mehr Fragen gestellt. Wenn mein Kind ein Problem hatte, sagte ich zum Beispiel: ›Nun was gibt es? Warum bist du aufgebracht?‹ Man sieht es meinen Kindern sofort – wenn sie ins Zimmer kommen – an, ob sie über irgend etwas aufgebracht sind. Und dann habe ich sofort mit dem Fragen begonnen.«

Mit wenigen Ausnahmen war bei allen Eltern, die an unseren Kursen teilgenommen haben, die typische Reaktion, daß sie einem Kind, das mit einem Problem zu tun hatte, nicht zuhörten, sondern zu ihm sprachen. *Sie glaubten, sie müßten dem Kind etwas sagen*, ihm irgendeine Botschaft zukommen lassen, ihm etwas mitteilen.

Deshalb haben wir es immer als unsere erste Pflicht angesehen, den Eltern bewußt zu machen, wie ihre typische verbale Reaktion in dem Augenblick aussieht, da ihre Kinder ihnen von Problemen berichten. Manchmal ist unsere Methode auf Verwirrung und nicht selten auf erheblichen Widerstand gestoßen. Neuerlich haben wir ein Verfahren entwickelt, mit dessen Hilfe sich Verwirrung und Widerstand abbauen lassen. In diesem Kapitel möchte ich deshalb die Eltern mit einigen der neuen Erkenntnisse bekanntmachen und einige Richtlinien nennen, durch die man ein effektiverer Zuhörer werden kann.

Wenn es Eltern nicht gelingt, die zwölf Kommunikationssperren zu vermeiden

In der ersten Kurssitzung führen die Kursleiter eine Übung mit den Eltern durch. Dabei spielt der Leiter nacheinander die Rolle verschiedener Kinder, die mitteilen, sie hätten ein Problem. Die Kursteilnehmer werden aufgefordert, wörtlich niederzuschreiben, wie sie auf jedes einzelne der Kinder reagieren würden. Ihre Antworten werden dann eingesammelt und analysiert, gut 90% lassen sich zwölf Grundkategorien zuordnen. Wir nennen sie die zwölf Kommunikationssperren.
Nehmen wir einen 14jährigen Jungen, der seinen Eltern von den Problemen berichtet, die er mit Hausaufgaben und Schule hat:
»Ich kann meine Hausaufgaben einfach nicht erledigen. Ich hasse sie. Und ich hasse die Schule. Sie ist langweilig. Sie bringen mir nichts von dem bei, was ich im Leben gebrauchen könnte – es ist nur unnützes Zeug. Wenn ich alt genug bin, werde ich die Schule verlassen. Ich brauche die Schule nicht, um im Leben vorwärts zu kommen.«
Hier sind einige der typischen Antworten, die die Eltern im Rahmen der Kursübung für diesen Jungen vorsahen. Die rechte Spalte gibt an, in welche Kategorie der Kommunikationssperren jede der Antworten fällt:

Antwort	*Sperrentyp*
»Mein Sohn wird die Schule nicht verlassen. Das werde ich nie zulassen!«	befehlen, anordnen, auffordern
»Wenn du die Schule verläßt, brauchst du keine finanzielle Unterstützung mehr von mir zu erwarten.«	warnen, drohen
»Lernen ist für jedermann von größtem Nutzen.«	moralisieren, predigen, beraten, Lösungen geben

»Ein Collegeabsolvent verdient über die Hälfte mehr als ein Highschoolabsolvent.«	Vorträge halten, belehren, Fakten liefern
»Du denkst kurzsichtig und unreif.«	urteilen, kritisieren, Vorwürfe machen
»Du bist immer ein guter Schüler mit großen Fähigkeiten gewesen.«	loben, zustimmen
»Du redest wie ein ›Hippie‹.«	beschimpfen, lächerlich machen
»Du magst die Schule nicht, weil du jeder Mühe aus dem Wege gehst.«	interpretieren, analysieren
»Ich weiß, wie dir zumute ist, aber die Schule wird dir in deinem späteren Leben zugute kommen.«	trösten, einfühlen
»Was würdest du ohne eine Ausbildung anfangen? Wie würdest du deinen Lebensunterhalt verdienen?«	forschen, fragen, verhören
»Wir wollen bei Tisch keine Probleme erörtern! Wie steht's in der Bundesliga?	zurückziehen, ablenken, ausweichen

Diese Übung zeigt, daß Eltern, wenn sie mit dem Problem des Kindes konfrontiert werden, in der Regel *etwas sagen*: Sie geben einen Befehl, warnen, halten eine Moralpredigt, geben einen Rat, halten einen Vortrag, äußern Kritik, schimpfen, diagnostizieren, predigen, trösten, fragen oder

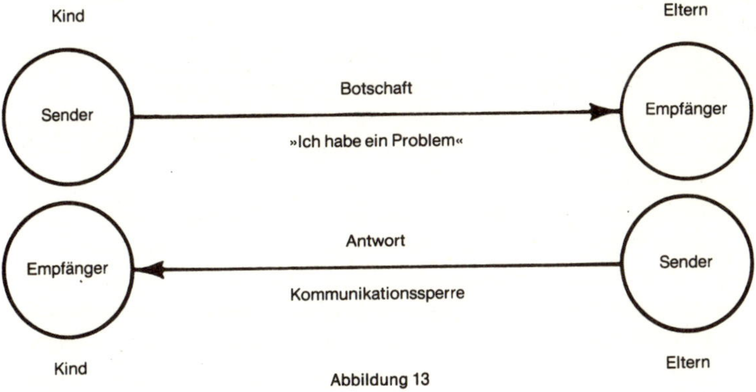

Abbildung 13

lenken ab. Bei solchen Antworten der Eltern läßt sich die Kommunikation zwischen Eltern und Kind als Diagramm, wie in Abbildung 13 gezeigt, darstellen.

Diese typischen Antworten nennen wir Sperren, weil sie so häufig jeden weiteren Versuch zur Kommunikation auf seiten des Kindes unterbinden. Sie können sich auch negativ auf die Selbstachtung des Kindes auswirken oder die Eltern-Kind-Beziehung beeinträchtigen. Die zwölf Kommunikationssperren wirken sich mit großer Wahrscheinlichkeit in der einen oder anderen der unten genannten Weisen aus:

Sie verschließen ihnen den Mund.

Sie drängen sie in die Defensive.

Sie geben ihnen das Gefühl von Unzulänglichkeit und Inferiorität.

Sie machen sie empört und zornig.

Sie geben ihnen das Gefühl, schuldig oder schlecht zu sein. Sie geben ihnen das Gefühl, sie würden so, wie sie sind, nicht akzeptiert.

Sie geben ihnen das Gefühl, man traue ihnen nicht zu, daß sie ihre Probleme selbst lösen könnten.

Sie geben ihnen das Gefühl, nicht verstanden zu werden. Sie geben ihnen das Gefühl, ihre Empfindungen seien nicht gerechtfertigt.

Sie geben ihnen das Gefühl, man schnitte ihnen das Wort ab. Sie geben ihnen das Gefühl der Frustration.

Sie geben ihnen das Gefühl, sie würden in den Zeugenstand gerufen und ins Kreuzverhör genommen.

Sie verleihen ihnen das Gefühl, die Eltern seien uninteressiert.

Zahlreiche Eltern berichteten uns von den Erfahrungen, die sie machten, als sie in der Weise der einen oder anderen Kommunikationssperre auf ihre Kinder reagierten:

»Früher redete ich, glaube ich, ziemlich viel. Wenn sie zum Beispiel sagten: ›Ich mag meine Lehrerin nicht‹, pflegte ich zu sagen: ›Du sollstest deine Lehrerin nicht hassen‹, oder: ›Sie tut ihr Bestes‹, oder etwas dergleichen. Ich weiß heute, daß ich sie dadurch dazu brachte, ihre Gedanken für sich zu behalten.«

»Ich bin mit den Kindern oft zum Arzt oder Zahnarzt gegangen. Den ganzen Weg über klagten sie. Sie wollten keine Spritze, oder sie konnten den Arzt nicht ausstehen. Um sie in bessere Stimmung zu versetzen, habe ich ihre Gefühle nicht zur Kenntnis genommen, indem ich zum Beispiel sagte: ›Oh, ihr habt ja in Wirklichkeit gar keine Angst, dorthin zu gehen.‹ Das war falsch. Heute weiß ich das genau . . . wenn jemand ihnen sagt,

daß sie solche Empfindungen nicht hegen dürfen, haben sie das Gefühl, unrecht zu haben – daß irgend etwas mit ihnen nicht stimmt, da sie Angst haben. Sie verlieren dadurch die positive Einstellung zu sich selbst.«
»Als Timmy in den Kindergarten kam, konnte er zu Hause nichts von dem erzählen, was sich morgens getan hatte. Ich fragte ihn direkt danach, aber er antwortete nicht ... Dann stellte ich fest, daß er auch sonst kaum jemals auf meine direkten Fragen antwortete. Es war für mich als Lehrerin sehr frustrierend, ein Kind zu haben, das den Mund hielt, wenn man es etwas fragte ... Dann entdeckte ich, daß meine Gewohnheit, Timmy direkt zu befragen, ihn in eine sehr verletzliche Position brachte. Er verabscheute es, unrecht zu haben. Statt also eine Frage falsch zu beantworten, zog er es vor, überhaupt nicht zu reagieren. Eine Woche lang achtete ich auf mich und bemerkte die Schärfe in meiner Stimme. Es war eine beschämende Entdeckung. Die entschiedene Objektivität und anklägerische Pose, die im Unterricht so gut funktionierte, erdrückte meinen zarten 5jährigen Jungen. Er konnte sich nur durch Schweigen wehren. Dann stellte ich allmählich fest, daß ich in freundlicherem Ton Antworten hervorlocken konnte. Wenn ich geduldig war und sorgfältig zuhörte, konnte ich am Ende in Erfahrung bringen, was er über den Tag im Kindergarten dachte ... Nach und nach gewährte er mir Einblick in sein Innenleben.«
Diese drei Eltern entdeckten jeder für sich ein wichtiges Prinzip zwischenmenschlicher Beziehungen: Wenn jemand sich bedrückt fühlt, nützt es selten, in ihn zu dringen, zu moralisieren, Vorträge zu halten oder zu trösten. Viel eher werden diese Botschaften ebenso wie die anderen Kommunikationssperren den Versuch zur Problemlösung unterbinden.

Neue Erkenntnisse hinsichtlich der zwölf Kommunikationssperren

Die Erfahrung hat uns gezeigt, auf welche Schwierigkeiten die Eltern im Zusammenhang mit den Kommunikationssperren stoßen. Einige meinen nach Beendigung des Kurses, sie dürften nie wieder eine Frage stellen, nie wieder Informationen liefern, Lösungen anbieten, etwas befehlen oder einen Scherz mit ihren Kindern machen. Andere können einfach nicht glauben, daß sich bestimmte Sperren wirklich als Hemmnisse auswirken – Fragen zum Beispiel. Andere können sich von der fälschlichen Vorstellung nicht trennen, daß jemand, der mit einem Problem zu tun hat, es immer begrüßen wird, wenn man ihm eine Lösung anbietet.

Manchmal sind die Kommunikationssperren keine Sperren

Wir haben den Eltern nicht immer deutlich genug klargemacht, daß die Kommunikationssperren nicht *notwendig* die Kommunikation unterbinden, das Kind abwerten oder die Beziehung negativ beeinflussen. In unserem Eifer, die Eltern dazu zu bringen, keine Kommunikationssperren mehr zu senden, wenn die Kinder Probleme besitzen, haben wir als Kursleiter wahrscheinlich ohne unser Wissen eine puristische Position bezogen: die Eltern gewannen den Eindruck, daß sie fortan niemals wieder jene zwölf Antwortkategorien benutzen durften, die wir Kommunikationssperren nennen. Nichts könnte falscher sein. Zuallererst ist dies völlig unmöglich! Niemand von uns ist vollkommen. Selbst in Situationen, in denen die Sperren mit großer Wahrscheinlichkeit die Kommunikation unterbinden oder sich negativ auf die Beziehung auswirken werden, werden alle Eltern manchmal den Fehler machen, eine Sperre zu senden. Ich weiß jedenfalls von mir, daß es mir passiert. Wenn ich höre, daß meine Tochter sich über irgendein Problem beklagt, das sie in der Schule oder mit einem Freund hat, ertappe ich mich manchmal dabei, wie ich aufgeblasen meine Weisheit an den Mann bringen möchte, wie ich mit einem Rat herausplatze oder ihr eine Gratislösung zu ihrem Problem liefere. Glücklicherweise weist sie bei solchen Gelegenheiten meinen Rat meist zurück. Unsere Beziehung scheint unter meinen Übergriffen kaum zu leiden.

Ich bin sicher, daß auch andere Eltern, selbst wenn sie die besten Absichten haben, gelegentlich solche Kommunikationssperren senden – ohne daß sich daraus schwerwiegende Folgen ergeben. Das entscheidende Wort ist »gelegentlich«. Wenn Eltern gelernt haben, die Kommunikationssperren in den *meisten* Situationen zu vermeiden, in denen ihre Kinder in ihrem eigenen Leben auf Probleme stoßen, wird ein gelegentlicher Ausrutscher ihre Beziehung nicht beeinträchtigen.

Außerdem haben wir nicht deutlich genug gemacht, daß die Kommunikationssperren vom Kind häufig nicht als Verständigungsschwierigkeit empfunden werden. Dies ist der Fall, wenn weder das Kind noch der Elternteil mit einem Problem zu tun haben – wenn das Verhalten des

Kindes weder für dieses selbst noch für den Elternteil problematisch ist. Der Leser wird sich erinnern, daß wir solche Verhaltensweisen in der problemfreien Zone des rechteckigen Fensters (Abb. 14) unterbrachten.

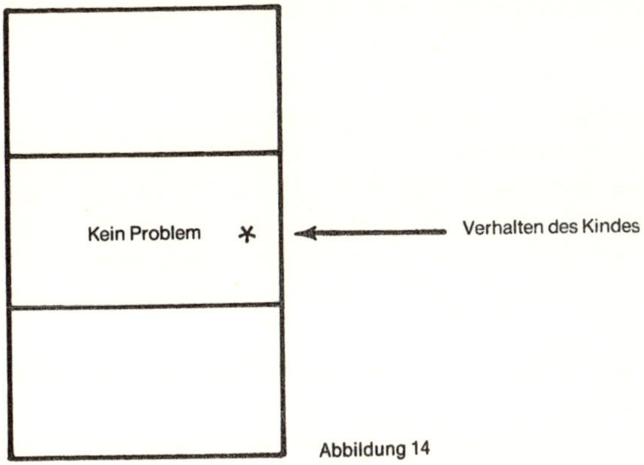

Abbildung 14

Zu Zeiten, da weder Kind noch Eltern vor einem Problem stehen, können Eltern ihren Kindern fast jede Art von Botschaft senden, ohne befürchten zu müssen, sie würden die Kommunikation unterbinden oder die Beziehung beeinträchtigen. Sehen wir, wie viele Kommunikationssperren wir in der folgenden Eltern-Kind-Interaktion verzeichnen können.

Situation: Vater und der 9jährige Karl bauen ein Spielhaus im Hinterhof.
V: Gib mir den Hammer. Aber schnell!
K: Geht in Ordnung. Er liegt hier.
V: Wenn du mir andauernd das Werkzeug wegnimmst, werden wir nicht fertig, bevor es dunkel wird.
K: Wir brauchen zwei Hämmer. Dann kann ich den Fußboden vernageln, während du das Dach festnagelst.
V: Klar, warum fragst du nicht Herrn Silas nebenan, ob er uns seinen leiht?
K: Das ist eine gute Idee. Ich bin gleich zurück.
V: Du bist schon ein patenter Junge!
In dieser Situation sendet Vater einen Befehl, eine Warnung, eine Lösung und eine positive Beurteilung. Trotzdem gibt es keinen Hinweis darauf, daß irgend etwas die Freude und den Frieden ihrer gegenseitigen Beziehung stört. Sehen wir uns noch die Kommunikationssperren in einem zweiten Beispiel an.

Situation: Ein Vater und seine 16jährige Tochter Laurie, eine angehende lokale Tennisgröße, unterhalten sich über die Spielstärke von Chris Evert und Billie Jean King, zweier Tennisprofessionals.

V: Ohne Zweifel ist Billie Jean die bessere.

L: Da bin ich anderer Meinung.

V: Ach, du bist ja verrückt!

L: Chris hat die letzten drei Male gewonnen.

V: Hier verkennen wir wohl die Umstände ein bißchen, mein Fräulein. Billie Jean hatte eine Pause von zwei Jahren. Das scheinst du gewöhnlich zu vergessen.

L: Na und? Sie hat selbst gesagt, daß sie wieder in Form ist.

V: Du nimmst nur deshalb für Chris Partei, weil sie nicht viel älter ist als du. Stimmt's?

L: Stimmt nicht! Ich bin eben nur der Meinung, daß sie die bessere Spielerin ist.

V: Wie oft hat Chris in Wimbledon gewonnen? Kannst du mir das sagen?

L: Schon, aber heute gibt es viel mehr Spitzenspielerinnen, so daß der Wettbewerb viel härter geworden ist.

V: Um Entschuldigungen bist du nicht verlegen! Deine Argumente halten nicht stand. Bist du sicher, daß du dich nicht von der Romanze zwischen Chris und deinem Liebling Jimmy Connors, beeinflussen läßt?

L: Aber Papa, natürlich nicht!

V: Wenn du gut genug bist, um deinen alten Herrn zu schlagen, werde ich mich deinem Urteil fügen.

L: Ich wette um einen Vierteldollar, daß ich dich Samstag schlage!

V: OK, du Frechdachs, die Wette gilt!

In dieser Auseinandersetzung hat Lauries Vater folgende Kommunikationssperren verwendet, davon einige sogar mehrmals als Beschimpfen, negatives Bewerten, Interpretieren (Diagnostizieren), Verhören und Fakten liefern. Hat es den Anschein, als beeinträchtigen sie die Beziehung? Natürlich nicht, denn Vater und Tochter bewegen sich in der problemfreien Zone. Wir haben die gleiche Situation, in der wir auch Vater und Sohn beim Bau des Spielzeughauses antrafen.

In solchen Zeiten vergnügen sich Eltern und Kinder gemeinsam – sie necken einander, konkurrieren in Wettspielen, streiten sich, arbeiten an gemeinsamen Aufgaben. Kaum einmal beeinträchtigen die Sperren dann die Kommunikation. Eltern (und auch Kinder) dürfen ganz unbesorgt

Anordnungen, Lehren, Warnungen, Ratschläge und Beweise ihrer Zuneigung äußern, sie dürfen sich mit Schimpfnamen belegen, Fragen stellen, scherzen und einander Predigten halten.
Dazu allerdings eine Warnung. Immer, wenn Eltern und Kinder problemlos interagieren, können sich Dinge ereignen, die ihre Beziehung rasch aus der problemlosen Zone hinausführt. Etwas, das der Elternteil sagt, kann die Empfindungen des Kindes verletzen. Oder das Kind kann etwas tun, was den Elternteil stört und ihn damit vor ein Problem stellt. Denken wir an die Situation, in der Vater und Sohn fröhlich an dem Spielhaus basteln. Nun sagt der Sohn plötzlich: »Mein Gott, Papa, du läßt mich auch gar nichts tun – all die Dinge, die Spaß machen, machst du selbst.« Oder stellen wir uns vor, daß in der Auseinandersetzung zwischen Vater und Tochter, in der es um die Frage geht, wer die beste Tennisspielerin sei, kein Ende finden kann, obwohl ihr Vater sagt: »Ich muß das Gespräch jetzt leider abbrechen, weil mir nur noch 15 Minuten zur Vorbereitung des Vortrags bleiben, den ich heute abend halten muß.«
Im ersten Fall sollte der Vater sich sofort umstellen und auf die Empfindungen seines Sohnes achten. Im zweiten muß der Vater seine eigenen Empfindungen senden. Das Prinzip ist: *Achte auf Hinweise, die anzeigen, daß die Beziehung sich aus der problemlosen Zone hinausbewegt und vermeide dann Kommunikationssperren.*

Was ist falsch an Fragen?

Wir sagten, viele Eltern könnten nur schwer einsehen, daß Fragen sich als Kommunikationssperren auswirken können. Es ist eine verbreitete Überzeugung, daß man jemandem Fragen stellen müsse, wenn man ihn zum Reden bringen wolle. Deshalb sind Eltern nicht leicht dazu zu bringen, diese Reaktionsform aufzugeben. Sie meinen: »Ärzte fragen, Juristen fragen, Lehrer fragen – und bringen sie die Menschen nicht zum Sprechen?« Natürlich tun sie das. Hier bedarf es jedoch einer eingehenderen Analyse.
Erstens können Fragen bedrohlich sein und jede weitere Kommunikation unterbinden. Nehmen wir den folgenden Dialog:
Kind: Ich kann Ross nicht ausstehen und mag nicht mit ihm spielen, weil er andauernd weint und nach Hause will.
Elternteil: Wodurch bringst du ihn denn zum Weinen?

Kind: Ich mach gar nichts! *(Schweigen)*

Wir sehen, daß der Elternteil in seiner Frage von einer Voraussetzung ausgeht: Das Kind ist im Unrecht, es »muß irgend etwas getan haben, das seinen Freund zum Weinen gebracht hat«. Kein Wunder, daß es sich in eine Abwehrhaltung zurückzieht und die Unterstellung zurückweist. Häufig reagieren Kinder auch ärgerlich auf solche Fragen.

Im folgenden Gespräch scheint sich die Frage des Elternteils ganz natürlich zu ergeben. Doch auch sie bringt das Kind in eine ärgerliche Abwehrhaltung:

Kind: Ich habe heute abend keinen Hunger. Ich mag nicht essen.

Elternteil: Was hast du nach der Schule gegessen?

Kind: Nichts Besonderes. Das hat nichts damit zu tun! *(Schweigen)*

Abermals erkennt das Kind in der Frage des Elternteils den mahnenden Zeigefinger. Ergebnis: Ende der Kommunikation.

Auch in anderer Hinsicht wirken sich Fragen hemmend auf die Kommunikation aus. Sie grenzen die folgende Antwort des Kindes ein, beschneiden seine Wahlmöglichkeiten, verringern seinen Spielraum. Nehmen wir die folgende kurze Interaktion zwischen Mutter und Tochter als Beispiel:

T: Ich fühl mich einfach scheußlich in der Schule! Alle meine Freundinnen können sich mit Jungen unterhalten, aber bei mir geht's nicht. Ich steh' da wie ein Bauerntrampel. Mir fällt einfach nicht ein, was ich sagen könnte.

M: Worüber unterhalten sich denn die anderen Mädchen?

Mit dieser so naheliegenden Frage schränkt die Mutter unbewußt die Kommunikationsmöglichkeiten ihrer Tochter weitgehend ein. Die Frage »programmiert« nämlich die nächste Botschaft der Tochter. Sie teilt dieser mit: »Ich möchte nur hören, worüber die anderen Mädchen mit den Jungen sprechen«; oder: »Ich möchte, daß du dich darüber äußerst – und über sonst nichts.«

Das Problem ist aber, daß das Mädchen vielleicht über andere Aspekte ihrer Schwierigkeit sprechen möchte – vielleicht über das Empfinden, unzulänglich zu sein, ihre Eifersucht, über die Furcht, beurteilt zu werden, ihr unscheinbares Äußeres, das Empfinden unattraktiv zu sein, oder die Tatsache, daß sie sich zwar sehnsüchtig wünscht, sich mit Jungen zu verabreden, daß sie dann aber stets nervös und ängstlich wird. Diese Empfindungen mögen noch so große Bedeutung für das Problem der Tochter haben, sie muß sie beiseite lassen, wenn sie die gezielte Frage der Mutter beantworten will.

Frei von bedrohlichen oder hemmenden Effekten sind »offene« Fragen. Sie wirken sich selten hinderlich auf die Kommunikation aus. Beispiele:
»Magst du darüber sprechen?«
»Was empfindest du dabei?«
»Was meinst du dazu?«
»Was ist deiner Meinung nach eigentlich los?«
Den Grund dafür, daß zudringliche Fragen so häufig menschliche Kommunikation unterbrechen oder gar nicht erst zustande kommen lassen, hat einmal ein Gesprächspartner von mir äußerst anschaulich zum Ausdruck gebracht: »Man stelle Menschen, die ein Problem haben, Fragen, und man wird eine Antwort bekommen, aber nicht mehr.«

Brauchen Kinder Ratschläge?

Kommunikationssperre Nummer 5: »Vorträge halten, belehren, Fakten liefern« macht den Eltern besondere Schwierigkeiten. Sie verstehen nicht, warum wir Ratschläge und Informationen als Kommunikationssperre – oder Barriere zwischen Kind und Eltern – einstufen. »Wenn Kinder ein Problem haben«, so meinen sie, »muß man sie doch belehren, und dies akzeptieren sie auch.« Häufig hören wir Eltern sagen: »Schließlich verfügen Eltern über mehr Erfahrungen und Informationen als Kinder.«
Ganz offensichtlich haben wir uns in der ›Familienkonferenz‹ nicht ausreichend mit diesem Problem befaßt. Deswegen hat es so häufig Verwirrung bei den Eltern gestiftet. Vielleicht kann ich das Versäumte hier nachholen. Machen wir uns zuerst noch einmal klar, daß jene Phänomene, die wir Kommunikationssperren nennen, jene zwölf typischen sprachlichen Reaktionen sind, die Eltern zeigen, *wann das Kind mit einem Problem zu tun hat* – wann das Kind bekümmert, frustriert, ängstlich, verwirrt, unglücklich oder sonst unzufrieden ist. In solchen Fällen *kann* der Umstand, daß die Eltern Fakten und Information liefern, jeder weiteren Kommunikation ein Ende setzen, Widerstand hervorrufen und das Problemlösungsverhalten des Kindes hemmen. Es gibt viele Gründe dafür, daß unter solchen Bedingungen jede Art von Belehrung *unter Umständen* unerwünschte Folgen haben kann:

1. Kinder (und Menschen im allgemeinen) sind nicht bereit, auf logische Argumente zu hören, wenn sie erregt sind und sich über ihre Gefühle klarwerden müssen.

2. Häufig wissen Kinder bereits das, was wir ihnen als große Weisheit mitteilen. Sie wollen nicht hören, was sie bereits wissen.
3. Häufig kommen Eltern schon mit Ratschlägen, bevor sie noch begriffen haben, worin eigentlich das Problem besteht. Dann ist ihre Hilfe irrelevant und unangebracht.
4. Belehrungen und Vorträge geben Kindern häufig das Gefühl, sie würden bevormundet. Die Botschaft, die sie vernehmen, läuft im wesentlichen auf das folgende hinaus: »Du hast keine Ahnung, aber ich bin informiert. Ich bin klüger als du.« Solche Botschaften sind selten willkommen.
5. Wenn ein Elternteil einem Kind, das bei einem Problem beschäftigt ist, Ratschläge gibt, schaltet er sich in den Problemlösungsprozeß als Beteiligter ein. Die Botschaft lautet dann: »Du kannst das Problem nicht ohne meine Hilfe lösen.« Und das ist häufig gar nicht erwünscht. Außerdem wird das Kind daran gehindert, die Verantwortung für die Lösung des Problems allein zu tragen und unabhängig zu werden.

Deshalb sind Personen in Helfer-Berufen (Eheberater, Erziehungsberater, Therapeuten) außerordentlich zurückhaltend damit, den Menschen irgendwelche »Ratschläge« für ihre persönlichen Probleme zu geben. Andere Reaktionsweisen sind weit unproblematischer und auf lange Sicht effektiver. Fähige Therapeuten verlassen sich in weit höherem Maße auf das *Zuhören*.

In einigen Situationen kann es aber nützlich sein, einem Kind einen Rat zu geben – es meinetwegen zu belehren. Es ist sehr schwierig, diese Situationen genau zu definieren. Deshalb nur einige Richtlinien:

1. Man muß einigermaßen sicher sein, daß die Ratschläge für das eigentliche Problem des Kindes relevant sind.
2. Man muß sicher sein, daß das Kind sich nicht selbst helfen kann.
3. Man muß das Empfinden haben, daß das Kind bereit ist, die Belehrung entgegenzunehmen – das heißt, daß es einen als Ratgeber akzeptiert.
4. Man muß von dem Rat, den man gibt, überzeugt sein.

Ich glaube, daß Ratschläge oder Hinweise angebracht und/oder nützlich sind, wenn ein Kind sagt:

»Ich verstehe die Betriebsanleitung zur Montage des Fahrrads nicht recht. Verstehst du diesen Absatz?«

»Ich fürchte, wenn ich mir ein Pflaster aufs Knie mache, schmerzt es auf der Wunde. Gibt es irgendeine andere Möglichkeit?«

Seit dem Umzug vermisse ich mein Skateboard. Ich habe schon überall nachgesehen.«

Belehrungen oder Ratschläge wären jedoch nach meiner Auffassung überflüssig und für den Fortgang der Kommunikation hinderlich, wenn ein Kind sagt:
»Ich kann diese Matheaufgaben einfach nicht. Entweder sind sie zu schwer oder ich bin zu dumm.«
»Ich weiß nicht, wieviel Kinder ich zu meiner Geburtstagsfeier einladen soll. Ich habe nur vier Freunde, bei denen ich ganz sicher bin. Das ist schon ein Problem!«
»Es gelingt mir einfach nicht abzunehmen. Es ist einfach unmöglich. Ganz egal, wie wenig ich esse, ich behalte mein Gewicht.«
Noch ein letztes Wort zu diesem Problem. Erinnern wir uns an den Abschnitt ›Wenn Kommunikationssperren keine Sperren sind‹. Die entscheidende These war, daß die meisten Sperren von den Kindern nicht als Kommunikationshindernisse empfunden werden, *wenn die Beziehung problemlos* ist. Auch Ratschläge und Belehrungen machen da keine Ausnahme. Eltern dürfen sich ihrer unbedenklich bedienen, ohne fürchten zu müssen, die Beziehung zu ihren Kindern zu beeinträchtigen, *solange das Verhalten des Kindes sich in der problemlosen Zone bewegt.* Das ist der entscheidende Punkt, den alle Eltern im Gedächtnis behalten sollten.

Wie bringt man Eltern das Zuhören besser bei?

Es braucht seine Zeit, den Eltern jene Techniken beizubringen, durch die es ihnen gelingt, ihren Kindern effektiver bei der Vielfalt von Problemen zu helfen, denen diese im Leben begegnen. Zwar bereitet es den meisten Eltern wenig Schwierigkeiten, sich die neuen Techniken intellektuell anzueignen, doch müssen sie die meisten ihrer Einstellungen von Grund auf verändern, bevor sie von der Brauchbarkeit der neuen Techniken soweit überzeugt sind, daß sie sie auch in der Familie praktizieren. Es ist nicht ungewöhnlich, daß die neuen Techniken anfangs auf großen Widerstand stoßen. Dank unserer Erfahrung in den Kursen wissen wir heute mehr über die verschiedenen Gründe für den Widerstand der Eltern. So konnten wir auch bessere Methoden entwickeln, die Hilfstechniken zu vermitteln.
Bevor ich nun diese Verbesserungen im einzelnen beschreibe, möchte ich noch einmal die besonderen Hilfstechniken aus der ›Familienkonferenz‹ ins Gedächtnis rufen.

Die vier grundlegenden Techniken des Zuhörens

Schon in der ›Familienkonferenz‹ war es meine Absicht, den Eltern all das zu vermitteln, was mir selbst aus meiner Ausbildung und Praxis als Erziehungsberater und Therapeut bekannt war. Ich wollte die besonderen Techniken, die ich in dieser Eigenschaft verwendete, an die Eltern »weitergeben«. Ich wußte aus meiner Praxis, daß die Techniken effektiv sind. Fast ohne Ausnahme reagierten die Kinder, denen ich in meiner Beratungstätigkeit begegnete, positiv auf die Kommunikationstechniken, die ich verwendete.
Kinder aller Altersstufen verhielten sich mir gegenüber aufgeschlossen. Sie sprachen frei und offen über ihre Gefühle und Probleme. Dabei erwähnten sie häufig, daß es ihnen unmöglich sei, so zu ihren Eltern zu sprechen. Die besondere Art, in der ich mit diesen Kindern sprach, führte häufig (wenn auch nicht immer) dazu, daß sie konstruktive Lösungen für ihre Probleme fanden – ohne daß ich ihnen Ratschläge oder Lösungen hätte liefern müssen. Alles, was ich in diesen Beratungssitzungen tat, ließ sehr freundliche und herzliche Beziehungen zwischen den Kindern und mir entstehen. Für die meisten dieser jungen Menschen wurde ich zu einem bedeutenden Ereignis in ihrem Leben. Manche brachten mir kleine Geschenke zu Weihnachten; einige machten mich mit ihren Freunden bekannt; beinahe alle erwarteten die nächste Sitzung mit Ungeduld; und die meisten konnten am Schluß der fünfzig Minuten langen Sitzung kein Ende finden. So kam ich zu der Überzeugung, daß Eltern eigentlich dieselben Ergebnisse bei ihren Kindern erzielen können müßten, wenn es mir gelänge, ihnen die folgenden vier Kommunikationstechniken zu vermitteln.

Passives Zuhören (Schweigen)

Ein Kind wird kaum mit einem über seine Schwierigkeiten reden können, wenn man die meiste Zeit über selber spricht. Die Binsenweisheit »Schweigen ist Gold« gilt ganz bestimmt für denjenigen, der Kindern Rat und Hilfe erteilen will. Passives Zuhören wirkt als nachdrückliche nichtverbale Botschaft, die dem Kind mitteilt:
Ich möchte, daß du mir sagst, was du empfindest.
Ich akzeptiere deine Empfindungen.
Ich überlasse dir die Entscheidung, was du mir mitteilen möchtest.

Du hast hier die Verantwortung, es ist dein Problem.
Tüchtige Erziehungsberater verhalten sich einen Großteil der Zeit, die sie mit ihren Klienten verbringen, schweigend. Passives Zuhören ermutigt Kinder, ihre Gefühle mitzuteilen. So kommt man häufig zu tieferliegenden und wichtigeren Problemen als jenen, von denen anfänglich berichtet wurde. Auf der anderen Seite genügt Schweigen allein nicht. Wenn Kinder von einem Problem berichten, erwarten sie etwas mehr als schweigendes Zuhören!

Aufmerksamkeit

Durch Schweigen lassen sich die Kommunikationssperren vermeiden, die dem Kind so häufig mitteilen, daß seine Botschaften nicht-akzeptabel sind. Schweigen ist aber noch kein Beweis für das Kind, daß man ihm auch *wirklich* Aufmerksamkeit schenkt. Deshalb ist es besonders in Pausen sehr nützlich, nicht-verbale und verbale Botschaften zu verwenden, die zeigen, daß man auch tatsächlich zuhört. Wir nennen dies »Aufmerksamkeitsreaktionen«. Man nickt, lehnt sich vorwärts, lächelt, runzelt die Stirn und führt andere Körperbewegungen aus, an denen das Kind die Anteilnahme ablesen kann. Verbale Botschaften wie »Hm, oh«, »ich verstehe« – von Erziehungsberatern werden sie im Scherz »einfühlendes Grunzen« genannt – teilen dem Kind gleichfalls mit, daß man noch zuhört, daß man interessiert ist und daß seine Mitteilungen akzeptiert werden. Fähige Erziehungsberater machen von solchen Aufmerksamkeitsreaktionen häufigen Gebrauch, um ihr Interesse auszudrücken.

Türöffner oder Einladungen

Gelegentlich brauchen Kinder zusätzliche Ermutigungen, um über ihre Gefühle und Probleme sprechen zu können. Dies ist besonders zu Beginn einer Sitzung häufig der Fall. Deshalb beginnen erfahrene Erziehungsberater häufig mit Türöffnern oder Einladungen zum Gespräch wie zum Beispiel:
Magst du darüber sprechen?
Mich würde interessieren, was du darüber denkst.
Das hört sich an, als hättest du eine bestimmte Meinung dazu.
Es handelt sich um offene Fragen. Sie lassen dem Kind die Möglichkeit,

über jeden Aspekt des Problems zu sprechen. Das Kind kann frei entscheiden, was es mitteilt. Selbstverständlich enthalten diese Fragen auch keine Einschätzung oder Beurteilung dessen, was das Kind vorher mitgeteilt hat.

Aktives Zuhören

Die weitaus wichtigste Technik des Erziehungsberaters ist ein verbaler Reaktionstyp, der keine Botschaft des *Beraters* übermittelt, sondern nur ein Spiegel oder eine Rückmeldung der unmittelbar vorangehenden Botschaft des *Kindes* ist. Diese Reaktionsweise heißt aktives Zuhören. Es unterscheidet sich vom passiven Zuhören insofern, als der Empfänger durch die Rückmeldung des Gehörten aktiv zeigt, daß er den Sender akustisch und sinngemäß versteht. Er beweist dem Sender dies dadurch, daß er die Bedeutung der gesendeten Botschaft »rückmeldet«. Dazu bedient er sich natürlich seiner eigenen Worte. Es folgen einige Beispiele für solche Reaktionen.

1. K: Ich bin zu dumm, um die Arithmetik zu begreifen. Ich werde das nie verstehen.
E: Du meinst, du bist nicht klug genug. Du wirst es nicht begreifen.
K: Ja.

2. K: Ich mag nicht in dem dunklen Zimmer schlafen. Da sind lauter Geister.
E: Du glaubst, es sind Geister in deinem Schlafzimmer. Du hast große Angst vor ihnen.
K: Ja, sehr große.

3. K: Was macht man mit den Menschen, wenn sie sterben?
E: Du hast darüber nachgedacht, was mit den Menschen passiert, wenn sie sterben und wo sie bleiben.
K: Ja. Man sieht sie nie wieder, nicht wahr?

4. K: Ich mag morgen nicht zu Bobbys Geburtstagsfeier gehen.
E: Das hört sich an, als hätten Bobby und du Schwierigkeiten.
K: Ich kann ihn einfach nicht ausstehen. Er ist gemein.
E: Du magst ihn also nicht, weil du findest, daß er ziemlich gemein ist.
K: Ja. Er will nie das spielen, was ich möchte.

5. K: (*weint*). Ich bin auf dem Bürgersteig hingefallen und habe mir das Knie aufgeschlagen. Das blutet so doll. Guck mal!
E: Du hast bei dem vielen Blut einen Schrecken bekommen.
In all diesen Situationen reagieren die Eltern auf die Botschaft der Kinder durch aktives Zuhören. Aktives Zuhören besteht also *nicht* in Schweigen (passivem Zuhören). Ohne Zweifel vermeidet es auch die Fehler der zwölf Kommunikationssperren, da die Eltern keine *eigene* Botschaft senden. Die elterliche Reaktion ist einfach eine *Rückmeldung der Botschaft des Kindes.*
Aktives Zuhören stellt für die meisten Eltern eine neue Reaktionsweise dar. Wir haben festgestellt, daß sie seine *Bedeutung* verstehen müssen. Es genügt nicht, daß sie erleben, wie es sich anhört. Graphisch sieht das aktive Zuhören folgendermaßen aus (Abb. 15):

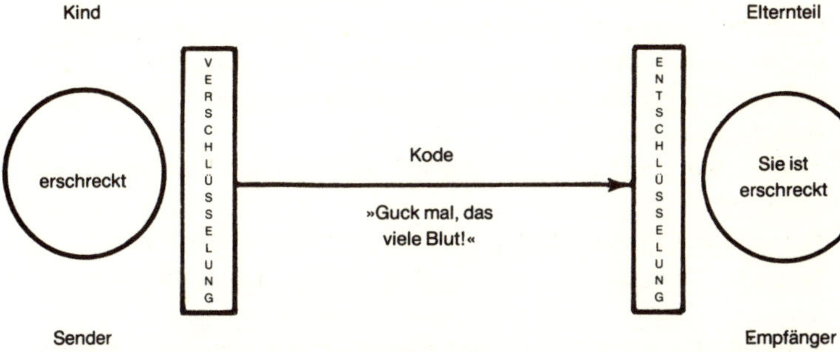

Abbildung 15

So sieht die normale Kommunikation von Person zu Person aus. Ein *Sender* spricht zu einem *Empfänger*. In diesem Fall spricht ein Kind (das ein Problem hat) zu einem Elternteil. Das Kind ist hingefallen, hat sich das Knie aufgeschlagen, sieht das Blut und ist erschreckt. Die Angst des Kindes ist jedoch ein komplexes Zusammenspiel physiologischer und mentaler Prozesse, die in seinem Inneren vonstatten gehen. Sie dringen nicht nach außen, sondern bleiben privat und jeder Beobachtung entzogen. Wenn das Kind dem Elternteil mitteilen will, was es empfindet, muß es einen Kode (ein Symbol) wählen, von dem es hofft, er werde repräsentieren (symbolisieren), was sich in seinem Inneren (in seinem Organismus) abspielt. Wir nennen diese Wahlhandlung den »Verschlüsselungsprozeß«. Der Kode, den das Kind auswählt, wird an den Elternteil gesendet (ihm übermittelt). Ganz sicher handelt es sich *nicht* um die Gefühle, die es in seinem Inneren empfindet.

Der Elternteil, der den Kode vernimmt (»Guck mal, das viele Blut!«), muß vermuten oder darauf schließen, was der besondere Kode des Kindes repräsentiert. Der Elternteil ist also mit dem »Entschlüsselungsprozeß« befaßt. Das Ergebnis dieses Prozesses (in unserem Fall eine zutreffende Entschlüsselung) tritt in der Vorstellung des Elternteils (als Teil seiner Innenwelt) in der Bedeutung »Sie ist erschreckt« in Erscheinung.

Dies ist die Anatomie des Kommunikationsprozesses. Das sieht sehr einfach aus. Diese Abbildung der interpersonellen Kommunikation trägt zwar sehr zu ihrer Klärung bei, doch verläuft der Prozeß nicht immer so problemlos. Zum einen kommt dem Entschlüsselungsprozeß des Empfängers lediglich der Wert einer Vermutung oder einer Schlußfolgerung zu: Niemand weiß mit Sicherheit, von welcher Vorstellung der Sender ausgeht. In unserem Beispiel könnte der Vater oder die Mutter auch ungenau entschlüsseln. Die folgenden Vermutungen wären vernünftige, aber falsche Entschlüsselungen der Botschaft des Kindes:

»Sie möchte, daß ich puste.«

»Sie möchte ein Pflaster.«

»Sie ist wütend auf sich selbst, daß sie hingefallen ist.«

»Sie braucht einen Arzt.«

»Sie hat schreckliche Schmerzen.«

In unserem Beispiel wäre jede dieser Schlußfolgerungen (Entschlüsselungen) unzutreffend; das Kind empfindet lediglich Angst.

Hier drängt sich natürlich die Frage auf, wie denn der Empfänger wissen kann, ob seine Entschlüsselung zutrifft oder nicht. Meine Antwort: die meisten Eltern versuchen dies in der Position des Empfängers gar nicht herauszufinden. Dabei gibt es dafür ein sehr einfaches Verfahren: die Methode des aktiven Zuhörens (Abb. 16).

Aktives Zuhören bedeutet lediglich, daß der Empfänger eine verbale »Rückmeldung« der Ergebnisse seines Entschlüsselungsprozesses liefert. Sie teilt dem Sender mit: »Ich glaube, daß du dies fühlst – habe ich recht?«

In der Regel wird der Sender, hat der Empfänger recht, in irgendeiner Form die Richtigkeit der Rückmeldung bestätigen. Zum Beispiel: »Ja, ich *bin* erschreckt«, oder »das kann man wohl sagen«, oder »genau!« oder »ich habe Angst, daß ich verblute«, oder »ich fürchte, das hört nie wieder auf zu bluten«. *Täuscht* sich der Empfänger (hat er falsch entschlüsselt) zum Beispiel: »Du mußt schreckliche Schmerzen haben«, korrigiert der Empfänger den Sender gewöhnlich mit einer Botschaft wie zum Beispiel:

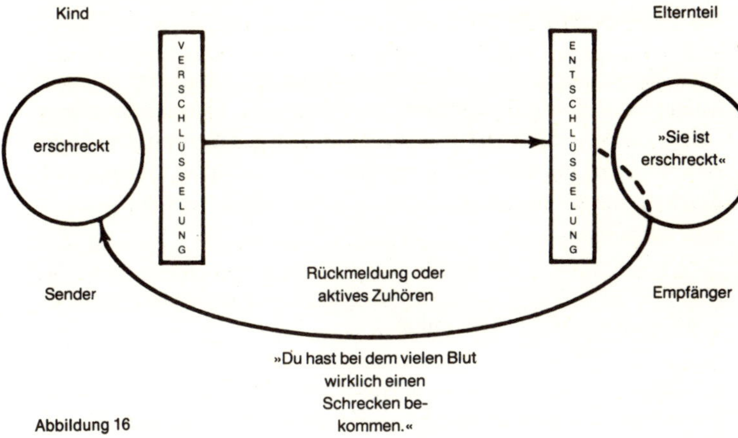

Abbildung 16

»Nein, das tut gar nicht so weh«, oder »nein, ich habe nur Angst«, oder »du verstehst mich nicht«. Durch die Rückmeldung – das aktive Zuhören – verfügt der Empfänger über ein zuverlässiges Verfahren festzustellen, *ob er die Botschaft des Senders richtig verstanden hat.* Bisher besaßen wir eine Vorstellung vom *üblichen* »Kommunikationsprozeß«. Nun wissen wir, wie der Prozeß *effektiver Kommunikation* aussieht: der Empfänger versteht, was der Sender meint und – was genauso wichtig ist – der Sender weiß es!

Warum wir Eltern im aktiven Zuhören unterrichten

Weil Eltern so sehr daran gewöhnt sind, zu warnen, zu moralisieren, Belehrungen zu erteilen, zu fragen, zu urteilen, zu trösten, ist es nur allzu verständlich, daß sie sich fragen, warum sie ihre Gewohnheiten verändern müssen, warum sie plötzlich anders zu ihren Kindern reden und einen Großteil ihrer Zeit darauf verwenden sollen, diese merkwürdige neue Reaktionsweise zu praktizieren. Unsere Antwort lautet immer gleich: sie werden viel unerwarteten und kaum glaubhaften Nutzen aus dem aktiven Zuhören ziehen – Nutzen für sich und ihre Kinder.

Die Gefühle verblassen

Viele Menschen glauben, sie könnten bestimmte Empfindungen dadurch loswerden, daß sie sie unterdrücken und vergessen. Tatsächlich verlieren sich störende Gefühle viel eher, wenn sie offen geäußert werden. Eltern können durch das aktive Zuhören ihren Kindern helfen, genau auszudrücken, was sie empfinden. Dann scheinen sich die Gefühle häufig in Luft aufzulösen.

Die Gefühle werden freundlich

»Gefühle sind freundlich« ist ein Ausdruck, den wir in unseren Kursen verwenden, damit die Eltern akzeptieren, daß Gefühle nicht »schlecht« sind. Durch aktives Zuhören akzeptieren Eltern die Gefühle ihrer Kinder. Dies hilft den Kindern sie ebenfalls zu akzeptieren. Sie lernen durch die Reaktionen ihrer Eltern, daß Gefühle freundlich *sind.* Sie verlieren die Vorstellung, Gefühle seien schlimm oder schrecklich.

Größeres Vertrauen

Der Umstand, daß einem ein anderer zuhört und versteht, löst sehr positive Gefühle aus. Der Sender wird also sehr herzliche Empfindungen gegenüber dem Hörer entwickeln. Auch die Beziehung des Hörers zum Sender wird herzlicher und enger. Wenn man jemand anderem einfühlsam zuhört, versteht man ihn besser und lernt, seine Besonderheit zu schätzen. Zeitweise wird der Hörer regelrecht *zu dieser Person.* Er versetzt sich an ihre Stelle. So schafft Zuhören Empfindungen des Vertrauens und der Liebe.

Die Kinder beginnen ihrerseits zuzuhören

Wenn sich jemand unseren Standpunkt anhört, fällt es uns leichter ihm zuzuhören, wenn er seinen darlegt. Deshalb hören sich Kinder die Botschaften ihrer Eltern an, wenn diese zuerst auf die ihren gehört haben. Wenn Kinder ihren Eltern nicht zuhören, ist der Grund häufig darin zu suchen, daß die Eltern ihrerseits keine guten Zuhörer sind.

Die Kinder zeigen mehr Verantwortungsbewußtsein

Wir wissen, daß wir mit einem Problem besser fertig werden, wenn wir darüber sprechen. Aktives Zuhören ist ein effektives Verfahren, um den anderen zum Sprechen zu bringen. Insofern hilft es ihm, Lösungen für seine Probleme zu finden. Menschen, die ein Problem haben, brauchen jemanden, der ihnen zuhört. Auch Kinder sind Menschen.
Aktives Zuhören bringt das Kind zum selbständigen Denken und führt es zu eigenen Lösungen. Botschaften, in denen Rat, Logik, Belehrung und ähnliche Dinge übermittelt werden, signalisieren dem Kind, daß man ihm nichts zutraut. Eltern, die die genannte Technik beherrschen, erleben, wie ihre Kinder selbständiger, verantwortungsbewußter und unabhängiger werden.

Sie werden lernen, ihrem Kind zu vertrauen

Sie werden mehr *Vertrauen* zu ihrem Kind gewinnen. Sie werden ihm zutrauen, daß es seine Probleme selbst anpackt und mit ihnen fertig wird. Sie werden beobachten, wie ihr Kind seine Probleme ohne ihre Lösungen bewältigt. Dabei werden sie lernen, seiner Fähigkeit zur Problemlösung zu vertrauen.

Sie werden mehr akzeptieren

Sie lernen seine Gefühle zu akzeptieren, wie verschieden sie auch von dem sein mögen, was nach ihrer Auffassung ein Kind empfinden »sollte«. Diese Toleranz braucht jedoch ihre Zeit, um sich zu entwickeln.

Sie haben Freude daran zu helfen

Viele Eltern haben uns berichtet, daß man durch das aktive Zuhören viel mehr Freude an den Kindern hat. Sie besitzen nämlich jetzt ein Instrument, mit dessen Hilfe sie die Problemlösungen und Lösungswege des Kindes fördern können. Sie sind befreit von dem Empfinden, daß sie immer die richtige Lösung liefern müßten. Jetzt können sie sich mit der Beratungsfunktion zufriedengeben. Die alleinige Verantwortung, die in der Vergangenheit auf ihnen lastete, ist von ihnen genommen.

Ihr Kind wird zu einem eigenständigen Individuum

Sie können die *Eigenständigkeit* ihres Kindes erkennen. Sie sehen es nicht mehr in Verbindung zu sich, sondern als eigenständiges Individuum, das von ihnen ein *eigenes* Leben und eine *eigene* Identität erhält. Diese »Eigenständigkeit« macht es ihnen leichter, dem Kind *eigene* Gefühle und eine *eigene* Auffassung der Dinge zu »gestatten«. Nur wenn sie dieses Gefühl für die »Eigenständigkeit« ihres Kindes besitzen, können sie als sein Ratgeber fungieren. Sie sind »dabei«, wenn es mit seinen Problemen beschäftigt ist, sie sind aber nicht an seiner Stelle.

Sie brauchen kein »Über-Vater« bzw. keine »Über-Mutter« zu sein

Die meisten Eltern hängen der falschen Vorstellung an, als »gute Eltern« müßten sie alle Probleme ihrer Kinder lösen, ihnen vorschreiben, wie sie sich zu verhalten haben, immer das große Wort führen, für alles verantwortlich sein, immer recht haben, alle Antworten parat haben und sich sogar das Versagen ihrer Kinder zum Vorwurf machen. Sie sind also der Auffassung, sie müßten Über-Eltern sein! Eine Mutter berichtet darüber:

»Es ist schon eine ungeheure Erleichterung, wenn man sich vom lästigen Wahn befreit sieht, daß man für die Probleme aller Welt zuständig sei. Ich war der große ›Problemlöser‹, die Über-Mutter meiner ganzen beschissenen Welt, das schwöre ich.«

Andere Eltern berichteten uns dasselbe in anderen Worten:

»Man kann sich so viele Probleme aufladen. Wenn Sie bereit sind, Sie zu Ihren eigenen zu machen, überlassen die Menschen sie Ihnen nur zu gern ... Jetzt habe ich die Vorstellung akzeptiert, daß man nicht in jeder Hinsicht vollkommen sein muß.«

»Ich bot – körperlich – ein bemitleidenswertes Bild. So stand ich, vornübergebeugt. Und ich bin sicher, daß daran jene Last von Problemen schuld war, die ich mir aufgeladen hatte. Als ich mich davon befreite und alle sich mit ihren eigenen Schulproblemen, Arbeitsproblemen, Autoproblemen selbst befassen mußten, wurde meine Haltung aufrechter. Das stimmt wirklich. Seither halte ich mich gerade ... Es war aber schwer, diese Gewohnheit abzulegen. Vor allem erinnere ich mich an die ungeheure Erleichterung, die ich empfand.«

»Für mich erwies sich am heilsamsten, daß man mir klarmachte, ich müsse

nicht die Probleme aller Welt zu meinen eigenen machen. Plötzlich konnte ich mich in jeder Hinsicht entwickeln. Mir tat sich eine neue Welt auf.«

»Ich war eine Mutter, die alles sehr schwer nahm. Ich war überängstlich, überfürsorglich, predigte und moralisierte. Ich mutete mir einfach zuviel zu. Ich mußte einfach eine gute Mutter sein. So half ich eben. Arme Kinder. Jetzt versuche ich, mich zu ändern. Ich versuche, mich zurückzuhalten. Sie sollen ihr eigenes Leben leben. Nur wenn sie mich brauchen, sollen sie kommen. Das ist nicht leicht.«

IV Wie lernt man aktives Zuhören: Probleme und Lösungen

Alte Gewohnheiten lassen sich nicht leicht ablegen. Eltern können der Versuchung nur schwer widerstehen, zu fragen, zu moralisieren und Lösungen zu liefern. Manchen Eltern erscheint die neue Technik unnatürlich. Wenn sie sich ihrer bedienen, kommen sie sich ungeschickt vor – als müßten sie als Rechtshänder lernen, das mit der linken Hand zu schreiben. Außerdem bleiben manche Kinder unerklärlicherweise verschlossen und teilen ihre tatsächlichen Gefühle nicht mit. Das entmutigt die Eltern, die so eifrig erwarten, daß die neue Technik sich bewährt. Andere Eltern praktizieren das aktive Zuhören zum falschen Zeitpunkt – wenn sie zu ärgerlich sind, zu erschreckt von dem, was sie hören, oder sich über ihre eigenen Wertvorstellungen und Überzeugungen nicht hinwegsetzen können.

In diesem Kapitel werden wir von Eltern hören, die auf solche Schwierigkeiten stießen, als sie versuchten die neuerworbenen Techniken des Zuhörens in einer konkreten Situation anzuwenden. In den Fällen, in denen deutlich wird, warum diese Eltern Schwierigkeiten erlebten, werde ich versuchen, es zu erklären, und auf Möglichkeiten hinweisen, wie das Problem unter Umständen hätte vermieden werden können.

Anfängliches Unbehagen beim aktiven Zuhören

Einigen Eltern macht das aktive Zuhören zu Anfang Schwierigkeiten. Sie kommen sich gespreizt, linkisch oder unecht vor. Die Vorstellung, daß sie plötzlich ganz anders auf ihre Kinder reagieren sollen, erscheint ihnen wie ein neues Kleidungsstück, das nicht paßt.

»Mit dem aktiven Zuhören habe ich anfangs große Schwierigkeiten gehabt. Ich war blockiert. Ich konnte es einfach nicht. Ich konnte mich damit nicht anfreunden. Ich glaube, ich hatte Angst, alles wie ein Papagei

zu wiederholen, oder ich fürchtete, meine Kinder würden denken, ich versuchte, sie zu analysieren ... Ich war ein völliger Versager – ich hörte einfach nicht zu ... Ich glaube, jeder Kursteilnehmer war im aktiven Zuhören viel besser als ich. Ich hatte das Gefühl, daß ich das niemals lernen würde.«

Eine Pfarrersfrau – sie besaß einen Grad in Christian Education und war die liebevolle Mutter zweier Kinder – sagte:

»Ich empfand es als mechanisch ... als Trick ... Aber auch wenn es mir wie ein Trick erschien, wollte ich es versuchen. Plötzlich verlor ich aber das Gefühl, es sei ein Trick. Mir wurde bewußt, daß es eine besondere Art der Zuwendung ist, die eine wirkliche Kommunikation ermöglicht.«

Ein junger Vater empfand aktives Zuhören anfangs als schwierig, weil es sich nicht mit seinem Selbstbild zu decken schien. Die Rolle war zu passiv:

»Ich hatte große Schwierigkeiten mit dem aktiven Zuhören. Ich bin wahrscheinlich ein Beispiel für den typischen jungen Vater, der im Arbeitsleben steht, vorwärtszukommen versucht und müde nach Hause kommt ... Wissen Sie, es war deshalb schwierig, weil der Durchschnittsmann eine bestimmte Vorstellung von seiner Rolle in der Familie hat. Er meint, er müsse dominieren. Deshalb war es schwer für mich, mir ihre Probleme anzuhören.«

Eine Mutter berichtete, wie unnatürlich ihr das aktive Zuhören erschien:

»Ich erinnere mich, daß es mir sehr merkwürdig vorkam, als ich es das erste Mal versuchte. Es hörte sich sehr unecht an ... Meine Kinder schienen zwar viel aufgeschlossener zu sein, aber ich behielt ein merkwürdiges Gefühl dabei ... Ich vermute, es kam daher, daß ich bis dahin meinen Kindern niemals richtig zugehört hatte.«

Andere Eltern reagierten ähnlich:

»Letztes Jahr hatte mein 24jähriger Stiefsohn eine unglückliche Liebesgeschichte hinter sich. Ich versuchte, ihm aktiv zuzuhören. Ich glaube nicht, daß es ein großer Erfolg war. Ich fühlte mich dabei scheußlich ... Es hörte sich so dämlich an!«

»Es war ein sehr merkwürdiges Gefühl. Ich erinnere mich, daß wir beim Abendbrot saßen. Mein Mann war wegen irgendeiner Geschichte, die mit seiner Arbeit zusammenhing, sehr niedergeschlagen. Ich versuchte, ihm aktiv zuzuhören ... Ich kam mir anfangs irgendwie sehr künstlich vor. Nach einiger Zeit gab sich das. Es kam mir überhaupt nicht mehr unnatürlich vor.«

»Ich glaube, anfangs war ich sehr gespreizt ... Es war eine ganz neue

Erfahrung, wissen Sie ... Vielleicht empfand ich anfangs noch nicht richtig mit ihm – ich war eben anfangs sehr linkisch. Es war eine neue Form der Beziehung ... Trotzdem sah ich schon soviel Erfolg, daß ich es weiter versuchen wollte, auch wenn ich manchmal entmutigt wurde.«

Ohne Zweifel ist aktives Zuhören eine neue Art der Kommunikation – eine neue Einstellung gegenüber einer Person, die ein Problem hat, eine neue Reaktionsweise gegenüber dem anderen Menschen. Es unterscheidet sich von den typischen Kommunikationssperren wie der Tag von der Nacht. So ist es kein Wunder, daß sich die Eltern merkwürdig, unecht, gespreizt, künstlich, komisch, wie Hochstapler vorkommen. Kaum jemand wird dieses Anfangsstadium durchlaufen, ohne daß ihm aktives Zuhören unnatürlich erscheint.

Sich die Technik des aktiven Zuhörens anzueignen, kann mit dem Bemühen verglichen werden, irgend etwas Neues zu lernen: Tennis, Golf, Tanzen oder den Gebrauch von Eßstäbchen. Der Lernende kommt sich unvermeidlich tolpatschig und linkisch vor. Dabei müssen Eltern, die sich bemühen, aktives Zuhören zu lernen, nicht nur eine neue verbale Verhaltensweise erlernen, sondern auch alte sprachliche Gewohnheiten verlernen. Glücklicherweise überwinden die meisten Eltern bei ausreichender Praxis und Erfahrung dieses Anfangsstadium und empfinden die neue Technik bald als viel natürlicher.

Anfangs ist das aktive Zuhören ein »mechanisches Verfahren«. Es wird sehr bewußt und überlegt angewendet. Häufig geschieht es ohne Empfindung. Wenn sich die Eltern seiner dann länger bedienen, erleben sie, wie das Gefühl der Fürsorge und Einfühlung in ihnen erwacht (»das Empfinden, bei ihm zu sein«, wie eine Mutter es ausdrückte). Dann wird die Einstellung zu der neuen Technik positiver, wie es in den oben wiedergegebenen Auszügen von den Eltern zum Ausdruck gebracht wurde: »Es ist eine neue Form der Beziehung«, »es kam mir überhaupt nicht mehr unnatürlich vor«, »mir wurde bewußt, daß es eine besondere Art der Zuwendung ist, die eine wirkliche Kommunikation ermöglicht.«

Vor allem Fachleute haben dem aktiven Zuhören zum Vorwurf gemacht, es sei eine rein mechanische Technik. Man solle sie Eltern nicht beibringen, weil diese nicht die Einfühlung und das Interesse besäßen, das für einen guten Therapeuten so notwendig sei. Zuerst müsse man diese Einstellungen und Gefühle vermitteln – so bringen die Kritiker vor. Unsere Erfahrung ist ganz anders: Wenn Eltern die Technik lernen und lange genug verwenden, stellen sich die erforderlichen Einstellungen und Gefühle von allein ein. Anfangs erfolgt die Anwendung des aktiven

Zuhörens rein mechanisch. Im Laufe der Zeit bringt sie aber die Eltern dazu, sich ihren Kindern zuzuwenden und sie wirklich zu akzeptieren. Trifft diese Erklärung zu, dürfen wir viel optimistischer als bisher sein. Dann liegt es im Bereich des Möglichen, eine Gesellschaft zu schaffen, deren Kinder in einem Klima der Anerkennung, Fürsorge und des einfühlsamen Verständnisses erzogen werden.

Wenn Kinder nicht reden wollen

Im sicheren Gefühl, aktives Zuhören gelernt zu haben, und in der Erwartung, es erfolgreich anwenden zu können, stellen Eltern mehr als einmal fest, daß sich ihr Kind einfach nicht aufgeschlossener und mitteilsamer verhält. Sie beklagen den Unterschied zu den »Lehrbuchbeispielen, die wir im Kursus behandelt haben«.

»Wenn ich sie manchmal danach frage, was in der Schule passiert ist, wollen sie es mir nicht erzählen. Ich bin bereit zuzuhören, aber sie sind einfach nicht bereit zu erzählen.«

»Sie saß zusammengekauert und schlecht gelaunt da. Ich sagte: ›Sehr glücklich siehst du nicht aus.‹ Sie erwiderte: ›Das bin ich auch nicht, und ich habe auch keine Lust, mit dir zu reden.‹ Daraufhin meinte ich: ›Du möchtest wirklich nicht mit mir reden?‹ Ihre Antwort: ›Nein‹.«

Ein Vater beschrieb die frustrierende Begegnung mit seiner zwölfjährigen Tochter:

K: Ich hasse Dich!

V: Ich glaube, im Moment haßt du mich richtig.

K: Und ob! Ich weiß nicht, warum ich all deine schlechten Charaktereigenschaften habe erben müssen.

V: Darüber bist du enttäuscht, nicht wahr?

K: Ich will nicht mit dir reden.

Eltern sollten sich nicht entmutigen lassen, wenn ihre Kinder manchmal nicht dazu aufgelegt sind, mit ihnen zu sprechen. »Man kann ein Pferd zur Tränke führen, man kann es aber nicht dazu zwingen zu trinken« ist eine Lehre, die für Kinder und ihre Bereitschaft zu sprechen gleichermaßen gilt. Es gibt kein sicheres Verfahren, Kinder zum Sprechen zu *bringen*. Ganz gewiß erfüllt aktives Zuhören diese Aufgabe nicht. Es ist aber die beste Technik, die ich kenne, um Kommunikation zu erleichtern, vorausgesetzt beim Kind liegt ein entsprechendes Bedürfnis vor.

Aktives Zuhören ist sogar *nicht* immer die beste Art, ein Kind zum

Sprechen zu bringen. Einfache Türöffner oder Aufforderungen sind besser dazu geeignet:

Magst du erzählen, was in der Schule passiert ist?

Magst du über das sprechen, was dich zu bedrücken scheint?

Glaubst du, es hilft, wenn du über das sprichst, was dich in Harnisch bringt?

Sobald ein Kind aber die Einladung angenommen hat, sobald es seine Erlebnisse oder Empfindungen mitteilt, sobald es also zu sprechen begonnen hat, ist aktives Zuhören das beste Verfahren, es wissen zu lassen, daß es verstanden wird und daß seine Empfindungen akzeptiert werden. Aktives Zuhören ist also eine effektive Methode, um die Kommunikation mit einem Kind *in Gang zu halten*, wenn es erst einmal begonnen hat, einem sein Problem mitzuteilen. Die Eltern sollten aber jederzeit darauf vorbereitet sein, daß manche Kinder die Kommunikation plötzlich abbrechen.

Außerdem gilt es, einen wichtigen Unterschied zu beachten. Das aktive Zuhören hat eine ganz andere Bedeutung, wenn das Kind das Bedürfnis hat zu sprechen, als wenn der *Elternteil* das Bedürfnis hat, mit dem Kind zu sprechen. In der zweiten Situation wird das aktive Zuhören nur selten von Nutzen sein. Dieser Fall liegt im ersten Beispiel vor, das wir oben anführten. Dort scheint nämlich die Mutter von ihrem Bedürfnis zu sprechen. Sie möchte das Kind dazu bringen, über die Schule zu sprechen. Erinnern wir uns ihrer Worte:

»Manchmal stelle ich ihnen eine Frage über das, was in der Schule passiert ist, dann wollen sie es mir einfach nicht sagen.«

Ganz offensichtlich möchte die Mutter, daß ihre Kinder mehr erzählen, als es ihrer Gewohnheit entspricht. Die Bereitschaft von Kindern, sich mit ihren Eltern zu unterhalten, hängt vom Vertrauen ab, das sie zu ihnen haben. Sie müssen sicher sein, daß ihre Mitteilungen ohne Kritik, selbstgerechte Entrüstung, Tadel oder Drohung aufgenommen werden. Manchmal liegt dieses Vertrauen anfangs nicht vor, wie die folgende Äußerung einer Mutter zeigt:

»Sie wußte, daß ich an einem Kurs teilnahm und versuchte, eine bessere Mutter zu werden. Aber es fehlte ihr wohl am rechten Vertrauen, weil ich damals – und das geht mir auch heute noch so – immer wieder in den Fehler verfiel, die Autorität herauszukehren ... Eine Zeitlang faßte ich sie hart an, das ließ ich aber sein, als sie dazu überging, den Mund ganz und gar zu halten. Nach einer Weile versuchte ich es dann mit aktivem Zuhören. Da merkte ich, daß sie mir wirklich vertraute. Ich meine, ich war ehrlich, und

ich denke, sie nahm es mir ab. Allmählich wurde sie aufgeschlossener ...«
Eltern vergessen oft, daß auch Kinder das Bedürfnis nach einer Privatsphäre haben. Manchmal möchten sie die Eltern eben nicht wissen lassen, was in ihrem Inneren vorgeht. So berichtet eine Mutter nach neun Jahren Erfahrung mit der ›Familienkonferenz‹:
»Sie kam aus dem Kindergarten, und ich war glücklich, sie zu sehen. Ich wollte wissen, was passiert war. Sie kann aber sehr verschlossen sein und sagte: ›Nichts‹. Aber ich drang immer weiter in sie, wissen Sie ... Mein Mann verschließt seine Gefühle sehr, und ich versuchte, die Mauern zu überwinden, weil er soviel für sich behält und nichts mitteilt. Nun kam Leah aus dem Kindergarten nach Hause, und ich sah nichts Schlimmes darin, sie nach ihren Erlebnissen zu fragen – wie sollte ich auch wissen, daß es sich um äußerst private Gefühle handelt? Mein Mann ist jetzt viel aufgeschlossener, aber Leah hat immer noch die Neigung, wenig über ihr Leben mitzuteilen ... Ich begreife jetzt, daß sie ganz anders geartet ist – daß sie eine andere Form der Beziehung sucht. Ich denke, ich habe mich mit der Tatsache abgefunden, daß ich sie nicht ändern kann.«
Kinder unterscheiden sich nicht von Erwachsenen – manchmal ist ihnen nicht danach zu Mute, zu reden. Sie wehren sich häufig gegen zudringliche Fragen, sie reden nicht, bevor sie nicht sicher sind, daß man akzeptieren wird, was sie sagen, und manchmal möchten sie, daß man ihre Privatsphäre respektiert.

Man muß in der richtigen Stimmung zum Zuhören sein

Manche Eltern gewinnen im Kurs die irrige Vorstellung, daß sie nun, da sie das aktive Zuhören gelernt hätten, verpflichtet seien, immer zur Verfügung zu stehen, unter allen Umständen ihren Kindern zuhören zu müssen, wenn diese ein Problem haben. Erst wenn sie feststellen, wie oft sie dazu nicht in der Stimmung sind, werden die Erwartungen realistischer, die sie an das aktive Zuhören stellen. Dann akzeptieren sie die Tatsache, daß man *nicht* zuhören *kann*, wenn einem nicht danach zumute ist. Eltern haben nicht immer die nötige Zeit, wie sich in den folgenden Auszügen zeigt:
»Unter Umständen habe ich noch nicht einmal die fünf Minuten Ruhe, die zum aktiven Zuhören notwendig sind. Dann finden sie eigene Lösungen. Wissen Sie, ich erwarte einen Anruf des Arztes, der mir mitteilen will, was mir fehlt. In der Zwischenzeit koche ich, und ich erwarte in 15

Minuten Besuch ... Und dann soll ich mir das Problem aktiv anhören? Dazu ist keine Zeit. Es ist sehr frustrierend ... wenn man dazu keine Zeit hat.«

»Nach einer langen Fahrt mit seinem Vater kam er gestern sehr ärgerlich nach Hause. Ich sagte ihm, er solle sich zu Tisch setzen, aber er hatte keine Lust dazu. Er sprang auf, sagte, er hätte einen anstrengenden Tag gehabt und fügte hinzu: ›Aber das kümmert ja niemanden!‹ Dann ging er hinaus. Ich erwartete Besuch und hatte einfach nicht die Zeit herauszufinden, was ihn wirklich bedrückte ...«

Solche Situationen kommen in den meisten Familien vor. Sie stellen Eltern vor eine schwierige Wahl: Sollen sie sich um ihre Bedürfnisse oder die des Kindes kümmern? Alle Eltern müssen im Prinzip selbst entscheiden, was in einer bestimmten Situation zu tun ist. Dennoch können ihnen vielleicht einige Richtlinien dabei helfen:

1. Versuchen Sie vor Ihrer Entscheidung rasch abzuschätzen, wem mehr Schaden zugefügt wird – wessen Bedürfnisse am stärksten sind.
2. Versuchen Sie in irgendeiner Weise zu erledigen, was Sie vorhaben, und versuchen Sie trotzdem, dem Kind zuzuhören (»Ich muß das Abendbrot vorbereiten, wie wär's aber, wenn wir uns bei der Arbeit unterhalten?«).
3. Setzen Sie einen späteren Zeitpunkt für die Unterhaltung an, zu dem Sie nicht mehr beschäftigt sind. (»Ich würde dir gern zuhören, aber im Moment geht es nicht. Wie wäre es nach dem Abendessen?«).
4. Machen Sie deutlich, daß Sie die Gefühle des Kindes zur Kenntnis nehmen, und teilen Sie ihm dann mit, in welcher Verfassung Sie sind. (»Du bist wirklich ärgerlich und aufgebracht. Ich wünschte, ich hätte jetzt die Zeit, dir zuzuhören. Ich fürchte aber, daß ich zu spät zum Arzt komme.«)

Manchmal sind Eltern auch nicht in der Stimmung, aktiv zuzuhören – wenn sie nervös sind oder sich über eigene Probleme Sorgen machen. Einer anderen Person einfühlsam und genau zuzuhören, verlangt eine sehr intensive – wirklich entrückte – Aufmerksamkeit. Eltern können einfach nicht mit der notwendigen Konzentration reagieren, wenn sie innerlich zu sehr mit ihren eigenen Empfindungen und Problemen beschäftigt sind.

Eine Mutter beschrieb, daß es eine Zeit gab, da sie ihrer Tochter Jane einfach nicht zuhören mochte. Zuviel Groll hatte sich gegen das Kind angesammelt.

»Ich mochte ihr einfach nicht zuhören, wissen Sie. Ich kam mir vor wie ein

Fußabtreter – ich war viel zu wütend auf sie. Ich hatte das Empfinden, ständig sei ich es, der geben müsse – und ich bekäme nichts dafür. Wissen Sie, ich steckte selbst bis zum Hals in Schwierigkeiten. Mir stand einfach nicht der Sinn nach den Problemen anderer Leute.«

Ein Vater beschreibt, wie es ihm geht, wenn er nicht dazu aufgelegt ist, zuzuhören.

»Ich habe gelernt, dem Umstand Rechnung zu tragen, daß man manchmal zum aktiven Zuhören nicht in der Lage ist. Wenn alles schiefläuft und ich im Moment sehr ärgerlich bin, wissen Sie, dann kann ich einfach niemandem zuhören. Auch wenn ich gerade sehr wütend bin. Wenn ich sage, daß ich im Moment nicht zuhören kann, heißt das nicht, daß ich überhaupt nicht zuhören kann – etwas später geht es vielleicht.«

Das entscheidende Merkmal der Fähigkeit, aktives Zuhören effektiv zu praktizieren, zeigt wahrscheinlich die folgende Analyse einer Mutter, die sich selbst als »Haushaltsingenieur« mit drei Kindern beschreibt:

»Aktives Zuhören hat sich für mich wirklich als sehr nützliches Instrument erwiesen – das gilt nicht nur für meine Familie, sondern genauso für andere Situationen. Wenn ich andere Leute mag, wende ich es ganz natürlich an, ohne noch darüber nachzudenken ... Es gibt aber Momente, wo ich mich wirklich nicht darum kümmere, was andere Menschen empfinden. Dann wäre überhaupt nicht an aktives Zuhören zu denken.«

Der Umstand, daß aktives Zuhören den Kindern dabei hilft, mit ihren Empfindungen und Problemen konstruktiv fertig zu werden, rührt nicht von der äußerlichen *Technik* her (der Rückmeldung der kindlichen Botschaften mit eigenen Worten). Entscheidend ist die Tatsache, daß das Kind die Fürsorge der Eltern empfindet und ihre Bereitschaft spürt, sie zu akzeptieren. Die Technik ist nur das Kommunikationsmittel dieser entscheidenden Einstellungen und Gefühle. Wenn Eltern aus irgendwelchen Gründen (Zeitmangel, Beanspruchung durch eigene Probleme, Ärger oder Groll) das Gefühl haben, ihnen fehle es an der nötigen Bereitschaft und Zuwendung, sind sie nicht in der richtigen Stimmung, die Probleme eines Kindes zu verstehen. Dann ist es weit besser, es mit dem aktiven Zuhören gar nicht erst zu versuchen. Wenn sie es doch tun, werden sich die Kinder aller Wahrscheinlichkeit nach nicht dazu ermutigt fühlen, ihre privateren Gefühle mitzuteilen. Dies sind nämlich die Momente, da Kinder den Mund halten oder sagen: »Ich möchte nicht mit dir reden.«

Ich glaube nicht, daß Kinder Eltern brauchen, die *immer* gute aktive

Zuhörer sind. Sie brauchen Eltern, die auf das aktive Zuhören zurückgreifen, wenn sie wirklich dazu bereit sind. Einfühlsames Zuhören lädt den anderen ein, aus dem eigenen Becher zu trinken. Wenn der Becher aber nicht einigermaßen voll ist, wird man wahrscheinlich nicht allzu gern teilen wollen. Außerdem wird der andere enttäuscht sein, wie wenig man ihm anzubieten hat.

»Laß mich mit diesem aktiven Zuhören in Ruhe«

Zahlreiche Eltern teilten uns im Interview mit, daß ihren Kindern das aktive Zuhören anfangs sehr widerstrebte. Manche wurden dabei sogar böse auf ihre Eltern:

»Ich habe das Spiegelsprechen (aktives Zuhören) mit Sarah ausprobiert. Sie ist 14 Jahre alt. Ihre Reaktion war: ›Laß mich mit diesem Spiegelsprechen in Frieden!‹ . . . Mein erster Versuch war ein vollkommenes Desaster. Sie sagte nur: ›Laß mich damit in Frieden.‹«

»Als wir es das erste Mal bei Pat, unserer 16jährigen Tochter, anwendeten – damals muß sie ungefähr zwölf gewesen sein – gefiel ihr das gar nicht. Sie sagte: ›Ihr wiederholt alles, was ich sage. Ihr braucht das nicht zu wiederholen, ich habe es selbst gehört.‹«

»Wenn James sich über irgend etwas beklagte, sagte ich: ›Es hört sich an, als wenn du das und das wirklich nicht magst.‹ Daraufhin sagte er: ›Sprich nicht so mit mir. Ich mag das nicht, wenn du so redest.‹«

Was geschieht hier? Normalerweise ist das aktive Zuhören doch so geeignet, Kinder dazu zu bringen, über ihre Gefühle zu reden, und ihre Probleme zu lösen. Warum stößt es bei einigen Kindern auf so hartnäckigen Widerstand? Die Eltern, die wir interviewten, lieferten uns einige Hinweise.

Erstens begegneten die Eltern dieser Reaktion meist bei älteren Kindern – bei Halbwüchsigen. Das läßt darauf schließen, daß diese Kinder aktives Zuhören anfangs ablehnen, weil sie viele Jahre lang ganz andere Botschaften von ihren Eltern empfingen. In den Auszügen finden sich einige Anhaltspunkte, die diese Hypothese stützen:

»Meine Kinder waren ziemlich alt, wissen Sie, Teenager. Sie waren in ihren Verhaltensweisen schon ziemlich festgelegt . . . Immer wenn ich zu ihnen sagte: ›So und so empfindest du‹, ärgerte sie das. Ich konnte sehen, wie eine kleine rote Flagge hochging. Dann kamen sie und sagten: ›Du weißt überhaupt nicht, wie uns zumute ist.‹«

»Ich stellte meine Fragen in einer bestimmten Weise, wissen Sie. Ich vermute, sie waren an meine Fragen gewöhnt. Deshalb fanden sie sie weniger bedrohlich als den Versuch, aktives Zuhören zu praktizieren.«
Ein Vater fand folgende Erklärung für den Widerstand seiner Kinder:
»Sie merkten sofort, wenn wir neue Techniken ausprobierten – vor allem das aktive Zuhören. Wenn wir versuchten, ihnen rückzumelden, was sie empfanden, nahmen sie es übel. Ich glaube, dies lag vor allem daran, daß sie schon Halbwüchsige waren, als wir damit anfingen. Ich glaube, wenn wir damit begonnen hätten, als sie noch klein waren, vom Säuglingsalter an, hätte es die Schwierigkeiten nicht gegeben.«
Nach unserer Erfahrung gibt es ein effektives Verfahren, den Widerstand älterer Kinder gegen das aktive Zuhören zu vermeiden. Die Eltern sollten, bevor sie die Technik zu Hause anwenden, ihren Kindern genau erklären, was es damit auf sich hat. Einige Eltern haben uns berichtet, daß sie ihren Kindern die Kursunterlagen gezeigt hätten. Sie hätten auf die Liste der Kommunikationssperren hingewiesen und eingestanden, daß sie sie sehr oft in der Vergangenheit verwendet hätten. Darüber kommt es gewöhnlich zu sehr freundlichen Diskussionen und zu viel Heiterkeit auf seiten der Kinder. Nachdem sie begriffen haben, worin die Kommunikationssperren bestehen, haben sie auch mehr Verständnis für das Verfahren des aktiven Zuhörens und seine Verwendungsweise.
Noch aus einem zweiten Grunde kann das aktive Zuhören sich für Kinder sehr merkwürdig anhören. Beim ersten Versuch verfallen manche Eltern unbewußt in die Gewohnheit, all ihre Antworten mit der gleichen Floskel einzuleiten, wie zum Beispiel:
»Das hört sich so an, als . . .
»Du hast das Empfinden . . .«
»Du sagst, daß . . .«
»Es hat den Anschein, als . . .«
Das aktive Zuhören ist weit eher geeignet, Widerstand zu vermeiden, wenn die Antworten nur das wiedergeben, was das Kind empfindet. Zum Beispiel:
»Du hast Angst vor Donner.«
»Dein Knie tut dir wirklich weh.«
»Du bist böse auf deine Schwester.«
»Du wärst lieber draußen geblieben und hättest weitergespielt.«
Eine einfache Regel kann Eltern dabei helfen, die Antworten des aktiven Zuhörens präziser und direkter zu geben: *Fangen Sie mit den Gefühlen des Kindes an.*

Übertreibungen des aktiven Zuhörens

Einige Eltern stellen fest, daß sie zu häufig versuchen, aktiv zuzuhören. So ging es dieser Mutter von vier Kindern, die uns davon in ihrem farbenfrohen Büro berichtet, das vollgestopft war mit Papieren, Büchern und Postern:

»Ich wurde so eifrig, daß ich alles und jeden mit aktivem Zuhören bedachte. Ich weiß nicht, warum es sich alle schweigend gefallen ließen. Schließlich sagte meine Tochter zu mir: ›Weißt du, es macht keinen besonderen Spaß, mit dir zu sprechen, weil du niemandem sagst, was du fühlst, du hörst nur zu. Ständig bist du mit aktivem Zuhören beschäftigt!‹ Sie mochte es nicht, sie fühlte sich dabei sehr unbehaglich. Sie hatte das Gefühl, sie würde einer Psychoanalyse unterzogen. Dabei wollte ich mit dem aktiven Zuhören helfen – ich wollte helfen, weil ich die ›große Mutter‹ war.«

Ein Vater gab zu, das aktive Zuhören übertrieben zu haben:

»Vom Verstand her war es sehr leicht für mich, mir das aktive Zuhören anzueignen – das ging prima. Aber . . . in meinem Übereifer wendete ich es auch manchmal an, wenn kein Grund dafür vorlag. So bin ich den Leuten sicherlich manchmal auf die Nerven gegangen. Man braucht nicht allem aktiv zuzuhören, wie ich es gern tat, nur um die neue Technik anzuwenden.«

Eine Mutter von vier Kindern berichtete ähnliches:

M: Jeden Morgen begann ich damit, daß ich sagte: ›Heute werde ich aktiv zuhören.‹ Um neun Uhr war ich vom aktiven Zuhören erschöpft.

L: Wirklich?

M: Ja, das war ich wirklich. Ich übertrieb es. Ich hörte aktiv zu, wenn überhaupt kein Grund vorlag. Ich empfand es als sehr ermüdend, weil ich versuchte den ganzen Tag daran zu denken . . . Ich tat nichts anderes mehr – gerade daß ich noch das Frühstücksgeschirr abwusch und Mittagessen machte.

Warum stürzen sich manche Eltern mit soviel Eifer auf die neue Technik, um sie dann zu übertreiben? Verständlicherweise versuchen einige, die vergeudete Zeit wiedergutzumachen:

»Allzu lange hatte ich die Kommunikation mit meinen Kindern durch Sperren behindert – nun hatte ich ein besseres Verfahren gefunden und konnte nicht abwarten, es auszuprobieren.«

Andere machten sich nicht klar, wieviel Zeit und Energie es kosten kann, zum Ratgeber der ihnen nahestehenden Menschen zu werden. Die

Probleme können – besonders bei kleinen Kindern – unerschöpflich sein. Bei anderen Eltern war der Sachverhalt komplizierter. Eine Mutter kam beispielsweise zu einer überraschenden Erkenntnis, die erklärte, warum sie die Technik übertrieb:

»Wissen Sie, es kann sehr gefährlich sein, sich der Technik zu bedienen ... Ich wurde geschickter, fähiger, den Leuten die Würmer aus der Nase zu ziehen. Meist gab ich nichts im Austausch dafür. Ich war eine Art frustrierter Therapeut. Ich hörte zu und hörte zu und hörte zu. Ich trieb Mißbrauch damit. Wirklichen Mißbrauch ... Wissen Sie, ich benutzte es, um andere Menschen zu manipulieren.«

Andere Eltern bemerkten schließlich, daß sie aktives Zuhören jedes Mal verwendeten, auch wenn ihre Kinder ein noch so unbedeutendes Problem hatten:

»Ich denke, eines der Dinge, die man beim aktiven Zuhören beachten sollte, ist die Tatsache, daß es nur dann verwendet werden sollte, wenn die Wogen der Erregung wirklich hoch gehen. Man sollte nicht die Gewohnheit annehmen, es auch bei weniger wichtigen Anlässen zu praktizieren, da diese unter Umständen überhaupt keine Reaktion verlangen ... Ich glaube, die Menschen, die das aktive Zuhören gelernt haben, neigen dazu, nach Hause zu kommen und es anfangs auch bei Problemen anzuwenden, bei denen gar kein Anlaß dazu besteht und dann frustriert sind. Ich habe Freunde, die es bei mir probieren. Ich sage irgend etwas Beiläufiges, und sie fangen mit aktivem Zuhören an. Ich durchschaue das zwar, aber ich empfinde es im Moment doch als sehr unpassend.«

Durch die Interviews wissen wir heute sehr viel besser, worauf wir zu achten haben, wenn wir den Eltern dieses wichtige Beratungsinstrument vermitteln wollen. Ganz sicher sollte es nicht blindlings und nicht zu häufig verwendet werden.

Im folgenden einige Richtlinien, die ihnen helfen werden, diese Technik sinnvoll anzuwenden:

1. Nicht alle Probleme, die Kinder haben, sind ernst genug, um eine »Beratung« zu rechtfertigen. Wenn Ihr neunjähriger Junge sagt: »Die Butter ist so hart, daß ich sie nicht streichen kann, ohne daß das Brot zerbröckelt«, ist aktives Zuhören sicherlich unangebracht.
2. Kindern sieht man an, wenn sie vor einem ernsten Problem stehen. Achten sie auf Tränen, Rückzug, Schmollen, heftigen Ärger oder Furcht – oder sonstige deutliche Abweichungen von ihrem typischen Verhalten (gesprächige Kinder werden gewöhnlich still und nachdenklich).

3. Sondieren Sie zuerst, ob Ihr Kind wirklich einen Zuhörer wünscht. Versuchen sie es einige Minuten lang mit passivem Zuhören (Schweigen). Oder bedienen Sie sich eines Türöffners wie zum Beispiel: »Möchtest du, daß wir darüber sprechen?«

Eine Mutter zweier halbwüchsiger Mädchen, die auch in der freiwilligen Jugendarbeit ihrer Gemeinde beschäftigt ist und eine zusätzliche Ausbildung in krisenorientiertem Zuhören hat, fand selbst heraus, wann sie mit aktivem Zuhören am besten fährt: »Wenn man mit jemand zu tun hat, der völlig entmutigt ist, einer schweren Belastung ausgesetzt ist oder ein Problem hat, spielt es keine Rolle, wie einfach die Antworten des aktiven Zuhörens ausfallen. Der andere wird sich nicht darum kümmern, weil sein Bedürfnis nach einem Zuhörer zu groß ist. Die elementarste Form des aktiven Zuhörens wird hier ausreichen ... Das ist der Unterschied zwischen irgendeinem nebensächlichen und einem tiefersitzenden Problem. Bei letzterem werden sich die Betroffenen nicht darum kümmern, wie gut man das aktive Zuhören beherrscht, solange sie das Empfinden haben, daß es ihnen dabei hilft, Ordnung in ihre Gefühle zu bringen ...«

Zuhören ohne die Bereitschaft, das Gehörte zu akzeptieren, ist nutzlos

Man darf ziemlich sicher sein, daß aktives Zuhören nutzlos ist, wenn es dazu dienen soll, eine Verhaltensweise zu verändern, die der Elternteil nicht akzeptiert. Hier vergessen die Eltern, daß aktives Zuhören ja gerade mitteilen soll, *daß ein Kind akzeptiert wird.* Es soll die Bereitschaft signalisieren, die Auffassungen des Kindes anzuerkennen. Wenn Eltern aktives Zuhören in Augenblicken anwenden, da sie diese Bereitschaft nicht spüren, zeigen sie damit, daß sie die Grundlagen nicht verstanden haben. Dies ist der Punkt, auf den ich in Kapitel II so nachdrücklich hinwies. Ich möchte es hier noch einmal wiederholen: *Aktives Zuhören ist nicht geeignet, Verhaltensweisen des Kindes zu verändern, die sich im unteren Teil des Rechtecks – in der Zone nicht-akzeptabler Verhaltensweisen – befinden.* Sehen wir, ob wir im folgenden Auszug die fehlende Bereitschaft der Mutter entdecken können, die Auffassungen ihrer Tochter Dorla zu akzeptieren:

»Dorla ist sehr unzugänglich ... Wissen Sie, alles läuft glatt bei ihr. Sie kümmert sich nicht darum – sie ist mit allem zufrieden – ein sehr unbeschwertes Mädchen ... Wir haben versucht, uns des aktiven Zuhö-

rens ihr gegenüber zu bedienen, aber sie ist unzugänglich . . . Man kann sie nicht fassen. Ich will damit sagen, daß sie sehr lebhaft ist und lieber hinaus zum Spielen will. Wir haben es versucht. Aber viel ist mit aktivem Zuhören bei ihr nicht auszurichten. Meistens redet sie abends, wenn wir sie ins Bett stecken. Dann kann man bei ihr am Bett sitzen und so lange mit ihr reden, wie man will. Einen Zeitpunkt gibt es allerdings, wie ich festgestellt habe, wo das aktive Zuhören bei ihr fruchtet. Das ist, wenn sie verrückt wird. Sie wird wirklich verrückt . . . Ich habe die Gewohnheit angenommen, zu sagen: ›Du bist wirklich verrückt, Dorla.‹ Und sie sagt: ›Ja, ich bin verrückt.‹ Ich glaube, das tut ihr gut. Aber viel weiter geht es dann nicht. Immerhin scheint es ihr jetzt besser zu gehen.«

An einigen Anhaltspunkten läßt sich hier erkennen, warum die Mutter das Empfinden hat, daß sie bei Dorla mit dem aktiven Zuhören nur begrenzten Erfolg hat. Zuerst beschreibt sie Dorla mit kaum verborgenem Stolz – als ein sehr unbeschwertes Kind, das »mit allem zufrieden ist«.

Wäre es möglich, daß die Mutter Dorla vielleicht nicht so akzeptiert, wie sie ist? »Sie ist ein sehr unzugängliches Kind«, gesteht sie ein. Vielleicht wollen die Eltern das aktive Zuhören Zwecken dienstbar machen, für die es nicht geeignet ist. Vielleicht möchten sie Dorla dadurch verändern, sie ernster (weniger verwundbar) machen.

In diesem Fall scheint mir aktives Zuhören unangemessen verwendet worden zu sein – als Technik, um die Persönlichkeitsmerkmale der Tochter zu modifizieren. Aktives Zuhören soll den Eltern ermöglichen, auf ihre Kinder zu reagieren, wenn diese ihnen von einem Problem berichten. Es hört sich aber so an, als hätte Dorla eigentlich überhaupt kein Problem – sie ist »unbeschwert« und »mit allem zufrieden«. Kein Wunder, daß ihre Mutter »mit aktivem Zuhören bei ihr nicht viel ausrichten« kann.

Es scheint hier so zu sein, *daß die Mutter das Problem besitzt* (sie scheint mit Dorlas Wesensart unzufrieden zu sein oder sich Sorgen über sie zu machen). Erinnern wir uns: Wenn der Elternteil das Problem besitzt, ist es unangebracht und nutzlos, aktives Zuhören zu verwenden.

Im folgenden Beispiel wendet eine andere Mutter im falschen Moment das aktive Zuhören an. Sie berichtet von einem Vorfall mit ihrem halbwüchsigen Sohn:

»Unser zweiter Sohn kam Ende April in große Schwierigkeiten . . . Es hing mit einigen Kameraden zusammen, mit denen er zusammen war. Es wäre leicht gewesen, mit dem Finger auf sie zu zeigen und zu sagen, es sei

ihr Fehler gewesen. Schließlich aber waren *es seine Kameraden – er hatte sie sich als Freunde ausgesucht . . . Wir mochten seine Freunde nicht . . . Eines der Dinge, die wir auf den Tod nicht ausstehen konnten, war die Tatsache, daß er immer mit alten schäbigen Jeans in die Schule wollte. Wenn er dann fragte, wo seine Jeans seien, sagte ich: ›Es sind wirklich deine Lieblingshosen, nicht wahr?‹ Darauf er: ›Ja, ich trag sie gern.‹ Woraufhin ich sagte: ›Du fühlst dich wohl, wenn du sie trägst.‹ Und er antwortete: ›Ja, ich habe dann das Gefühl, daß ich zur Gang dazugehöre.‹«*

Aus diesem kurzen Beispiel erfahren wir eine Menge. Erstens gibt die Mutter (die auf peinliche Ordnung achtet) zu, daß sie die Freunde ihres Sohns nicht mag und ihm am liebsten den Umgang mit ihnen verbieten würde. Angesichts dieser Empfindung konnte sie es natürlich »nicht ausstehen«, wenn ihr Sohn »schäbige alte Jeans« trug, die ihm das Gefühl verliehen, er gehöre »zur Gang«. Vergegenwärtigen wir uns noch einmal die Familiensituation: Der Junge fragt seine Mutter, wo seine Jeans sind. Ganz sicher haben wir es nicht mit einem sonderlich schwerwiegenden Problem zu tun! Er möchte lediglich wissen, wo sie sind. Die Mutter besitzt also das Problem. Sie möchte nicht, daß er ein Kleidungsstück trägt, das seine Identifikation mit einer Gruppe von Jungen festigt, von denen sie meint, sie seien der falsche Umgang für ihn. Sie verwendet aktives Zuhören also, um ihren Sohn dazu zu bewegen, über ein Problem zu sprechen, *das sie besitzt*: »Es sind wirklich deine Lieblingshosen, nicht wahr?« Der Junge hat gar nicht gesagt, Jeans seien seine Lieblingshosen. Warum dann diese Rückmeldung der Mutter? Offensichtlich ist ihr eigentliches Empfinden: »Ganz bestimmt sind es nicht deine Lieblingshosen.«

Was hätte die Mutter sagen sollen? Hier wäre eine Botschaft erforderlich, die dem Jungen mitteilt, daß die *Mutter* ein Problem hat. (In den Kapiteln VI und VII werde ich die Konfrontationstechnik erläutern, die dazu dient, Kindern zu begegnen, die Eltern vor ein Problem stellen. Ich werde zeigen, welche Botschaften am ehesten geeignet sind, Kinder dazu zu veranlassen, ihr Verhalten zu verändern.) In diesem Beispiel hätte die Mutter ihrem Sohn besser zuerst gesagt, wo er seine Jeans finden kann, um ihn dann mit *ihrem* Problem zu konfrontieren:

»Für mich bedeutet die Tatsache, daß du diese Jeans trägst, ein Problem: Ich entnehme daraus, daß du dich den Jungen zugehörig fühlst, die ich mißbillige. Ich habe Angst, daß du wieder in Schwierigkeiten gerätst.«

Ob eine solche Botschaft den Jungen beeinflussen würde, kann niemand

vorhersagen. Es wäre aber wenigstens eine ehrliche Botschaft. Sie würde die Sorge der Mutter zum Ausdruck bringen und deshalb ihre Empfindungen besser als das aktive Zuhören widerspiegeln.
Das Grundprinzip kann nicht oft genug wiederholt werden: *Aktives Zuhören ist ein Instrument, durch das man einem Kind mitteilt, man akzeptiere seine Probleme, so daß es ermutigt wird, darüber zu sprechen, und dabei unter Umständen eine eigene Lösung findet.*

Aktives Zuhören mit versteckter Absicht

Ein weiterer Grund dafür, daß aktives Zuhören in manchen Familien nicht klappt, liegt darin, daß es Eltern dazu benutzen, zu irgendeinem bereits vorher festgelegten Ergebnis zu kommen, von dem das Kind gewöhnlich nichts weiß. Wir nennen dies »eine versteckte Absicht haben«. Eine der versteckten Absichten, die Eltern mit dem aktiven Zuhören häufig verfolgen, ist ihr Wunsch, das Kind zu einer Lösung zu führen, die sie sich wünschen. Ihre Hoffnung ist, aktives Zuhören könne das Kind veranlassen, auf ihre »richtige« Lösung zu kommen. Dazu folgendes Beispiel:
»Es regnet und ich möchte, daß er eine Jacke, einen Regenumhang oder irgend etwas dergleichen anzieht. Ich sagte: ›Es sieht so aus, als wolltest du unvernünftig sein, hinausgehen, naß werden und in der Schule fehlen.‹ Ich komme nicht sehr weit damit. Er widerspricht, tobt und schreit . . .«
Er soll wohl so reagieren, damit die Mutter mit ihrer Ansicht recht hat. »Es sieht so aus, als wolltest du unvernünftig sein«, und sie auf diese Weise erreicht, daß er ihre versteckte Absicht begreift und etwas überzieht.
Nehmen wir ein anderes Beispiel für die versteckte Absicht eines Elternteils:
»Eines Abends, als es Zeit zum Essen war, spielte meine Tochter mit vier oder fünf Freunden im Sandkasten . . . Ich rief sie zu Tisch. Sie jammerte und wollte nicht reinkommen. Ich versuchte es mit aktivem Zuhören und sagte: ›Du möchtest viel lieber draußen bleiben und spielen. Es wäre dir lieber, wenn du nicht reinkommen müßtest.‹ Sie jammerte nur noch lauter und erklärte, sie wolle kein Abendbrot. Schließlich verkündete sie: ›Ich komme nicht rein!‹ Nun befahl ich: ›Komm sofort rein!‹ Woraufhin sie – immer noch weinend – gehorchte. Rückblickend ist mir klar geworden, daß ich nur meinen Willen durchsetzen wollte.«

Die Einsicht der Mutter trifft zu, denn sie war auf eine einzige Lösung festgelegt: Ihre Tochter sollte sofort hereinkommen und essen. Mit dieser versteckten Absicht mußte das aktive Zuhören vergebene Liebesmühe bleiben, da die Verständnisbereitschaft nur vorgetäuscht war. Aus Erfahrung weiß ich, daß aktives Zuhören sich nicht zur subtilen Einflußnahme eignet. Kein Kind kann durch dieses Mittel dazu bewegt werden, eine Lösung zu akzeptieren, für die man sich bereits im vorhinein entschieden hat. Das Kind versteht die Rückmeldung wahrscheinlich als Versuch, ihm doch noch seinen Willen aufzuzwingen.

Wieder müssen wir an das Prinzip erinnern: *Aktives Zuhören ist ein Instrument, das dem Kind hilft, eine Lösung für sein Problem zu finden. Es ist kein Instrument für Eltern, sich die Zustimmung zu ihren eigenen Lösungen zu sichern.*

Hätte die Mutter wirklich die Bereitschaft gehabt, die Gefühle ihrer Tochter zu akzeptieren, hätte der folgende Problemlösungsprozeß in Gang gesetzt werden können:

M: Du möchtest viel lieber draußen bleiben und spielen.

K: Ja, ich möchte bei meinen Freundinnen bleiben. Es macht gerade soviel Spaß.

M: Du möchtest mit deinen Freundinnen weiterspielen.

K: Das möchte ich.

M: Fällt dir irgendeine Lösung ein, mit der du einverstanden wärst?

K: Ich kann später essen. Oder du tust mir mein Abendessen auf einen Pappteller, und ich esse neben der Sandkiste.

Sicher hätte die Tochter auch andere Lösungen finden können. Wichtig ist jedoch die Tatsache, daß das Kind eine Lösung vorschlägt. Eben dies soll aktives Zuhören bewirken.

»Was ist, wenn einem nicht paßt, was man hört?«

Da einfühlendes Zuhören so nützlich ist, wenn man Kinder dazu bekommen möchte, daß sie ihre wahren Gefühle äußern, darf es nicht überraschen, daß sie manchmal Dinge sagen, die ihren Eltern nicht passen – zum Beispiel:

»Ich mag dich nicht.«

»Du hast Jimmy lieber als mich.«

»Ich bin so unglücklich.«

»Niemand mag mich.«

»Ich möchte mit der Schule aufhören.«
»Ich habe bei der Prüfung gemogelt.«
»Marihuana rauchen ist einfach toll.«
»Ich bin aus der Baseball-Mannschaft rausgeflogen.«
»Das College ist blöd.«
Manche Eltern sind aus einer Vielzahl von Gründen auf solche Gefühle nicht vorbereitet. Vielleicht hegen sie für ihre Kinder bestimmte Hoffnungen und Erwartungen, die sie unter allen Umständen in Erfüllung gehen sehen möchten. Sie haben wenig Vertrauen in die Fähigkeit ihrer Kinder, selbst konstruktive Lösungen für ernsthafte Probleme zu finden. Sie haben unter Umständen große Angst, ihre Kinder könnten mit dem Gesetz in Konflikt kommen oder etwas anstellen, was ihnen für ihr ganzes späteres Leben schaden könnte; oder es fällt ihnen vielleicht einfach schwer, irgendwelche negativen Gefühle zu akzeptieren, wie es diesem Vater, einem Biologieprofessor, ergeht:
»Für mich ist schon immer mein größtes Problem gewesen, mit negativen Gefühlen fertig zu werden – den Ärger, das Unglück, die Enttäuschung der Kinder zu akzeptieren ... Das habe ich von meinen Eltern angenommen, die einfach leugneten, daß es negative Gefühle gibt. Ich bin in einer angeblich sehr glücklichen Familie aufgewachsen. Meine Eltern mochten eben nicht zugeben, daß es dort negative Gefühle gab. Wenn wir uns über irgend etwas ärgerten, mußten wir fortgehen und durften erst wiederkommen, wenn unser Ärger sich gelegt hatte ... Deshalb fällt es mir heute schwer, mit so etwas fertig zu werden.«
Die Mutter der fünfjährigen Laura erzählt, wie schwer es ihr fiel, das Problem zu akzeptieren, das ihre Tochter mit dem Kindergarten hatte:
»Ständig erzählte sie morgens, sie sei krank oder müde, oder sie wollte sich nicht anziehen lassen ... Sie wurde hysterisch bei dem Gedanken, daß sie in den Kindergarten mußte – sie war entschlossen, nicht dort zu bleiben. Sie weinte so bitterlich ... Ich versuchte den Grund herauszufinden. ›Gibt es etwas in den Räumen oder auf dem Spielplatz, was dich stört?‹ Es stellte sich heraus, daß sie auf dem Spielplatz immer allein war. Sie stand da und sah den andern Kindern zu. Wenn sie jemanden fragte, ob er mit ihr spielen wolle, spielte er immer schon mit jemand anders ... Ich war außer mir! Ich rief meinen Mann an. Er kam nach Haus und sprach ebenfalls mit ihr. Wir wollten nichts anderes, als daß sie sich im Kindergarten wohl fühlte. Anfangs war sie das auch gewesen. Deshalb waren wir auch so erregt. Ich glaube, hier haben Eltern die größten Schwierigkeiten, nämlich einzusehen, daß das Kind das Problem besitzt. Dadurch steht

man abseits. Sie war erst fünf – fünf Jahre alt! Und ich dachte: ›Mein Gott, sie wird niemals Freude am Kindergarten haben, wenn das so weiter geht.‹«

Vielleicht noch erschreckender war die Situation, die eine Mutter beschrieb, deren halbwüchsige Tochter drohte, die Schule zu verlassen und von zu Hause fortzugehen:

»Sie sagt: ›Ich kann die Schule nicht ausstehen. Sie langweilt mich zu Tode‹, und ›Ich muß den Mathekurs sausen lassen, sonst bekomme ich eine Sechs.‹ Später hieß es dann: ›Ich glaube, ich möchte nicht aufs College. Ich weiß aber, daß Vater und du von mir erwarten, daß ich es besuche.‹ ... Ich glaube, es hätte nicht viel gefehlt und sie wäre von zu Hause fortgegangen. Einmal hatte ich große Sorgen, daß es zum Bruch kommen könnte. Sie sagte: ›Ich kann es nicht erwarten, hier herauszukommen – Ich muß allein leben. Diese Familie macht mich wahnsinnig.‹«

In solch kritischen Situationen sind manche Eltern sehr versucht, in ihre alten Reaktionsweisen zurückzufallen, d. h. Kommunikationssperren zu senden.

»Es fällt mir wirklich schwer, mir anzuhören, welchen Kummer meine Tochter mit ihrem Übergewicht hat. Ich hatte nämlich unter dem gleichen Problem zu leiden. So ist es mir nicht leicht, diesen Gefühlsäußerungen unvoreingenommen zuzuhören ... Wenn sie kommt und weint, dreht sich mir der Magen um, da ich dasselbe durchgemacht habe. Ich habe sogar heute noch mit dem Übergewicht zu kämpfen ... Erst in den letzten Monaten ist mir bewußt geworden, daß es mir sehr gegen den Strich geht, ihr bei diesem Problem helfen zu müssen ... Ich höre aktiv zu, aber das funktioniert nicht richtig. Es wird zu einem Trick – einem mechanischem Verfahren. So sitze ich da und mir dreht sich der Magen um. Ich möchte ihr sagen: ‹Guck mal, ich mag an dir nicht, daß du dich beim Essen nicht in der Gewalt hast.‹ Es fällt mir dann schwer, sie zu akzeptieren ... Ich kann es einfach nicht. Es ist mir unmöglich.«

Andere Eltern ringen die Hände und wissen nicht was sie tun sollen:

»Es gelingt uns einfach nicht, es durchzuhalten. Häufig ist er völlig verstockt, und ich denke dann: ›Oh, mein Gott, was soll ich nur tun?‹ Ich habe das Gefühl, mich im Kreise zu bewegen, und ich weiß nicht, was ich tun soll. So gebe ich das Zuhören dann ganz auf.«

Manche Eltern haben mehr Ausdauer. Sie haben es nun einmal angefangen. Vielleicht gefällt ihnen nicht, was sie hören, aber sie sind entschlossen, es ernsthaft mit dem aktiven Zuhören zu versuchen. Sie geben nicht auf. Vielleicht sind sie im Innersten von der Methode des aktiven Zuhörens überzeugt. Vielleicht widerstrebt es ihnen aber auch nur zutiefst, einmal Angefangenes aufzugeben. Jedenfalls gibt es nicht wenige Eltern, die (gewöhnlich bei ihren ersten Versuchen) feststellen, daß ihre Ausdauer schließlich belohnt wird. Ich vermute, Eltern müssen erst einmal herausfinden, daß aktives Zuhören wirklich funktioniert. Das ist das kritische Stadium des Lernprozesses. Es geht ihnen wie demjenigen, der anfängt Ski zu laufen und nach vielen Stürzen doch einmal den Hang sicher herunterfährt.

Die Mutter von Lana nahm zweimal an Kursen teil. Sie befürchtete anfangs, Lana würde nie wieder in den Kindergarten gehen. Endlich gelang es ihr dann aber:

»Oh, es ging immer so weiter. Sie sagte, sie habe es satt, Bilder auszuschneiden und aufzukleben. Dafür bekam sie immer ihre Sternchen – fürs Schneiden und Kleben . . . Sie sagte: ›Mir tun die Finger davon weh.‹ Und dann sagte sie: ›Ich habe keine Lust, immer dazusitzen und Papierarbeiten machen zu müssen‹ . . . Am folgenden Tag ging sie in den Kindergarten, und es hatte den Anschein, als fühlte sie sich nur deshalb besser, weil sie es hatte aussprechen können. Natürlich war das Problem noch da. Aber sie schien erleichtert zu sein, daß wir ihr gesagt hatten, wir könnten verstehen, daß sie keine Lust habe, in den Kindergarten zu gehen.«

Je häufiger die Eltern ihren Kindern zutrauen, mit ihren Problemen konstruktiv fertig zu werden und eigene Lösungen zu finden, um so besser wird es ihnen gelingen, das aktive Zuhören durchzuhalten, selbst wenn ihnen nicht gefällt, was sie dabei hören. Ich glaube nicht, daß wir dieses Vertrauen jedem Elternteil vermitteln können. Viele besaßen es schon, bevor sie mit der ›Familienkonferenz‹ in Berührung kamen; andere entwickelten es, als sie es mit dem aktiven Zuhören versuchten und feststellten, daß es funktioniert. Manche aber halten auch an der Vorstellung fest, daß man Kindern nicht trauen könne. Eine sehr redegewandte, sehr uneinsichtige Mutter von vier Kindern (von denen drei schon halbwüchsig waren) – es handelt sich um die Mutter, deren Sohn »schäbige Jeans« trug – machte in ihrer Aussage aus ihrem mangelnden Vertrauen kein Hehl:

»Ich will Ihnen ganz offen sagen, daß ich prinzipiell von der Methode der ›Familienkonferenz‹ nicht überzeugt bin. Ich glaube nicht, daß man Kinder wie Erwachsene behandeln kann. Definitionsgemäß sind Kinder eben keine Erwachsene. Bei manchen Dingen fehlt es ihnen ganz einfach an der Erfahrung, um immer die richtigen Entscheidungen treffen zu

können. Einige Entscheidungen können *sie treffen. Bestimmte Entscheidungen kann man ihnen aber einfach nicht überlassen, das wäre nicht fair. Ihnen fehlt die erforderliche Erfahrung. Ich glaube nicht, daß ein 16jähriger weiß, was das College für ihn bedeutet, oder daß ein 16jähriges Mädchen bei einem Rendezvous im Mondschein irgendeine Vorstellung davon haben kann, was es bedeutet, ein uneheliches Kind zu bekommen. Man darf es ihr nach meiner Meinung mit 16 nicht freistellen, ihren romantischen Gefühlen zu folgen und sich hinzugeben.«*
Diese Einstellung Kindern gegenüber ist durchaus nicht ungewöhnlich bei Eltern, die das Modell der ›Familienkonferenz‹ nicht kennen. Sie ist aber ziemlich selten bei Eltern, die einen Kurs besucht haben. Was läßt sich solchen Eltern sagen? Kann man ihnen helfen, mehr Vertrauen in die Problemlösungsfähigkeiten ihrer Kinder zu entwickeln? Vielleicht. Zumindest kann ich mitteilen, was ich selbst dazu gelernt und von Eltern erfahren habe, die mir über Probleme dieser Art berichteten.

Man kann niemals in Erfahrung bringen, ob man Kindern trauen kann, wenn man ihnen nicht vertraut

Wenn Eltern es niemals mit der Methode des aktiven Zuhörens versuchen, werden sie niemals in Erfahrung bringen, ob ein Kind seine eigenen Probleme lösen und konstruktiv mit seinen Gefühlen umgehen kann. Wenn Eltern auf das Problem eines Kindes mit Kommunikationssperren reagieren, verbauen sie diesem Kind die Chance, sein Problem aufzuarbeiten und sich ihr Vertrauen zu erwerben. Kommunikationssperren teilen dem Kind mit: »Ich traue dir nicht zu, daß du dein Problem selbst lösen kannst.« (Du *mußt* dies tun, du *solltest* das tun, du hättest weiß Gott *besser* so gehandelt, ich möchte dir von *meiner Lösung* berichten und dir *meinen Ratschlag* mitteilen. Du brauchst *meine Hilfe* und *meine Weisheit*, allein die Tatsache, daß du dieses Problem hast, beweist, daß irgend etwas *mit dir nicht stimmt*).

Die Kommunikationssperren hindern das Kind daran, das eigentliche Problem zu erkennen

In all den Fällen, wo Eltern auf aktives Zuhören vertrauten, beobachteten sie, daß ihre Kinder vom *vordergründigen Problem* abkamen (»Ich geh nicht auf das College«, »ich kann den Kindergarten nicht ausstehen« oder »diese Familie macht mich wahnsinnig«). So stießen sie dann schließlich auf das wirkliche Problem. Eltern, denen es an Vertrauen fehlt, schalten sich sofort ein und versuchen das vordergründige Problem mit Befehlen, Drohungen, Ratschlägen, Lösungen oder Moralpredigten zu lösen. Dabei haben sie überhaupt keine Ahnung, worin das eigentliche Problem bestehen könnte.

Es bleibt noch genügend Zeit, sein Wissen und seine Weisheit mitzuteilen, wenn es erforderlich ist

Kinder sind sich dessen schmerzlich bewußt, daß ihre Eltern über mehr Erfahrung und Wissen verfügen. Tatsächlich überschätzen die meisten Kinder das Wissen und die Klugheit ihrer Eltern beträchtlich. Andererseits stellen sie ihr eigenes Licht unter den Scheffel. Ob man das eigene Wissen und die eigene Weisheit einem Kind (oder auch einem anderen Erwachsenen) anbietet, ist eine Frage des Zeitpunktes. Wenn man das aktive Zuhören sofort verwendet, hilft man dem Kind unter Umständen das eigentliche Problem zu entdecken. Das Kind löst es vielleicht, ohne daß man ihm sein Wissen und seine Weisheit zur Verfügung stellen müßte. Möglicherweise stellt man auch fest, daß das Kind nur sein Herz ausschütten möchte und gar keine Hilfe braucht. Wenn es aber nicht weiterkommt und keine Lösung findet, kann man immer noch fragen, ob es Interesse an Anregungen und Vorschlägen hat. Durch Warten vergrößert man die Wahrscheinlichkeit, daß das Kind Hilfestellungen anderer akzeptieren wird. Es ist das Prinzip guter Lehrer und tüchtiger Ratgeber.

Menschen finden ihre Lösungen lieber selbst. Sie sind eher bereit, die Lösungen anderer zu akzeptieren, wenn sie zunächst versucht haben, eine eigene zu finden, und es ihnen nicht gelungen ist.

Die Versuchung, Kommunikationssperren zu verwenden

Abgesehen davon, daß es schwerfällt, eingefleischte Reaktionsweisen zu verändern, verwenden Eltern Kommunikationssperren nach meiner Überzeugung noch aus einem anderen Grund. Sie möchten das Problem ihres Kindes so schnell wie möglich loswerden. Entweder haben sie keine Zeit zum Zuhören, oder ihnen ist der Umstand unbehaglich, daß ihr Kind ein Problem hat, (»nicht schon wieder ein Problem!«). Die meisten Kommunikationssperren verschaffen den Menschen die Illusion, sie hätten das Problem erledigt. Leider befreien Kommunikationssperren selten von Problemen. Eine Mutter drückte das so aus:

»Anfangs kam es mir merkwürdig vor. Es war leichter, ihnen zu sagen, was sie tun sollten. Aktives Zuhören ist mühsam, besonders bei kleinen Kindern, die ja nie stillsitzen können. Sehr oft mochte ich ihnen wirklich nicht zuhören. Wissen Sie, ich hätte ihnen gerne gesagt, was sie tun sollten, nur um sie los zu sein. Lange Zeit war ich nämlich selber unglücklich, wissen Sie, und mochte mir nicht noch mehr Probleme aufladen.«

Eine andere Mutter erkannte, daß ihre Ungeduld sie am Zuhören hinderte:

»Es ist leichter und bequemer, selber die Lösung zu geben. Es ist soviel einfacher zu sagen: ›Warum machst du nicht einfach dies oder das?‹ Sie würden sagen: ›Oh, das ist eine gute Idee!‹ und das Problem wäre gelöst. Man hätte es hinter sich, wissen Sie ... Ich habe unter Umständen nicht die fünf Minuten Ruhe für das aktive Zuhören, die sie brauchen, um mit einer eigenen Lösung aufzuwarten ... Wenn ich aber so zurückblicke, hätte ich mir die Zeit schon nehmen sollen, weil die Kinder das für ihre Entwicklung brauchen. Ich erinnere mich, daß ich zu meiner Mutter oder zu meinem Vater oder meiner älteren Schwester ging, wenn ich ein Problem hatte, und daß sie sagten: ›Das mußt du tun.‹ So lernte ich erst mit 31 Jahren, wie ich meine eigenen Probleme zu lösen habe. Und noch heute habe ich damit manchmal Schwierigkeiten ...«

Manche Eltern versuchen Probleme dadurch zu lösen, daß sie trösten oder ihr Mitgefühl zum Ausdruck bringen, wie zum Beispiel: »Oh, ich glaube nicht, daß es so schlimm ist«, oder »du wirst bald einen neuen Freund finden«, oder »der Donner kann dir nichts tun«. Es hat den Anschein, als könnten sie nicht ertragen, daß ihre Kinder Kummer haben. Sie haben es eilig, dieses Gefühl loszuwerden – es schmerzt sie, daß ihre Kinder Sorgen haben. Selten bessern sich die Gefühle von Kindern dadurch, daß Eltern sofort mit Trost zur Hand sind.

Das soll nicht heißen, daß man auf Trost überhaupt verzichten sollte. Trost kann sehr nützlich sein, doch nur zu gewissen Zeiten. *Das Kind muß zuerst wissen, daß seine Gefühle verstanden worden sind.* Im folgenden Beispiel berichtet ein Elternteil von seiner Tochter, die Angst hat, zum Zahnarzt zu gehen.

»Sue wurde wütend. Sie wollte keine Klammer haben. Ihr Freund war bei einem Zahnarzt, der irgend etwas anderes gemacht hatte – ein Zwischenstück, glaube ich – so daß er keine Klammer brauchte. Ich sagte: ›Vielleicht möchtest du zu Tims Zahnarzt gehen und mit ihm sprechen. Vielleicht ist er der Meinung, daß deine Zähne sich auch so richtig entwickeln. Möglicherweise macht er irgend etwas anderes, und du brauchst keine Klammer.‹ Das beruhigte sie durchaus nicht. Sie sagte: ›Das will ich nicht.‹ Ich ging in ihr Zimmer zurück und sagte: ›Es macht dich nervös, daß du zum Zahnarzt mußt.‹ Und sie sagte: ›Ja, ich habe Angst, daß er mir eine Spritze gibt.‹ Hier sagte ich ihr nun: ›Ich habe zwei Jahre lang eine Klammer getragen und niemals eine Spritze bekommen – Spritzen bekommt man gewöhnlich nur, wenn einem ein Zahn gezogen wird. Mike hat anderthalb Jahre eine Klammer getragen und niemals eine Spritze bekommen.‹ Aktives Zuhören und Rat beruhigten sie so weit, daß ich sie ins Bett bringen konnte.«

Diese Mutter hat aktives Zuhören lange genug angewendet, um die Bereitschaft, das Kind zu akzeptieren, zu übermitteln. Dadurch fühlte sich ihre Tochter in der Lage, die Angst vor den Spritzen (das eigentliche Problem) zum Ausdruck zu bringen. Da das Kind nicht Bescheid zu wissen schien, nannte ihm die Mutter die Fakten, die sein Problem unmittelbar zu betreffen schienen. Das Prinzip ist wichtig genug, um es noch einmal zu wiederholen: Nur dadurch, daß man dem Kind hilft, das eigentliche Problem zu erkennen, wird man entscheiden können, welche Fakten angemessen sind.

Einige Richtlinien zur Verbesserung Ihres Zuhörens

In unseren Interviews haben wir viel über die Schwierigkeiten gelernt, denen Eltern bei dem Versuch begegnen, ihre neuerworbenen Techniken zu Hause anzuwenden. Beim Einsatz des aktiven Zuhörens hatten sie nicht immer den erhofften Erfolg. Die Gespräche nahmen auch nicht den gleichen Verlauf wie die Beispiele aus der ›Familienkonferenz‹. Aktives Zuhören ist in der Theorie sehr einfach, nicht immer aber in der Praxis.

Deshalb dürfte es nützlich sein, einige Richtlinien zu geben. Sie mögen den Eltern helfen, die mit dem aktiven Zuhören Schwierigkeiten haben und ihre Technik verbessern möchten.

1. *Machen Sie sich klar, wann aktives Zuhören angebracht ist.*
Denken Sie daran, daß aktives Zuhören eine Technik ist, die ihnen hilft, Ihre Bereitschaft, das Kind zu akzeptieren und zu verstehen, mitzuteilen. Verwenden Sie es nur, wenn eigene Probleme Sie so wenig bedrängen, daß Sie dazu fähig sind, Ihren Kindern bei deren Problemen wirklich helfen zu können.

2. *Machen Sie sich klar, wenn Sie aktives Zuhören nicht verwenden sollten.*
Es wird wirkungslos bleiben, wenn Sie Ihr Kind im Moment nicht akzeptieren können – wenn Sie das Problem besitzen. Genauso wirkungslos wird es sich bei dem Versuch erweisen, Ihr Kind dazu zu bringen, irgendeine Verhaltensweise, die Sie nicht akzeptieren, zu verändern. Verzichten Sie auf aktives Zuhören, wenn Sie keine Zeit haben oder nicht in der Stimmung sind. Benutzen Sie es nicht als Technik, um Ihre Kinder zu manipulieren. Damit erreichen Sie keineswegs, daß sie sich so verhalten, wie Sie es für wünschenswert halten.

3. *Sie können es nur beherrschen, wenn Sie es ausreichend üben.*
Eltern können Aktives Zuhören ohne ausreichende Praxis nicht beherrschen lernen. Wenden Sie es beim Ehepartner, den Freunden und den Kindern an.

4. *Geben Sie nicht zu schnell auf.*
Geben Sie Ihren Kindern genügend Zeit, damit diese merken, daß Sie sie *wirklich* verstehen wollen und daß Sie ihre Probleme und Gefühle akzeptieren. Denken Sie daran, daß sie an Ihre Predigten, Belehrungen, Ratschläge und Nachforschungen gewöhnt sind.

5. *Sie werden die Fähigkeiten ihrer Kinder nicht kennenlernen, wenn Sie ihnen nicht die Möglichkeit geben, ihre Probleme selbst zu lösen.*
Beginnen Sie, wenn Sie können, mit der Überzeugung, daß Ihre Kinder ihre Probleme ohne direkte Hilfe bewältigen können. Sie werden überrascht sein, wie ihr Vertrauen wachsen wird.

6. *Nehmen Sie hin, daß aktives Zuhören Ihnen anfangs unnatürlich erscheinen wird.*
Zweifellos wird es Ihnen mehr als Ihren Kindern als Trick erscheinen. Mit wachsender Übung werden Sie sich natürlicher und weniger ungeschickt vorkommen.

7. *Versuchen Sie die anderen Techniken des Zuhörens häufiger einzusetzen: Passives Zuhören, Aufmerksamkeitsreaktionen und Türöffner.* Nicht jede Reaktion Ihres Kindes muß rückgemeldet werden. Verwenden Sie aktives Zuhören vor allem, wenn es sich um heftige Empfindungen handelt und wenn Ihr Kind offensichtlich darauf angewiesen ist, akzeptiert zu werden.
8. *Geben Sie Ihren Kindern nur Rat, wenn sie ihn brauchen.* Liefern Sie keine Hilfestellung, bevor Sie sich nicht versichert haben, daß Sie das eigentliche Problem kennen. Prüfen Sie dann, ob Ihr Kind Ihren Rat wünscht. Geben Sie nur kurze Hinweise. Natürlich müssen Sie auch darauf vorbereitet sein, daß Ihre Ansichten zurückgewiesen werden: Unter Umständen sind sie unangemessen oder unbrauchbar.
9. *Hüten Sie sich davor, Ihrem Kind aktives Zuhören aufzudrängen oder aufzuzwingen.* Achten Sie auf Gesten, die Ihnen mitteilen, daß Ihre Kinder keine Lust haben, zu reden oder weiterreden zu wollen. Respektieren Sie ihr Bedürfnis nach Privatsphäre.
10. *Erwarten Sie nicht von Ihren Kindern, daß sie sich schließlich für die von Ihnen gewünschte Lösung entscheiden.* Denken Sie daran, daß aktives Zuhören den Kindern bei *deren* Problemen helfen soll. Die Kinder sollen anhand dieses Instrumentes *ihre eigenen* Lösungen finden. Seien Sie nicht zu überrascht, wenn sich manchmal keine Lösung ergibt – vielleicht erzählen Ihre Kinder noch nicht einmal, wie sie das Problem schließlich gelöst haben. Hauptsache, sie haben es gelöst.

V Wie sich Familien verändern, wenn Eltern geübte Zuhörer werden

Wenn Eltern in ihrer Familie mehr Übung im aktiven Zuhören erwerben, erscheint es ihnen anfangs kaum glaubhaft, daß das Verfahren so gut funktioniert. Es bewährt sich in den verschiedensten Situationen und mit Kindern aller Altersstufen. Die anfängliche Skepsis vieler Eltern weicht der Erkenntnis, daß diesem einfachen Kommunikationsmittel eine erstaunliche Kraft innewohnt. Das Kind erkennt, daß man bereit ist, es zu verstehen und zu akzeptieren. »Ich hätte es nicht geglaubt, wenn ich es nicht mit eigenen Augen gesehen hätte«, bemerkte eine Mutter. Ihre Äußerung spiegelt die Einstellung wider, die sich in vielen unserer Interviews abzeichnete. Häufig berichteten Eltern von sehr kurzen Gesprächen, in denen nur ein oder zwei Reaktionen des aktiven Zuhörens erforderlich waren. In anderen Familien ging es nicht so rasch. Hier mußten komplexe Probleme und tieferliegende Gefühle aufgearbeitet werden.

Der Zauber des »Ich verstehe dich«

Wie Sie sich erinnern werden, zeigt aktives Zuhören der anderen Person, daß Sie ihr nicht nur zuhören, sondern daß Sie sie auch *verstehen*! Diese Botschaft wirkt häufig wie ein Zauberwort. Nehmen wir als Beispiel den Bericht eines Pfarrers. Es handelt sich um einen kurzen Vorfall mit seinem 15jährigen Sohn Arnold:

»Als wir es (das aktive Zuhören) das erste Mal versuchten, war ich zufälligerweise in der Rolle des Beobachters. Es erschien mir kaum glaubhaft . . . Wir saßen im Innenhof. Meine Frau sagte irgend etwas zu Arnold. Daraufhin wandte er sich Liz, meiner Frau, zu und schrie so laut er konnte: ›Du machst mich einfach rasend!‹ Ich erlebte meinen Sohn zum ersten Mal von dieser Seite. Wissen Sie, er war so etwas wie der Pastorsohn, eine Art Vorbild für alle artigen Jungen und Mädchen. Nun schrie er hier,

daß einem fast das Trommelfell platzte. Liz aber sah ihn nur an und sagte: ›Das ging dir unter die Haut, was?‹ Sie hätten sein Gesicht sehen sollen! Er hatte von ihr eine genauso laute und hysterische Äußerung erwartet. Als nun aber diese Reaktion erfolgte ... schraubte er seine Lautstärke auf einen normalen Gesprächston zurück und sagte: ›Das ging es, Mama.‹ Seine nächste Äußerung war noch bedeutsamer: Er sagte: ›Und ich denke, dir ging es auch unter die Haut.‹ Ich konnte es nicht glauben! In wenigen Minuten war etwas bereinigt worden, was sich normalerweise zu einem zweistündigen erbitterten Streit und vielleicht auch zu einem Abbruch der Kommunikation für zwei Tage ausgewachsen hätte ... Nur weil einer zu sagen wagte: ›Ich verstehe dich.‹ Nicht: ›Du hast unrecht‹, sondern, ›Ich verstehe dich.‹«

Ein »Ich verstehe dich« ist eben viel wertvoller als noch so viele Lösungen, die man dem Kind vorschlägt. Das zeigt sich auch im folgenden kurzen Gespräch:

»Unsere Tochter hat Schwierigkeiten, abends einzuschlafen, selbst wenn sie müde ist. Immer wieder kommt sie ins Wohnzimmer und erzählt, daß sie sich Sorgen mache, sie werde am nächsten Tag in der Klassenarbeit versagen, wenn sie ihren Schlaf nicht bekomme. Wir schlagen ihr dann gewöhnlich vor, sich ruhig ins Bett zu legen und sich auszuruhen. Oder wir versichern ihr, daß sie gar nicht soviel Schlaf brauche und trösten sie noch auf mancherlei andere Weise. Gestern abend passierte das gleiche. Statt ihr aber Lösungen anzubieten, sagte ich: ›Es ist wirklich ein Problem für dich, einzuschlafen.‹ Sie sagte: ›Ja‹, verließ den Raum und ward nicht mehr gesehen.«

Eine Sechsjährige kam laut weinend mit einem blutenden Knie nach Hause, das sie sich beim Rollschuhlaufen geholt hatte. Ihre Mutter versuchte es mit aktivem Zuhören:

M: Komm rein und setz dich hin.

K: Will ich nicht.

M: Hm, das Knie ist schlimm, was? Was hältst du von einem Pflaster?

K: Ich will keines.

M: Nun, dann schnall die Rollschuhe ab.

K: Nein, ich will wieder Rollschuhlaufen.

M: Du möchtest nicht, daß ich irgend etwas tue, nicht wahr?

K: Nein, ich möchte nur, daß du weißt, daß ich mir wehgetan habe.

M: Du möchtest, daß ich deine Wunde sehe und weiß, daß du dir wehgetan hast.

K: (abschließend) Ja!

Daraufhin wandte das Kind sich um und ging wieder Rollschuhlaufen.

Oder nehmen wir das dreijährige Mädchen, das während eines Unwetters Angst vor dem Donner hatte:

»Der Donner und die Blitze regten sie sehr auf – vor allem aber war es das Geräusch. Weinend kam sie zu mir und sagte: ›Ich habe Angst – ich mag den Donner nicht.‹ Ich begann mit Kommunikationssperren, indem ich sagte: ›Das sind nur Wolken, die aneinanderstoßen.‹ Aber sie weinte weiter und sagte: ›Ich mag es nicht hören, ich habe Angst.‹ Ich sagte: ›Es tut dir nichts, es ist nur ein Geräusch.‹ Das Weinen wurde heftiger. Dann fiel es mir ein: Richtig, aktives Zuhören! So sagte ich: ›Du machst dir Sorgen wegen des Donners und möchtest, daß er aufhört, weil er dich erschreckt.‹ Sofort veränderte sich ihr Ausdruck. Aller Kummer fiel von ihr ab, und sie ging beruhigt aus dem Zimmer. Damit war es vorbei! Sie wollte nur, daß ich verstand, wie sie sich fühlte.

Ähnlich war es bei dem zweijährigen Tommy. Seine Mutter berichtet:

»Er hatte es sich angewöhnt, fürchterlich zu weinen, wenn er sich wehgetan hatte. Im Kindergarten war er mit anderen Kindern zusammen, die die Gewohnheit hatten, andauernd hereinzukommen und zu sagen: ›Ich hab ein Aua-Wehweh, ich hab ein Aua-Wehweh.‹ Dabei schrien und weinten sie so laut sie konnten und warteten darauf, daß man sie in den Arm nahm und bemitleidete. Tommy hatte sich das dort angewöhnt. Als er dann wieder einmal mit einem dieser kleinen Aua-Wehwehs – es war nichts Ernstes – kam, sagte ich: ›Oh, es sieht aus, als täte es wirklich weh.‹ Hopp, war er wieder draußen.«

Worin ist der Zauber des aktiven Zuhörens begründet? Es geschieht etwas im Inneren des Kindes, wenn es das Gefühl hat: ›Ich werde verstanden.‹ Aber was ist es? Da wir es nicht sehen können, sind wir auf Hypothesen angewiesen.

Vielleicht möchte das Kind wirklich als Person »akzeptiert« werden – als Person, die sich wehtut, oder zu anderen Zeiten als Person, die erschreckt, enttäuscht, traurig, einsam ist. Vielleicht möchte das Kind auch nur von jemand anders anerkannt, zur Kenntnis genommen oder bestätigt werden – wie in den Fällen, da es etwas *Befriedigendes* tut: »Sieh, Mama, freihändig!« Oder »He, Papa, ich kann auf dem Kopf stehen!« Vielleicht brauchen Kinder dies genauso, wenn sie uns mitteilen: »Ich habe Angst vorm Donner«, oder »Ich hab' mir das Knie aufgeschlagen.«

In jedem Beispiel zeigt sich uns das aktive Zuhören als äußerst nützliches Instrument, um dem Kind eine Reaktion zu übermitteln, die ihm bei seinem augenblicklichen Problem half.

Gefühle gehen vorüber

Eltern sind häufig davon überrascht, wie rasch sich Kinder beruhigen, wenn sie verstanden werden. Das trifft auch auf sehr heftige und tiefergehende Gefühle zu. Sehen wir uns Bobby an, der dreieinhalb Jahre alt ist und Erbsen nicht ausstehen kann; sein Vater stand dem aktiven Zuhören skeptisch gegenüber und versuchte zu beweisen, daß es nicht funktioniert. Er berichtete:

»Einmal sagte Bobby, er möge keine Erbsen. Statt nun zu antworten: ›Iß die Erbsen, Bobby‹, oder ›Halt den Mund‹, sagte ich: ›Bobby, du magst wohl keine Erbsen.‹ Daraufhin er: ›Oh, ich glaube doch.‹ Ich konnte es nicht glauben! Aber er aß die Erbsen wirklich. Es war unglaublich . . . Es war das erste Mal, daß ich aktives Zuhören benutzte.«

Wenn Eltern es lernen, mit Einfühlung und Verständnis auf die Gefühlsregungen ihrer Kinder einzugehen, kann es gar nicht ausbleiben, daß sie entdecken, wie vorübergehend diese Gefühle sind. Die meisten von uns haben es anders gelernt. Wenn jemand sagt: »Ich hasse dich«, sind wir am Boden zerstört. Wir glauben, wir hätten auf immer einen Freund verloren. Mit Hilfe der ›Familienkonferenz‹ lernen Eltern jedoch zu unterscheiden, zwischen den *Gefühlen* eines Kindes und dem *Kode*, den es wählt, um seine Gefühle mitzuteilen. Es handelt sich um zwei verschiedene Dinge.

Wenn ein Kind sagt: »Ich hasse dich«, benutzt es die Worte als Kode. Es drückt ein Gefühl aus, das es gerade empfindet – z. B. *Ärger*, weil man ihm keine Süßigkeiten geben will, oder *Enttäuschung*, weil man nicht mit ihm

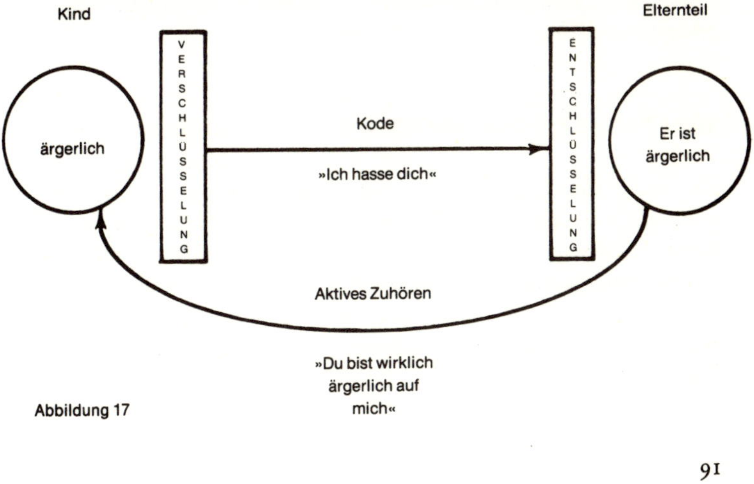

Abbildung 17

spielen will. Hier erweist aktives Zuhören seinen Nutzen. Eltern besitzen in ihm ein spezielles Verfahren, auf die Gefühle des Kindes, nicht auf seinen Kode, zu antworten. Unser Diagramm des aktiven Zuhörens (Abb. 17) kann diesen Punkt vielleicht deutlicher machen.

Mit der *Verschlüsselung* wählt das Kind einen Kode für seine verbale Botschaft. Mit der *Entschlüsselung* schließt der Elternteil vom Kode des Kindes auf das Gefühl in seinem Inneren. Durch den bewußten Gebrauch des aktiven Zuhörens üben sich Eltern darin, auf die Gefühle des Kindes und *nicht auf seinen Kode* zu reagieren. Dieser hört sich für Eltern nämlich meist krasser oder bedrohlicher an als das Gefühl, mit dem man sich eigentlich befassen sollte.

Aus dem folgenden Auszug eines Interviews mit der Mutter und dem Vater von vier Kindern (im Alter von sieben bis dreizehn) scheint hervorzugehen, daß die Eltern den oben geschilderten Prozeß verstanden haben:

Mutter: »Manchmal, als Chuck noch klein war, war er wirklich wütend auf mich. Er sagte: ›Ich hasse dich.‹ Ich war ehrlich verzweifelt! Ich hatte das Gefühl, als Mutter gänzlich versagt zu haben. Heute würde es mich kaum noch stören . . .

Vater: »Ja, dann kam sie und erzählte es mir. Sie war jedesmal sehr mutlos, wenn er so etwas zu ihr gesagt hatte. Es nahm ihr den Wind aus den Segeln, sie wußte nicht mehr weiter . . .«

Mutter: »Ich habe begriffen, daß ich so etwas nicht als persönlichen Angriff werten darf. Statt dessen muß ich herausbekommen, was sie wirklich fühlen . . . Nun haben sie die Möglichkeit, ihre Gefühle zu äußern und verstanden zu werden . . . Sie haben die Möglichkeit zu erkennen, daß diese Gefühle in Ordnung sind.«

Wie hilft man Kindern, Realität und Grenzen zu akzeptieren

Das Leben erlegt Kindern Grenzen und Einschränkungen auf. Das kann grausam für sie sein. Aktives Zuhören ist ein sehr nützliches Instrument, wenn man ihnen helfen möchte, die Grenzen zu akzeptieren und sich in die bitteren Realitäten des Lebens zu fügen. Ein Vater erzählte uns von solch einem Vorfall. Sein 9jähriger Junge lernte mit Hilfe der Eltern, daß man nicht alles haben kann, was man gerne möchte. Es ging um ein neues Fahrrad:

»Er wünschte sich das neue Fahrrad über alles: So ein tolles Fahrrad, wie es

die Kinder in der Nachbarschaft besaßen . . . Er kam auf die Idee, sein altes in Zahlung zu geben. Ich half ihm dabei, es blank zu putzen. Er nahm es mit in den Laden und suchte sich dann das aus, das ihm gefiel. Der Verkäufer teilte ihm mit, daß sein Fahrrad sehr gut in Schuß sei und er ihm 30 Dollar dafür geben würde. Dasjenige jedoch, das er haben wollte, kostete 95 Dollar. Er war am Boden zerstört, als er nach Hause kam. Er beherrschte sich aber und ließ nichts verlauten. Ich sagte so etwas wie: ›Bob, du must ja schrecklich enttäuscht sein; man kann es nur schwer verkraften, wenn so etwas passiert.‹ Da war es mit seiner Beherrschung zu Ende und er weinte . . . Danach war er sehr unruhig und wußte nicht, was er tun sollte. Ich sagte ihm noch einmal, daß ich verstünde, wie ihm zumute sei, daß ich aber glaube, er werde damit fertig werden. Wenn er Lust dazu habe, könne er hinauskommen und uns im Garten helfen. Eine halbe Stunde später kam er dann. Den ganzen Nachmittag über befand er sich in einem Zustand regelrechter Begeisterung. Richtig aufgemöbelt war er . . . Er hatte etwas Schlimmes durchgemacht, aber seine Eltern fühlten mit ihm. Das half ihm, darüber hinwegzukommen. Irgendwie tat das seinem Selbstgefühl gut . . . Ich glaube, es ist sehr gut, wenn man ganz von alleine bemerkt, daß jeder Enttäuschungen erlebt. Es ist eine gute Sache, wenn man Kinder solche Gefühle selbst aufarbeiten läßt.«

Eine Mutter berichtete, wie sie aktives Zuhören bei ihrem dreieinhalbjährigen Sohn Jim anwendete, dessen Problem sich nach dem Tod des Vaters zeigte:

»Mit meinem eigenen Kummer fertig zu werden, war schwer genug, aber ich hatte außerdem noch viel damit zu tun, meinen Kindern dabei zu helfen, den Tod ihres Vaters zu bewältigen . . . Jims anfängliche stereotype Antwort war: ›Ich weiß, daß Papa tot ist. Wann kommt er aber nach Hause?‹ Oder er wollte Einzelheiten wissen und fragte: ›Ist er im Bett gestorben?‹ Oder: ›Wohin haben sie ihn gebracht?‹ Oder: ›Wie ist er denn zu Gott gekommen? In einem Krankenwagen oder in einem Krankenhausflugzeug?‹ Zwei Monate nach Franks Tod sind wir nach Florida gereist . . . Ich erinnere mich, daß Jim dort in der ersten Nacht weinte und völlig außer sich war. Er fuhr aus einem sehr unruhigen Schlaf hoch und keuchte: ›Papa ist tot; er ist gestorben.‹ Daraufhin führte ich folgendes Gespräch mit ihm:

M: Du scheinst sehr aufgeregt.

J: Ja, mir fehlt Papa.

M: Du erinnerst dich wahrscheinlich daran, wieviel Spaß wir hier gehabt haben.

J: Daddy ist mit mir schwimmen gegangen, und wir sind ins Disneyland gegangen.
M: Ich vermute, es war ziemlich hart, nach Florida zu kommen, ohne daß Papa dabei ist und wir keinen Spaß mehr mit ihm haben.
J: Ja, er fehlt mir wirklich.
Danach fiel Jims Reaktion nicht immer so aus, wie ich es erwartet hatte, noch wie ich es gern gesehen hätte. Ich begriff aber, wie wichtig es war, seine Gefühle zu respektieren, da ich mir trotz allem sicher war, daß er so Franks Tod mit weniger Angst und Aufregung akzeptieren konnte.«
Eltern lernen in der ›Familienkonferenz‹, daß sie nicht allen Wünschen oder Forderungen ihrer Kinder nachgeben müssen. Aktives Zuhören ist ein Instrument, das einem hilft, mit dem Druck fertig zu werden, den Kinder ausüben. Achten wir darauf, wie im folgenden Dialog die Mutter Alice gegenüber zu Anfang Kommunikationssperren benutzt, ohne damit Erfolg zu haben:
A: Bekomme ich ein Geschenk, weil ich krank bin?
M: Nein. Wir machen dir doch keine Geschenke, nur weil du dich nicht wohl fühlst.
A: Janey hat aber ein Geschenk bekommen, als sie krank war.
M: Janey war aber wirklich krank und lag im Krankenhaus. Du bist nicht krank.
A: Das ist nicht gerecht, daß sie ein Geschenk bekommen hat und ich nicht!
M: Alice, wir können dir nicht jedesmal ein Geschenk machen, wenn du dich nicht wohl fühlst. Wir haben nicht das Geld, um dir irgendwelche Sachen zu kaufen, wenn so etwas vorkommt. Du hast genug Sachen zu Hause, mit denen du dich beschäftigen kannst.
A: Ich möchte ein Geschenk. Das ist nicht gerecht!
M: Du fühlst dich wirklich betrogen, wenn Janey ein Geschenk bekommt und du nicht, obwohl du krank bist.
A: Ja. (Pause) Bekomme ich ein Geschenk?
M: Nein.
Die Mutter fügte hinzu: »Und damit war es vorbei! Der Streit war zu Ende, das ganze brauchte nicht noch einmal von vorn durchgekaut zu werden. Ich brauchte nur einmal aktives Zuhören zu praktizieren, und schon akzeptierte sie die Antwort ... Ich glaube nicht, daß sie das Gefühl hatte, verloren zu haben, obwohl sie nicht bekommen hatte, was sie wollte. Sie wollte nur, daß ich ihre Gefühle begriffen hatte.
Durch aktives Zuhören kann man Kindern helfen, die Grenzen und

Unbill des Lebens zu verstehen und zu akzeptieren. Dadurch bietet sich vielen Eltern unzweifelhaft eine Alternative zur Nachgiebigkeit, der Gewohnheit, den Forderungen und dem Druck von Kindern nachzugeben, ihnen ihren Willen zu lassen, was immer sie wünschen, und wann immer sie etwas wünschen.

Selbst Kleinkindern kann aktives Zuhören helfen, sich mit dem Unvermeidlichen abzufinden. Betrachten wir das folgende Beispiel, das mich zugegebenerweise genauso überraschte wie die Mutter:

»Sie war damals wohl etwa vierzehn Monate alt. Heute ist sie fünf Jahre alt. Kay schlief nachmittags. Natürlich trug sie Windeln. Manchmal hatte sie während des Mittagsschlafs Stuhlgang. Dann wachte sie auf, und ihre Haut war sehr wund. Beim Trockenlegen tat es ihr arg weh. Ich mußte sie ja aber trockenlegen. Sie strampelte, wehrte sich und schrie so laut sie konnte. Sie zappelte so, daß ich sie einfach nicht wickeln konnte. Sie sprach noch nicht, deshalb konnte ich nicht wirklich mit ihr reden oder ihr mit Argumenten beikommen. Einmal versuchte ich es jedoch, sie auf einer Gefühlsbasis anzusprechen (im Buch steht, daß Säuglinge sich auf dieser Ebene manchmal zugänglich zeigten). Ich wandte meine Aufmerksamkeit also ihrem Gesicht und nicht mehr der Windel zu. Dabei sagte ich: ›Ich weiß, daß es weh tut (ich sprach sehr ruhig, sehr tröstlich), das muß nun einmal sein. Wir müssen dich saubermachen.‹ ... Daraufhin beruhigte sie sich. Sie weinte immer noch ein wenig, weil es wehtat, aber sie wehrte sich nicht mehr gegen mich und strampelte nicht mehr. Wissen Sie, sie versuchte nicht mehr, von mir fortzukommen ... Ich war wirklich erstaunt.«

Die Lehrerin einer vierten Klasse und Mutter eines dreijährigen Jungen berichtete, wie sie aktives Zuhören verwendete, als ihr Sohn ärgerlich wurde, weil er vor dem Abendessen keinen Kuchen essen durfte:

»Er begann zu heulen und laut zu jammern ... sagte, ich sei böse und seinen Bruder Clark könne er auch nicht ausstehen ... Dann meinte er: ›Ich mag die ganze Familie nicht.‹ Ich antwortete: ›Du fühlst dich jetzt in dieser Familie unglücklich, und du magst auch deinen Bruder nicht.‹ Daraufhin griff er sich seinen Snoopy und seinen Bären und sagte: ›Ich kann auch die nicht ausstehen, und ich mag nicht mit ihnen spielen.‹ Er war wirklich feindselig und ärgerlich ... Ich meinte nur: ›Du bist im Moment wirklich mit allem und jedem unzufrieden.‹ ... Schließlich nahm er seine Tiere und warf sie auf den Boden. Ich meinte: ›Du hast das Gefühl, nichts könne dir im Moment Spaß machen.‹ Er fuhr damit fort, mir zu erklären, daß er die ganze Familie nicht möge, daß er dies und das

nicht ausstehen könne. Ich sagte: ›Du bist unglücklich, nichts in dieser Familie kann dich glücklich machen.‹ Das ging einige Minuten so. Dann war es plötzlich vorüber, er lehnte sich an mein Bein und sagte: ›Ich esse meinen Kuchen nach Tisch, Mama.‹ Damit hatte es sich, wissen Sie. Statt mich gegen seinen Ärger zu wehren, benutzte ich die Technik der ›Familienkonferenz‹ und gab ihm Gelegenheit, sich Luft zu machen. Seine schlechte Laune verflüchtigte sich . . . Ich war zufrieden mit der Rolle, die ich in diesem Gespräch gespielt hatte, weil ich mich nicht aufgeregt hatte . . . weil ich ein Mittel zur Verfügung gehabt hatte und dem Jungen Gelegenheit gegeben hatte, sich Luft zu machen.«

Wie dieser Mutter ermöglicht aktives Zuhören also den Eltern, die ärgerlichen und feindseligen Gefühle abzubauen, die Kinder so häufig hegen, wenn sie nicht immer gleich das bekommen, was sie wollen. Eltern haben damit »ein Instrument« zur Hand, das sie anstelle der Kommunikationssperren verwenden können. Das Ergebnis ist in den meisten Fällen, daß das Kind seine Empfindungen frei äußern kann. Dabei verflüchtigen sie sich in der Regel.

Für ein Kind kann nichts erschreckender sein als die Aussicht, zum Zahnarzt zu müssen, wo es mit Sicherheit Schmerz erleiden wird. Im folgenden Beispiel scheint aktives Zuhören Phillip dabei zu helfen, sich in das Unvermeidliche zu schicken.

»Phillip brauchte eine Klammer. Als wir auf dem Weg zum Kieferorthopäden waren, sagte er, er habe Magenschmerzen. Das sich daran anschließende Gespräch nahm ungefähr den folgenden Verlauf:

M: Du bist nervös, weil du zum Kieferorthopäden mußt.

P: Ja, ich mag da wirklich nicht hin.

M: Dir wäre es weiß Gott lieber, wenn du da nicht hin müßtest.

P: Ja. Ich habe Angst, Spritzen zu bekommen wie beim Zahnarzt.

M: Oh, du hast Angst, daß er es wie der Zahnarzt machen wird und dir Spritzen geben wird, um dir die Klammer anzulegen.

P: Ja.

M: Nein, das glaube ich nicht. Aber es ist scheußlich, wenn man nicht weiß, was einen erwartet.

P: (erleichtert aussehend) Ja. Es ist scheußlich, wenn man nicht weiß, was einen erwartet . . . Ich kann Schmerz nun einmal nicht ausstehen. Ich habe wirklich Angst vor Schmerzen. Ich weiß, daß das falsch ist.

M: Mir war nicht klar, wie dir zumute ist. Ja, Schmerzen sind scheußlich, und fast alle Menschen haben Angst davor.

»Daraufhin ging er hinein und ließ die zweistündige Behandlung über

sich ergehen. Jedesmal wenn wir jetzt zum Kieferorthopäden gehen, beklagt er sich noch ein wenig. Das wird aber von Mal zu Mal besser, und jetzt macht es ihm schon fast ein bißchen Spaß.«

»Ich mag Kinder nicht«

Eine unerwartete Wirkung, die sich bei der Verwendung des aktiven Zuhörens einstellt, ist zumindest für manche Eltern die Tatsache, daß sie ihre Kinder lieber gewinnen. Dieser Umstand erklärt sich vermutlich daraus, daß aktives Zuhören hilft, andere Menschen besser zu verstehen – man begreift eher, was in ihrem Innern vorgeht, wie sie wirklich sind. Wenn wir aber andere wirklich verstehen, werden wir kaum umhin können, sie zu mögen.

»Ich konnte früher überhaupt keine Beziehung zu Kindern gewinnen. Ich schloß sie aus. Nicht nur meine eigenen, sondern alle. Ich mochte keine Kinder. Das lag vermutlich daran, daß ich keine Beziehung zu ihnen fand – nicht wußte, wie ich mit ihnen sprechen oder wie ich ihnen zuhören sollte.«

Eine andere Mutter berichtete uns über ihre erste Erfahrung mit aktivem Zuhören. Sie fand heraus, daß ihr Sohn, der noch nicht zur Schule ging, »wirklich etwas zu sagen hatte«:

»Als er mir beim Abwaschen dauernd vor die Füße kam, nahm ich ihn hoch und setzte ihn auf das Bord. Er war entzückt, daß ich ihn mitten in das Geschirr hineinsetzte und mit ihm redete, während ich meine Arbeit weitermachte. Er spielte mit einem Ball, ließ Kaugummiblasen zerplatzen und redete mit mir. Dabei merkte ich, daß er mir durchaus etwas zu sagen hatte. Es war gar nicht so, als sei er nur ein Kind. Er erklärte mir, was es mit den Bildern, die er zeichnete, auf sich hatte, was mir viel Spaß machte ... Oder er erzählte mir von seinen beiden Freunden, Billy und Carl, die hier in der Straße wohnen ...«

Diese Mutter interessierte sich auf einmal für ihren Sohn. Ihr machte die Unterhaltung mit ihm wirklich Spaß, als habe sie es mit einem Erwachsenen zu tun. Ihre Einstellung ist noch bemerkenswerter, wenn man die Vorgeschichte kennt:

»Ich war schon soweit und wollte ihn zu einem Psychologen bringen, weil ich glaubte, irgend etwas stimme nicht mit ihm. Kein Kind hätte scheußlicher und gräßlicher sein können! Das hat sich von Grund auf geändert. Unser aller Leben hat sich verändert.«

Das eigentliche Problem

Selten teilen Kinder am Anfang eines Gesprächs mit, was sie wirklich bekümmert. Sie beginnen gewöhnlich mit irgendeiner unwesentlichen Frage – Erziehungsberater nennen es das »vordergründige Problem«. In Unkenntnis dieses Sachverhalts antworten Eltern gewöhnlich mit Kommunikationssperren. Sie forschen nach, geben Ratschläge, belehren oder halten Moralpredigten, wodurch das Kind auf das vordergründige Problem festgelegt wird. Auf diese Weise wird das Kind daran gehindert, zum eigentlichen Grund seines Kummers vorzudringen.

Anders gesagt, ungeschulte Eltern wollen ihren Kindern helfen, *bevor sie wissen, worin das eigentliche Problem liegt.* Wenn Eltern aber aktives Zuhören lernen, gelingt es ihnen zum wirklichen Problem vorzudringen. Dies war bei der geschiedenen Mutter des vierjährigen Mark der Fall, der schrecklich böse auf seinen Bruder wurde.

»Mark hatte Ende Dezember schreckliche Alpträume und litt an Asthmaanfällen. Der Kinderarzt verschrieb ihm Medikamente und sagte, er müsse sich einer Reihe von Allergietests unterziehen. Die Medikamente brachten jedoch kaum Erleichterung. Im Februar nahm ich am Kurs teil. Am Wochenende sah ich Mark und stellte fest, daß er schreckliche Beschwerden beim Atmen hatte – es war wirklich schlimm. Vor dem Schlafengehen setzte ich mich zu ihm ans Bett und versuchte, der Sache auf den Grund zu kommen. Ich sagte: ›Irgend etwas scheint dich wirklich zu bekümmern.‹ Er hatte einen Auftritt mit seinem Bruder gehabt, der ihm eine seiner Zeichnungen zerrissen hatte. Mark hatte ihn angeschrien, war hysterisch geworden und in sein Zimmer gelaufen. Ich sagte: ›Scheint dir nahezugehen, wenn du Timmy anschreist.‹ Er sagte: ›Ja.‹ Ich meinte: ›Das macht nichts, wenn du schreist, mach dir deshalb keine Gedanken.‹ Damit erreichte ich gar nichts. So versuchte ich es wieder mit aktivem Zuhören. Er sagte: ›Wenn ich schreie, zerbrechen mir die Knochen.‹ Er zeigte auf seine Rippen ... Er erlitt einen asthmatischen Hustenanfall und fragte: ›Hörst du? Es bricht, es bricht und auch das Haus bricht.‹ Er meinte das Haus, in dem er mit seinem Vater gelebt hatte. Dann bekam er kaum noch Luft und sein Asthma wurde wirklich schlimm. Ich sagte: ›Du glaubst, daß das Haus einstürzen wird.‹ Er erzählte mir, daß er das geträumt habe: ›Ich war gerade in meinem Zimmer und spielte – und Papa war nicht da, und meine Knochen waren gebrochen.‹ Daraufhin fragte ich ihn: ›Bist du traurig, weil deine Familie zerbrochen ist?‹ Daraufhin begann er zu weinen. Ich nahm ihn in die Arme und ließ ihn

weinen. Als er sich ausgeweint hatte, hatte sich seine Atmung merklich verbessert. Sollte ich ihm nun in allen Einzelheiten erzählen, warum mein Mann und ich uns getrennt hatten. Aber ich sagte nur: ›Die Familie ist zerbrochen und das macht dich wütend.‹ Darauf er: ›Nicht wütend, traurig.‹ Ich antwortete: ›Ja, und nun denkst du, alles wird zerbrechen, und du wirst allein sein.‹ So erzählte ich ihm dann, wie man darüber entschieden hatte, wo er in Zukunft leben sollte ... Das interessierte ihn. Zwei- oder dreimal wollte er das an diesem Abend hören. Ich berichtete ihm, daß wir beide, sein Vater und ich, ihn behalten wollten. Ich erklärte ihm, daß er bei seinem Vater sein altes Zimmer in dem großen Haus gehabt hätte. Bei mir müsse er sich mit einem kleinen Zimmer in meiner Wohnung zufriedengeben. Ich spielte ihm vor, wie mein Mann und ich uns gestritten hatten: Er: ›Ich möchte Mark nehmen‹, und darauf ich: ›Nein, ich möchte Mark nehmen.‹ Da zeigte sich ein strahlendes Lächeln auf dem Gesicht des kleinen Jungen – und er konnte wieder ganz frei atmen. Es war wie ein Wunder! Unglaublich ... Das wiederholte ich ein- oder zweimal in jener Woche. Die ganze Geschichte ging ich noch einmal mit ihm durch – die ganze Szene. Es machte ihm Spaß, sich das anzuhören, und jedesmal begann er wieder zu weinen ... Es kam ganz tief aus seinem Inneren. Jedesmal schien sich sein Asthma weiter zu verbessern. Heute gibt es keine Spur mehr davon! Nichts. Kein Husten, kein schwerer Atem, nichts. Es ist unglaublich!«

Auch mir scheint es häufig unglaublich, wenn ich von den Eltern Geschichten wie diese höre, die von der erstaunlichen Wirkung des aktiven Zuhörens zeugen.

Es gibt auch viele Beispiele von Kindern, die sich weigerten, zur Schule zu gehen. Sie klagten über Magen- oder Kopfschmerzen, bekamen Wutanfälle, weinten und klammerten sich vor dem Eingang zur Schule verzweifelt an ihre Mütter. Auch hier half aktives Zuhören wie im folgenden Beispiel:

»Im Januar hatte sie plötzlich keine Lust mehr, in die Schule zu gehen. Wir erörterten es im Kurs. Um jedoch die Wahrheit zu sagen, wußten wir nicht so recht weiter ... Sie war am Morgen wachgeworden und hatte gesagt, sie fühle sich nicht recht wohl. Sie wollte zu Hause bleiben, damit die anderen Kinder sich nicht ansteckten ... An einem anderen Tag klagte sie über Nackenschmerzen. Ich sagte ihr: ›Zieh dich erst einmal an, und ich bringe dich zur Schule. Und wenn du nicht bleiben willst, bringe ich dich nach Hause.‹ ... Als die Kinder sich aufstellten, um in die Klasse zu gehen, sagte ich zu Joan, es sei Zeit hineinzugehen. Aber sie rief: ›Nein!‹ Dann brach sie

in Tränen aus und lief zum Auto zurück. So nahm ich sie wieder mit nach Hause, war aber entschlossen, es mit aktivem Zuhören zu probieren. Ich sagte: ›Joan, ich habe den Eindruck, daß du die Schule wirklich nicht magst – du bist dort nicht glücklich.‹ Sie wiederholte fortwährend: ›Ich fühl mich nicht gut, ich fühl mich nicht gut.‹ Anfangs sagte sie nicht, was sie wirklich bekümmerte. Sie redete um den heißen Brei rum. Schließlich erzählte sie mir, daß sie in der Schule niemals eine Zuckerstange bekäme! Es stellte sich heraus, daß der Lehrer Zuckerstangen verteilte, wenn Kinder einen bestimmten Punktwert erreichten – es hatte mit den Leseleistungen zu tun. Es ging schon eine Reihe von Wochen so ... Das war es, was sie bedrückte ... Es sollte ein Ansporn sein. Joan arbeitete mit aller Kraft. Sie war die Jüngste in der Klasse und gehörte zu den Kindern, die im Test am besten abgeschnitten hatten. Sie hatte jedoch Wahrnehmungsprobleme. Deshalb war sie unter den zwei oder drei Kindern in der Klasse, die als einzige Schwierigkeiten bei der Buchstabendiskrimination hatten ... Sie hatte das Gefühl, schlecht zu sein, weil sie sich keine Zuckerstange verdiente.«

Joans Eltern sprachen sofort mit dem Lehrer und dem Schulpsychologen. Daraufhin kam Joan in eine andere Klasse. Die Mutter beendete das Interview mit den Worten: »Und dann ging alles glatt, weil sie im Klassendurchschnitt nicht mehr unten rangierte. Nach einem Monat war alles vorbei ... Jetzt mag sie die Schule und zeigt wirklich gute Leistungen. Es ist alles in Ordnung!«

Dieselbe Mutter beschreibt, wie sie aktives Zuhören verwendete, um ihren vierjährigen Sohn zum eigentlichen Problem zu führen: »Ich paßte auf ein anderes Kind auf, das mit Tim gut befreundet war. Nach kurzer Zeit zeigte sich Tim dem Kind gegenüber sehr feindselig – ständig stritt er sich mit ihm. Anfangs machte ich Äußerungen wie: ›Mary mag es ganz und gar nicht, wenn du sie beschimpfst‹, oder, ›es tut Mary weh, wenn du sie schlägst‹, oder, ›ich mag nicht, wenn du andere Kinder schlägst.‹«

Diese Kommunikationssperren halfen Tim bei seinem Problem überhaupt nicht. Das dauerte einige Monate. Eines Tages zog Tim Mary an den Haaren. Seine Mutter hieß ihn, aus dem Zimmer zu gehen. Tim bekam einen regelrechten Wutanfall. »Den schlimmsten, den ich jemals an ihm beobachtet habe«, berichtete sie. Schließlich beruhigte sie ihn und sagte: »Hör endlich auf zu schreien und laß uns darüber reden.« Die Unterhaltung nahm dann folgenden Verlauf:

M: Du bist richtig wütend auf mich, Tim, nicht wahr?

T: Nein.

M: Hat Mary irgend etwas gemacht, was dich in Wut bringt?
T: Nein.
M: Du magst Mary nicht.
T: Nein.
M: Du denkst, Mama verbringt zuviel Zeit mit Mary.
T: Ja. Du liebst Mary mehr als mich!
M: Du denkst wirklich, daß ich Mary lieber mag – du meinst, sie bedeutet mir mehr als du, weil ich manchmal auf dich wütend werde und du niemals siehst, daß ich auf Mary ebenso wütend werde.
T: Ja.
Daraufhin erklärte die Mutter Tim, daß er für seinen Vater und sie etwas ganz Besonderes sei, weil er ihr Sohn sei, und daß seine Schwester etwas ganz Besonderes für sie sei, weil sie ihre Tochter sei, und daß Mary etwas ganz Besonderes für *ihre* Eltern sei, weil sie *ihre* Tochter sei. Daraufhin beruhigte sich Tim. Er begann die Namen aller seiner Freunde herzusagen, meinte, sie seien etwas ganz Besonderes für ihre Mütter und Väter, weil sie eben auch zu ihnen gehörten.

Kinder werden verantwortungsbewußt

Eines der schönsten Erlebnisse, die Eltern beim aktiven Zuhören zuteil werden können, ist die Beobachtung, daß ihre Kinder verantwortungsbewußter werden. Einfühlendes und genaues Zuhören vermittelt dem Kind das Bewußtsein, daß Erwachsene beim Zuhören von bestimmten Einstellungen ausgehen:

Ich mach mir dein Problem nicht zu eigen.
Ich werde dir aber dabei helfen, *deine* Lösung zu finden.
Ich traue dir ohne Einschränkung die Fähigkeit zu, mit deinem Problem konstruktiv fertig zu werden.
Die Tatsache, daß du Probleme hast, tut meiner Liebe zu dir keinen Abbruch. Sie sind eine völlig normale Erscheinung im Leben eines jeden Menschen.
Diese Einstellungen bewegen Kinder dem Anschein nach sehr häufig dazu, die Verantwortung für ihre Probleme selbst zu übernehmen. Sie werden weniger abhängig von ihren Eltern. Eltern berichten uns häufig, daß sie erstaunt sind, festzustellen, wie gut ihre Kinder in der Lage sind, ihre Probleme zu lösen, und welche Mittel ihnen dazu zur Verfügung

stehen, wenn man ihnen die Möglichkeit dazu gibt (und ihnen die Verantwortung dafür überläßt). Eine graduierte Studentin der Psychologie hatte als junge Mutter (ihre Tochter Alice war zwei) an unserem Kurs teilgenommen. Sie beschrieb ihr Verhältnis zu Alice, die heute zehn ist:

»Alice fügte sich sehr gut in die Schule ein. Der Lehrer hatte aber immer irgendwo in der Klasse zu tun, wo die Jungen viel Unruhe stifteten ... Eines Tages kam sie in Tränen aufgelöst nach Hause. Fast 15 Minuten lang weinte sie. ›Das ist ungerecht‹; ›ich hasse meinen Lehrer‹; ›er ist schrecklich‹; ›keinem hört er zu‹. Er hatte sie nämlich umgesetzt, und deshalb war sie sehr böse auf ihn. Sie hatte mit ihm zu reden versucht, aber er hatte nicht zugehört. Als sie ihrem Ärger Luft gemacht hatte, beruhigte sie sich. Ich sagte: ›Wenn er dir nicht zuhört, wie kannst du dann seine Aufmerksamkeit gewinnen ...?‹ Sie antwortete: ›Nun, ich kann ihm schreiben.‹ Sie setzte sich hin und schrieb ihm: ›Ich habe das Gefühl, bestraft zu werden, wenn Sie mich ständig umsetzen.‹ Ich war verblüfft, denn ich wäre nie darauf gekommen. Sie aber schrieb ihren Brief und teilte ihm mit, daß sie böse sei, daß das nicht der gerechte Lohn für gutes Verhalten sei und daß sie selber entscheiden wolle, wo sie sitze. Natürlich sei ihr klar, daß er bei so vielen Kindern in der Klasse nicht jedermann zuhören könne. Sie gab den Brief ab, und der Lehrer las ihn tatsächlich. Er ließ sie entscheiden, wo sie sitzen wollte!«

Auch ein anderes zehnjähriges Mädchen überraschte seine Mutter durch seine Selbständigkeit:

»Ich glaube, sie entwickelt eine erstaunliche Fähigkeit, mit ihren Problemen selbst fertig zu werden. Früher traute ich ihr das nicht zu. Ich versuchte, ihr in der verschiedensten Weise zu helfen. Sie war mit ihrer Freundin bei einem Treffen gewesen und erzählte mir schreckliche Dinge von Barbara und was Barbara getan hatte. ›Barbara hat mich beschimpft, sie hat ihre kleine Schwester geschlagen und umgeschubst.‹ Wissen Sie, meine Reaktion war weder Fisch noch Fleisch, ich versuchte es richtig mit dem aktiven Zuhören, aber ich verhielt mich doch anders als früher. Während sie noch dabei war, all diese scheußlichen Dinge von Barbara zu erzählen, ging sie zum Telefon und rief Barbara an. Sie sagte: ›Barbara, mir tut es leid, was ich getan habe. Ich möchte mich entschuldigen.‹ Ich war ziemlich erstaunt, als ich das hörte, weil ich glaubte, es sei alles Barbaras Schuld, nach dem was sie erzählt hatte.«

Wieder eine andere Mutter berichtet von folgendem Gespräch mit ihrem 8jährigen Sohn Jerry:

J: Was passiert, Mama, wenn jemand im Garten anderer Leute spielt und deren Wäscheleine zerreißt?

M: Das hört sich an, als ob du Sorgen hättest, Jerry.

J: Ja, ich kenn die Leute nicht. Ich bin weggelaufen.

M: Machst du dir Sorgen, weil du weggelaufen bist?

J: Nein, ich habe Angst! Was können sie mir tun?

M: Du möchtest wissen, was sie dir dafür tun können, daß du ihre Wäscheleine zerrissen hast.

J: Nicht mir allein. Alan war dabei. Wir spielten mit der Wäscheleine nebenan bei Teddy. Sie zerriß. Da sind wir weggelaufen, und nun habe ich Angst, sie merken, daß sie zerrissen ist.

M: Oh, das hört sich an, als ob du wirklich aufgeregt bist, Jerry!

J: Ja, Mama, was soll ich tun?

M: Möchtest du wirklich, daß ich dir sage, was du tun sollst?

J: O ja, ich weiß, daß du das nicht tust. Es ist mein Problem... Aber, Mama, was würdest du tun, wenn du an meiner Stelle wärst?

M: Tja, Jerry, wenn ich an deiner Stelle wäre, hätte ich verschiedene Möglichkeiten. Ich könnte vergessen, daß es überhaupt passiert ist. Da sie dich nicht kennen, würden sie vermutlich niemals herausfinden, wer es getan hat. Oder ich könnte Papa fragen, mir zu helfen, sie wieder heilzumachen. Oder ich könnte hingehen und ihnen mitteilen, daß ich ihre Wäscheleine zerrissen habe und daß ich sie gerne wieder festbinden würde. Schließlich könnte ich noch Alan auffordern, mir beim Festbinden zu helfen. Es gibt also viele Dinge, die ich tun könnte. Aber ich bin nicht ganz sicher, was ich tatsächlich tun würde.

J: Oh. *(Schweigen)*

»Daraufhin ging Jerry ins Wohnzimmer und sah fern. Ich nahm an, er hätte die ganze Sache vergessen und würde gar nichts mehr tun. Eine ganze Weile später ging er hinaus. Nach einer Viertelstunde kam er sehr aufgeregt zur Tür herein.

J: Mama, ich habe mich entschlossen hinzugehen und den Leuten zu sagen, daß ich ihre Wäscheleine zerrissen habe. Ich habe ihnen gesagt, daß es mir leid tue, und daß ich sie wieder festbinden wolle. Und, Mama, der Mann war so nett. Er sagte: ›Oh, das Ding geht andauernd ab. Mach dir deshalb keine Gedanken. Aber vielen Dank dafür, daß du es mir gesagt hast.‹ Ist er nicht nett, Mama?

»Als mein Mann nach Hause kam, war Jerry so stolz auf sich, daß er ihm die ganze Geschichte noch einmal erzählte. Es war ein sehr aufregender Augenblick für Jerry. Er war so stolz auf sich, und auch wir beide, mein Mann und ich, waren stolz auf ihn, da er selbst eine Entscheidung treffen konnte, ohne daß man ihn dazu hätte anhalten müssen.«

Hier wird deutlich, wie Eltern ihren Kindern Alternativlösungen vorlegen und dabei diesen die Verantwortung dafür überlassen, für welche (wenn überhaupt für irgendeine) sie sich entscheiden wollen. Zuerst benutzte Jerrys Mutter das aktive Zuhören äußerst geschickt und half ihm dadurch, »das Problem zu definieren« (Schritt I des Problemlösungsprozesses). Dann entschloß sie sich zu Schritt II: »Vorschlagen möglicher Lösungen«. Schließlich blendete sie sich aus dem Problemlösungsprozeß aus und überließ es Jerry, sich durch die Schritte III, IV und V allein hindurchzuarbeiten: die »Wertung der Lösungen«, die »Entscheidung über die Lösung« und die »Verwirklichung der Lösung«.

Besonders bei kleinen Kindern gibt es Augenblicke, wo es sehr angezeigt ist, einige Alternativlösungen zu nennen, auf die sie unter Umständen nicht selbst kommen. Aber auch in diesen Fällen ist es in der Regel besser, wenn der Elternteil erst einmal abwartet, ob das Kind nicht selbst auf eine Lösung kommt.

»Sie entwickeln sich viel schneller, als man denkt«

Viele Eltern berichten mit Erstaunen, wie schnell ihre Kinder gelernt haben, ihre Probleme selbst zu lösen, sobald ihnen die Möglichkeit dazu gegeben wird. Selbst Säuglinge sind dazu in der Lage, wie die beiden folgenden Beispiele zeigen, die von der Mutter eines 22 Monate alten Jungen berichtet wurden:

»Sehr häufig kam er an und sagte: ›Will Wasser trinken, will trinken! Früher wäre ich aufgestanden und hätte ihm zu trinken gegeben. Dann bemerkte ich aber, daß er auf die Toilette klettern und sich selbst einen Schluck Wasser holen konnte. Ich hätte das bei einem so kleinen Kind niemals für möglich gehalten. Als er das nächste Mal wieder etwas zu trinken wollte, sagte ich: ›Ich bin wirklich müde … Ich mag dir nicht schon wieder etwas zu trinken holen. Ich kann nicht schon wieder aufstehen.‹ Aufmerksam hielt er mir sein Gesichtchen zugewandt. Ich meinte: ›Da steht ein Becher auf dem Waschbecken im Badezimmer.‹ Daraufhin ging er ins Badezimmer, kletterte selbst auf die Toilette und nahm sich etwas zu trinken. So macht er es seither immer. Jetzt geht er auch zum Kühlschrank und nimmt sich einen Apfel, statt mich darum zu bitten. Es hat den Anschein, als versuche er seine Bedürfnisse, sobald er sie verspürt, erst einmal selbst zu befriedigen … Das spart mir viel Mühe …

Und solche Dinge machen ihn sehr selbstbewußt – sehr stolz auf sich selbst... Dabei entwickelt er sich. Er ist nicht mehr so abhängig von anderen Leuten. Das ist einfach großartig.
Ähnlich war es mit der Sauberkeitserziehung. Er kam und sagte, er brauche eine neue Windel. Ich sagte: ›Weißt du, ich mag das nicht mehr tun... Du bist schon so groß und kannst wie Christa auf den Topf gehen... Laß dir von ihr zeigen, wie das geht.‹ Am nächsten Tag komme ich ins Badezimmer und sehe, wie Christa Jimmy in ihrer Kleinkindersprache etwas erklärt, der auf der Toilette sitzt: dieser kleine Wicht auf der riesigen Toilette. Er sitzt auf dem Rand und hält sich fest. Christa hält ihn an den Händen und plappert: ›Geh aufs Töpfchen, geh aufs Töpfchen.‹ Ich ließ ihn und Christa das selbst lösen. Ich habe mich überhaupt nicht eingemischt. Die Sauberkeitserziehung meiner älteren Kinder hatte ich noch sehr unangenehm in Erinnerung, so daß ich mich mit meinen Bonbon-Belohnungen oder ähnlichem ganz heraushielt... Das Verfahren bedeutet eine große Erleichterung für mich... Sie entwickeln sich viel schneller, als ich ihnen jemals zugetraut hätte.«
Wir wollen noch den Bericht einer anderen Mutter hören, die ihren beiden Kinder mehr Verantwortung einräumte. Ergebnis: Tochter und Sohn lernten die Nähmaschine bedienen!
»Als Bob ungefähr 13 war, wollte er, daß ich ihm etwas nähte. Ich sagte, ich hätte keine Lust, soviel für ihn zu nähen. Da fragte er: ›Kannst du mir zeigen, wie man die Nähmaschine bedient?‹ Das tat ich. Dann wollte Francis es lernen. Sie war so jung, daß ich bei ihr viel mehr Bedenken hatte. Aber ich zeigte ihr, wie die Spule aufgewickelt wird und wie die Stiche eingestellt werden und was sonst noch dazu gehört. Da lernte auch sie es. Bob lernte, seine Hosen selbst mit diesen wilden Flecken zu besetzen; Francis fertigte Puppenkleider an. Ich habe damit überhaupt nichts mehr zu tun... Die Geschlechtsrollenstereotypen haben wir ebenfalls über Bord geworfen... Ich habe all meinen Kindern beigebracht, Kekse und Kuchen zu backen.«
Die Techniken der ›Familienkonferenz‹ flößen Eltern größere Achtung vor den Fähigkeiten ihrer Kinder ein. Damit verbunden ist ein neues Verständnis der Kinder:
»Ich glaube, Eltern können sich nicht vorstellen, daß Kinder Entscheidungen treffen können. Wissen Sie, wir halten sie eben für Kinder, was mit der Unfähigkeit, das Leben zu meistern, gleichgesetzt wird.«
Wieviel diese neuen Einstellungen bei Eltern und Kindern gleichermaßen bewirkt, zeigt das folgende Interview:

»Sie kam herein, weil sie eine Auseinandersetzung mit irgendeinem Kind aus der Nachbarschaft hatte. Ich beschloß, mich aus dem Problem herauszuhalten und es mit aktivem Zuhören zu versuchen. Ich wollte nicht meine Lösungen senden, sondern es ihr überlassen, das Problem selbst zu lösen, was erstaunlicherweise sehr gut funktionierte.«

Eine andere Mutter wollte zunächst eingreifen, entschloß sich dann aber den Mund zu halten und ihrem Sohn die Verantwortung für die Lösung eines Konfliktes mit seiner Freundin Michele zu überlassen. Micheles Eltern hatten auch erst mit allen Kräften versucht, das Problem zu lösen. Schließlich arbeiteten Mike und Michele den Konflikt allein auf und erneuerten ihre Freundschaft. An jenem Abend teilte Mike der Mutter seine Gefühle mit. Sie berichtete:

»Nachdem Mike mir mitgeteilt hatte, wie sie das Problem gelöst hatten, sagte er: ›Weißt du, Mama, das war nicht dein Problem oder das Problem von Micheles Eltern. Es war ein Problem zwischen Michele und mir. Es ist doch undenkbar, daß Erwachsene herumlaufen und kleine Kinder auffordern, ihre, die Probleme der Erwachsenen zu lösen.‹ Und ich sagte: ›So ist es.‹ Daraufhin er: ›Warum kommen dann Erwachsene an und versuchen, sich in unsere Probleme zu mischen?‹ Ich antwortete: ›Das ist merkwürdig, nicht wahr?‹ Er meinte: ›Ja. Es war nicht das Problem der Erwachsenen, sondern das von Michele und mir. Wenn uns alle in Ruhe gelassen hätten, wären wir damit eher fertig geworden! Ich sagte: ›Donnerwetter!‹«

Eine andere Mutter berichtete, was geschah, als sie ihrem Sohn für seine Probleme Lösungen anbot:

»Ich glaube, er wurde deshalb so böse auf mich, weil ich ihm ständig mit irgendwelchen fertigen Antworten oder Vorschriften kam: ›Tu dies und tu das.‹ Wenn es nicht klappte, konnte er mir Vorwürfe machen. Wenn es jedoch klappte, konnte er niemals Anerkennung dafür ernten ... Menschen glauben gerne, daß eine gute Lösung ihr Einfall war. Wenn es aber schief geht, machen sie einem Vorwürfe. Ich glaube nicht, daß er Lust verspürte, die Initiative zu ergreifen und seine Entscheidungen selbst zu fällen. Wenn ich jedoch jetzt zurückblicke ... machen die Kinder enorme Fortschritte: In diesem letzten Monat haben sie viel mehr eigene Entscheidungen getroffen als jemals zuvor.«

Ein Vater erzählt, wieviel Erleichterung es ihm verschaffte, als er sich nicht mehr für die Probleme seiner Kinder verantwortlich fühlte:

»Es ist weiß Gott eine Belastung, ständig für das Verhalten von jemand anders verantwortlich zu sein oder zu meinen, man sei es. Heute denken

wir darüber ganz anders, und das ist sehr angenehm ... Ich brauche nicht die Probleme der ganzen Welt zu lösen, weil ich es gar nicht kann. Ich mache Fehler. Jetzt verlange ich nicht mehr von mir, allwissend zu sein und mich um alles zu kümmern. Ich habe es versucht, aber das ist kläglich mißlungen ... Heute habe ich das Gefühl, man hätte mir das Gewicht der ganzen Welt vom Rücken genommen.«

Wenn Eltern ständig einspringen, um die Probleme ihrer Kinder zu lösen, machen sie sie nur noch abhängiger. Das führt dann zu erhöhten Anforderungen durch das Kind. So erzählte eine Mutter, sie sei zum »Sklaven« ihres Kindes geworden:

»Heute läuft es besser mit Allan. Ich fühle mich nicht mehr als sein Sklave. Ich habe mich immer mit meinen Kindern eng verbunden gefühlt, solange sie im Vorschulalter waren. Ich glaube, es hat mir gefallen, sie abhängig von mir zu wissen. Nach einer Reihe von Jahren wurde es aber auch langweilig und lästig. Der Weg, den ich jetzt eingeschlagen habe, ist eine große Entlastung für mich. Sie entwickeln sich viel schneller. Schneller als ich ihnen jemals zugetraut hätte. Vorher beruhigte ich mich damit, daß ich sagte, er sei nur ein Baby. Heute wird er mit all diesen Dingen alleine fertig. Er hat keinen Sklaven mehr. Das scheint ihm zu gefallen.«

Die Versuchung, sich zum Über-Vater oder zur Über-Mutter hochzustilisieren, das Problem eines Kindes in Besitz zu nehmen, ist verständlich. Denn häufig versuchen Kinder ihre Eltern durch Schmeicheleien oder Druck dazu zu bewegen, ihnen fertige Antworten zu liefern oder ihnen zu sagen, was sie tun sollen. Eine Mutter erzählte uns, wie ihr 11jähriger Sohn versuchte, seinen Eltern die Verantwortung für ein Problem zu übertragen, das ihm sehr nahe ging:

»Er meldete sich zum Football an. Er stellte jedoch bald fest, daß es ihm nicht so recht lag. Anfangs mochte er das nicht zugeben. Nach dem Gesundheitstest bekam er seine Ausrüstung. Pünktlich um 4 Uhr 30 vor dem Footballtraining bekam er Magenschmerzen. Oder er hatte einen schlimmen Fuß, oder der Zeh tat ihm weh, oder er verrenkte sich den Knöchel im Bett ... Es gelang ihm, in die Mannschaft aufgenommen zu werden. Das war wichtig für ihn. Trotzdem hätte er gerne gesagt: ›Ich mag das eigentlich nicht.‹ Er brachte es aber nicht über sich. Ehrlich gestanden, es war verdammt schwierig, weil er das Problem ständig mir oder meinem Mann aufladen wollte. Manchmal hätten wir ihm gerne gesagt, er solle das Ganze aufgeben. Es ist uns schwergefallen, uns herauszuhalten, während er sich mit all diesen Schwierigkeiten herumschlug. Wir merkten wohl, was er durchmachte. Manchmal glaubte ich, es

nicht mehr aushalten zu können, aber mein Mann sagte stets: ›Halten wir uns raus und hören wir zu.‹ Zwei Monate brauchte er. Schließlich entschied er sich aber doch, die Verantwortung selbst zu übernehmen. Es war wirklich schwer. Er ging aber dann doch zum Trainer und sagte ihm, daß er aufhören wolle. Es war, als wäre eine schwere Last von den Schultern dieses kleinen Elfjährigen genommen. Obwohl er uns dazu bringen wollte, die Entscheidung für ihn zu fällen, hatten wir uns geweigert und darüber bin ich sehr froh.«

Etwas Ähnliches ereignete sich in einer anderen Familie:

»Ken war ungefähr acht Jahre alt. Er nahm Judostunden. Ein oder zwei Wochen nach Beginn des Kurses war er sehr aufgebracht. Er mochte den Trainer nicht. Außerdem waren ihm die körperlichen Vorübungen lästig, die er zu absolvieren hatte. Er wußte nicht recht, ob er bleiben sollte oder nicht. So kam er zu mir und fragte mich, ob er mit Judo aufhören solle. Von allen unseren Kindern war er derjenige, für den ich die meisten Entscheidungen getroffen hatte. So war es selbstverständlich für ihn, zu mir zu kommen und mich zu fragen: ›Soll ich aufhören oder nicht?‹ Normalerweise hätte ich jetzt für ihn entschieden. Sie wissen schon, ich hätte ihm erzählt, daß er aber damit angefangen habe und daß er nun auch versuchen solle, durchzuhalten. Statt dessen sagte ich: ›Du weißt nicht recht, ob du mit Judo weitermachen sollst.‹ Ich begann also mit aktivem Zuhören. Er konnte sich aber zu keiner Entscheidung aufraffen. Er war einfach nicht daran gewöhnt, seine Entscheidungen selbst zu treffen. Ich sagte: ›Dir macht Judo keinen Spaß.‹ Er antwortete: ›Ich mag den Trainer nicht. Er schubst uns herum und ist gemein zu uns. Ich weiß nicht, wie ich es ihm sagen soll ... Außerdem habe ich Angst, daß Daddy und du böse bist, wenn ich aufhöre.‹ Er wurde sehr ungeduldig mit mir. Er verlangte, ich solle ihm sagen, was er zu tun habe. ›Warum kannst du mir nicht einfach sagen, was ich tun soll? Ich tu es dann ...‹ Ich hatte ein wenig das ängstliche Gefühl, ihn im Stich zu lassen, aber ich entschied nicht für ihn. Ich hatte Angst, aber ich weigerte mich, für ihn zu entscheiden ... Eine Woche später, als es wieder Zeit zum Judotraining war, entschied er selbst, daß er aufhören wolle. Sobald er bemerkt hatte, daß ich keine versteckte Absicht verfolgte, z. B. gern gesehen hätte, wenn er mit dem Training weitergemacht hätte, hörte er selbst auf. Er traf seine Entscheidung selbst.«

Hier sehen wir, welche Kämpfe Eltern mit sich selbst zu bestehen haben. Es fällt ihnen schwer, ihre Kinder ihr eigenes Leben leben zu lassen, wenn diese fordern, die Eltern sollten sich weiter um sie kümmern. Offensichtlich gibt die ›Familienkonferenz‹ Eltern den Mut und die notwendigen Techniken, um aus dieser »Elternfalle« zu entkommen.

Eltern gewinnen neue Erkenntnisse über sich selbst

Sobald Eltern mit dem aktiven Zuhören beginnen, werden sie häufig mit völlig unerwarteten Gefühlen und Gedanken ihrer Kinder konfrontiert. Sie sehen sich in einem neuen Licht und begreifen, wie sehr ihr Verhalten ihren Kindern geschadet hat. Im folgenden Beispiel erfährt ein Zahnarzt, wie seine allzu hochgeschraubten Erwartungen dem Selbstgefühl seiner ältesten Tochter geschadet haben:
»Meine Zwölfjährige fühlte sich in der Schule sehr unwohl. Wenn sie nicht in allen Kursen hundertprozentig abschnitt, galt es als Mißerfolg. Wenn sie nach Hause kam und uns mitteilte, daß sie nur 89 % erreicht hatte, pflegte ich früher zu sagen: ›Das ist zu schlecht. Hoffentlich gibst du dir das nächste Mal ein bißchen mehr Mühe und arbeitest ein bißchen mehr.‹ Vor dem letzten Elternabend war Sally sehr böse, weil sie um 2 % Punkte im Englischen gefallen war... Ich sagte: ›Weißt du, das hört sich an, als seist du ein wenig böse.‹ Sie erwiderte: ›Du wirst sehr enttäuscht sein... Ich habe in diesem Vierteljahr nicht sehr hart gearbeitet.‹ Ich zwang mich zu sagen: ›Das ist sicherlich ziemlich traurig für dich.‹ So ging es beinahe eine halbe Stunde. Sie war in Tränen aufgelöst und erwartete, daß ich böse würde. Ich sagte nur: ›Du brauchst nur das tun, was du tun möchtest; ich möchte, daß du zufrieden bist; es spielt keine Rolle, was für Noten du hast. Ich habe dich auch so gern; sie schluchzte, ich hielt sie, und schließlich sagte sie, daß sie mich auch lieb habe... In der halben Stunde, die wir uns unterhielten, fand ich heraus, daß sie einen bestimmten Lehrer nicht mochte. Ich merkte auch, warum das der Fall war. Ich stellte fest, mit welchen Mädchen sie Streit hatte – ich meine damit, wir sprachen über alles. Es entwickelte sich zu einer richtigen Unterhaltung, in der ich tatsächlich nur wenig rückzumelden brauchte (aktives Zuhören) – nur hin und wieder einmal, um sie wissen zu lassen, daß ich zuhörte. Sie hatte einfach einen Nachholbedarf, deshalb fing sie an zu weinen. Ich blieb sitzen und hielt sie eine Zeitlang im Arm. Ich sagte ihr, daß ich überhaupt keine großartigen Ergebnisse in der Schule erwarte, weil ich sie eben ganz unabhängig davon gern habe. Das ist es im Grunde genommen, was mir die ›Familienkonferenz‹ gebracht hat. Denn als Sally mit der Schule anfing, erwarteten wir von ihr übermenschliche Leistungen. Und wenn

sie diese Leistungen nicht brachte, gaben wir ihr anscheinend das Gefühl, daß wir sie nicht mochten ... Ich war als Vater wohl ein klassischer Fall. Ständig hieß es: ›Das mußt du schaffen‹, ›du darfst keinen Fehler machen‹, ›ich verlange, daß du immer nur die besten Leistungen nach Hause bringst, etwas anderes kommt nicht in Frage.‹ Seither geht es aber wirklich viel besser.«

»Lieber wär ich tot«

Keine der Geschichten, die wir von der Stichprobe unserer Eltern erhalten haben, zeigt deutlicher als der folgende Bericht einer Mutter, welche Wirkungen aktives Zuhören haben kann. Sie erprobte aktives Zuhören das erste Mal an ihrem 8jährigen Sohn, der das Gefühl hatte, sein Leben sei scheußlich und daß er »lieber tot wäre«.

»Meine Geschichte ist schnell erzählt. In der Rückschau erscheint mir das alles so einleuchtend, daß ich immer noch nicht begreifen kann, wieso mir nicht schon vorher klargeworden ist, was ich da anrichte. Aber ich mußte erst die ›Familienkonferenz‹ und vor allem das aktive Zuhören kennenlernen.

Als ich am Kursus teilnahm, machte mein ältestes Kind, ein 8jähriger Junge, häufig Bemerkungen, die besagten, daß er das Leben scheußlich fände, und daß er lieber tot wäre. Es waren ›schwerwiegende‹ Äußerungen, die mich mit tiefer Sorge erfüllten. Denn bei der Erziehung meiner Kinder war stets mein oberstes und vorrangigstes Ziel gewesen, ihnen eine positive Einstellung zu sich selbst zu vermitteln. Sie sollten morgens mit dem Gefühl erwachen, daß es schön sei zu leben; hätte ich mich in erster Linie um irgendwelche anderen Aspekte ihrer Entwicklung gesorgt – um intellektuelle Fähigkeiten, ›ordentliches‹ Verhalten oder sonst etwas – hätte mich diese Entwicklung vielleicht nicht so hart getroffen. Aber nun schien mein ältestes Kind und einziger Sohn eine Einstellung zu besitzen, die sich als das genaue Gegenteil dessen erwies, was ich so sehr hoffte. Ich hatte mir wirklich Mühe gegeben, ihm eine andere Einstellung zu vermitteln.

Als die Kursleiter die Liste der ›Kommunikationssperren‹ einführten, lachte ich wie alle anderen. Im Geiste hörte ich mich all diese ›Hindernisse‹ verwenden und sah sofort, für welche ich eine besondere ›Schwäche‹ hatte. Ich lernte aktives Zuhören kennen und übte es gewissenhaft mit anderen Kursteilnehmern. Aber ich zählte ›zwei und zwei‹ nicht zusam-

men; die Lösung lag auf der Hand, und ich sah sie nicht. Ich sah sie nicht, bevor ich es nicht mit dem aktiven Zuhören probierte. Ein paar Wochen später kam mein Sohn niedergeschlagen in die Küche. Ich bereitete das Abendessen vor. Er ließ eine seiner deprimierenden Äußerungen fallen. Ich hatte damals noch kein besonderes Geschick im aktiven Zuhören. Die wenigen Versuche, die ich bislang zu Hause unternommen hatte, hatten lächerlich geklungen. Ich entschloß mich aber, den Versuch erneut zu wagen. Er hatte so etwas gesagt wie: ›Ich kann wirklich nichts Besonderes an meinem Leben finden.‹ Es arbeitete in meinem Kopf beim Versuch, diese Worte in eine Äußerung umzuformen, die als Rückmeldung dienen konnte. Schließlich sagte ich irgend etwas, das mir völlig ungeeignet erschien, so etwas wie: ›Hört sich an, als ob du wirklich niedergeschlagen bist.‹ Er schien meine Unfähigkeit nicht zu bemerken, sondern meinte: ›Niemand kümmert sich um mich.‹ Er fügte hinzu: ›Du und Papa, ihr kümmert euch immer nur um Jennifer und Rebecca (seine Schwestern).‹ So ging es weiter. Ich dachte: ›Das ist das deprimierteste Kind, das ich jemals gesehen habe.‹ Zugleich fühlte ich mich schuldig, ärgerlich und frustriert. Ich versuchte es aber weiter und sagte: ›Hm‹, ›darüber bist du ganz schön traurig‹, und, ›du glaubst, wir mögen sie lieber als dich.‹

Das klang alles scheußlich gekünstelt. Ich hatte kaum Hoffnung, daß uns eines jener Happy-Ends beschieden sein sollte, von denen in der ›Familienkonferenz‹ so häufig die Rede ist. Er sagte überhaupt keine ›lösungsorientierte‹ Dinge wie die Kinder im Buch. Statt dessen kramte er immer entmutigendere Erinnerungen aus. Dabei griff er sogar auf Ereignisse zurück, die fünf Jahre zurücklagen.

45 Minuten später sagte ich, daß ich das Gespräch sehr gerne fortsetzen würde, daß ich mir aber Sorgen machte, mich mit dem Abendessen zu verspäten. Ob es ihm recht wäre, wenn wir das Gespräch zu einem anderen Zeitpunkt fortsetzen würden. Er sagte, das sei schon in Ordnung. Er habe alles gesagt. Darauf hüpfte er vom Stuhl und ging pfeifend nach draußen! Ich war wie vor den Kopf geschlagen. Dann kam mir die Erleuchtung. Ich hatte dem Kind niemals gestattet, einen schlechten Tag zu haben! Für die geringste unglückliche Regung war stets eine Erklärung zur Hand gewesen. Immer wußte ich Abhilfe. So blieb er an jede dieser Gefühlregungen gefesselt. Niemals hatte ich ihm das einfache menschliche Mitgefühl entgegengebracht, das ihm ermöglicht hätte, sich von ihnen zu befreien.

Das war vor einem Jahr. Seither sind diese Depressionen – soweit ich es erkennen kann – ausgeblieben. Es hat unerfreuliche oder entmutigende

Auftritte gegeben. Heute versuche ich aber nicht mehr, sie zu erklären oder Lösungen anzubieten. Ich bemühe mich um aktives Zuhören, so gut ich kann. Das Leben ist nicht immer großartig und rosig. Nicht alle Probleme lassen sich sofort lösen. An manchen Tagen scheint alles schiefzugehen, und das ist in Ordnung so.«

VI Neue Hilfe für Eltern, die eigenen Bedürfnisse zu befriedigen

Es ist eine Sache, ein geübter Zuhörer zu werden, wenn die Kinder Probleme haben. Etwas ganz anderes ist es, zu lernen, die eigenen Bedürfnisse als Elternteil zu befriedigen. Auf hunderterlei Art geben Kinder ihren Eltern Probleme auf. Das Zusammenleben mit einem Kind führt unvermeidlich dazu, daß bestimmte Verhaltensweisen zu bestimmten Zeiten nicht-akzeptabel sind, weil sie mit eigenen Vorhaben unvereinbar sind, weil sie einen hindern, das Leben zu genießen, weil sie einen frustrieren oder ärgerlich machen. Viele Eltern behaupten sich Kindern gegenüber nicht genug. Sie sind zu nachgiebig und lassen sich von ihren Kindern tyrannisieren. Andere treten mit Bestimmtheit auf, doch die Methoden, die sie verwenden, sind so feindselig und aggressiv, daß die Beziehung zu ihren Kindern darüber zerbricht und die Selbstachtung ihrer Kinder ernsthaften Schaden erleidet.

Das Modell der ›Familienkonferenz‹ räumt den Eltern ausdrücklich das Recht ein, sich bestimmt zu verhalten, wenn ihre Kinder sie vor Probleme stellen. Es bietet darüber hinaus spezifische Techniken an, die den meisten Eltern neu sind. Mit Hilfe dieser Techniken können sie sich viel wirksamer und konstruktiver behaupten.

Wir haben festgestellt, daß es den meisten Eltern nicht leichtfällt, ihr Verhalten entsprechend zu verändern. Nachgiebige Eltern können sich von dieser Haltung häufig nur schwer befreien, weil ihre eigenen Eltern ihnen gegenüber eine strenge und autoritäre Position bezogen. Sie sehen nur eine Alternative zum verhaßten Verhalten ihrer eigenen Eltern: nachsichtig und nachgiebig zu werden. Andere Eltern hegen das Mißverständnis, daß gute Eltern sich »zum besten ihres Kindes aufopfern« müßten. Solche Eltern verstehen die Befriedigung eigener Bedürfnisse häufig als egoistische Handlungsweisen. Wieder andere Eltern vermeiden jede direkte Konfrontation mit ihren Kindern, weil sie Angst haben, die Liebe ihrer Kinder zu verlieren. Manche Eltern haben – ganz sicher dank der Erfahrung mit ihren eigenen Eltern – Angst vor jedem Konflikt.

Wenn man sich in einer Beziehung für seine eigenen Rechte einsetzt, führt das unter Umständen zum Konflikt. Deshalb ist es verständlich, daß Eltern, die schlechte Erfahrungen mit Familienkonflikten gemacht haben, häufig Nachgiebigkeit der Selbstbehauptung vorziehen.

In diesem Kapitel werde ich berichten, was wir über die Schwierigkeiten erfahren haben, die Eltern mit Ich-Botschaften haben. Ich werde spezielle Vorschläge und Richtlinien zur Überwindung solcher Schwierigkeiten anbieten. Vielleicht auch – so hoffe ich – Verhaltensweisen, durch die man sie vermeiden kann.

Vorher werden es aber sicherlich viele Leser begrüßen, wenn ich noch einmal eine kurze Zusammenfassung der Ratschläge gebe, die die ›Familienkonferenz‹ für Eltern vorsieht, die das Problem in Gestalt einer Verhaltensweise ihres Kindes besitzen. (Wer eine umfassendere Darlegung wünscht, sei auf das erste Buch ›Familienkonferenz‹ verwiesen.)

Du-Botschaften und Ich-Botschaften

Wie dem Leser sicherlich erinnerlich ist, brachten wir im unteren Teil des Verhaltensrechtecks jene Verhaltensweisen unter, die für den Elternteil nicht-akzeptabel sind. In diese Zone gehören jene Fälle, in denen der *Elternteil das Problem besitzt.* Die Techniken, die zur Bewältigung solcher Situationen dienen, heißen »Konfrontations-Techniken«.

Unsere Kurserfahrungen mit einer Viertelmillion Eltern hat uns gezeigt, welche typische Haltungen Eltern einnehmen, wenn ihre Kinder nicht-akzeptable Verhaltensweisen an den Tag legen. Die Kursleiter bieten den Eltern im Kurs eine Reihe solcher Situationen dar und fordern sie dann auf, aufzuschreiben, welche Haltung sie dem Kind gegenüber einnehmen würden. Fast ohne Ausnahme sind ihre Botschaften einer der Kommunikationssperren zuzuordnen – einer jener zwölf Sperren, die wir in Kapitel III beschrieben:

1. Befehlen, anordnen, auffordern
»Du gehst in dein Zimmer!«
»Du hörst auf, solchen Lärm zu machen!«

2. Warnen, ermahnen, drohen
»Wenn du nicht aufhörst, bekommst du Schläge!«
»Mutter wird böse, wenn du mir weiterhin im Weg bist.«

3. Moralisieren, predigen
»Du darfst den Leuten nicht ins Wort fallen!«

»Sag immer danke.«
4. Beraten, vorschlagen, Lösungen geben
»Warum gehst du nicht mit deinen Freunden spielen?«
»Kannst du deine Kleider nicht wegräumen?«
5. Belehren, unterweisen
»So hält man das Messer nicht!«
»Bücher sind zum Lesen da und nicht zum Werfen.«
6. Urteilen, kritisieren, Vorwürfe machen
»Du bist sehr unachtsam.«
»Du bist ein böser Junge.«
7. Loben, Schmeicheln
»Du bist in der Regel sehr nett zu deinen Freunden.«
»Es sieht dir gar nicht ähnlich, so unüberlegt zu handeln.«
8. Beschimpfen, lächerlich machen, beschämen
»Du bist ein Wichtigtuer.«
»Schäm dich, so unartig zu sein.«
9. Interpretieren, Diagnosen stellen, analysieren
»Du bist nur ein bißchen eifersüchtig auf deinen Bruder.«
»Immer wenn ich müde bin, willst du mich quälen.«
10. Trösten, bemitleiden, aufrichten
»Mach dir keine Sorgen um meine Gefühle.«
»Der Lärm stört mich eigentlich nicht.«
»Ich kann schon verstehen, warum du deinen kleinen Bruder schlägst.«
»Oh, das macht nichts.«
11. Forschen, verhören
»Warum machst du so etwas?«
»Weißt du überhaupt, was du da getan hast?«
»Warum hast du dein Radio so laut an?
»Bei wem hast du das gelernt?«
12. Ablenken, ausweichen, scherzen
»Willst du nicht lieber lesen, als dir den Quatsch im Fernsehen anzusehen?«
»Schau mal, wie schön das Wetter draußen zum Spielen ist.«
»Ich bin wirklich glücklich, daß wir so nette, ruhige Kinder haben.«
»Hast du keine Angst, daß dir das Trommelfell platzt?«

Betrachten wir die zwölf Kommunikationssperren unter einer anderen Perspektive. Jede enthält eine ausgeprägte »Du-Ladung«. Nur daß es bei einigen nicht so offensichtlich wie bei anderen ist:
Du hörst damit auf.

Du darfst das nicht tun.
Hast *du* nie ...
Wenn *du* nicht damit aufhörst, ...
warum machst *du* nicht dieses?
Du bist ungezogen.
Du benimmst dich wie ein Baby.
Du verlangst zuviel Aufmerksamkeit.
Warum bist *du* nicht lieb?
Du solltest es besser wissen.

Die Wirkung von solchen Du-Botschaften auf Kinder läßt sich genau vorhersagen. Mit hoher Wahrscheinlichkeit rufen sie die eine oder andere der folgenden Wirkungen hervor:

1. Kinder weigern sich, ihr Verhalten zu ändern, wenn es ihnen befohlen wird, oder wenn ihnen gedroht wird, falls sie es nicht tun.
2. Kinder hören Eltern nicht zu, die moralisieren, predigen, Vorträge halten oder unterweisen.
3. Du-Botschaften teilen mit: Ich traue dir nicht zu, daß du einen Weg findest, mir zu helfen.
4. Du-Botschaften räumen Kindern keine Möglichkeit ein, von sich aus Verhaltensweisen zu entwickeln, die den Bedürfnissen der Eltern Rechnung tragen.
5. Kinder fühlen sich schuldig, wenn man sie durch Wertungen oder Beschimpfungen herabsetzt.
6. Kritische, vorwurfsvolle Botschaften sind der Selbstachtung von Kindern abträglich.
7. Kinder fühlen sich zurückgewiesen und sogar ungeliebt, wenn sie Botschaften hören, die ihnen mitteilen, wie »schlecht« sie sind – oder wie »dumm«, »unüberlegt«, »gedankenlos«.
8. Du-Botschaften schaffen reaktive Verhaltensweisen, Bumerangs, die auf die Eltern zurückfallen. »Immer bist du müde!« »Du hebst deine Kleider auch nicht immer auf!« »Immer meckerst du!«

Weit weniger Gefahr, solche Wirkungen hervorzurufen, laufen Botschaften, die das Kind darüber informieren, wie sein Verhalten (das für die Eltern nicht-akzeptabel ist) auf diese wirkt und welche Folgen es hat:
»Ich kann nicht schlafen, wenn ihr einen solchen Lärm im Haus macht.«
»Ich bin verzweifelt, wenn meine saubere Küche sofort wieder schmutzig wird.«
»Wenn ich telefoniere, werde ich wütend, wenn ihr soviel Lärm macht, daß ich nichts verstehen kann.«

Für Leser, die eine Auffrischung ihrer Erinnerung brauchen oder die mit dem Familienkonferenzmodell nicht vertraut sind, will ich das Diagramm des Kommunikationsprozesses wiederholen. Dort wird der Gegensatz zwischen Du-Botschaften und Ich-Botschaften sehr deutlich. Wenn das Verhalten eines Kindes für ein Elternteil nicht-akzeptabel ist, weil es spürbar mit der Lebensfreude des Elternteils oder seinem Recht auf die eigenen Bedürfnisse kollidiert, »besitzt« ganz ohne Zweifel der Elternteil das Problem. Der Elternteil ist ärgerlich, enttäuscht, müde, besorgt, unruhig, überlastet usw. Um das Kind wissen zu lassen, was in seinem Inneren vorgeht, muß der Elternteil einen geeigneten Kode wählen.

Wenn der Elternteil sich ausruhen möchte, sein vierjähriges Kind hingegen weiterspielen will, würde das Diagramm wie Abbildung 18 aussehen:

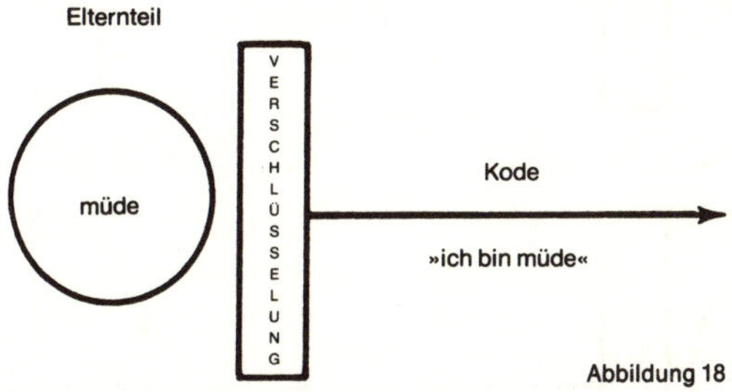

Abbildung 18

Würde der Elternteil einen Kode wählen der »du-orientiert« ist, würde er das Gefühl »ich bin müde« nicht präzise verschlüsseln (Abb. 19).

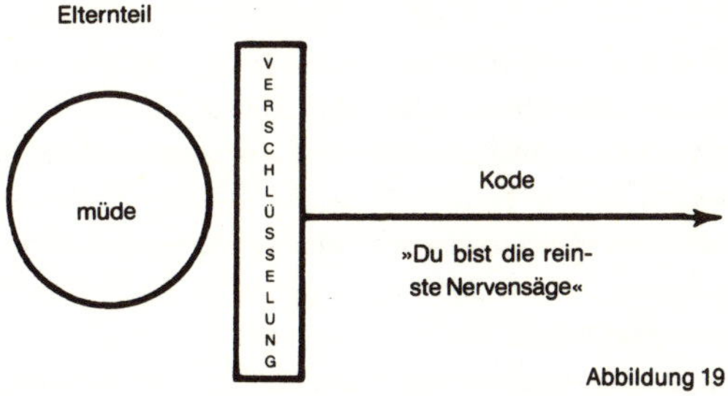

Abbildung 19

Das ist ein sehr unzulänglicher Kode für das Gefühl des Elternteils, müde zu sein. Ein eindeutiger und präziser Kode würde immer eine »Ich-Botschaft« sein müssen: »Ich bin müde«, »mir ist im Moment nicht danach zumute, mit dir zu spielen«, »ich möchte mich ausruhen«. In diesen Botschaften teilt sich das Empfinden des Elternteils mit. Der Kode einer »Du-Botschaft« sendet das Gefühl dagegen nicht. Er bezieht sich weit mehr auf das Kind als auf den Elternteil. Eine »Du-Botschaft« ist Kind-orientiert, nicht Eltern-orientiert.

Betrachten wir die folgenden Botschaften unter der Perspektive dessen, was das Kind hört (Abb. 20 und 21):

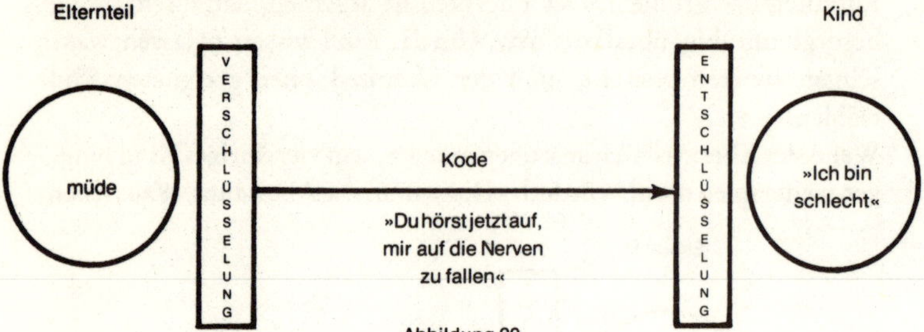

Abbildung 20

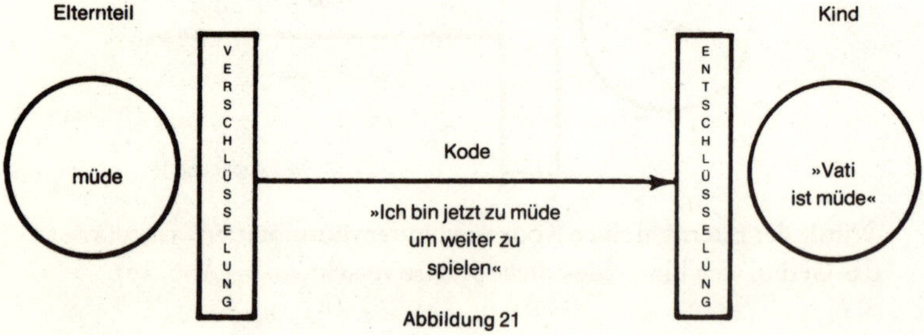

Abbildung 21

Die erste Botschaft wird vom Kind als *Wertung* seiner Person entschlüsselt. Die zweite stellt eine *Tatsache* fest, die den Elternteil betrifft. »Du-Botschaften« sind unzulängliche Kodes zur Übermittlung dessen, was ein *Elternteil* fühlt. Das Kind wird sie nämlich meist entweder als etwas entschlüsseln, das es tun soll (wenn eine Lösung gesendet wird), oder als etwas, das besagt, wie »schlecht« es ist (wenn ein Vorwurf oder eine Wertung gesendet wird).

Aus unseren Kursen und aus Interviews mit Eltern wissen wir, auf welche Schwierigkeiten Eltern stoßen, wenn sie zu Hause Ich-Botschaften verwenden. Außerdem haben wir unseren Begriff der Selbstbehauptung in wichtigen Zügen ergänzt und abgeändert, so daß wir Eltern heute besser dabei unterstützen können, sich dementsprechend zu verhalten.

»Wie sehen meine Gefühle wirklich aus?«

Wenn Eltern Du-Botschaften senden, brauchen sie nicht festzustellen, welches Gefühl eine nicht-akzeptable Verhaltensweise eines Kindes in ihnen auslöst. Sie brauchen nur einen Befehl, eine Drohung, eine herabsetzende Bemerkung zu äußern, oder irgendeine andere Du-orientierte Botschaft zu senden: »Hör damit auf«, »du bekommst Schläge«, »du verhältst dich wie ein zweijähriges Kind« usw. Anders liegt der Fall, wenn Eltern versuchen, Ich-Botschaften zu senden. Dann müssen sie wissen, was sie fühlen. »Bin ich ärgerlich, ängstlich, besorgt, verlegen oder was sonst?«

Den meisten Eltern fällt es schwer herauszufinden, was sie fühlen. Sie sind es nicht gewohnt. Unsere Kultur lehrt den Heranwachsenden, daß das Zeigen von Gefühlen unhöflich, unreif oder egozentrisch ist. So lernen die meisten Menschen ihre wahren Gefühle zu verleugnen und zu verdrängen.

Es folgt der Bericht eines Vaters von drei Kindern – er ist Ende 20 und auf dem besten Wege, es im Bankgeschäft zu etwas zu bringen:

»Ich versuche, die wirkliche Emotion, das wirkliche Gefühl herauszufinden, aber es ist alles so neu für mich – so schwer, Emotionen zu erkennen. So war es wirklich ein Problem für mich, dazusitzen und herauszufinden, was ich wirklich fühle, um dann die entsprechende Ich-Botschaft geben zu können.«

Acht Jahre nach der Teilnahme unseres Kurses berichtet eine Mutter über ihre Schwierigkeiten:

»Ich glaube, die ›Familienkonferenz‹ hat mich veranlaßt, meinen Gefühlen auf die Spur zu kommen – herauszufinden, wie ich wirklich fühle. Das läßt sich nicht lehren. Indem man aber Ich-Botschaften verwendet und gibt, kommt man seinen Gefühlen auf die Spur. Ich erinnere mich, welche Schwierigkeiten ich hatte, wenn uns der Kursleiter üben ließ … Ich sandte zwar Dinge, die sich in meinem Kopf befanden, doch es waren nicht wirkliche Gefühle – nur Gedanken. Es ist mir schwergefallen. Ich arbeite heute noch daran. Unter anderem habe ich hier den größten Nutzen aus der Familienkonferenz gezogen – dies gilt nicht nur für die Beziehung zu meinem Kind, sondern auch zu meinen Freunden und meinem Mann – ich bin mir selbst auf die Spur gekommen.«

Eine Mutter verwendete Ich-Botschaften dazu, ihren Arzt zur Rede zu stellen. Er vermied es, ihr reinen Wein über ihre Krankheit einzuschenken. Um genügend Mut zu sammeln, schrieb sie vor dem Termin ihre

Gefühle nieder:

»Große Schwierigkeiten habe ich, mit jemandem zu sprechen, der mir in irgendeiner Weise überlegen ist. Ich war bei einem Arzt in Behandlung, der meinte, ich brauche nicht zu wissen, was mir fehle. Lange Zeit nahm ich die vielen Medikamente ein und akzeptierte, was er sagte. Nach der Teilnahme am Kurs beschloß ich aber, meine Gefühle und die Wirkung seines Verhaltens auf mich klarzustellen. Er sollte wissen, was er mir antat ... Ich schrieb es alles auf, ging hin und sagte es ihm ... Er versuchte wieder auszuweichen. Da sagte ich: ›Ich mach das nicht mehr mit – ich muß Genaueres wissen.‹ Vorher hätte ich niemals den Nerv gehabt, einem Arzt so etwas zu sagen. Er aber sagte: ›Nun gut‹, und erklärte mir alles. Das half mir wirklich.«

Eine andere Mutter, eine Journalistikstudentin mit einem vierjährigen Mädchen, weist auf den Unterschied zwischen nur verbalem Verhalten und wirklicher Kenntnis der eigenen Gefühle hin:

»Etwas anderes ist der Versuch, seinen eigenen Gefühlen wirklich auf die Spur zu kommen, sie zu verbalisieren. Ich kann mich sehr gut ausdrücken, wissen Sie, ich schreibe. Auch mein Mann ist sehr redegewandt. Um so unglaublicher ist es, wie sehr uns im Bereich der Emotionen die Worte fehlen. Über Gefühle wurde in meiner Familie nicht gesprochen, genausowenig wie in seiner ... Die größte Veränderung, die der Kurs bei mir hervorgerufen hat, ist die Tatsache, daß ich nun in der Lage bin, meine Gefühle auszudrücken. Mir fehlte die richtige Ausdrucksweise – ich wußte, daß die Art und Weise, in der meine Eltern ihre Gefühle äußerten, nachteilig war. So stand mir kein brauchbares Modell zur Verfügung, nach dem ich mich richten konnte. Die Familienkonferenz gab mir ein Ausdrucksmittel für meine Bedürfnisse, wissen Sie, für die Fälle, in denen ich wirklich welche empfinde.«

Wie man seine wirklichen Gefühle erkennt und sich dazu ermannt, sie auszudrücken, läßt sich kaum »in drei Stunden« lehren. Wir haben aber einige Lernhilfen entwickelt, die es Eltern erleichtern, »sich selbst auf die Spur zu kommen«.

1. Fertigen Sie eine Liste an. Stellen Sie fest, wie viele verschiedene Gefühle sie auf ein Blatt Papier schreiben können. Eine Liste von 20 verschiedenen Gefühlen ist eine sehr gute Leistung. Fordern Sie Ihren Ehepartner auf, dasselbe zu tun. Ergänzen Sie dann Ihre eigene Liste anhand der des Partners. Sie werden überrascht sein, wie viele Gefühle Sie bewußt erleben.
2. Listen Sie in einer Spalte zehn häufig vorkommende Verhaltensweisen

Ihres Kindes auf, die Sie in der Regel als nicht-akzeptabel empfinden. Machen Sie sich klar, daß jede dieser Verhaltensweisen Sie irgendeiner Sache berauben kann, die Sie brauchen oder wünschen. Schreiben Sie in einer zweiten Spalte nach jeder Verhaltensweise die Worte »ich habe Angst«. Sie stehen dann also zehnmal da. Schreiben Sie schließlich in einer dritten Spalte jene Worte auf, die die sinngemäße Ergänzung des Satzes darstellen, wie im folgenden Beispiel:

Verhalten	*Gefühl*	*Ergänzung*
Bobby tobt im Wohnzimmer,	ich habe Angst,	daß er die Lampe umwirft und zerbricht.

Sind Sie zum Ergebnis gekommen, daß »ich habe Angst« der geeignete Ausdruck für die Gefühle ist, die die meisten der nicht akzeptablen Verhaltensweisen Ihnen einflößen? Ich vermute, daß es der Fall ist. Diese einfache Übung überzeugt Eltern in der Regel davon, daß ein Großteil der kindlichen Verhaltensweisen, die sie vor ein Problem stellen, sie irgend etwas befürchten lassen. Meistens ist es die Furcht vor irgendeiner Zurücksetzung, vor einem Verlust oder die Furcht, irgendein Bedürfnis müsse unbefriedigt bleiben.
Damit soll beileibe nicht gesagt sein, daß »ich habe Angst« das einzige Gefühl ist, das Sie empfinden, wenn eine Verhaltensweise ihres Kindes nicht-akzeptabel für Sie ist. Es soll Sie nur davon überzeugen, daß Furcht eine sehr häufig vorkommende Reaktion in den Fällen ist, da Sie als Elternteil das Problem besitzen. Diese Tatsache sollte Sie nicht zu sehr überraschen, wenn Sie sich daran erinnern, daß der untere Teil des Verhaltensrechtecks jene Zone ist, in die die Verhaltensweisen Ihres Kindes gehören, die bewirken, daß *sie ihre eigenen Bedürfnisse nicht befriedigen können.* Natürlich haben sie Angst – wer hätte sie dann auch nicht.

3. Vergeuden Sie keine unnötige Zeit damit, möglichst genaue oder elegante Formulierungen zu finden, um ihre Gefühle zu definieren – wie zum Beispiel »ich fühle einen Anflug von Ärger« oder »ich bin enerviert« oder »ich bin schmerzlich enttäuscht«. Gewöhnlich handelt es sich dabei gar nicht um ihr Grundgefühl. Wahrscheinlich weiß ihr Kind noch nicht einmal, was diese Ausdrücke bedeuten. Nach meiner Erfahrung empfinden Eltern meist nur einige wenige Grundgefühle: wenn die Handlungsweise eines Kindes ihnen körperlichen

Schmerz zufügt, wird »das tut mir weh« völlig ausreichen. Wenn sein Verhalten sie beunruhigt, genügt ein »Ich habe Angst ...«. Wenn es Sie mit dem Wunsch plagt, etwas zu tun, wozu Sie keine Lust haben, wird »ich bin zu müde (oder zu beschäftigt)« Ihre Botschaft deutlich genug übermitteln.

Besondere Probleme haben Eltern mit dem *Ärger*. In unseren Interviews hörten wir Äußerungen wie die folgenden:

»Ich mußte mir abgewöhnen, Ärger bei jeder passenden und unpassenden Gelegenheit auszudrücken. Stets hieß es ›ich bin ärgerlich‹ oder ›ich bin böse‹. Anfangs benutzte ich das viel zu häufig. Wie oft ist man wirklich ärgerlich? Wirklichen Ärger empfindet man nur in zwei Prozent der Fälle.«

»Ich-Botschaften fallen mir sehr schwer. Ich gebe gern Ich-Botschaften, die eigentlich Du-Botschaften sind – wie zum Beispiel: ›Ich bin wirklich böse, und du solltest das und das nicht tun.‹ In Wirklichkeit heißt das: ›Du hast das und das getan, deshalb bin ich böse.‹ Häufig sage ich ›böse‹, statt mich zu bemühen, das tieferliegende Gefühl zu ermitteln.«

Beide Eltern waren sich darüber klar, daß ihre Ich-Botschaften weit häufiger Ärger zum Ausdruck brachten, als gerechtfertigt schien. Sie erklärten das damit, daß sie dem »tieferliegenden Gefühl« nicht auf die Spur kamen. Dies nannte ich oben »Grundgefühl«. Aus den Erfahrungen der Eltern haben wir wichtiges über den Ärger gelernt: Wenn Eltern einem Kind gegenüber Ärger äußern, teilen sie häufig ihr Grundgefühl nicht mit. Unter dem Ärger verbirgt sich meist ein anderes Gefühl.

Nehmen wir als Beispiel den zehnjährigen Tim. Er fährt mit dem Kinderwagen seiner kleinen Schwester in gefährlichem Tempo durch die Gegend. Die Mutter hält Tim vor: »Ich bin sehr ärgerlich, daß du so schnell mit ihr läufst, weil sie sich dabei sehr verletzen kann.« Tatsächlich war das eigentliche Gefühl der Mutter »Angst«. Die präzise Ich-Botschaft hätte in etwa lauten müssen: »Ich habe Angst, wenn ich sehe, wie schnell du mit dem Kinderwagen läufst, weil er umfallen und deine Schwester verletzt werden kann.«

Ärger stellt sich bei den Eltern im Anschluß an ein anderes Gefühl ein. Ich bin heute davon überzeugt, daß eine ärgerliche Ich-Botschaft auf das Kind wie eine vorwurfsvolle Du-Botschaft wirkt. So fühlt es sich wie bei anderen Du-Botschaften herabgesetzt und schuldig.

Warum senden Eltern ärgerliche Ich-Botschaften? Ich glaube, sie verfolgen damit ganz bewußt das Ziel, ihre Kinder zu bestrafen oder ihnen eine Lehre zu erteilen. Dabei hoffen sie, die Kinder würden in Zukunft jene

Handlungsweise unterlassen, die in ihnen, den Eltern, das Grundgefühl (oder primäre Gefühl) hervorrief – wie zum Beispiel Furcht, Verlegenheit, Schmerz, Enttäuschung. Wenn das richtig ist, erzeugen die Eltern ihren Ärger selbst – sie nehmen eine ärgerliche *Haltung* ein, sie *spielen* Ärger, sie machen sich die *Rolle* des Ärgerlichen zu eigen, sie *schüren* ihren Ärger. Damit soll nicht gesagt sein, daß ihr Ärger nicht wirklich sei. Natürlich weiß jeder, wann er ärgerlich ist – man zittert, man kocht, die Stimme schlägt über. Doch diese physiologischen Begleiterscheinungen stellen sich erst ein, wenn man sich zum Ärger entschlossen hat.
Wie können Eltern aufhören, ärgerlich zu werden? Ich glaube, das ist relativ leicht zu vermeiden. Halten Sie sich selbst den Spiegel vor und fragen Sie sich: »Was empfinde ich wirklich? Welches ist mein primäres Gefühl? Welche Gefühle löst das Verhalten meines Kindes in mir aus? Ist es Furcht, Schmerz, Verlegenheit, Enttäuschung?« Wenn sie Ihrem eigentlichen Gefühl auf die Spur kommen und es mitteilen, werden Sie in den meisten Fällen Ihr Ziel erreichen und das Kind dazu veranlassen, sein Verhalten zu ändern. Es wird nicht notwendig sein, daß Sie Ärger »spielen«.

Es ist wichtig, vollständige Ich-Botschaften zu senden

Wenn Ich-Botschaften ein Kind nicht veranlassen können, das Verhalten, das den Elternteil vor ein Problem stellt, zu verändern, liegt es häufig daran, daß der Elternteil eine oder mehrere *unvollständige* Ich-Botschaften gesendet hat. Eine Mutter berichtet, daß die viereinhalbjährige Sue ihren sechseinhalbjährigen Bruder Frank dadurch zum Weinen und Schreien brachte, daß sie ihn anstarrte:
M: Ich bin sehr ärgerlich darüber, daß du Frank ständig anstarrst. Dein Verhalten macht mich unglücklich.
Was fehlt in dieser Botschaft? Abgesehen davon, daß die Mutter ihre Gefühle zu ungenau beschreibt (»ärgerlich« und »unglücklich«), enthält ihre Ich-Botschaft einen sehr viel ernsteren Mangel. Sie hat Sue nicht genau mitgeteilt, welchen *greifbaren Effekt* dieses Verhalten auf sie, die Mutter hatte. Aller Wahrscheinlichkeit nach wird Sue sich angesichts dieser Botschaft fragen, warum die Mutter ärgerlich und unglücklich ist. In welcher greifbaren Weise beeinträchtigt ihr Verhalten die Belange der Mutter?

Wir haben gehört, daß eine effektive Ich-Botschaft drei Elemente enthalten muß. In der Ich-Botschaft der Mutter befanden sich nur zwei:

Nicht-akzeptables Verhalten	*Gefühl*
Wenn du Frank anstarrst,	werde ich ärgerlich und unglücklich.

Eine vollständige Ich-Botschaft enthält: (1) eine Beschreibung des nichtakzeptablen Verhaltens, (2) das Gefühl, das der Elternteil empfindet, und (3) den greifbaren konkreten Effekt (oder die Folge), unter dem der Elternteil leidet. Die Ich-Botschaft der Mutter hätte etwa so lauten müssen:

Nicht-akzeptables Verhalten	*Gefühl*	*greifbarer Effekt*
Wenn du Frank anstarrst,	werde ich ärgerlich und unglücklich,	weil sein Weinen und Schreien mich bei meiner Tätigkeit stört.

Wir können natürlich nur vermuten, welchen greifbaren Effekt dieses Verhalten tatsächlich auf die Mutter gehabt hätte. Möglicherweise nahm sie Anstoß an der Tatsache, daß Sues Verhalten völlig grundlos war, oder sie hatte keine Zeit, sich mit Frank zu beschäftigen, wenn er mit einem Problem zu ihr kam.

Betrachten wir das folgende Beispiel einer Mutter, die ihrem vierjährigen Sohn Bill ein neues Kleidungsstück anprobieren möchte:

M:Bill, wir müssen dies anprobieren, um zu wissen, ob es paßt.
B: Nein, ich will nicht!
M: Bill, ich kann dir dieses Kleidungsstück nicht kaufen, wenn du es nicht anprobierst und wir sehen, ob es paßt.
B: Nein, ich will es nicht anprobieren.
M: Gehen wir doch in die Umkleidekabine und probieren es ganz schnell an. (Die Mutter nimmt Bill auf den Arm und trägt ihn zur Umkleidekabine.) Probierst du es nun an, Bill?
B: Nein.
M: Läßt du es dir dann wenigstens anhalten, damit ich sehen kann, ob es auch wirklich paßt?
B: Nein, ich will nicht.
M.: Bill, ich bin wirklich ärgerlich! Ich muß dir das anprobieren, um zu wissen, ob es paßt. Die Dame draußen wird schon ungeduldig.

Das Ergebnis schließlich: Die Mutter gab auf und kaufte die nächste Größe in der Hoffnung, sie würde passen.
Wir wollen nun eine hypothetische dreiteilige Ich-Botschaft zusammenstellen, die vielleicht eine bessere Chance geboten hätte, Bills Verhalten zu modifizieren:

Nicht-akzeptables Verhalten	*Gefühl*	*greifbarer Effekt*
Wenn du das Kleidungsstück nicht anprobierst,	habe ich Angst, es zu kaufen,	weil ich in dem Fall, daß es nicht paßt, wieder in die Stadt fahren muß, um es umzutauschen.

Diese vollständige Ich-Botschaft gibt Bill erschöpfende Auskunft. Er erfährt nicht nur, *welche seiner Handlungen* die Mutter vor ein Problem stellen, sondern auch, was sie angesichts dieser Handlung empfindet, und – was genauso wichtig ist – *warum das Verhalten sie vor ein Problem stellt.*
Erinnern wir uns daran, daß das eigentliche Ziel von Ich-Botschaften darin liegt, Kinder dazu zu bringen, jenes Verhalten zu verändern, das sie gerade zeigen.
In der Regel reicht es nicht aus, die Verhaltensweisen zu beschreiben, die man nicht-akzeptabel findet, und den Kindern mitzuteilen, daß man über sie ärgerlich ist oder böse oder frustriert. *Die Kinder müssen wissen, warum.*
Versetzen Sie sich in die Lage ihres Kindes. Sie sind mit einer Handlung beschäftigt, die irgendeines ihrer Bedürfnisse befriedigen soll (oder mit dem sie etwas vermeiden möchten, das ihnen unangenehm ist). Nur weil die Mutter sagte: »Ich bin ärgerlich über das, was du tust«, sind Sie sicher nicht sehr motiviert, Ihr Verhalten zu verändern. Sie möchten einen guten Grund hören, bevor Sie sich anders verhalten. Deshalb sollten Eltern ausführlich auf den »greifbaren und konkreten Effekt« eingehen, den das Verhalten eines Kindes auf *sie* hat. Versäumen sie es, dies dem Kind mitzuteilen, fehlt ihm jeder Grund, sein Verhalten zu verändern. Im folgenden Beispiel beginnt eine Mutter diesen Sachverhalt zu begreifen:
»Das regt mich an Kindern am meisten auf. Immer muß man ihnen erklären, warum, warum, warum. Wenn man ihnen sagt: ›Bitte mach das nicht‹, genügt ihnen das nicht... Ich habe meine Gründe, wenn ich

möchte, daß ein Kind dieses oder jenes nicht tut. Wenn es keinen Grund gäbe, würde ich ihm doch nicht sagen: ›Mach das nicht‹, nicht wahr?‹ Aber stets wollen sie den Grund hören, nicht wahr?«

Manchmal fühlt sich ein Kind auch verletzt und zurückgewiesen, wenn man ihm keine Gründe nennt. Denn wenn die Eltern ihren Kindern nicht mitteilen, warum sie ihr Verhalten nicht akzeptieren, basteln sich diese die Gründe selbst zurecht. Eine Mutter erinnerte sich an einen solchen Vorfall in der eigenen Familie:

»Als Kirk einmal aus seinem Bett kletterte, nachdem wir ihn schon zur Ruhe gelegt hatten, sagte ihm Karl, mein Mann: ›Ich möchte dich nicht mehr sehen!‹ Einige Minuten später stieß ich in der dunklen Küche auf Kirk. Er stand weinend neben dem Kühlschrank. Als ich ihn fragte, was er habe, schluchzte er: ›Papa mag mich nicht sehen.‹ ... Kirk hatte eine persönliche Ablehnung herausgehört.«

Eine ganz andere Wirkung hätte man erwarten dürfen, wenn der Vater eine vollständige dreiteilige Ich-Botschaft gesendet hätte – wie zum Beispiel:

»Kirk, wenn du aus dem Bett kommst, nachdem wir dir Gute Nacht gesagt haben, bekümmert mich das. Ich habe dann nämlich Angst, daß du mich daran hinderst zu lesen (oder zu arbeiten, oder mich mit Mama zu unterhalten oder was auch immer).«

Die vollständige dreiteilige Ich-Botschaft nennt Kindern also einen bestimmten Grund dafür, daß die Eltern ihr Verhalten nicht-akzeptabel finden. Dadurch erhöhen sich die Chancen, daß die Kinder zu einer Verhaltensänderung motiviert werden. Außerdem wirkt sich diese Form der Ich-Botschaften in sehr bedeutsamer Weise auf die Eltern aus. Wir haben festgestellt, daß Eltern bei dem Versuch, den »greifbaren Effekt« der Ich-Botschaft mitzuteilen, häufig feststellen, daß es einen solchen Effekt überhaupt nicht gibt! Eine Mutter erklärte dieses Phänomen wie folgt:

»Die Ich-Botschaften waren deshalb von großem Wert für mich, weil ich bei ihrer Anwendung feststellte, wie willkürlich ich mich meinen Kindern gegenüber verhalte. Wenn ich versuche, alle drei Teile zu senden und ich zu jenem Teil komme, der erklärt, welchen Effekt das Verhalten auf mich hat, komme ich zu dem Ergebnis: ›Nun, eigentlich habe ich überhaupt keinen vernünftigen Grund!‹ Wenn ich sage: ›Ich halte es nicht aus, wenn du so viel Lärm in der Nähe des Hauses machst‹, komme ich zum ›weil‹ und stelle fest, daß es mich eigentlich gar nicht so sehr ärgert. Ich frage mich dann: ›Warum bin ich eigentlich so ärgerlich darüber?‹ Deshalb

habe ich jetzt die Gewohnheit angenommen, in dem Falle, da ich feststelle, daß das Verhalten eigentlich ohne greifbare Wirkung auf mich ist, dem Kind zu sagen: ›Denk nicht mehr dran, tu so, als hätte ich nichts gesagt.‹ Mein Verhalten kommt mir dann so willkürlich vor... Wissen Sie, ich finde es herrlich. In der Hälfte der Fälle fehlt mir ein rechter Grund.«

Warum die Mutter das »herrlich« fand, zeigte sich, als sie erklärte:

»Ich habe die Kinder immer viel zu sehr kontrolliert. Ich dachte, das sei die richtige Weise, um mit einem Haufen Kinder fertig zu werden. Ich habe alles kontrolliert. Heute kann ich dazu nur noch sagen: ›Wie soll man das schaffen?‹ Es hat mir mehr Arbeit gemacht, nicht weniger, weil ich mich um alles und jedes, was sie taten, kümmern mußte... Heute halte ich mich meistens heraus und sage: ›Na und?‹«

Dann berichtete sie von einem Vorfall, der als Beispiel für ihre neue Einstellung gelten kann:

»Caroline spielt häufig mit Wasser im Badezimmer. Ich war im Begriff, ihr eine Ich-Botschaft zu senden, der ihr den Effekt auf mich schildern sollte: ›Ich mag nicht hinter dir herwischen.‹ Dann dache ich: Moment mal, warum gehe ich davon aus, daß ich es selbst aufwischen muß? Das ist lächerlich. Statt dessen sagte ich also: ›Wenn du im Badezimmer mit Wasser spielen willst, bist du dann auch bereit, hinterher aufzuwischen?‹ Und sie erwidert: ›Ja.‹ Und damit hat es sich – das Kind wischt selbst auf. Das ist ein ganz anderes Vorgehen, eine ganz andere Sache.«

Vor zehn Jahren hätte ich nie und nimmer geglaubt, daß Eltern, denen man beibringt, eine vollständige dreiteilige Ich-Botschaft zu senden, in vielen Fällen erkennen, *daß sie überhaupt keine Ich-Botschaft senden müssen.* Als wir den Eltern erklärten, sie sollten ihren Kindern den Grund dafür nennen, warum sie ein bestimmtes Verhalten nicht-akzeptabel finden, haben wir ihnen damit unabsichtlich auch eine Methode geliefert, in vielen Fällen scheinbar nicht-akzeptable Verhaltensweisen als akzeptable zu entlarven.

Wenn Kinder eine Ich-Botschaft nicht zur Kenntnis nehmen

Wir haben immer gewußt, daß Ich-Botschaften Kinder nicht in jedem Falle dazu bringen, ihr Verhalten zu verändern. Uns waren jedoch nicht alle Gründe dafür bekannt, daß sie manchmal ohne Wirkung bleiben. Aufgrund unserer Interviews mit den Eltern wissen wir heute mehr.

»Oh, Ich-Botschaften! Manchmal bleiben sie ohne Wirkung. Die Kinder sperren sich dagegen, oder sie wollen nicht zuhören. Dann tun sie, was sie wollen. Sie kümmern sich nicht darum, welche Gefühle man hat oder was man tun muß.«

»Wenn ich den Kindern Ich-Botschaften sende, kümmern sie sich oft genug nicht darum. Dann passiert gar nichts ... Zum Beispiel mag ich es nicht, wenn sie ihr schmutziges Geschirr ins Waschbecken stellen, statt es in den Geschirrspüler zu tun. Ihnen macht das nichts aus ... Es interessiert sie einfach nicht.«

»Karen sagte dann einfach: ›Aber ich möchte meine Spielsachen nicht forträumen.‹«

Die Vorstellung, Ich-Botschaften müßten immer die erwünschte Wirkung zeigen, beweist, daß man das Familienkonferenzmodell mißversteht. Eine Ich-Botschaft ist nur die beste mir bekannte Weise, jemanden darüber zu informieren, daß sein Verhalten für den Sprecher ein Problem darstellt. Außerdem führt sie am wenigsten dazu, dem anderen Schuldgefühle einzuflößen, ihn herabzusetzen oder Groll gegen den Sprecher zu erwecken. Keinesfalls kann aber eine Ich-Botschaft die Gewähr dafür bieten, daß der andere sofort und bereitwillig sein Verhalten mit Rücksicht auf die Bedürfnisse des Sprechers modifizieren wird. Zwischenmenschliche Beziehungen sind nicht so einfach, ebensowenig wie menschliches Verhalten vorhersagbar ist.

Immerhin sind uns heute aber jene Faktoren bekannt, die über Erfolg oder Mißerfolg von Ich-Botschaften entscheiden. Den ersten habe ich bereits behandelt. Gemeint ist die Struktur der Ich-Botschaft selbst. Insbesondere ist darauf zu achten, ob sie den greifbaren und konkreten Effekt des kindlichen Verhaltens mitteilt. Andere Faktoren sind:

1. Ob das Kind prinzipiell das Gefühl hat, daß der betreffende Elternteil zuhört, wenn es selbst das Problem besitzt.
2. Die Stärke (oder Angemessenheit) der Botschaft.
3. Die Art und Weise, in der der Elternteil reagiert, wenn sich das Kind gegen die Ich-Botschaft wehrt.
4. Ob die Ich-Botschaft eine Lösung sendet.
5. In welchem Maße die Eltern zu Machtanwendung und Autorität Zuflucht suchen.

Hören Sie zu, wenn das Kind die Probleme besitzt?

Ich-Botschaften bleiben in Familien ohne Wirkung, in denen die Eltern dazu neigen, nicht zuzuhören, wenn ihre Kinder Probleme haben. Es ist ganz einfach: Wenn Sie möchten, daß Ihre Kinder Ihnen zuhören (wenn *Sie* ein Problem haben), müssen die Kinder das Empfinden haben, daß Sie auch ihnen, den Kindern zuhören (wenn *diese* ein Problem haben). Es beruht eben auf Gegenseitigkeit.

Manche Eltern meinen nach Beendigung des Kurses, sie hätten eine neue Waffe und eine wirksamere dazu. Sie hoffen jetzt, ihren Kindern all jene Handlungen austreiben zu können, die sie vor Probleme stellen. Kaum sind sie zu Hause, werfen sie wahllos mit Ich-Botschaften um sich und fragen sich dann verwundert, warum sie nicht funktionieren.

Ich-Botschaften sind als unmittelbare Hilfsappelle zu verstehen: »Der Lärm hindert mich daran, die Fernsehshow zu genießen. Dabei habe ich mich wirklich auf sie gefreut.« Solche Botschaften fragen das Kind, ob es bereit ist, zu helfen. Wenn ein Kind bei seinen Problemen an Reaktionen wie Befehle, Moralpredigten, Urteile, Interpretationen und andere Kommunikationssperren gewöhnt ist, wird es kaum Neigung verspüren, Ihnen die Hilfe zu gewähren, die Sie brauchen. Das erklärt, warum wir in der ›Familienkonferenz‹ zuerst das aktive Zuhören lehren. Wir möchten, daß die Eltern geübte Zuhörer werden, bevor sie sich ihren Kindern gegenüber behaupten lernen und von ihnen erwarten, auf sie zu hören.

Wie stark sind Ihre Ich-Botschaften?

Bei manchen Eltern funktionieren Ich-Botschaften nicht. Sie sind zu schwach, um sich beim Kind Gehör zu verschaffen. Es erinnert an den Witz von dem Mann, der seinem Freund ein Maultier für einen hohen Preis verkauft. Diesen Preis begründet er damit, daß das Maultier außergewöhnlich gut dressiert und gehorsam sei. Einige Wochen später bringt der Freund das Maultier zurück. Er beklagt sich, daß das Tier keinem seiner Befehle gehorche. Daraufhin nimmt der frühere Besitzer einen riesigen Knüppel, versetzt damit dem Maultier einen Hieb auf den Kopf und sagt: »Los geht's!« Sofort setzt sich das Maultier in Bewegung.« »Tut mir leid«, sagt der Mann und gibt den Knüppel seinem Freund, »ich habe vergessen, dir zu sagen, daß du erst seine Aufmerksamkeit gewinnen mußt.«

In bestimmten Situationen müssen auch Sie erst die Aufmerksamkeit Ihres Kindes besitzen, bevor Ich-Botschaften Wirkung zeigen können. Natürlich sollen Sie ihm keinen Schlag auf den Kopf geben. Sie müssen aber eine Ich-Botschaft senden, die stark genug ist, um überhaupt Wirkung zeitigen zu können. Einigen Eltern fällt es schwer, ihren Ich-Botschaften die Intensität ihrer Gefühle zu verleihen. Sie »stapeln tief« und senden eine zu schwache Ich-Botschaft. Ergebnis: Das Kind reagiert nicht. Eine Mutter äußert sich dazu:

»Ich hatte deshalb besondere Schwierigkeiten, weil ich in meinen Ich-Botschaften tiefstapelte. Mein Kursleiter forderte mich auf, bestimmter zu sein. Damals dachte ich aber, daß ich damit meine Kinder oder meinen Mann verletzen würde. Ich fürchtete, durch ein zu starkes Pochen auf meine Belange ihre Rechte einzuschränken. Die Kursübungen halfen mir dabei, stärkere Ich-Botschaften auszuprobieren. Ich stellte fest, daß meine Angst unbegründet war.«

Eine andere Mutter machte sich Sorgen, ihre Ich-Botschaften könnten ihrem Kind Schuldgefühle einflößen:

»Was ich dort über Ich-Botschaften hörte, ließ mich annehmen, sie könnten möglicherweise eine Vielfalt von Schuldgefühlen im Kind erzeugen. Ich meinte, Ich-Botschaften könnten leicht zu Allmachtsvorstellungen führen und dem anderen das Gefühl geben, er sei schuldig oder unglücklich.«

Ist die Furcht dieser Eltern gerechtfertigt? Ich denke nicht, wenn sie nicht ins andere Extrem verfallen und »hochstapeln« – das heißt Ich-Botschaften senden, die so mit Ärger beladen sind, daß sie das Kind völlig erdrücken. (Erinnern wir uns an das, was zum Ärger als strafender Ich-Botschaft gesagt wurde.)

Die effektivsten Ich-Botschaften sind offensichtlich diejenigen, die den Gefühlen der Eltern genau entsprechen. Sie stapeln weder tief noch hoch. Wenn Ihr Kind seine Sachen draußen läßt und Sie darüber nur Gereiztheit empfinden, sagen Sie: »Ich bin gereizt«, statt »das macht mich rasend«. Wenn aber Ihr Sechsjähriger ein scharfes Messer auf dem Fußboden in der Nähe des Säuglings liegenläßt und Sie bei seinem Anblick zu Tode erschrocken sind, dann sagen Sie nicht: »Ich bin ein bißchen bekümmert...« Senden Sie statt dessen eine Botschaft, die Ihrem Schock eher entspricht, wie zum Beispiel: »Als ich das Messer sah, war ich zu Tode erschrocken, weil sich das Baby damit gefährlich hätte verletzen können und ich darüber sehr traurig gewesen wäre.«

Häufig fragen Eltern: »Entwickelt denn ein Kind nicht im Gefolge

solcher Botschaften Schuldgefühle?« Eine berechtigte Frage. Doch ich habe festgestellt, daß es zwei verschiedene Arten von Schuldgefühlen gibt. Eine besagt: »Mir tut leid, was ich getan habe, weil es jemand anders verletzt hat (oder hätte verletzen können).« Dieser Typus des Schuldgefühls scheint eine natürliche Folge bestimmter Verhaltensweisen zu sein. Es gibt Verhaltensweisen, die in gewisser Hinsicht zu Schuldgefühlen führen müssen. In diesen Fällen ist es eine logische Konsequenz, daß dem Kind sein Verhalten leid tut. Nehmen wir an, ich verletze jemanden, weil ich mich in trunkenem Zustand ans Steuer setze. Ich hoffe doch sehr, daß mir das dann leid täte – und daß ich auch Schuldgefühle empfände.
In der Regel erzeugen aber auch die Botschaften von Eltern einen zweiten Typus des Schuldgefühls in einem Kind. Er läßt sich besser als: »Ich bin schlecht, böse und sündhaft« umschreiben. Es gibt Du-Botschaften, die schwerwiegende Urteile und schlimme Herabsetzungen übermitteln, wie zum Beispiel »du bist ein sehr schlechter Junge«, »du bringst mich noch ins Grab«, »das hättest du besser wissen sollen«, »ich hoffe, daß dir deine eigenen Kinder einmal so zu schaffen machen, wie du mir«, »ich hoffe, Gott wird dich für das strafen, was du getan hast« und Hunderte ähnlicher Art. Die Wirkung solcher schulderzeugenden Botschaften kann sich noch lange danach sehr destruktiv auf das Kind auswirken. Eine gute Ich-Botschaft wird selten zu diesem zweiten Typus des Schuldgefühls führen, weil sie dem Kind nur mitteilt, welches Gefühl sein Verhalten Ihnen einflößt. Sie enthält aber kein Urteil über sein Verhalten. Dieser Unterschied ist für das Kind von großer Bedeutung.

Die Bedeutung des Umschaltens

Wir haben gehört, daß eine Ich-Botschaft – sie mag noch so gut sein – niemals willkommen ist. Wer möchte schon erfahren, daß sein Verhalten für jemand nicht-akzeptabel ist? Es ist nicht angenehm, festzustellen, daß man eine geliebte Person vor ein Problem gestellt hat. So rufen selbst die besten Ich-Botschaften häufig Abwehrreaktionen beim Empfänger hervor. Dies trifft insbesondere auf Kinder zu. Sie ziehen es meist vor, das zu tun, was sie tun möchten. Sie möchten ihre eigenen Bedürfnisse befriedigen, ohne von ihren Eltern Einwände zu hören. Eine Mutter formuliert das so:
»Sie möchten ihrer Beschäftigung ungestört nachgehen und kümmern sich nicht darum, wie man zu dem steht, was man selbst gerade tut oder

was man tun muß ... Sie kümmern sich ganz einfach nicht darum – sie erledigen ihren eigenen Kram.«

Kein Wunder, daß Eltern mit ihren Ich-Botschaften zum Beispiel auf Antworten wie diese stoßen:

»Ich will nicht.«

»Das geht dich nichts an.«

»Na und. Ich will es eben nicht.«

»*So* laut ist das Fernsehen doch gar nicht.«

»Ich hab' den Dreck gar nicht gemacht, das war Susan.«

»Das ist doch nicht meine Sache, wenn du verlegen bist.«

Wenn Sie Ihrem Kind eine Ich-Botschaft senden, schaffen Sie ihm dadurch ein Problem. Ihre Ich-Botschaft unterbricht es bei irgendeiner Tätigkeit, die seine Bedürfnisse befriedigen soll. Das Kind muß sich also mit Ihrer Ich-Botschaft befassen.

In der ›Familienkonferenz‹ weisen wir darauf hin, wie wichtig es für Eltern ist, mit viel Feingefühl auf den Widerstand zu lauschen, dem ihre Ich-Botschaft begegnet. Wir nennen dies »Umschalten« – die Haltung der Konfrontation wird mit der des Zuhörens vertauscht. Sehen wir, wie die Mutter es im folgenden Beispiel macht:

M: Draußen ist es sehr kalt. Wenn du ohne deinen Mantel hinausgehst, wirst du vielleicht krank, und wir müssen Doktor Brown hinzuziehen und viel Geld ausgeben.

K: Nein! Ich werde nicht krank.

M: Du glaubst nicht, daß du krank wirst.

K: Nein.

Die Mutter berichtete, daß ihr Sohn unmittelbar nach diesem Gespräch zum Schrank ging und seinen Mantel nahm.

Das Umschalten führt nicht immer zu so raschen Ergebnissen. In vielen Fällen scheint es jedoch zu helfen, wenn Eltern die Reaktion ihrer Kinder auf eine Ich-Botschaft zur Kenntnis nehmen. Wir kommen hier zu einem Paradox: Es hat den Anschein, als wenn *Kinder es leichter fänden, ihr Verhalten zu ändern, wenn sie das Gefühl haben, der Elternteil, mit dem sie zu tun haben, verstehe, wie schwer es ihm fällt.*

Dieser Gebrauch des aktiven Zuhörens unterscheidet sich von den Fällen, in denen es als Hilfe eingesetzt wird, wenn das Kind das Problem besitzt. Wenn Sie im Anschluß an eine Ich-Botschaft auf aktives Zuhören umschalten, wollen Sie nur die Abwehr des Kindes verringern, um Ihre eigenen Bedürfnisse besser befriedigen zu können. Diese Haltung ist nicht mit dem Wunsch zu verwechseln, dem Kind zu helfen!

Lösungsbotschaften sind keine Ich-Botschaften

Manche Eltern denken, sie senden Ich-Botschaften, obwohl sie den Kindern eigentlich nur sagen, was sie tun müssen, um sie, die Eltern, von dem Problem zu befreien, das das nicht-akzeptable Verhalten aufgibt. Unabhängig vom Wortlaut wird die Botschaft als Befehl verstanden oder zumindest als sehr nachdrücklicher Vorschlag bzw. zwingende Lösung.
Solche Lösungsbotschaften rufen in der Regel Widerstand gegen Veränderung (und nicht den Wunsch danach) hervor. Die Menschen schätzen es nicht, wenn man ihnen sagt, was sie tun sollen und – das sei noch einmal gesagt – auch Kinder sind Menschen, ob man es nun glaubt oder nicht!
Eine Mutter berichtete von ihrer Gewohnheit, Lösungsbotschaften zu senden:
»Wo ich jetzt etwas genauer über Ich-Botschaften nachdenke, stelle ich fest, daß ich gar keine gebe. Ich lasse die Kinder meine Gefühle wissen und teile ihnen mit, was ich von ihnen erwarte. Das hat aber nicht wirklich die Gestalt einer Ich-Botschaft. So heißt es zum Beispiel: ›Ich möchte, daß du dies trägst, weil ich nicht möchte, daß du das trägst, was du in die Kirche anziehst.‹ ... Ein andermal ließ ich die Kinder alle hereinkommen, weil der Tisch von ihren Schulsachen bedeckt war. Ich sagte nur: ›Ich möchte, daß ihr reingeht und den Tisch abräumt.‹«
Auf weit weniger Widerstand würde wahrscheinlich eine Botschaft wie die folgende stoßen: »Wenn der Tisch mit euren Schulsachen voll ist, kann ich nicht zum Abendessen decken. Ich habe aber keine Lust hinter euch herzuräumen.« Diese Ich-Botschaft würde nicht nur die Wahrscheinlichkeit verringern, auf Widerstand zu stoßen, sondern auch den Kindern die Verantwortung dafür übertragen, ein Verhalten zu entwikkeln, das der Mutter bei ihrem Problem helfen könnte. Die Kinder hätten die Chance, sozusagen Punkte gutzumachen. Eine Lösungsbotschaft enthält ihnen diese Möglichkeit vor, weil der Elternteil ihnen genau *vorschreibt*, was sie tun müssen.

Zuflucht zu Macht und Autorität

Wenn eine Ich-Botschaft nicht die erwünschten Ergebnisse bringt, ist man immer versucht, zur elterlichen Macht Zuflucht zu nehmen. Einige Eltern erliegen dieser Versuchung wie im folgenden Beispiel:

»Um Ich-Botschaften kümmert er sich nicht. Immer wehrt er sich. Ich sagte: ›Carey, ich kann weiß Gott nicht fernsehen, wenn du im Wohnzimmer umherspringst und schreist. Ich kann dann nichts verstehen.‹ Er sagte: ›Oh‹, und fuhr mit seiner Tätigkeit fort. Schließlich sagte ich: ›Carey, geh hinaus.‹ Da verschwand er.«

Zwar brachte der mütterliche Befehl Carey dazu, zu verschwinden. Auf lange Sicht können solche Situationen das Kind aber lehren, daß es sein Verhalten nicht zu verändern braucht, wenn es eine Ich-Botschaft hört. Es kann ruhig abwarten, bis die Mutter wütend genug wird, um ihm eine solche Veränderung zu befehlen.

Zahlreiche Eltern gaben zu, körperliche Gewalt anzuwenden, wenn Ich-Botschaften fehlschlagen. Sie schubsen das Kind dann fort oder ziehen es am Arm. Diese Eltern hatten in der Regel nicht viel Erfolg mit Ich-Botschaften. Das darf nicht überraschen. Wenn man nämlich nach dem Fehlschlagen einer Ich-Botschaft von seiner Macht Gebrauch macht, heißt das nichts anderes als dem Kind zu sagen: »Ich habe ein Problem und möchte, daß du mir hilfst. Tust du es aber nicht, mache ich dir schon Beine!« Das ist nicht die Art von Botschaften, die im Kind den Wunsch wecken, Rücksicht auf die Bedürfnisse seiner Eltern zu nehmen.

Einige Richtlinien für Ich-Botschaften

1. Ob die Ich-Botschaften der Eltern wirken, hängt vom Charakter der gesamten Eltern-Kind-Beziehung ab. Hören Sie Ihrem Kind zu, wenn es ein Problem besitzt. Damit wächst die Wahrscheinlichkeit, daß es konstruktiv auf Ihre Botschaften reagiert, wenn Sie das Problem besitzen. Der Wunsch zu helfen, muß auf Gegenseitigkeit beruhen – es kann nicht einseitig sein, zumindest nicht lange.
2. Üben Sie, Ihren Gefühlen auf die Spur zu kommen. Sind Ihre Ich-Botschaften gewöhnlich ärgerlich, leben Sie in Unkenntnis der Gefühle, die Sie empfinden, wenn Ihre Kinder Sie vor Probleme stellen. Fragen Sie sich selbst: »Was fürchte ich?« Denn sehr häufig führen die Verhaltensweisen, die Sie nicht-akzeptabel finden, dazu, Sie irgendwelcher Dinge zu berauben, die Sie brauchen.
3. Erwarten Sie von Kindern nicht, daß sie ihr Verhalten ändern, wenn Sie sie über die greifbaren und konkreten Effekte dieses Verhaltens im unklaren lassen. Nennen Sie ihnen gute Gründe. Denn sie müssen davon überzeugt sein, daß ein begründeter Anlaß dazu besteht, daß sie

ihr Verhalten ändern. Warum sollten sie sich sonst anders verhalten. Denken Sie daran: Eine gute Ich-Botschaft besteht aus drei Teilen.

4. Erwarten Sie nicht, daß jede Ich-Botschaft die gewünschte Wirkung zeigt. Auch *Sie* werden nicht immer Lust haben, Ihr Verhalten zu ändern, wenn Ihr Ehepartner oder ein Freund es von Ihnen verlangt.
5. Halten Sie Ihre Kinder nicht für verletzlicher und empfindlicher als sie sind. Wenn Ihre Ich-Botschaft keine verschleierte Du-Botschaft ist, kann sich die Stärke nach der Intensität Ihres Gefühls richten. Machen Sie sich keine Sorgen, daß Sie der Seele Ihres Kindes dauernden Schaden zufügen könnten.
6. Wenn die erste Ich-Botschaft ohne Wirkung bleibt, versuchen Sie es mit einer zweiten. Verstärken Sie sie und machen Sie deutlich, was Sie empfinden, wenn man Ihre Bedürfnisse nicht zur Kenntnis nimmt.
7. Achten Sie sorgfältig auf die Abwehrreaktionen, die Ihr Kind gewöhnlich zeigt, wenn Sie es mit Ihren Ansprüchen konfrontieren. Schalten Sie um auf aktives Zuhören. Danach können Sie, wenn Sie wollen, eine neue Ich-Botschaft senden.
8. Teilen Sie Ihren Kindern mit, warum diese Sie vor ein Problem stellen, nicht aber, was sie, die Kinder, tun sollen, um es zu lösen. Geben Sie ihnen eine Chance, Ihnen aus eigener Kraft zu helfen.
9. Eine Ich-Botschaft ist ein machtfreies Verfahren, mit dessen Hilfe Sie erreichen können, was Sie sich wünschen. Verderben Sie sich diese wirksame Technik nicht dadurch, daß Sie anschließend Ihre Zuflucht zu Befehlen, körperlicher Gewalt oder Strafandrohung nehmen.

VII Positive Erfahrungen mit Ich-Botschaften

Sobald Eltern damit beginnen, in ihren Familien Ich-Botschaften zu verwenden, bringt ihnen das vielerlei Vorteile. Ich-Botschaften rufen nicht nur Veränderungen im Verhalten der Kinder hervor. Auch die Eltern verändern sich. Einige fassen mehr Mut, sich an schwierige Probleme heranzuwagen, andere verschließen sich nicht länger der Einsicht, daß sie auch Rücksicht auf ihre eigenen Bedürfnisse nehmen sollten. Nach dem Kurs hört man von den Eltern häufiger, daß sie sich für ihre eigenen Rechte einsetzen. Natürlich berichten sie auch, daß sie besser verstehen, was im Inneren ihrer Kinder vorgeht. Viele Eltern haben erlebt, daß die Benutzung von Ich-Botschaften das Nörgeln und Streiten erheblich vermindern. Andere haben uns erzählt, daß sie offener und ehrlicher wurden, und zwar nicht nur mit ihren Kindern, sondern auch ihren Ehepartnern und Freunden gegenüber. Nicht wenige Eltern waren außerdem überrascht festzustellen, wie häufig sie auf Hilfsbereitschaft bei ihren Kindern stießen, wenn diese hörten, ihre Eltern seien in ihren Gefühlen verletzt. Meist staunten die Eltern über die Fähigkeit ihrer Kinder, sich kreative und geeignete Lösungen einfallen zu lassen, wenn sie erst einmal erfahren hatten, daß sie ihre Eltern vor ein Problem stellten.

In diesem Kapitel erzählen Eltern von dem Nutzen, den sie aus Ich-Botschaften ziehen. Sie berichten auch, wie günstig sich ihre neuerworbene Selbstbehauptung auswirkt.

Ein leicht erlernbares Instrument

Unsere Interviews bewiesen, daß die meisten Eltern weniger Schwierigkeiten mit dem richtigen Gebrauch von Ich-Botschaften haben als mit dem aktiven Zuhören. Ein Elternteil schreibt dies der dreiteiligen Formel zu (Verhalten, Gefühl, greifbarer Effekt):

»Man bekommt dadurch ein Instrument in die Hand – das ist äußerst wichtig. Die Ich-Botschaft ist wie ein Vordruck. Man füllt die Lücken aus. Sie macht so klare Vorschriften, daß man keine Schwierigkeiten hat. Ich brauche nicht zu denken, ich mache es ganz automatisch, da die drei Teile der Botschaft so unmißverständlich beschrieben sind. Wann immer ich in einer entsprechenden Situation bin, kann ich mit ›wenn‹ beginnen und im Nu ist die Botschaft komplett.«

Ein anderer Elternteil findet eine ähnliche Erklärung:

»Die Ich-Botschaft fiel mir im Kurs am leichtesten. Der Leiter brachte uns bei, wie man die drei Teile verwendet ... Ich hatte viel weniger Schwierigkeiten, solch einen Satz zu konstruieren, als das aktive Zuhören zu lernen. Ich-Botschaften scheinen leicht zusammenzustellen zu sein. Man muß nur die drei Teile berücksichtigen.«

Auf Grund der Ich-Botschaften faßte eine Mutter den Mut, sich mit den Problemen in ihrer Familie zu befassen:

»Ich habe das Gefühl, daß ich damit ein wirksames Instrument in der Hand habe. Das gibt mir den Mut, bei Situationen einzugreifen, die nach meinerMeinung nicht richtig sind. Zwar habe ich nicht immer recht, zumindest kann ich jetzt aber den Versuch machen, sie in Ordnung zu bringen.«

»Es funktioniert wirklich!«

Ein anderer Grund dafür, daß so viele Eltern Ich-Botschaften leicht erlernen, mag darin liegen, daß viele gleich zu Anfang feststellen, wie manchmal eine einzige Ich-Botschaft zu erstaunlichen Ergebnissen führt. Solche frühen Erfolge bestärken Eltern ganz bestimmt in dem Entschluß, Ich-Botschaften auch in anderen Situationen anzuwenden.

Im folgenden Beispiel berichtet die Mutter der zweieinhalbjährigen Kay, was passierte, als die Tochter nicht ins Bett wollte:

»Eines Abends war ich sehr müde. Kay hatte schlechte Laune. Sie wollte nicht ins Bett. Sie weinte und wollte sich nicht hinlegen. Dabei wurde sie fast hysterisch. Ich probierte alles. Anfangs redete ich vernünftig mit ihr. ›Sieh mal, Kay, es wird Zeit, daß du ins Bett gehst. Du mußt schlafen. Weißt du, es ist spät. Du mußt schlafen. Das ist nun einmal so!‹ Sie weinte weiter und meine Geduld war am Ende. ›Du gehst jetzt ins Bett! Schluß mit dem Spielen!‹ Meine Stimme wurde lauter und schließlich schlug ich sie und sagte: ›Du wirst *jetzt ins Bett gehen – mir reicht es!‹ Aber auch das*

brachte mich nicht weiter. Immer noch weinte sie. Ich war verzweifelt und wußte einfach nicht, was ich noch tun sollte. Dann dachte ich, versuchen wir es mit der Methode der ›Familienkonferenz‹. Ich ging also hinein, setzte mich zu ihr ans Bett und nahm sie in den Arm. Ich nahm sie aber nicht aus dem Bett heraus. Ich sagte: ›Papa und ich haben nicht viel Zeit füreinander. Ich verbringe den größten Teil des Tages mit dir. Ich möchte aber auch ein bißchen Zeit für Papa haben. Abends entspannen wir uns und sprechen miteinander. Manchmal gehen wir auch früh zu Bett. Wir können aber nicht zu Bett gehen, wenn du weinst.‹ Sie sagte: ›In Ordnung, Mama.‹ Damit war alles vorbei. Ich wollte es nicht glauben. Sie schlief zwar nicht sofort, aber das Weinen und die Wutanfälle waren schlagartig vorbei.«

Ein Vater erinnert seine Frau daran, welchen Erfolg eine ihrer Ich-Botschaften hatte:

»Eines Abends hast du uns mitgeteilt, daß das Essen fertig sei, daß aber niemand käme. Da hast du eine sehr schöne Ich-Botschaft gesandt: ›Ich bin wirklich frustriert. So viel Zeit habe ich gebraucht, um ein schönes Abendessen vorzubereiten. Jetzt bin ich traurig, daß das Essen kalt wird.‹ Die Botschaft kam an. Ich fand wirklich, daß es sehr natürlich klang und es schien Erfolg zu haben – es war interessant, die Kinder zu beobachten. Sie sahen ein, daß der Kummer ihrer Mutter berechtigt war und kamen. Ich erinnere mich, daß ich damals wünschte, solche Ich-Botschaften senden zu können. Sie benutzt sie viel häufiger, als sie selbst bemerkt.«

Eine Mutter besuchte den Kurs noch, als sie folgendes mit einer Ich-Botschaft erlebte:

»Bald nach Beginn des Kurses und nach der Bekanntschaft mit ›Ich-Äußerungen‹ hatte ich Gelegenheit, eine unmögliche, wenn auch kaum überraschende Situation zu verändern. Ich hatte fünf kleine Kinder. Ständig mußte ich irgend etwas für *sie besorgen. Dabei ging mir der ständige Lärm im Auto ziemlich auf die Nerven. Besonders nervenaufreibend war es, unseren neunjährigen Sohn zu den Chorproben zu bringen. Die Kirche liegt mehrere Meilen von unserem Haus entfernt. Dazu mußte ich im Spätnachmittagsverkehr durch das Geschäftsviertel und mehrere Schulbezirke. Wie den meisten anderen Müttern fiel mir häufig nichts anderes ein, als die Kinder anzuschreien und zu beschimpfen. Das trug natürlich nur noch zum allgemeinen Durcheinander bei. An jenem Glückstag beschloß ich, meine* wirklichen *Gefühle ohne Schreien zum Ausdruck zu bringen. Ich fuhr an den Straßenrand, hielt an und zog den Schlüssel heraus. Da saßen wir!!! Die Kinder waren einen Moment*

sprachlos, dann bombardierten sie mich mit Fragen. Ich erklärte ihnen in aller Ruhe: ›Ich habe schreckliche Angst, unter solchen Bedingungen zu fahren! Der Lärm und die Unruhe machen mich so nervös, daß ich Angst habe, einen Unfall zu verursachen. Deshalb warte ich, bis es ruhig genug ist, um weiter zu fahren.‹ Es dürfte überflüssig sein zu erwähnen, daß die Ruhe sofort eintrat und auch weiterhin anhielt. Wenn die Kinder wieder einmal zu ausgelassen werden, so daß ich um unsere Sicherheit fürchte, fahre ich an den Rand, halte an und das Wunder beginnt von neuem. Ich habe eine ›nicht-verbale Ich-Äußerung‹ entwickelt. Selbst unser Baby versteht, was ich sage!!!«

Im folgenden Beispiel wird ein Problem, das in vielen Familien vorkommt, durch die erfolgreiche Ich-Botschaft einer Mutter bewältigt:

»Die Ich-Botschaft ist sehr nützlich. Ich weiß das. Sie kann ein Kind wirklich von seinem Vorhaben abbringen. Ich habe es erlebt. Häufig gebe ich Befehle. Die werden ganz unverfroren mißachtet. Wenn ich aber eine dreiteilige Ich-Botschaft sende, führt sie in der Regel zum Erfolg. Beispielsweise sendete ich eine mit folgendem Wortlaut: ›Ich mag nicht, wenn das Geschirr in die Spüle gestellt wird. Wenn ich das Abendessen vorbereiten will, muß ich mich selbst drum kümmern. Dann verspäte ich mich mit dem Essen. Das macht mich sehr ärgerlich.‹ Am nächsten Tag wurde das Geschirr in den Geschirrspüler gestellt. Leider dauerte das nur zwei Tage.«

Die Mutter mußte eine weitere Ich-Botschaft senden, als die erste nach zwei Tagen bei den Kindern in Vergessenheit geraten war. Aber das ist nicht ungewöhnlich, besonders bei kleineren Kindern. Sie vergessen eben schnell.

Ein neues Bewußtsein für Du-Botschaften

Wenn Eltern Ich-Botschaften erlernt haben, werden sie sich des Gebrauchs von Du-Botschaften in viel höherem Maße bewußt. Von diesem verstärkten Ich-Bewußtsein wußten zahlreiche Eltern zu berichten:

Interviewer: Wie fielen ihre ersten Versuche mit Ich-Botschaften aus?

Elternteil: Nun, das waren eher Ich-Du-Botschaften, wie zum Beispiel: ›Ich habe keine Lust, das Büfett abzuwischen, also mach du es.‹

Der gleiche Elternteil beschrieb folgenden Vorfall:

»Mein Sohn lernt fahren. Wir fuhren zu unserem Wochenendhaus, und er fuhr sehr schnell. So sagte ich: ›Du fährst zu schnell, du fährst zu schnell.‹

Natürlich bezog er eine Abwehrposition und sagte: ›Nein, das tue ich nicht.‹ Da fiel mir ein: ›Oh oh, das war falsch!‹ Als wir in gleichem Tempo weiterfuhren, sagte ich deshalb: ›Ich werde sehr nervös, wenn wir so schnell fahren. Ich habe Angst, daß wir einen Unfall haben oder von einem anderen Auto angefahren werden.‹ Da verlangsamte er das Tempo. Er begriff, warum ich nervös wurde.«

Ein Vater wurde viel empfänglicher für die negativen Gefühle, die Du-Botschaften hervorrufen, als seine Tochter sie ihm sendete:

»Ich hatte mich gerade einer Prüfung unterzogen und sah mir das Ergebnis an. Ich war nicht sehr glücklich darüber. Ich zeigte es meiner Tochter Jane. Sie sah es sich an und sagte: ›Nummer 2 hättest du nicht falsch machen müssen und Nummer 6 hättest du nicht falsch machen müssen.‹ Jedesmal wenn sie ›du‹ sagte, war es, als erhielte ich einen Schlag in den Magen. Ich hatte das Gefühl, unter die Räder zu kommen. Ich war verletzt. Dem folgte eine zweite Gefühlsregung: Ärger. Ich fühlte mich versucht zu sagen: ›Verdammt noch mal!‹, wollte mit der Faust auf den Tisch schlagen und das Zimmer verlassen. Statt dessen sagte ich aber: ›Irgend etwas läuft hier falsch, Kleine. Jedesmal wenn du etwas sagst, habe ich das Gefühl, einen Faustschlag versetzt zu bekommen.‹ Meine Frau war sehr überrascht. Sie sah auf und sagte: ›Wirklich?‹ Dann analysierten wir die Situation und entdeckten etwas, was wir eigentlich schon vorher gewußt hatten: daß Du-Botschaften sehr stark als Urteil empfunden werden. Mir war, als tadelte sie mich von oben herab.«

Später berichtete dieser Vater, wie ihm bewußt wurde, daß seine Ich-Botschaften Angst in seiner elfjährigen Tochter Margie hervorriefen:

»Marie hat nie Zeit für ihr Frühstück, wenn sie noch den Schulbus bekommen will. So stand ich eines Tages früh am Morgen auf und fuhr sie an: ›Tu dies, tu das, du mußt dieses und du mußt jenes tun. Ich gebe dir fünf Minuten.‹ Ich schubste das kleine Mädchen so lange umher, machte sie so ängstlich und so verwirrt, daß sie schließlich den Bus versäumte. Da sagte ich zu mir selbst: ›So geht das nicht weiter – ich bringe mich selbst auf die Palme und dränge sie völlig an die Wand.‹ Ich beschloß, das zu ändern . . . Früher habe ich mit meinem Sohn am Tisch gesessen und Du-Botschaften wie die folgende gesendet: ›Du wirst deine Milch umstoßen, wenn du nicht aufpaßt.‹ Er hat sie umgestoßen aus lauter Angst, es zu vermeiden. Gerade durch mein Reden hab ich das Fehlverhalten herbeigeführt.

In der ›Familienkonferenz‹ lernen Eltern also nicht nur eine neue Technik, die Ich-Botschaft, sondern merken auch viel eher, wenn sie wieder in den Fehler der Du-Botschaften verfallen. Zum Erlernen der neuen Kommunikationsweise gehört offensichtlich auch, daß alte Gewohnheiten in gewissem Umfange verlernt werden.

»Kinder möchten wirklich helfen«

Viele Eltern sind daran gewöhnt, daß Kinder sich ihren Befehlen, Drohungen und anderen Versuchen zur Einflußnahme widersetzen oder diese nicht zur Kenntnis nehmen. So sind sie überrascht festzustellen, wie ganz anders Kinder auf geeignete Ich-Botschaften reagieren. Da erleben Eltern, daß ihre Kinder reagieren, als sei ihnen wirklich an den Bedürfnissen und Gefühlen der Eltern gelegen. Ein Vater und eine Mutter berichteten über diesen Wandel bei ihrem kleinen Sohn Jack:

V: Gestern abend sprach ich am Telefon mit einem Freund. Jack trommelte im anderen Zimmer auf einer Dose herum. Ich konnte nichts verstehen, rein gar nichts. Es gab auch keine Tür, die ich hätte schließen können. So bat ich meinen Freund, sich einen Moment zu gedulden, ging hinüber und sagte: »Ich bin sehr aufgebracht und ärgerlich, weil ich mich wirklich mit Dick unterhalten möchte. Gerade jetzt trommelst du auf der Büchse herum, und ich kann ihn nicht verstehen.« Er hörte auf. Wissen Sie, er sagte: »In Ordnung.« . . . Nach der Unterhaltung mit meinem Freund ging ich wieder hinüber und sagte ihm, daß das Telefongespräch nun vorbei sei und daß er wieder trommeln könne.

I: Was empfanden Sie dabei?

VB: Ich fühlte mich großartig!

M: Und es hat den Anschein, als lägen wir ihm wirklich am Herzen . . . Er hört damit auf, und das macht mich froh. Ich merke dann, daß er mich liebt und achtet.

Eine andere Mutter erinnert sich, daß sie ihrer 12jährigen Tochter Cathy eine geeignete Ich-Botschaft sandte. Die Mutter hatte das Bedürfnis, daß das Haus aufgeräumt war, wenn sie abends vom Unterricht nach Hause kam:

»Nach meiner Ich-Botschaft folgte eine lange Pause. Sie sagte nichts. Das war recht ungewöhnlich für sie. Schließlich meinte sie: ›Ich habe nicht gewußt, wie viel dir daran liegt, daß ich es tue.‹«

Selten erfahren Kinder wie Cathy hier, was ihre Eltern *brauchen*. Statt dessen sagt man ihnen, was sie tun müssen oder besser täten.

Die Kraft der Ich-Botschaften liegt darin, daß eine geeignete dreiteilige Ich-Botschaft das Eingeständnis des Senders enthält, er habe ein Problem, und die implizite Bitte, ihm bei dem Problem zu *helfen*. In zwischenmenschlichen Beziehungen kommt dieser Form der Botschaft große Bedeutung zu. Die meisten Menschen sind in der Regel bereit zuzuhören, wenn ein Freund ihnen mitteilt, daß er ein Problem hat. Wenn der Freund aber vorwurfsvolle Botschaften sendet und sein »muß«, »sollst« oder »bist verpflichtet« hinzufügt, fühlen sich die meisten Menschen in die Defensive gedrängt und kommen der Aufforderung nicht nach. Niemand hat es gern, wenn ihm vorgeschrieben wird, was er tun soll. Das gilt auch für Kinder aller Altersstufen. Unter diesem Gesichtspunkt sollten wir im folgenden Beispiel der Antwort des 7jährigen auf die Ich-Botschaft des Vaters besondere Aufmerksamkeit schenken:

»Mein Sohn war damals sieben Jahre alt. Er hatte sich angewöhnt, die mit einem Läufer belegte Treppe hinabzurutschen. Ich hatte es schon mit Machtbotschaften versucht – mit allem, sogar mit Schlägen. In meinem Drang, ihm die Unart auszutreiben, hatte ich alles vergessen, was ich jemals über Ich-Botschaften gelernt hatte. Eines Tages aber, als er wieder einmal die Stufen hinabschlitterte, kam mir die ›Familienkonferenz‹ in Erinnerung. Ich sagte: ›Mark, wenn du die Treppe auf deinem Hinterteil hinabrutscht, stört mich das sehr, weil ich Angst habe, der Läufer könnte sich von den Stufen losreißen. Das Treppenhaus würde dann schön aussehen.‹ Alles was Mark darauf erwiderte war: ›Ich wußte nicht, daß dir so zumute ist.‹ Von diesem Tage an ist er die Stufen nie wieder hinabgerutscht.«

Heute ist mir klar, daß wir die Gefälligkeit und Bereitwilligkeit von Kindern erheblich unterschätzt haben. Sie möchten ihren Eltern wirklich helfen. Sie möchten dazu beitragen, daß das Leben ihrer Eltern angenehmer wird. Wenn es ihnen gelingt, sind sie froh. Eltern unterschätzen die Hilfsbereitschaft ihrer Kinder. Eltern teilen nämlich in ihren Botschaften selten mit, daß sie Hilfe brauchen. Diese Botschaften stellen es den Kindern meist nicht frei, wie sie sich verhalten sollen, um zu helfen.

Der Einfallsreichtum kindlicher Lösungen

Geeignete Ich-Botschaften von Eltern sollten keine Lösungen enthalten – wie zum Beispiel: du mußt dieses tun, solltest jenes machen, warum versuchst du nicht das hier. Geeignete Ich-Botschaften gestatten es den Kindern, sich eigene Lösungen einfallen zu lassen, um den Eltern bei deren Problemen zu helfen. Solche Lösungen sind häufig überraschend kreativ und einfallsreich. Nicht selten wären die Eltern von sich aus niemals auf sie gekommen. Selbst zwei- und dreijährige Kinder sind in der Lage, ungewöhnliche Lösungen zu entwickeln. Betrachten wir das folgende Beispiel des dreijährigen Mark, dessen vielfältigen Ängste ihn am Einschlafen hinderten. Häufig kam er in das Schlafzimmer seiner Eltern und weckte sie:

»Er sagte, daß ihm verschiedene Gegenstände in seinem Zimmer Angst einjagten. Am Tage liebte er die Monster, nachts erschreckten sie ihn. Das galt sogar für die Zeichnungen von Monstern oder Papierskelette, die wir um Allerheiligen hatten. Er pflegte ins Schlafzimmer zu kommen und in unser Bett zu klettern. Wir sagten: ›Mark, uns wäre es lieber, wenn du in deinem Bett bleiben würdest. Wir brauchen unseren Schlaf wirklich. Wenn du hereinkommst und uns aufweckst, sind wir am nächsten Tag müde und haben schlechte Laune.‹ Die ersten zehn Mal reagierte er nicht. Schließlich tat er es aber. Er stand auf und hörte sich eine Platte an. Wir teilten ihm mit, daß die Platte uns auch aufwecke . . . da hatte er einen Einfall: Er stellte den Apparat nur an, so daß er ihn summen hören konnte. Das reichte aus, um ihn zu beruhigen. Das Summen hörten wir in der Regel nicht.«

Ein Vater berichtete uns von der einfallsreichen Lösung, auf die sein Sohn kam, als es darum ging, ein frischgesätes Rasenstück nicht zu zerstören:

»Als ich nach Hause kam, sah ich Garys Hockeytor direkt an der Auffahrt mitten auf einem Rasenstück, das ich gerade angesät hatte. Zahlreiche Fußabdrücke zeigten sich in dem Gras, das gerade zu sprießen anfing. Ich sandte eine starke Ich-Botschaft, in der ich mitteilte, wie traurig es mich mache, das neue Gras ruiniert zu sehen. Ich hätte keine Lust, mir die Zeit und die Mühe zu nehmen, es noch mal zu säen. Er murmelte irgend etwas in seinen Bart, das mir zeigen sollte, daß er meine Bemerkung zur Kenntnis genommen habe, und ließ sich ansonsten bei seiner Beschäftigung – er sah fern – nicht stören. Einige Tage später, als ich nach Hause kam, wurde ich Zeuge eines hitzigen Hockeyspiels. Vier oder fünf Jungen aus der Nachbarschaft und mein Sohn bestritten es. Diesmal befand sich das Tor auf der Auffahrt und ich bemerkte, daß die Jungen es vermieden, die neue Grasfläche zu betreten. Ich wies daraufhin und einer der Jungen bemerkte: ›Für jeden Fußabdruck gibt es einen Strafstoß.‹ Ich habe nie

herausgefunden, wie sie auf diese Lösung verfallen sind, aber sie funktionierte großartig. Ich wäre niemals darauf gekommen.«
Kinder sind deshalb so kreativ in ihren Lösungen, weil ihr Bedürfnis, das zu tun, was sie tun möchten, sehr ausgeprägt ist. Man kann es fast in ihren kleinen Köpfen arbeiten sehen, wenn sie nach einer Lösung suchen, die einerseits die Bedürfnisse der Eltern berücksichtigt und sie andererseits nicht von ihrem Vorhaben abhält. Das motivierte wohl auch Tim im folgenden kurzen Beispiel:
»Eine junge Mutter aus unserem Kurs hatte die Stereoanlage blank gewischt, weil sie Besuch erwartete. Ihre beiden kleinen Jungen (im Alter von sieben und vier) wollten an diesem Nachmittag ihre Platten hören. Sie befürchtete aber, daß sie Fingerabdrücke auf der Anlage hinterlassen würden. Sie widerstand der Versuchung zu sagen: ›Laßt mich die Platten auflegen‹ und sandte statt dessen eine Ich-Botschaft: ›Wenn ihr den Deckel öffnet, fürchte ich, werdet ihr Fingerabdrücke darauf hinterlassen. Dann muß ich ihn noch einmal blank wischen, weil wir heute Besuch bekommen.‹ Ihr Siebenjähriger entwickelte eine eigene kreative Lösung: Sorgfältig zog er seine Pulloverärmel über seine Hände herunter und öffnete das Stereogerät, ohne Fingerabdrücke zu hinterlassen.«
Es sei noch einmal wiederholt: Wir neigen dazu, die Fähigkeiten von Kindern zu unterschätzen. Man gebe ihnen eine Chance, sie unter Beweis zu stellen.

»Es ist ein schönes Gefühl, ehrlich zu sein«

Wenn Eltern beginnen, Ich-Botschaften zu senden, bemerken sie nicht nur Veränderungen an ihren Kindern. Sie bemerken auch erstaunliche Veränderungen an sich selbst. Die verschiedenen Wendungen, mit denen man uns gegenüber diese Veränderung zu beschreiben suchte, scheinen alle im wesentlichen auf dasselbe hinauszulaufen: größere *Ehrlichkeit*:
»Ich brauche nicht mehr so zu tun, als hätte ich Lust, mit meinen Kindern zu spielen, wenn mir nicht danach zumute ist.«
»Ich brauch' nicht mehr um die Dinge herumzureden.«
»Ich sage viel eher, wie mir zumute ist.«
»Ich bin sehr viel gerader heraus.«
»Ich-Botschaften erlauben mir, viel offener und ehrlicher mit anderen zu sein.«
Offensichtlich gilt auch hier das Prinzip: »Sage mir, was du tust, und ich

sage dir, wer du bist.« Indem Eltern sich der neuen Kommunikationsweise bedienen, entwickeln sie in ihrem *Inneren* jene Ehrlichkeit, die ihre Ich-Botschaft *anderen* übermittelt. Die Technik der Ich-Botschaft wird zu einem Instrument für die Eltern, ihre Gefühle kennenzulernen. Du-Botschaften richten sich ganz und gar an anderen aus. Unsere Interviews zeigen, daß die Familienkonferenz nicht nur ein bestimmteres Auftreten, sondern auch Ehrlichkeit lehrt. So berichtet eine Mutter:

»Mir scheint, vor dem Kurs fühlte ich mich gezwungen, bestimmte Rollen zu spielen. Das ist, glaube ich, nicht mehr der Fall. Ich kann ich selber sein. Ich bin es und hoffe, daß man mich auch dann liebt und akzeptiert. Wenn nicht, ist es auch gut . . . Dadurch kann auch mein Mann offener sein. Er spricht bereitwilliger über viele Dinge und behält seine Gefühle nicht für sich . . . Man muß nur eine ehrliche Ich-Botschaft über die eigenen Gefühle senden . . . Ich bin heute in der Lage zu sagen: ›Ich habe keine Zeit dafür, oder ich kann es im Moment nicht tun.‹«

Oder hören wir, was ein Vater über eine entsprechende Veränderung zu berichten weiß:

»Es ist jetzt viel besser, weil wir uns wohl beide abgewöhnt haben, Versprechungen zu machen, die wir nicht halten können. Das ist wirklich eine Erleichterung . . . Wenn es nicht geht, sagen wir den Kindern: ›Nein, vielleicht morgen, aber im Moment habe ich etwas zu tun, was ich nicht aufschieben kann.‹«

Eine Mutter erzählte, daß sie und ihr Mann dazu erzogen worden seien, ihre wirklichen Gefühle zu verdrängen:

»Darin lag eine unserer größten Schwierigkeiten. Wir konnten keine negativen Gefühle akzeptieren. Wir haben das in unseren Familien nicht gelernt. Wissen Sie, man erwartete von uns, stets glücklich und an allem interessiert zu sein, uns ständig mit irgend etwas zu beschäftigen. Langweile oder Depressionen durften nicht sein. Ich glaube, der Kurs hat mir gut getan. Ich weiß heute, daß es durchaus in Ordnung ist, solche Gefühle zu hegen.«

Ein anderer Elternteil fühlte sich durch das Konzept der Ich-Botschaft »befreit«:

»Ich empfinde es als sehr befreiend, in der Lage zu sein, auszudrücken, wie ich mich fühle, ohne mir deshalb vorzuwerfen, egozentrisch oder irgend etwas dergleichen zu sein. Ich glaube, es ist eine große Hilfe, daß ich mich imstande fühle, meinen Kindern solche Botschaften zu übermitteln. Ich pflegte nie zu sagen: ›Wißt ihr, ich fühle mich so und so.‹«

Ich-Botschaften können auch als befreiend wirken. Die Menschen äu-

ßern ihre Gefühle, statt sie aufzustauen. Ein Elternteil schildert dies so: *»Wenn man eine Ich-Botschaft benutzt, stauen sich die Gefühle nicht mehr. Man hat zum Ausdruck gebracht, was man empfindet. Man weiß, daß jemand anders einen verstanden hat. Ob dieser nun dem eigenen Wunsch entsprechen kann oder nicht, die Dinge haben an Bedeutung verloren.«*
Wenn Eltern diese Alternative zu Du-Botschaften, die gewöhnlich vorwurfsvoll oder herabsetzend sind, gefunden haben, finden sie es viel leichter, sich anderen gegenüber ehrlich zu verhalten. Dies liegt am vorwurfs- und straffreien Charakter von Ich-Botschaften. Bei ihnen ist die Wahrscheinlichkeit viel geringer, daß der andere verletzt oder die Beziehung beeinträchtigt wird. Fraglos darf man unbedenklicher sagen: »Ich bin zu müde, um das Wohnzimmer noch einmal aufzuräumen«, als »Du bist gedankenlos und rücksichtslos«. Dies kommt auch im folgenden Auszug aus dem Interview mit einer Mutter zum Ausdruck:
»Zwar äußerte ich meine Gefühle, doch tarnte ich sie, um mich zu schützen ... Immer machte ich mir Sorgen über die Gefühle anderer Menschen – ob ich sie vielleicht kränken könnte. Ich glaube, heute nehme ich mehr Rücksicht auf mich selbst ... Ich hatte durch meine Verschlossenheit viele Vorbehalte gegen mich geschaffen. Mit dem Rezept der Ich-Botschaft kann ich heute ein negatives Gefühl positiv zum Ausdruck bringen, ohne den anderen zu verletzen.«
Wir wissen also von den Absolventen unseres Kurses, daß Ich-Botschaften Kinder nicht nur dazu veranlassen, ihr Verhalten zu modifizieren, sondern auch von tiefgreifender Wirkung auf die Eltern sind. Diese beginnen ihre Gefühle zu akzeptieren – auch die negativen. Es fällt ihnen leichter, sie ehrlich mitzuteilen. Sie haben weniger Schwierigkeiten, in Beziehungen zu anderen sie selbst zu sein. Nach Auffassung der meisten Therapeuten sind solche Ergebnisse nur durch intensive Psychotherapie zu erwarten. Bei einem vierundzwanzigstündigen Erziehungskurs für Eltern wären sie sicherlich nicht darauf gefaßt.

Wie Eltern ihren Ärger bezwingen

Wohl jeder Vater und jede Mutter werden von Zeit zu Zeit auf ihre Kinder ärgerlich. Manche Eltern machen jedoch den Eindruck, als sei der Ärger die einzige Emotion, die sie empfinden können, weil ihre Konfrontationsbotschaften fast immer als Ärger zum Ausdruck gebracht werden.

Es sei daran erinnert, daß wir Eltern beibringen, der Ärger sei gewöhnlich ein *sekundäres* Gefühl. Gewöhnlich resultiert er aus einem *primären* Gefühl, das Furcht, Schmerz, Verlegenheit und Ähnliches sein kann. Wenn Eltern diesem primären Gefühl auf die Spur kommen, brauchen sie nicht ärgerlich zu »werden«.

Bewährt sich das in der Praxis? Stellen Eltern nach dem Kurs fest, daß sie weniger häufig ärgerlich werden? Unsere Untersuchung zeigt, daß es manchmal der Fall ist. Es erweist sich aber auch, daß andere Eltern weiterhin ärgerliche Botschaften senden.

Im folgenden Auszug berichtet eine Mutter von drei Kindern von den Erfolgen mit dem Modell der ›Familienkonferenz‹:

»Tony fuhr mit dem Fahrrad zur Nachmittagsvorstellung. Er sollte um halb sechs zu Hause sein. Inzwischen hatte es zu regnen begonnen. Ich wartete. Um halb sechs war es sehr dunkel, und es regnete in Strömen. Es wurde sechs, und er war immer noch nicht zu Hause. Ich war sehr ärgerlich, hatte aber auch große Angst, daß ihm etwas Schreckliches zugestoßen sei. Was sollte ich tun? Schließlich kam er um viertel nach sechs nach Hause, und das erste, was ich ihm sagte war: ›Oh, ich hab mir wirklich Sorgen gemacht! Ist irgend etwas passiert?‹ Er antwortete: ›Aber nein, Mama. Wir haben in der Schule gewartet, daß der Regen aufhört. Schließlich meinten wir, er würde nicht aufhören. So beschlossen wir, nach Hause zu fahren . . .‹ Früher wäre ich ärgerlich geworden. Ob ich mir darüber klar geworden wäre, daß ich eigentlich Angst hatte, weiß ich nicht. Ich hätte es aber zumindest ihm gegenüber nicht zugegeben und nur gesagt: ›Wo warst du, junger Mann?‹ Und: ›Nächsten Samstag wird nichts aus dem Film!‹«

Eine Mutter fand einen neuen Weg, ihren Ärger zu bezwingen:

»Früher wurde ich ärgerlich auf meinen Mann. Dann sagte er: ›Was ist los?‹ Und ich sagte: ›Ach, nichts.‹ Aus der ›Familienkonferenz‹ hatte ich die sehr nützliche Erkenntnis gewonnen, daß der Ärger im allgemeinen nur ein tieferes Gefühl verdeckt . . . Seitdem weiß ich, daß ich mich fragen muß, woher der Ärger rührt. Gewöhnlich lag es daran, daß ich den ganzen Tag über dauernd bei meiner Arbeit gestört wurde und kaum etwas davon erreicht hatte, was ich mir vorgenommen hatte.«

Anderen Eltern bereitete es ebenfalls Schwierigkeiten, keine ärgerlichen Botschaften mehr zu senden. Betrachten wir das folgende Beispiel, in dem ein Teenager zu spät von einem Film nach Hause kommt:

»Als ich die Autotür zehn Minuten nach eins hörte, war meine erste Empfindung: ›Mein Gott, was bin ich erleichtert, daß er zu Hause ist.‹

Aber wir hatten keinen Schlaf gefunden. Als er nun auf dem Weg in sein Zimmer war, waren wir außer uns vor Wut. Wir sagten ihm das. Wir hielten ihm vor, wie unüberlegt er gewesen sei, daß er uns hätte anrufen können und welche Sorgen wir uns gemacht hatten. Er sagte: ›Ja, es tut mir leid.‹ Damit machte er kehrt und ging nach unten. Wir hörten, wie er die Tür zuschlug. Mein Mann rief: ›Gute Nacht.‹ Er knallte die Tür noch einmal zu. Ich lag noch lange wach, weil ich so wütend auf ihn war. Trotzdem wußte ich, daß wir es falsch gemacht hatten. Aber die Tatsache, daß wir uns dessen bewußt waren, war ein großes Plus. Am nächsten Morgen ermutigten wir ihn deshalb über den Film zu sprechen und erwähnten den Vorfall in der Nacht zuvor mit keinem Wort.«

Es kann aber auch vorkommen, daß die ärgerlichen Botschaften von Eltern zu keinerlei Widerstand oder Groll führen:

»Ich wischte den Boden. Die Kinder liefen rein und raus, und ich fand, daß das wirklich nicht ginge. So sagte ich ihnen: ›Ich bin sehr ärgerlich. Das macht mich ungeduldig. Ich habe keine Lust, mich jetzt mit euch zu streiten. Ich möchte in Ruhe gelassen werden.‹ Sie sahen mich an und sagten: ›In Ordnung, wir spielen oben.‹ Es schien so einfach – es war großartig!«

Zwar nennt die Mutter auch einen Grund (sie möchte allein gelassen werden). Doch geht aus diesem Beispiel hervor, daß Ärger nicht unbedingt zu Türknallen oder Beleidigtsein führen muß. Auch eine ärgerliche Botschaft wird häufig zu positiven Ergebnissen führen. Tatsächlich ist es für Eltern immer noch weit gesünder, ärgerlich zu werden und daraus keinen Hehl zu machen, als ihn aufzustauen. Dadurch mehrt sich nur der Haß und Groll auf die Kinder.

Selbst wenn die Ich-Botschaft eines Elternteils anfangs ärgerlich herauskommt, ist es noch nicht zu spät, das primäre Gefühl hinterherzuschikken. Zumindest weiß das Kind dann, daß Sie einen Grund hatten, ärgerlich zu werden.

Wenn Sie aber feststellen, daß Sie Tag für Tag ärgerliche Botschaften senden, ist es sehr wahrscheinlich, daß Sie noch nicht festgestellt haben, was Sie eigentlich stört. Sie sollten sich dann selbst fragen:

»Was fühle ich eigentlich in meinem Inneren?«

»Welche meiner Bedürfnisse bleiben unbefriedigt?«

»Warum bin ich nicht glücklicher?«

»Was nagt wirklich an mir?«

Vielleicht finden Sie dann heraus, daß Sie eigentlich nicht ärgerlich auf das sind, was die Kinder tun, sondern auf das, was Sie nicht tun können!

VIII Neue Anwendungsmöglichkeiten für Ich-Botschaften

Aus den Kursen und den Interviews haben wir einige neue Vorstellungen und Einsichten über die Verwendung von Ich-Botschaften gewonnen. Anfangs sollte das Verfahren nur dazu dienen, auf verbalem Wege Kinder dazu zu bringen, nicht-akzeptable Verhaltensweisen zu ändern. Mittlerweile wurde das Konzept der Ich-Botschaften aber erheblich erweitert. Heute wissen wir, daß sich Ich-Botschaften auch bei Säuglingen und Kleinkindern anwenden lassen, die das gesprochene Wort noch nicht verstehen. Außerdem hat sich herausgestellt, daß sich Ich-Botschaften auf sehr wertvolle Weise verwenden lassen, um Kindern gegenüber Anerkennung und Dankbarkeit zum Ausdruck zu bringen, wenn ihr Verhalten den Eltern besonders akzeptabel erscheint.
Schließlich haben meine eigenen Vorstellungen über Ich-Botschaften in den Diskussionen mit Linda Adams eine ganz neue Gestalt angenommen. Sie hat in Zusammenarbeit mit uns einen neuen Kurs ins Leben gerufen. Dabei hat sie das Konzept der Ich-möchte- oder Ich-brauche-Botschaft entwickelt, die nicht-akzeptable Verhaltensweisen für die Zukunft abwenden soll. In diesem Kapitel möchte ich diese neuen Erkenntnisse und neuen Anwendungsweisen erklären und erläutern.

Ich-Botschaften bei Säuglingen und Kleinkindern

Ich-Botschaften sind verbaler Natur. Deshalb ist es verständlich, wenn die meisten Eltern, die ›Familienkonferenz‹ lesen oder an einem Kurs teilnehmen, ihre Ich-Botschaften auf Kinder beschränken, die alt genug sind, um verbale Ich-Botschaften zu verstehen. Wir wissen das heute besser. Natürlich geben Kinder, die noch nicht sprechen können, besondere Probleme auf, weil sie die gewöhnliche Ich-Botschaft nicht verstehen können. Trotzdem ist es ganz leicht, die nicht-akzeptablen Verhaltensweisen auch solcher Kinder zu modifizieren, vorausgesetzt, man verhält sich richtig. Die Eltern haben dabei die Wahl zwischen drei verschiedenen Methoden.

1. Das Ratespiel

Barbara ist sechs Monate alt und fängt plötzlich mitten in der Nacht laut zu weinen an. Ihre Eltern schrecken aus ihrem dringend gebrauchten Schlaf auf und empfinden Barbaras Verhalten natürlich als nicht-akzeptabel. Wie können sie Barbara aber dazu bekommen, mit dem Weinen aufzuhören? Ganz einfach, sie beginnen zu raten. Sie müssen den Grund ihres Weinens finden, wenn sie Abhilfe schaffen wollen. Das ist eine Art Rätsel:

Vielleicht hat sie sich naßgemacht und friert. Kontrollieren wir das zuerst. Nein, sie ist noch trocken. Hat sie dann vielleicht ihr Bäuerchen nicht gemacht und wird von Blähungen gequält? Nehmen wir sie noch einmal hoch und sehen wir, ob sie jetzt ihr Bäuerchen macht. Wieder falsch: Barbara macht kein Bäuerchen. Vielleicht ist sie hungrig. Da ist noch etwas Milch in der Flasche. Sie liegt unten im Bettchen. Sehen wir ob diese Hypothese stimmt. Erfolg! Barbara saugt einige Minuten und wird dann schläfrig. Sie legen sie liebevoll ins Bettchen zurück und sie fällt in Schlaf. Ihre Eltern können nun wieder ins Bett gehen und an ihren eigenen Schlaf denken.

Eltern sollten diese Versuch-Irrtum-Methode stets anwenden, wenn Säuglinge hartnäckig weinen, wenn sie ruhelos und nörgelig sind, wenn sie keinen Schlaf finden können, wenn sie ihr Essen vom Tisch fegen. Das Ratespiel führt meist zum Erfolg, weil Säuglinge niemals ohne Grund Dinge tun, die ihre Eltern als nicht-akzeptabel empfinden. Gewöhnlich liegen sehr gute Gründe vor. Wenn Eltern das Ratespiel benutzen, brauchen sie keine Zuflucht mehr zu Strafen zu nehmen. Manchmal ist das Ratespiel leichter, manchmal schwieriger. Der Gemeinplatz: »Wenn Sie anfangs keinen Erfolg haben, versuchen Sie es immer wieder«, ist der beste Rat, den ich kenne. Eltern können es zu großem Geschick in diesem Spiel bringen. Immer besser lernen sie die Ursachen kennen. Ich weiß von Eltern, die schließlich sogar gelernt haben, zwischen dem Schreien bei nassen Windeln, Schreien bei Hunger und Schreien bei Blähungen zu unterscheiden.

Das Ratespiel ist auch eine Form der Ich-Botschaft. Die Eltern empfinden irgend ein bestimmtes Verhalten als nicht-akzeptabel (wie z. B. das

Weinen mitten in der Nacht). Statt eine Ich-Botschaft zu senden, handeln sie. Die Handlung ist im wesentlichen eine nicht-verbale Ich-Botschaft: wenn das Kind schreit, nehmen Sie es auf und tun irgendetwas. Es ist, als ob Sie sagten: »Ich kann mir dein Weinen nicht länger anhören.« Statt nun aber dem Kind die Verantwortung dafür zuzuschreiben, daß es irgendeine Veränderung in seinem Verhalten, dem Weinen, herbeiführt, ergreifen Sie, die Eltern, die Initiative. Ohne Frage kann das Kind nicht allein an seine Flasche heran. Es ist auch nicht in der Lage zu sagen: »Ich hör mit dem Weinen auf, wenn du mir meine Flasche gibst.« Der Elternteil muß dem Kind also diese Funktion *abnehmen.* Das Ratespiel ist eine besondere Form der Ich-Botschaft, *in der die Eltern die Lösung liefern.*

2. Machen wir einen Handel

Nicht-akzeptable Verhaltensweisen von Säuglingen und Kleinkindern können auch durch einen Handel verändert werden: Das nicht-akzeptable Verhalten wird durch ein anderes ersetzt, das für den Elternteil akzeptabel ist.

Laura, Ihre neugierige einjährige Tochter, hat ein neues Paar Nylonstrümpfe entdeckt, die sie mit großem Vergnügen befühlt und an denen sie zerrt. Sie finden es nicht-akzeptabel, weil Sie Angst haben, daß sie sie kaputt macht. Jetzt gehen Sie zur Schublade und holen ein altes Paar heraus, das schon beschädigt ist und das Sie sowieso nicht mehr tragen können. Sie geben ihr dieses Paar in die Hand und nehmen ihr das andere freundlich fort. Laura, die den Unterschied nicht kennt, fühlt und zerrt mit ebenso großem Vergnügen an dem schadhaften Paar. Lauras und Ihre Bedürfnisse sind befriedigt.

Dave hüpft auf der Couch. Die Mutter befürchtet, daß er die Lampe vom Tisch wirft. Freundlich hebt sie ihn von der Couch herunter. Dann nimmt sie die Kissen und legt sie auf den Fußboden. Auf ihnen läßt sie Dave jetzt hüpfen.

Shirley ist acht Monate alt. Ausgerechnet an jenem Abend, da der Vater seinen frischgereinigten hellen Anzug trägt, macht sie Anstalten, auf seinen Schoß zu klettern. Der Vater bemerkt, daß Shirleys Hände voller Marmelade und Erdnußbutter sind. Freundlich hindert der Vater Shirley an ihrem Vorhaben. Er geht aber sofort mit ihr ins Badezimmer, nimmt einen Waschlappen und wischt ihr die Hände sauber. Dann nimmt der Vater Shirley auf den Arm und setzt sie auf seine Knie.

Auch der Handel ist eine Sonderform der Ich-Botschaft. Auf nicht-verbalem Wege teilt der Elternteil zuerst mit: »Wenn du Marmelade an deinen Händen hast, darfst du nicht zu mir auf den Schoß.« Wenn der Vater dann Shirleys Hände säubert und sie auf den Schoß nimmt, erklärt er nicht-verbal: »Wenn deine Hände sauber sind, darfst du zu mir auf den Schoß.«
Wenn Eltern nach einem Handel suchen, durch den sie das nicht-akzeptable Verhalten abstellen können, verzichten sie auf die Anwendung ihrer Macht – sie geben keine Klapse, schlagen nicht, stoßen die Kinder nicht und denken auch sonst an keine Bestrafung.

3. »Ich zeige dir, wie ich empfinde«

Sind Kinder zu jung, um eine Botschaft zu verstehen, in der Sie ihnen mitteilen, wie Sie empfinden, können Sie versuchen, es ihnen *zu zeigen*. Wieder handelt es sich um eine Form der nicht-verbalen Ich-Botschaft, wie es die folgenden Beispiele illustrieren:
Papa hat den kleinen Tony im Supermarkt auf dem Arm. Tony beginnt dem Vater in den Bauch zu treten und lacht bei jedem Stoß. Sofort setzt der Vater den kleinen Tony auf die Füße und geht weiter. (Botschaft: »Es tut mir weh, wenn du mich in den Bauch trittst. Dann habe ich keine Lust mehr, dich zu tragen.«)
Judy bummelt, während sie ins Auto steigt. Die Mutter hat es schrecklich eilig. Sie nimmt Judy am Rücken und setzt sie mit Nachdruck auf den Sitz. (Botschaft: »Ich möchte, daß du dich beeilst, weil ich keine Zeit habe.«)
Entscheidend bei diesem Verfahren ist es, jedes Verhalten zu vermeiden, das das Kind als Bestrafung empfindet oder das ihm wehtut. Es soll ja nur erfahren, wie Sie empfinden. Klapse geben, schlagen, stoßen, schütteln, anschreien, kneifen sind Methoden, die dem Kind mitteilen, es sei schlecht, es habe Unrecht, seine Bedürfnisse zählten nicht, es habe etwas Verwerfliches getan und es verdiene Strafe.

Ein neues Konzept: Die anerkennende Ich-Botschaft

In der ›Familienkonferenz‹ und in den Kursen wurde die Ich-Botschaft sehr einseitig betrachtet. Sie galt dort ausschließlich der Konfrontation mit Kindern, wenn deren Verhalten nicht-akzeptabel war. Viele Eltern haben an diesem eingeschränkten Gebrauch von Ich-Botschaften Anstoß genommen und völlig zu Recht gefragt: »Warum kann man die Ich-Botschaft nicht verwenden, um ein positives oder anerkennendes Gefühl zu übermitteln, wenn das Verhalten des Kindes *akzeptabel* ist?« Die Erfahrung hat mich ebenso wie viele der Kursleiter veranlaßt, darüber nachzudenken, wie diese Vorstellung sich dem ›Familienkonferenz‹-Modell einfügen läßt.

Meine Einstellung gegenüber Botschaften, die positive Wertungen enthalten, ist stets ein wenig ambivalent gewesen. Ich bin der Überzeugung, daß das Loben von Kindern häufig manipulativ ist und manchmal auch äußerst schädlich für die Eltern-Kind-Beziehung sein kann. Folgender Gedankengang hat mich zu dieser Überzeugung gebracht:

Wenn Eltern ihre Kinder loben, verfolgen sie häufig eine bestimmte Absicht damit. Sie möchten ihre Kinder zu jenen Handlungen bewegen, *die sie für die besten halten*. Oder umgekehrt, Eltern loben das Kind in der Hoffnung, es werde *nicht das tun*, was es nach ihrer Meinung unterlassen sollte, sondern das »gute« Verhalten wiederholen, das die Eltern gerade gelobt haben.

Psychologen haben völlig zweifelsfrei in buchstäblich Tausenden von Experimenten mit Menschen und Tieren bewiesen, daß eine Belohnung, die unmittelbar nach dem Auftreten eines bestimmten Verhaltens verabreicht wird, dieses Verhalten »verstärkt«. Darunter ist zu verstehen, daß die Wahrscheinlichkeit eines erneuten Vorkommens dieses Verhaltens wächst. Belohnungen sind also wirksam. Jeder von uns wiederholt in seinem Alltag jene Verhaltensweisen, die ihm in der Vergangenheit irgendeine Form der Belohnung eingebracht haben. Das ist logisch. Immer wieder tun wir bestimmte Dinge, weil sie uns in der Vergangenheit verschafft haben, was wir gebraucht oder gewünscht haben – wir sind *belohnt* worden. Das Lob ist natürlich eine Form der Belohnung. Zumindest glauben das die meisten Menschen. Warum sollte man also nicht systematisch versuchen, Kinder für »gutes« Verhalten zu loben? Warum nicht auch Kinder für »schlechtes« Verhalten bestrafen, da wir doch zweifelsfrei wissen, daß Bestrafung eine Verhaltensweise löscht – die Wahrscheinlichkeit ihrer Wiederholung reduziert. Mit dieser letzten

Frage, der Bestrafung, will ich mich hier jedoch nicht befassen (später wird zu diesem Punkt noch einiges zu sagen sein).

Keine Vorstellung hat einen festeren Platz in der Eltern-Kind-Beziehung als diejenige, daß man Kinder für »gutes« Verhalten loben müsse. Viele Eltern halten es einfach für Ketzerei, dieses Prinzip in Frage zu stellen. Fast alle Bücher und Artikel über elterliche Erziehung empfehlen es. Wie jedermann weiß, nehmen Lob und Belohnung einen zentralen Platz in nahezu allen pädagogischen Theorien ein. Es soll nicht nur verstärkt werden, was der Lehrer für angemessenes Unterrichtsverhalten hält, sondern ebenso sind Fleiß und richtige Antworten zu verstärken. Doch Eltern, die Lob (und andere Formen der Belohnung) dazu verwenden, das Verhalten ihrer Kinder zu formen, müssen sich einer Reihe von Fallen auf diesem Wege bewußt sein. Erstens muß das Lob, soll es überhaupt von Nutzen sein, von dem Kind als Belohnung empfunden werden. Häufig ist dies nicht der Fall. Wenn ein Elternteil ein Kind für irgendeine Handlung lobt, die der Elternteil als »gut« beurteilt, das Kind jedoch nicht, wird das Lob von dem Kind häufig zurückgewiesen oder nicht zur Kenntnis genommen:

Jimmy hat ein Bild vom Bauernhaus des Großvaters gemalt. Der Vater sagt: »Das ist ein sehr schönes Bild, mein Sohn.« Jimmy ist jedoch höchst unzufrieden mit seinen Bemühungen und erwidert: »Ich finde es miserabel.« Daraufhin sagt der Vater wieder: »Aber nein, das ist es nicht – es ist ein gutes Bild.«

Die wahrscheinliche Wirkung dieses Gesprächs: Jimmy glaubt, seinem Vater fehle es an Urteilskraft, oder er fängt an, sein eigenes Urteil in Zweifel zu ziehen – sehr wahrscheinlich wird er letzteres tun. Wer hat recht? Ist es ein gutes oder ein miserables Bild? Wenn Jimmy dazu veranlaßt wird, das Bild für gut zu halten, müssen wir uns klarmachen, was der Vater Jimmys Maßstäben angetan hat. Darf man eine Wirkung für Jimmys späteres Leben annehmen, besonders wenn er sich anschickt, ein Künstler zu werden? Sicherlich kann man davon ausgehen, daß Jimmy trotzdem noch einen kritischen Maßstab an seine Arbeiten anlegen wird. Aber nehmen wir einmal an, Jimmy wäre sich der Tatsache bewußt, daß sein Vater sich überaus wünscht, sein Sohn möge gut zeichnen. Wenn das der Fall ist, könnte das Lob des Vaters sehr wohl dazu führen, daß Jimmy die Ehrlichkeit des Vaters bezweifelt. Der Sohn entdeckt beim Vater die Absicht, ihn, Jimmy, dazu zu bewegen, weiterzuzeichnen (»Übung macht den Meister«). Jimmy wird darauf wahrscheinlich antworten:

»Ach, Papa, du sagst das nur, um mir einen Gefallen zu tun! In Wirklichkeit findest du das Bild überhaupt nicht gut!« Frei übersetzt heißt die Botschaft: »Papa, du bist nicht ehrlich, und ich durchschaue dein Lob.« Welche Wirkung hätte dieses Gespräch für die Vater-Sohn-Beziehung?
Noch ein anderes Problem kann sich durch Lob ergeben:
Jan, die ein Tennisas werden möchte, nimmt an ihrem ersten Turnier teil und verliert im Semifinale. Die Mutter hat das Spiel natürlich nicht unparteiisch verfolgt. Mit der verständlichen Absicht, die Tochter zu trösten, sagt sie: »Jan, du hast ein gutes Spiel geliefert.« Jan ist den Tränen nahe und davon überzeugt, daß sie miserabel gespielt hat. Ärgerlich antwortet sie: »Das stimmt nicht, ich fühle mich scheußlich! Ich hätte gewinnen müssen.« Darauf die Mutter: »Du hast dein Bestes gegeben, Liebe.«
Wahrscheinlich wird das Ergebnis dieses Lobs sein, daß Jan der Überzeugung ist, ihre Mutter verstünde nicht, wie tief enttäuscht sie über die Niederlage ist. Die Mutter leugnet Jans offensichtlichen Schmerz ebenso wie die Auffassung ihrer Tochter, sie habe schlecht gespielt. Obgleich die Mutter in der besten Absicht gehandelt hat, die Tochter zu trösten und durch Lob wieder aufzurichten, hat sie es versäumt, einfühlendes Verständnis zu zeigen. Das hätte zum Beispiel die folgende Bemerkung geleistet: »Du findest, daß du nicht sehr gut gespielt hast und du bist sehr enttäuscht darüber, daß du nicht gewonnen hast.«
Eltern hegen die irrige Vorstellung, daß ein Kind (und jedermann sonst) Lob stets mit Freude zur Kenntnis nimmt. Dem ist ganz und gar nicht so! Lob flößt dem Empfänger häufig Unbehagen und Verlegenheit ein, besonders wenn Freunde dabei sind, die es mithören. Haben Sie einmal darauf geachtet, wie häufig Kinder auf Lob reagieren, indem sie den Kopf senken, von einem Fuß auf den anderen treten oder ihr Gesicht in den Händen verstecken? Solch Unbehagen wird häufig von Antworten begleitet, die das Lob zurückweisen:
1. *Mutter*: Du hast so schönes rotes Haar.
Kind: Ich kann es nicht ausstehen!
2. *Vater*: Du bist dabei, ein hervorragender kleiner Schwimmer zu werden.
Kind: Ich bin nicht halb so gut wie Laurie.
3. *Mutter*: Du hast uns ein wunderschönes Frühstück zubereitet.
Kind: War es nicht – ich habe die Eier zu hart gekocht.

Noch eine weitere unangenehme Nebenwirkung des Lobes ist zu erwäh-

nen. Es teilt dem Empfänger mit, daß er dem Sender unterlegen ist. Das liegt daran, daß ein Lob immer ein Urteil ist. Der Akt des Urteils bedeutet in der Regel, daß der Wertende mehr weiß als der Bewertete. Wenn ein Individuum gelobt wird, fühlt es sich unter Umständen bevormundet – sozusagen »von oben herab behandelt«.
Wenn ich die Leistung eines anderen bewerte, bedeutet dies, daß ich ihm mitteile, ich verstünde soviel von dieser Tätigkeit, daß mir die Maßstäbe genauestens bekannt seien, nach der sie beurteilt werden. Ich wisse also, wann die Leistung auf diesem Gebiet gut und wann sie unzureichend sei – ob es sich nun um eine Leistung auf dem Gebiet der bildenden Kunst, der Musik, der Literatur oder des Sports handelt. Der Akt des Urteilens konstituiert Überlegenheit. Selten gefällt es Menschen, wenn sie bevormundet werden. Erinnern wir uns, auch Kinder sind Menschen.
In den letzten Jahren haben einige Kursleiter eine Alternative entwickelt, die Eltern benutzen können, ohne dabei groß Gefahr zu laufen, die negativen Auswirkungen von Lob hervorzurufen.
Man brauchte nur zu fragen: »Wenn die Ich-Botschaft eine konstruktivere Methode ist, ein Kind zu motivieren, sein für die Eltern nichtakzeptables Verhalten zu modifizieren, kann sie dann nicht auch eine konstruktivere Methode sein, positive Gefühle mitzuteilen – Anerkennung, Freude, Zufriedenheit, Erleichterung, Dankbarkeit, Glück?«
Fast ausnahmslos kommt eine Du-Botschaft zustande, wenn Eltern ihre Kinder loben:
»Du bist ein guter Junge!«
»Das hast du fein gemacht!«
»Du hast dich sehr gut im Restaurant benommen!«
»Du bist in der Schule viel besser geworden!«
In unserem Diagramm des Kommunikationsprozesses können wir einen Elternteil, der ein positives Gefühl empfindet, so darstellen (Abb. 22):

Abbildung 22

Die angemessene Kodierung eines solchen Gefühls wäre ohne Zweifel eine Ich-Botschaft und keine Du-Botschaft (Abb. 23).
Eine vollständige dreiteilige Ich-Botschaft müßte einschließen: (1) das Verhalten des Kindes, (2) das Gefühl des Elternteils und (3) den greifba-

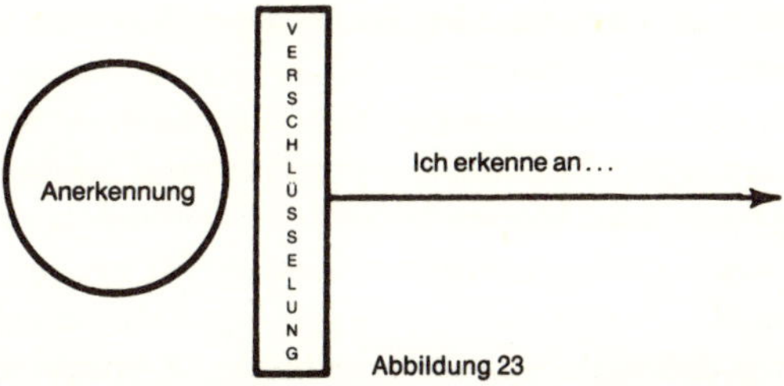

Abbildung 23

ren Effekt für den Elternteil. Nehmen wir an, das Kind überrascht seine Eltern damit, daß es die Küche aufräumt, nachdem es sich nachmittags, als es aus der Schule kam, etwas zu Essen gemacht hat. Die Botschaft der Eltern könnte wie folgt lauten: »Als ich die Küche heute abend bei der Vorbereitung des Abendessens sauber vorfand, habe ich das sehr zu schätzen gewußt, weil ich sie nicht selbst aufzuräumen brauchte.«

Es folgen noch einige Beispiele für positive Ich-Botschaften:

Ihre achtjährige Tochter ruft Sie nach der Schule an, um Ihnen mitzuteilen, daß sie noch mit zu einer Freundin gegangen ist.	»Wenn du mir mitteilst, wo du bist, bin ich erleichtert, weil ich mir dann keine Sorgen mache.«
Ihr zwölfjähriger Sohn wäscht sich seit neuestem seine Haare täglich.	»Wenn dein Haar stets sauber ist, ist es ein Vergnügen dich anzusehen.«
Ihr sechsjähriger Sohn hat sich schwer ins Zeug gelegt und Ihnen geholfen, den Tisch zu decken, als Sie in Eile waren.	»Ich war heute abend über deine Hilfe sehr glücklich, denn ohne dich hätte ich mich mit dem Abendessen verspätet und die Fernsehsendung versäumt, die ich sehen wollte.«

Eine Mutter berichtet von zwei Gelegenheiten, in denen sie anerkennende Ich-Botschaften sandte:

»Als sich Caroline am Morgen selbst anzog, meinte ich zu ihr: ›Oh, es ist herrlich, wenn du dich selbst anziehst, weil wir dann mehr Zeit haben, um miteinander zu reden und zu spielen.‹ Da ging ein strahlendes Lächeln über ihr Gesicht.«

»Wir hatten heute eine Osterparty bei Freunden. Bevor wir uns auf den Weg machten, ging Caroline von sich aus herum und sammelte alle Osterkörbe und Geschenke in eine Tüte und brachte sie mir. Ich war völlig hin und sagte: ›Weißt du, du hast mir sehr viel Arbeit erspart. Ich dachte, ich müsse selbst herumgehen und das alles zusammensuchen. Ich bin sehr erfreut – du bist mir wirklich eine große Hilfe gewesen!‹ Sie war überglücklich!«

Beachten wir, daß die Botschaften dieser Mutter *ich-orientiert* waren. Sie enthielten keine Urteile oder Wertungen über Caroline. Werden sie nun noch immer von Caroline als Versuche zur Manipulation und Kontrolle verstanden – als die Absicht ihr »gutes« Verhalten »zu verstärken«? Ich glaube nicht. Allerdings sind zwei Bedingungen zu beachten:

1. Der Elternteil darf nicht bewußt versuchen, das Kind durch die Botschaften dazu zu bewegen, das erwünschte Verhalten zu wiederholen (also das zukünftige Verhalten des Kindes zu modifizieren).
2. Die Botschaft soll lediglich das Kommunikationsmittel eines spontanen augenblicklichen Gefühls sein – das heißt das Gefühl soll lebendig und wirklich sein und in dem Moment mitgeteilt werden, in dem es empfunden wird.

Durch den Einbau dieses neuen Konzeptes in das Modell der ›Familienkonferenz‹ können Eltern jetzt auch ihre positiven Gefühle mitteilen. Sie dürfen ihre spontan empfundene Anerkennung äußern, ohne die Gefahren fürchten zu müssen, die dem Lob innewohnen. Mir war früher ganz und gar nicht wohl dabei, daß ich Eltern so nachdrücklich davor warnte, ihre Kinder zu loben. Mir war klar, daß ich sie damit verwirrte und frustrierte. Welche konstruktive Möglichkeit blieb dann noch, die positiven Gefühle zu übermitteln, die die meisten Eltern von Zeit zu Zeit empfinden? Jetzt verfügen sie über eine effektive Methode, ihren Kindern mitzuteilen, was sie empfinden.

Die präventive Ich-Botschaft

Vor kurzem bin ich auf eine weitere wichtige Lücke im Modell der ›Familienkonferenz‹ gestoßen. Die elterliche Selbstbehauptung braucht sich nicht darauf zu beschränken, entsprechende Ich-Botschaften erst zu senden, wenn das Kind *die Eltern bereits vor ein Problem gestellt hat.* Wenn Ihre Beziehung zu einem Kind frei von jedem Problem ist (wenn die Beziehung sich in der problemfreien Zone des Rechtecks bewegt),

möchten Sie vielleicht trotzdem eine Botschaft senden, die einem zukünftigen nicht-akzeptablen Verhalten vorbeugt.
Sie planen zum Beispiel einen Ausflug mit der Familie und sind sich darüber klar, daß Sie alle lange Zeit auf engem Raum zusammen sein werden, im Auto oder im Hotelzimmer. Sie möchten aber auch Zeit für sich und Ihren Ehepartner haben. Deshalb sollten Sie Ihren Kindern dieses Bedürfnis vor der Abfahrt mitteilen. Sie hoffen, sie dadurch zu veranlassen, auf Ihr Bedürfnis nach »Alleinsein« Rücksicht zu nehmen. Ihre Botschaft kann folgende Form annehmen:
»Ich bin gern ein bißchen allein. Außerdem möchten auch Mama und ich Zeit füreinander haben. Wenn wir in den nächsten Woche unsere Reise beginnen, wäre es mir wirklich sehr lieb, wenn ihr mir von Zeit zu Zeit Gelegenheit dazu geben würdet.«
Solche Ich-Botschaften könnte man Ich-möchte- oder Ich-brauche-Botschaften nennen. Sie sollen Ihre Kinder im Vorhinein genau über das informieren, was Sie möchten, brauchen oder wünschen.
»Ich möchte, daß von ein Uhr bis zwei Uhr Ruhe im Hause herrscht, damit ich schlafen kann.«
»Ich möchte wissen, wo ihr seid, wenn die Schule zu Ende ist.«
»Am nächsten Wochenende wird die Endrunde im Basketball im Fernsehen übertragen. Ich weiß, daß einige der Spiele während der Kindersendungen am Sonnabendmorgen stattfinden. Ich möchte aber keines der Spiele versäumen.«
»Ich würde während des Abendessens gern über Dinge sprechen, die für uns alle wichtig sind.«
»Wenn Großmutter nächste Woche kommt, würde ich mich sehr darüber freuen, wenn im Wohnzimmer keine Unordnung gemacht wird.«
Natürlich werden Eltern nicht immer mit solchen Botschaften Erfolg haben. Es ist aber viel besser, wenn Sie Ihre Kinder im voraus wissen lassen, was Sie möchten, als daß Sie warten, bis sie sich in Unkenntnis Ihrer Bedürfnisse in nicht-akzeptabler Weise verhalten. Eine Ich-möchte-Botschaft zur rechten Zeit kann Ihnen viele Konfrontationen ersparen.
Die präventive Ich-Botschaft hat noch eine weitere weniger zutage liegende Wirkung: Die Kinder begreifen, daß auch ihre Eltern Menschen sind, Menschen mit Bedürfnissen, Wünschen, Vorlieben und Ansprüchen wie jedermann sonst. Durch die Ich-möchte-Botschaften erhalten Kinder natürlich die Möglichkeit, sich in einer Weise zu verhalten, die ihre Eltern erfreut, ohne daß man ihnen genau sagt, was sie tun sollen.

Eine Mutter, die ihre drei halbwüchsigen Söhne allein erzieht, beschrieb, wie sie ihrem Sohn Don eine Ich-möchte-Botschaft sandte, die einen Elternabend betraf:

»Ich glaube, mein Verhältnis zu Don ist enger geworden – ich kann ihm alles sagen, was ich empfinde. Neulich ging ich zu diesem Elternabend, auf dem er Gitarre spielen und singen sollte. Er wollte, daß ich hinkam. Ich hatte aber noch nie einen Elternabend besucht. Ich hatte keine Lust, mich dort hinschleppen zu lassen, um dann allein herumzusitzen, weil ich niemand kannte. Deshalb sagte ich: ›Don, ich bin noch nie auf einem eurer Elternabende gewesen und habe ein bißchen Angst, weißt du. Ich würde es gern sehen, wenn du dich dort um mich kümmern und mich nicht allein lassen würdest.‹ Das tat er! Er brachte mich hinein und stellte mich vielen Leuten vor, die ich nicht kannte. Dann brachte er mir eine Tasse Tee. Er hat sich wirklich um mich gekümmert!«

Problemlösung durch Ich-Botschaften

Wenn Ich-Botschaften nicht zu einer sofortigen Veränderung im kindlichen Verhalten führen, geben manche Eltern auf. Sie sind enttäuscht und ärgerlich. Sie vergessen, daß Ich-Botschaften manchmal nur das Vorspiel von Problemlösungs- oder Konfliktbewältigungsprozessen sind. Die Ich-Botschaft teilt dem Kind mit, warum sein Verhalten für *Sie* nichtakzeptabel ist. Das Kind kann aber aus Ihnen unbekannten Gründen ein starkes Bedürfnis haben, das betreffende Verhalten fortzusetzen. Wenn es also sein Verhalten nicht modifiziert, befinden Sie sich beide in einem Konflikt: Sie mögen das Verhalten des Kindes nicht, *dieses* schätzt es aber sehr! Selbst wenn Sie eine stärkere Ich-Botschaft folgen lassen, wird das Kind sein Verhalten unter Umständen nicht verändern.

Deswegen brauchen Sie aber noch lange nicht aufzugeben (oder nachzugeben). Ihre Bedürfnisse werden nach wie vor nicht berücksichtigt. Sie haben noch immer ein Problem. Es ist Ihre Aufgabe, den Problemlösungsprozeß in Gang zu setzen. Wie Sie sich sicherlich erinnern, heißt dies: den Konflikt definieren (wie Ihre Bedürfnisse aussehen, welche Bedürfnisse das Kind hat); mögliche Lösungen entwickeln; jede Lösung bewerten; und schließlich Übereinstimmung erzielen, die sich in einer Lösung zeigt, die für Sie *und* das Kind akzeptabel ist.

Wie dies funktioniert, wurde von einer Mutter berichtet, die auch als Kursleiterin tätig ist:

»Wir hatten wirklich einen schönen Spielplatz auf unserem Hof eingerichtet. Deshalb kamen alle Kinder aus der Nachbarschaft zu uns, um dort zu spielen. Mein Problem bestand darin, daß es mir nicht paßte, wenn sie am Sonntagmorgen kamen. Ich wollte nicht auch dann noch auf die Kinder aufpassen müssen, sondern in Ruhe meinen Kaffee trinken und meine Zeitung lesen können. Deshalb sagte ich: ›Mir wäre es sehr lieb, wenn ihr nicht vor Mittag kommen würdet, weil ich allein sein, meinen Kaffee trinken und die Zeitung lesen möchte!‹ Damit hatte ich keinen Erfolg. Alle fünfzehn Minuten kamen sie und klingelten, um zu fragen, ob es schon Mittag sei. Meine Ich-Botschaft blieb also ohne Wirkung. Deshalb beschloß ich, das Problem gemeinsam mit ihnen zu lösen. Wir mußten einfach nach einem gemeinsamen Weg suchen. Ich mochte diese Kinder wirklich gern und wollte, daß sie sich bei uns wohlfühlten, aber ich brauchte auch die Zeit für mich selbst. Schließlich verfielen wir auf die Lösung, daß ich zu Mittag eine Fahne vor dem Haus aufstecken würde. Wir hatten nämlich einen Fahnenmast auf unserer Veranda. Wenn sie die Fahne sahen, war das das Signal, daß sie auf den Hof kommen konnten. Solange die Fahne aber nicht aufgesteckt war, sollten sie auch nicht an die Tür kommen. Am ersten Sonntag, als wir das durchführten, ging ich nach draußen, um die Fahne aufzuziehen. Da standen all diese Kinder auf dem Bürgersteig vor dem Haus aufgereiht und ließen kein Auge von seiner Vorderfront, um nicht zu versäumen, wenn die Fahne hochgezogen wurde. Das Problem war gelöst ... Ich weiß nicht einmal mehr, wer dies vorgeschlagen hat ... Es ergab sich einfach und funktionierte. Das Problem war gelöst.«

In den folgenden Kapiteln werden wir uns noch genauer mit der Problemlösungsmethode beschäftigen. Hier geht es mir um folgendes: Wenn Ich-Botschaften ohne Wirkung bleiben, sollten sich Eltern zusammen mit den Kindern um eine Lösung bemühen, die ihren Bedürfnissen ebenso wie denen der Kinder gerecht wird.

IX Eltern-Kind-Konflikte: Wer siegt, wer unterliegt?

Konfrontiert man ein Kind mit einer Ich-Botschaft – selbst mit einer geeigneten – wird man natürlich nicht immer eine Verhaltensveränderung bewirken. Unter Umständen ist das Bedürfnis des Kindes, an diesem Verhalten festzuhalten, so stark, daß es selbst durch das Bewußtsein, daß es ein Elternteil dadurch vor ein Problem stellt, nicht zu einer solchen Veränderung bewegt wird. In unserer Terminologie heißt diese Situation »Konflikt«: Eltern und Kind befinden sich in einem Konflikt. *Die Beziehung besitzt das Problem*, weil die Bedürfnisse von Elternteil und Kind einander entgegenstehen.
Verhaltensweisen, die zum Konflikt führen, haben wir in unserem Rechteck nach unten verlegt. Dabei müssen wir allerdings beachten, daß einige der nicht-akzeptablen Verhaltensweisen des Kindes bereits durch Ich-Botschaften ausgeräumt wurden. Jene, die übrig bleiben, weil Ich-Botschaften nicht immer die erwünschte Wirkung haben, rufen den Konflikt in der Beziehung hervor (Abb. 24).

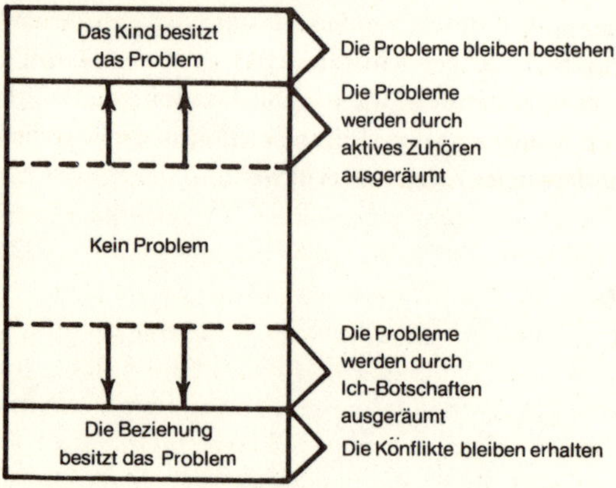

Abbildung 24

Wie verhalten Sie sich nun angesichts eines Konfliktes in Ihrer Beziehung zu Ihrem Kind, wie bewältigen Sie ihn? Wir sind jetzt auf die *Methoden der Konfliktbewältigung* angewiesen. In der ›Familienkonferenz‹ vermitteln wir Eltern jene Methode, die wir die »Niederlage-lose« nennen. Eine eingehende Beschreibung dieser äußerst wichtigen Technik findet sich in der ›Familienkonferenz‹.
Hier möchte ich mich noch einmal mit ihren einzelnen Elementen befassen. Sie sollen den beiden anderen Verfahren der Konfliktbewältigung gegenübergestellt werden, die von fast allen Eltern benutzt wurden, bevor sie am Kurs teilnahmen. Außerdem sollen die Gründe betrachtet werden, die Eltern die Anwendung der neuen Methode erschweren. Schließlich möchte ich neue Erkenntnisse und Einsichten darlegen, die Eltern helfen können, die Niederlage-lose Methode rascher zu verstehen und zu akzeptieren.

Vorbehalte gegenüber der Niederlage-losen Konfliktbewältigung

Die meisten Eltern merken rasch, daß sie nur gewinnen und nichts verlieren können, wenn sie lernen, bessere Zuhörer zu werden. In der Regel wissen Eltern auch die Technik der Ich-Botschaft zu schätzen. Sie sind sich darüber klar, daß sie dadurch eine bessere Chance haben, ihre Kinder dazu zu bringen, ihnen zuzuhören und problematische Verhaltensweisen zu verändern. Das Konzept der Niederlage-losen Konfliktbewältigung hingegen wird nicht so einhellig von den Eltern begrüßt. Viele argwöhnen anfangs, diese neue Methode der Bewältigung von Eltern-Kind-Konflikten verlange von ihnen, etwas aufzugeben – ihren Einfluß, ihre Autorität, ihre Macht, die »elterlichen Vorrechte«.
Die Niederlage-losen Methode bedroht also einige sehr zentrale und traditionelle Überzeugungen von Eltern. Was noch mehr Bedeutung hat, die Eltern kennen diese Methode nicht. Selten begegnen uns Eltern, deren eigene Eltern die Niederlage-lose Methode verwendeten. Überhaupt finden wir nur wenige Eltern, die irgendwann einmal persönliche Erfahrungen mit der Niederlage-losen Methode in den ihr Leben bestimmenden Beziehungen gemacht haben – im Verhältnis Vorgesetzter – Untergebener, Lehrer – Schüler, Mann – Frau oder in anderen.
Aber gerade das Konzept der Niederlage-losen Methode ist das Herzstück der ›Familienkonferenz‹, der Grundstein der Theorie. Es ist ent-

scheidend für die Bewältigung von Konflikten, die sonst Schaden in der Eltern-Kind-Beziehung anrichten und die Kinder an der Entwicklung von Verantwortungsbewußtsein hindern würden. Selbst wenn Eltern sich effektivere Techniken des Zuhörens aneignen, werden sie kaum Gelegenheit haben, sie anzuwenden, wenn sie weiterhin auf Methoden zurückgreifen, die ihren Kindern Niederlagen beibringen. Selten kommt es in Familien zu offener und ehrlicher Kommunikation, die an den traditionellen niederlage- oder machtorientierten Methoden der Konfliktbewältigung festhalten. *Kinder sind nicht so leicht bereit, den Eltern ihre Gefühle mitzuteilen, wenn Vater und Mutter ihnen Furcht einflößen.*

Folglich sehen wir uns in der ›Familienkonferenz‹ einem Dilemma gegenüber: Von allen Methoden, die wir lehren, stößt diejenige, von der wir glauben, daß sie für die Eltern von größtem Nutzen ist, häufig auf Widerstand. Fast alle Eltern sind nämlich von einer der beiden anderen Methoden zur Bewältigung von Eltern-Kind-Konflikten tief überzeugt: der *autoritären* oder der *nachgiebigen.*

Die drei Methoden zur Konfliktbewältigung

Fast ohne Ausnahme haben die Eltern, die an unserem Kurs teilgenommen haben, die unvermeidlichen Konflikte mit Kindern und Jugendlichen entweder zu streng oder zu nachsichtig behandelt. Wir nennen diese Verfahren Methode I und II. In beiden Verfahren gibt es am Ende Gewinner und Verlierer. Der Konflikt wird dort als Machtkampf ausgetragen. Eine kurze Darstellung beider Methoden wird dem Leser diese Behauptung einsichtig machen.

Methode I (Theorie)

Wenn es zu einem Konflikt zwischen Elternteil und Kind kommt, entscheidet der Elternteil, wie die Lösung auszusehen hat. Er hofft das Kind wird sie akzeptieren. Wenn das Kind sich widersetzt, droht der Elternteil seine Macht und Autorität einzusetzen (oder setzt sie auch tatsächlich ein), um das Kind zum Gehorsam zu zwingen. *(Elternteil siegt, Kind verliert)*

Methode II (Theorie)

Wenn es zu einem Konflikt zwischen Elternteil und Kind kommt, macht der Elternteil in der Regel anfänglich einen Versuch, das Kind dazu zu überreden, die Lösung des Elternteils zu akzeptieren. Wenn das Kind sich widersetzt, gibt der Elternteil auf oder nach und erlaubt dem Kind, nach seinem Willen zu verfahren. *(Kind siegt, Elternteil verliert)*

Bei beiden Methoden ist die Haltung von Elternteil und Kind übereinstimmend: »Ich möchte meinen Willen haben, und ich werde alles tun, um ihn durchzusetzen«, oder »ich werde meine Bedürfnisse befriedigen, auch wenn es auf Kosten der Bedürfnisse des anderen geht«. In beiden Fällen geht irgend jemand mit dem Gefühl aus dem Konflikt hervor, er sei besiegt. Gewöhnlich wird er deshalb auf den Sieger böse oder ärgerlich sein.

In Methode III, die nur einer Handvoll von Eltern bekannt ist, suchen Elternteil und Kind gemeinsam nach einer Lösung, die den Bedürfnissen beider gerecht wird – keiner verliert, keiner siegt. Daher der Name »Niederlage-lose Methode«.

Methode III (Theorie)

Wenn es zu einem Konflikt zwischen Elternteil und Kind kommt, fordert der Elternteil das Kind auf, mit ihm gemeinsam nach irgendeiner Lösung zu suchen, die für beide akzeptabel ist. Beide können Lösungen vorschlagen, die dann bewertet werden. Schließlich entscheidet man, welches die beste Lösung ist. Dann überlegen sie, wie sie realisiert werden kann. Kein Zwang ist erforderlich, folglich ist man auch des Machtgebrauchs enthoben. *(Keiner verliert)*

Am Beispiel eines Konflikts zwischen einer Mutter und ihrem viereinhalbjährigen Sohn Eric, wird gezeigt, wie die drei Methoden funktionieren. Die Mutter ist aufgebracht und bekümmert, weil sich Eric weigert, Gemüse zu essen.

Methode I (Beispiel)

M: Ich mache mir wirklich Sorgen, wenn du dein Gemüse nicht ißt. Ich fürchte, du bekommst nicht genügend Vitamine. Du brauchst sie, um zu

wachsen, kräftig und gesund zu werden.
E: Ich mag kein Gemüse – ich kann es nicht ausstehen.
M: Das interessiert mich nicht. Du ißt wenigstens etwas von dem Gemüse, das ich dir aufgetan habe. Wenn du das nicht tust, bekommst du nichts von dem, was du magst.

Methode II (Beispiel)

M: Ich mache mir wirklich Sorgen, wenn du dein Gemüse nicht ißt. Ich fürchte, du bekommst nicht genügend Vitamine. Du brauchst sie, um zu wachsen, kräftig und gesund zu werden.
E: Ich mag kein Gemüse – ich kann es nicht ausstehen.
M: Ich weiß nicht, was ich mit dir anfangen soll! Du weißt, daß du Gemüse brauchst. Wenn du es nicht ißt, hast du darunter zu leiden. Ich gebe es auf. Mach nur so weiter und werde krank. Du wirst schon sehen, was du davon hast.

Methode III (Beispiel)

Eines Morgens nach dem Frühstück bat ich Eric, sich zu mir an den Eßtisch zu setzen. Es war der richtige Zeitpunkt, für eine Unterhaltung. Ich wollte mit Eric zusammen einen Versuch unternehmen, mein Problem nach Methode III zu lösen. Sein Lieblingsprogramm im Fernsehen (Sesamstraße) begann erst in einer Stunde. Ich beschrieb Eric kurz, wie wir verfahren wollten und um welches Problem es sich handelte.
M: Ich mache mir wirklich Sorgen, wenn du dein Gemüse nicht ißt. Ich fürchte, du bekommst nicht genügend Vitamine. (Ich hatte vorher mit ihm darüber gesprochen, wie wichtig Vitamine für das Wachstum sind.)
E: Ach du lieber Himmel!
M: Dein Vater und ich sind es leid, dir zu sagen, du sollst es essen und dich zu bestrafen, wenn du es wieder ausspuckst.
E: Ich weiß, aber ich mag kein Gemüse – ich kann es nicht ausstehen.
M: Du magst wirklich kein Gemüse essen!
E: Ja!
M: Nun, das ist ein Problem. Wir müssen nun irgend etwas unternehmen, daß wir in Zukunft auf dich nicht mehr ärgerlich zu werden brauchen.

Fällt dir irgend etwas ein, was man machen könnte?
E: Ich könnte in mein Zimmer gehen und einige Tage nicht mit den anderen Jungen spielen.
M: Aber das ist doch eine Strafe. Das wollen wir ja gerade nicht.
E: Dann weiß ich auch nicht.
M: Ich hab aber einige Ideen. Ich werde sie aufschreiben, so daß wir sie vor Augen haben. Vielleicht können wir beide – *du* und *ich* – entscheiden, was davon für uns *beide* annehmbar ist.
E: OK.
M: Was hältst du davon, wenn ich eine Liste der Gemüsearten aufstelle, die du magst und eine Liste der Gemüsearten, die du nicht magst?
E: Ja, tu das!
M: Du hältst das für eine gute Idee.
E: Ja!
M: In Ordnung, du sagst mir, was du magst, und ich schreibe es auf.
E: Also *(er läuft zum Schrank und nimmt einige Gemüsedosen heraus)* Diese Mama!
M: Na also, laß mal sehen, was wir da haben: Brechbohnen und Mais. Damit hätten wir es, nicht wahr?
E: Ich mag auch noch Mais am Stiel.
M: Du meinst, Maiskolben?
E: Ja, Maiskolben. Ich mag Salat und gemischtes Gemüse. Ich mag auch Gurken und Zwiebeln in meinem Salat *(als er sie nannte, wiederholte ich sie ihm.)*
M: So, noch mehr?
E: Ja, rohe Karotten und rohen Kohl.
M: Aha, was hältst du von einer Liste mit ungekochten bzw. rohen Gemüsesorten?
E: Ja!
M: Gut, du bist also einverstanden.
E: Eine neue Liste – was ich *nicht* mag *(damit wies er mit dem Finger auf die Seite)*. Schreib auf, Mama *(womit er zu diktieren begann): »Eric mag keine Erbsen, Erbsen und Karotten.«*
M: In Ordnung *(daraufhin las ich ihm die ganze Liste noch einmal vor, und er bestätigte mir, daß die Liste richtig sei)*
E: Mama schreib auf *(hier diktierte er mir wieder)*: »Mama, vergiß nicht, was Eric mag und was er nicht mag.« *Ich schrieb das Wort für Wort auf und wiederholte es ihm.)*
M: In Ordnung. Und ich schreibe dann noch: »Eric wird alles essen, was

er nach dieser Liste hier mag«, ohne daß Mama oder Papa ihm das extra sagen müssen. Bist du damit einverstanden?
E: Was ist einverstanden?
M: Das heißt, daß du verstanden hast, was ich dir gesagt habe und daß du es in Ordnung findest.
E: OK, ich bin einverstanden!
M: Wo wollen wir sie hintun?
E: Da oben hin *(er zeigte auf den Schrank)*, wo du sie *jeden Tag* sehen kannst.
M: In Ordnung *(ich ließ Eric sie aufkleben)*.
E: Das ist eine gute Idee, Mama!
Wir lächelten einander zu und er ging glücklich fort, um sich seine Sendung anzusehen.

Anders als Methode I und II, ist die Niederlage-lose Methode ein »Problemlösungs«-Prozeß. Zu ihm gehören in der Regel sechs einzelne Schritte, wie wir oben erklärt haben:
Schritt I: Das Problem wird definiert.
Schritt II: Mögliche Lösungen werden vorgeschlagen.
Schritt III: Die möglichen Lösungen werden bewertet.
Schritt IV: Es wird entschieden, welches die beste Lösung ist.
Schritt V: Die Entscheidung wird verwirklicht.
Schritt VI: Die Lösung wird anschließend bewertet.
Entscheidend für den richtigen Gebrauch der Niederlage-losen Methode, ist es, sicherzustellen, daß alle sechs Schritte des Prozesses stattfinden. Sie brauchen nicht immer in der genannten Reihenfolge zu erfolgen. Aber es ist wichtig, daß Elternteil und Kind alle Schritte ausführen, besonders die ersten fünf.
Die Niederlage-lose Methode kann ebenso zur Bewältigung von Konflikten zwischen Geschwistern und zwischen Mann und Frau dienen. Es ist eigentlich eine Methode, die überall dort zur Bewältigung von Konflikten beitragen kann, wo Menschen zueinander in Beziehung treten – sie kommt gleichermaßen für Individuen, Gruppen und sogar Nationen in Frage.
Im Kursprogramm der ›Familienkonferenz‹ lesen die Eltern nicht nur Falldarstellungen, in denen die Methode III erfolgreich angewendet wurde, sondern erhalten auch Gelegenheit, die Methode im Kurs direkt zu üben, wobei Konfliktsituationen simuliert werden. Häufig bringen sie Tonbandaufzeichnungen oder schriftliche Dialoge in den Kurs mit, aus

denen zu ersehen ist, wie sie zu Hause solche Problemlösungssitzungen erprobten. Diese werden vom Kursleiter und den Kursteilnehmern analysiert und kritisiert. Mehr als ein Dutzend Jahre lehren wir nun Methode III. Deshalb wissen wir heute sehr viel besser, welche Schwierigkeiten diese Methoden den Eltern macht. Sie haben ebenso Schwierigkeiten, den Sinn dieser Methode als solche einzusehen, wie ihn zu Hause anzuwenden.

Neue Perspektiven der Konfliktbewältigung

Wir wissen jetzt, warum es Eltern widerstrebt, sich den Begriff einer machtfreien, Niederlage-losen Methode anzueignen. Außerdem verstehen wir auch besser, warum Eltern sich um die »elterliche Autorität« und ihre Funktion in der Familie Sorgen machen. Wir haben die Gründe herausgefunden, warum Eltern so an Methode I oder II festhalten, und glauben, daß wir jetzt besser verstehen, was Eltern in der Regel fürchten, wenn sie sich mit dem Gedanken befassen, Methode I aufzugeben. Darüber hinaus haben wir unsere Vorstellungen zur Niederlage-losen Methode erweitert, was zu einigen Verbesserungen und Verfeinerungen des ursprünglichen Modells geführt hat.

Das Dilemma mit der Disziplin

Man frage hundert Eltern: »Sollen Kinder gehorsam sein?« Und 99 werden ohne zu zögern antworten: »Natürlich«. Die Vorstellung, daß Eltern ihre Kinder zum Gehorsam erziehen sollen, hat sich so fest eingebürgert (und wird so heftig verteidigt), daß derjenige, der es wagt, ihre Gültigkeit in Zweifel zu ziehen, als Ketzer oder Narr erscheint. Trotzdem ist mir keine andere Überzeugung bekannt, die Eltern soviel Schwierigkeiten schafft. Ich bin sogar davon überzeugt, daß es sich in Wirklichkeit um eine sehr gefährliche Überzeugung handelt. Sie führt zur Entfremdung zwischen Eltern und Kindern und stiftet sehr viel Unheil in ihrer Beziehung zueinander.
Die meisten Eltern, die ihre Kinder zum Gehorsam erziehen, tun dies in der besten Absicht. Sie möchten, daß ihre Kinder verantwortungsbewußt, zuverlässig, umsichtig, höflich, selbständig und noch manches andere werden. Eltern kennen einfach keinen anderen Weg, ihre guten

Absichten in die Tat umzusetzen. So greifen sie zu Disziplinarmaßnahmen. Wenn sie dann feststellen, daß es mit der Disziplin nicht so recht klappt, entscheiden sie gewöhnlich, daß sie von ihr noch entschiedeneren Gebrauch machen müssen. So geht es weiter, bis die Kinder sich auflehnen, sich rächen oder von zu Hause fortgehen. Wie ist diese *Disziplin* beschaffen, auf die die Eltern nicht verzichten zu können glauben? Was hat es mit ihr auf sich? Webster erklärt Disziplin als »Bestrafung durch eine Person, die mit Autorität ausgestattet ist und sie zum Zwecke der Züchtigung oder Ausbildung ausübt.« Entscheidend für den Terminus der Disziplin ist der Begriff der Macht oder Autorität. Die Macht soll Gehorsam erzwingen oder die Befolgung von Befehlen durchsetzen. Sie wird verwendet, um zu *strafen* oder um zu *belohnen.*

Offiziere disziplinieren ihre Untergebenen. Hundeabrichter disziplinieren Hunde, Lehrer disziplinieren ihre Schüler, Eltern disziplinieren ihre Kinder. Woher aber beziehen all diese Menschen ihre Macht?

Macht wächst jemandem zu, wenn er besitzt, was ein anderer unbedingt braucht: *Belohnungen.* Der Lehrer verteilt Noten, der Hundeabrichter besitzt Nahrung, die er dem hungrigen Hund anbieten kann. Einen bedrohlichen Charakter nimmt die Macht an, wenn jemand die Möglichkeit besitzt, dem anderen Schmerz oder Unbehagen zuzufügen: *Bestrafungen.* Der Lehrer kann Schüler nachsitzen lassen oder sie zum Schulleiter schicken. Der Hundeabrichter kann an der Würgekette ziehen und damit dem Hund Schmerzen zufügen.

Belohnungen und Bestrafungen verleihen Menschen Macht. Macht aber ist die Grundlage aller Verfügungsgewalt, die Menschen anderen gegenüber besitzen. Wenn Eltern also sagen, daß sie ihre Autorität dazu benutzen, um ihre Kinder zum Gehorsam zu erziehen, heißt das, daß sie von den ihnen zur Verfügung stehenden Belohnungen und Bestrafungen Gebrauch machen. Sie bieten Belohnungen an (oder versprechen sie), um ihre Kinder zu dem von ihnen gewünschten Verhalten zu bewegen. Sie verhängen Strafen (oder drohen damit), um das Verhalten abzuwenden, das sie nicht wünschen. Das klingt eigentlich sehr einfach.

In der Praxis ist es nicht im entferntesten so einfach, wie es sich anhört, Kinder durch Belohnungen oder Bestrafungen zum Gehorsam zu erziehen. Viele Fallen lauern auf die Eltern. Einige sind sehr gefährlich und schädlich für die Eltern-Kind-Beziehung.

Vor allem gehen Eltern unvermeidlich ihrer Macht verlustig. Wenn die Kinder sehr klein sind, haben die Eltern viel Macht über sie. Anfangs besitzen Eltern viele Belohnungen, die sehr wirkungsvoll sind. Ebenso stehen ihnen Bestrafungen zur Verfügung, die ihre Kinder daran hindern, aus der Reihe zu tanzen. Wenn Kinder allerdings älter werden, gehen den Eltern wirksame Belohnungen ebenso wie sinnvolle Bestrafungen allmählich aus. Belohnungen, die einst ihre Wirkung zeigten, begegnen jetzt nur noch Gleichgültigkeit. Werden den Kindern Strafen auferlegt, fangen sie an, sich zu widersetzen oder sich aufzulehnen. Wenn die Kinder halbwüchsig werden, werden die Eltern zunehmend hilflos. Ein Vater drückte das so aus:

»Mein Sohn ist jetzt fünfzehneinhalb. Die einzige Machtquelle, die mir noch übriggeblieben ist, ist der Wagenschlüssel. In sechs Monaten wird das auch keine Wirkung mehr zeigen, weil er dann sein eigenes Auto hat.«

Die Mutter eines vierzehnjährigen Mädchens gestand ein:

»Shirley nimmt den größten Teil meiner Versuche, sie durch Versprechen, Geschenke oder Gunstbezeugungen zu kontrollieren, einfach nicht zur Kenntnis. ›Wer braucht das schon?‹ fragt sie und dann fährt sie fort, das zu machen, was ihr Spaß macht.«

Eltern, die sich, als ihre Kinder noch klein waren, hauptsächlich auf Disziplin verlassen haben, entdecken zu ihrer Bestürzung, daß sie aller Macht verlustig gegangen sind, wenn ihre Kinder in die Adoleszenz eintreten. Dann stellen sie fest, daß ihnen kein Weg mehr offen steht, ihre Kinder *zu beeinflussen.* Aus diesem Grund stellen sich in den meisten Familien die Jahre der Adoleszenz als so frustrierend, streßerzeugend und stürmisch dar.

Natürlich würden alle Eltern es gern sehen, wenn ihre Kinder verantwortungsbewußt, anderen gegenüber rücksichtsvoll, kooperativ, glücklich und gesund wären. Die meisten Mütter und Väter meinen, diese Eigenschaften ließen sich nur durch Disziplin erreichen. Da die Erziehung von Kindern zum Gehorsam notgedrungen auf dem Gebrauch elterlicher Macht beruht, kann sie auf keinen Fall einen *Einfluß* darstellen. Sie *zwingt* die Kinder lediglich, sich in der vorgeschriebenen Weise zu verhalten. Disziplin *erzwingt* ein bestimmtes Verhalten und *wendet* ein anderes *ab.* Gewöhnlich wird das Kind dadurch nicht überredet, überzeugt oder motiviert. So fallen die Kinder in der Regel in ihre früheren Verhaltensweisen zurück, sobald die elterliche Macht aufgehoben wird (oder sie momentan nicht erreicht), weil ihre *Bedürfnisse* und *Wünsche* durch Zwang nicht verändert werden.

Den meisten Eltern widerstrebt es, ihre Macht oder die an Gehorsam ausgerichteten Erziehungsmaßnahmen aufzugeben, weil die einzige Alternative, die sie sehen, Nachgiebigkeit ist. Wenige Eltern wollen sich mit rücksichtslosen, widerspenstigen oder verantwortungslosen Kindern abfinden – jenem Typus, der bei nachgiebiger Erziehung herauskommt.

Die Niederlage-lose Methode kann eine Alternative zur machtorientierten Disziplin (Methode I) oder zur Nachgiebigkeit (Methode II) sein. Die Niederlage-lose Methode übt keinen *Zwang* aus. Sie bringt Kinder dazu, ihr nicht-akzeptables Verhalten zu modifizieren und die Bedürfnisse anderer zu berücksichtigen. Sie führt dazu, daß Verpflichtungen eingegangen und eingehalten werden. Dies alles werde ich in den folgenden Kapiteln zeigen. Sie übt ebenso wenig Zwang wie die Ich-Botschaft aus, aber im Unterschied zu dieser bewegt die Niederlage-lose Methode die Kinder dazu, Verhaltensweisen zu verändern, die sich mit den Rechten der Eltern nicht vertragen.

Verstehen Eltern, *daß ihr Einfluß größer wird, wenn sie keine Macht anwenden*, werden sie weit eher bereit sein, auf ihre Macht zu verzichten.

Der Mythos der wohlwollenden Autorität

Oft genug habe ich Eltern ihren Machtgebrauch mit Gründen wie den folgenden verteidigen hören:

»Ich habe meine Macht immer mit Verstand gebraucht.«

»Wir sind streng aber gerecht.«

»Man muß den Mut zur Disziplin haben, sie muß aber von Liebe getragen sein.«

»Eltern können durchaus wohlwollende Disziplin ausüben.«

Wahrscheinlich waren alle Diktatoren und Despoten, die uns aus der Geschichte bekannt sind, im Grunde ihres Herzens davon überzeugt, daß sie ihre Macht mit Verstand gebrauchten. Sie meinten nichts weniger, als zum Besten des Volkes zu handeln. Mögen ihre Absichten noch so gut gewesen sein: Entscheidend ist nicht, was der *Diktator* empfindet, sondern welches Empfinden die Macht, die er anwendet, im *Empfänger* hervorruft. Meine Erfahrung hat mich zu der Überzeugung gebracht, daß niemand sich wohl fühlt, wenn er sich Zwang ausgesetzt sieht. Mag es sich dabei um Kinder oder Erwachsene handeln.

Kann ein Elternteil Macht anwenden und ihre Wirkung durch Liebe mildern? Ich bin davon überzeugt, daß es sich auch hier um einen Mythos handelt. Eltern rationalisieren mit ihm ihren Gebrauch der Macht. Kann irgend jemand den Menschen »lieben«, auf den er Zwang ausübt? Ich

bezweifle es. Nebenbei gesagt, ich bin niemals einem Kind begegnet, das das Gefühl hatte, geliebt zu werden, wenn seine Eltern Macht gebrauchten, um auf Kosten seiner Niederlage ihren Sieg zu erringen.
Ich sehe nicht, wo die Liebe in der Methode I oder II bleiben soll. In Methode I wird das Kind den Elternteil nicht lieben, in der Methode II wird der Elternteil das Kind nicht lieben.

Autorität: ein Wort mit zwei Bedeutungen

Wir haben erfahren, daß es vielen Eltern widerstrebt, ihre Autorität auch nur teilweise aufzugeben. Das hat seinen Grund in der Doppelbedeutung des Wortes. Ohne Ausnahme verwechseln Eltern diese beiden Bedeutungen.
Autorität I: Kenntnisse, Erfahrung, Kompetenz. (Er ist eine Autorität auf seinem Gebiet; sie zogen eine Autorität zu Rate; er spricht mit Autorität.)
Autorität II: Die Macht, Kontrolle, Befehlsgewalt und Strafgewalt bei Regelverstößen auszuüben. (Der Chef verfügt über Autorität gegenüber seinen Untergebenen; er übt seine Autorität aus; sie lehnte sich gegen die Autorität ihrer Eltern auf.) Die erste Form der Autorität beruht auf Einflußnahme. Mit der zweiten ist gemeint, daß Macht durch Verabreichung von Belohnungen und Bestrafungen ausgeübt wird. Wenn sich nun ein Elternteil dazu entschließt, keine Macht mehr auszuüben (Autorität II aufzugeben), heißt das sicherlich nicht, daß er auch auf die Einflußnahme verzichtet. Es ist verständlich, daß alle Eltern ihre Kinder beeinflussen möchten, wobei sie sich auf ihr Wissen, ihre Weisheit und die Urteilskraft berufen, die sie aus umfangreicher Erfahrung beziehen. Das sollen sie auch. Kinder brauchen diese Form der Hilfe sehr häufig. Sie sind auch viel eher bereit, auf das Wissen und die Urteilskraft ihrer Eltern zu hören, wenn die Beziehung keinen Schaden durch elterlichen Machtgebrauch (Autorität II) erlitten hat.
Wir kommen zu einem weiteren Paradox zwischenmenschlicher Beziehungen: *Wenn man in einer Beziehung Zuflucht zur Macht nimmt, büßt man an Einfluß ein.*
In der ›Familienkonferenz‹ machen wir die Eltern mit machtfreien Methoden der Konfliktbewältigung bekannt. Auf lange Sicht schaffen sie Beziehungen, in denen die Kinder bereitwilliger auf die Einflußnahme ihrer Eltern reagieren.

Die besondere Sprache der Macht

Wir haben festgestellt, daß Eltern, die sich vor allem der Methode I bedienen, über ihre Rolle und ihre Einstellung stets in jener Sprache sprechen, die ich diejenige »der Macht« nenne. Typische Ausdrücke und Wendungen dieser Machtsprache sind:

Elterliche Autorität	Streng aber gerecht
Elterliche Pflicht	Vater weiß es schon am besten
Grenzen setzen	Ein strenges Regiment führen
Streng sein	Disziplin
Elterliche Kontrolle	Gehorsam
Bestrafung	Einschränkungen
Regeln setzen	Regeln durchsetzen
Forderungen	Beachtung der Autorität
Entzug	Schläge
Zum Besten des Kindes	Folgsamkeit

Sprechen Eltern, die sich der Methode II oder des nachgiebigen Verfahrens bedienen, eine andere Sprache? Eigentlich nicht. Was wir über nachgiebige Eltern erfahren haben, hat meine früheren Überzeugungen und Meinungen von Grund auf verändert. Im Gegensatz zu dem, was man mir in meiner Ausbildung beigebracht hat – und im Gegensatz zu dem, was die meisten Autoritäten immer noch als wahr ansehen – sind uns nicht viele Eltern untergekommen, die sich nachgiebig verhalten. Die wenigen, bei denen es der Fall war, haben sich dieses Verhalten nicht *gewählt*. Die meisten Eltern, die auf den ersten Blick als nachgiebig erscheinen, sind einer der folgenden Kategorien zuzurechnen.

1. Eltern, die sich der Methode I bedienten, als ihre Kinder klein waren (zu einem Zeitpunkt also, da Eltern wirklich Macht über ihre Kinder haben), die dann aber widerstrebend darauf verzichten mußten, als ihre Kinder größer wurden und die Eltern der Macht verlustig gingen. (»Sie folgten unserer Autorität, als sie klein waren. Jetzt haben wir überhaupt keine Kontrolle mehr über sie.«)
2. Eltern, die jeden Konflikt mit der Methode I angehen, denen aber aufgrund des entschiedenen Widerstands ihrer Kinder nur noch Methode II übrigbleibt. (»Nun ja, ich habe es versucht. Ich gebe es auf, du hast gewonnen. Ich hoffe, du wirst es noch einmal bereuen.«)
3. Eltern, die im allgemeinen nachgiebig sind (die also in der Regel

Methode II verwenden), solange der Konflikt nicht zu ernst oder zu grundsätzlich wird. Sie wechseln zu Methode I über, sobald der Konflikt sich an einem Verhalten entzündet, das die Eltern als *keinesfalls* akzeptabel oder als *sehr* bedrohlich für ihre Wertvorstellungen empfinden. (»In dieser Frage werde ich auf keinen Fall nachgeben. Hier mußt du dich meinen Wünschen schon fügen oder . . .«)

Diese Ergebnisse mögen zwar anfangs überraschend erscheinen. Bei näherem Hinsehen sind sie aber logisch und einleuchtend: Die meisten Eltern (wahrscheinlich ein großer Prozentsatz aller Eltern) sind von der Methode I der Konfliktbewältigung überzeugt. Sie ziehen sie vor und verwenden sie, ob es nun um einen hohen oder niedrigen Einsatz geht.

Wenige Eltern sind bereit, die Konflikte mit ihren Kindern so zu bewältigen, daß sie, die Eltern, verlieren und die Kinder siegen. Wenn es zu diesem Ergebnis kommt, haben die Eltern meist die Methode II nicht aus freien Stücken gewählt oder das Resultat akzeptiert.

Die vielen Autoritäten und öffentlichen Mahner, die die Schwierigkeiten mit Jugendlichen einer bei den Eltern verbreiteten Nachgiebigkeit zum Vorwurf machen, gründen ihre Diagnose auf falsche oder nicht zutreffende Daten.

Oben war von der »Sprache der Macht« die Rede. Danach wird sie von Eltern verwendet, die nach Methode I verfahren. Ich behauptete auch, daß nachgiebige Eltern über keine eigene Sprache verfügen. Wir wollen uns damit etwas eingehender beschäftigen. Ich bin davon überzeugt, daß die meisten nachgiebigen Eltern ebenfalls in den Kategorien von Sieg und Niederlage oder des Machtkampfes denken. Der Unterschied besteht lediglich darin, daß sie in eine Haltung der Niederlage oder Frustration verfallen. Sie verwenden also eine »Sprache des Machtverlustes«:

Keine Kontrolle	Unsere Bedürfnisse werden nicht befriedigt
Fehlende Disziplin	Wir leiden
Nachgeben	Besiegt
Aufgeben	Wir verlieren
Die Kinder haben die Oberhand	Die Kinder haben die Macht
Ungehorsam	Aufsässige Kinder
Anarchie	Verlust der Führung
Unansprechbare Kinder	Keine Achtung vor Autorität

Autoritäre und nachgiebige Eltern sind also aus demselben Holz geschnitzt: Grundsätzlich weisen sie keine Unterschiede hinsichtlich ihrer Einstellungen, Überzeugungen und Werte auf. Übereinstimmend bedienen sie sich der Sprache der Macht! Nur in einer Hinsicht unterscheiden sie sich: Autoritäre Eltern halten an ihrer Hoffnung fest, die elterliche Autorität werde auch weiterhin ihre Wirkung tun, nachgiebige Eltern haben bereits entdeckt, daß dies nicht der Fall ist.

Verwechslungen zwischen der Niederlage-losen Methode und Nachgiebigkeit

Eltern sind so daran gewöhnt, in den Begriffen von Sieg und Niederlage zu denken, daß sie sich nur schwer von dem Gedanken freimachen können, die Niederlage-lose Methode sei eine Form der Nachgiebigkeit. Nichts könnte der Wahrheit ferner liegen. Die Niederlage-lose Methode setzt voraus, *daß auch der Elternteil die Lösung annehmen muß*, nicht nur das Kind. Häufig müssen die Eltern, wenn sie im Kurs mit der Methode III beginnen, daran erinnert werden, daß sie sich im Problemlösungsprozeß nur auf eine Lösung einlassen dürfen, die auch ihre Bedürfnisse befriedigt. Sie dürfen den Problemlösungsprozeß erst dann als abgeschlossen betrachten, wenn sie eine Lösung erreicht haben, die akzeptabel ist – sonst *werden* sie das Gefühl haben, sie hätten verloren.
Der Widerstand gegen Methode III läßt nach, wenn Eltern schließlich das Grundprinzip begriffen haben: *Methode III soll nicht nur ihrem Kind ermöglichen, seine Bedürfnisse zu befriedigen, sondern sie muß auch das gleiche für sie leisten.* Dieses Prinzip hilft jenen Eltern, die sich auf Methode I festgelegt hatten. Sie sahen nämlich bislang die einzige Alternative zu ihrer Methode in Methode II. Und die möchte niemand zur Grundlage seiner Beziehungen machen.

»Brauchen Kinder Grenzen?«

Natürlich. Die Eltern begehen nur den Fehler, diese offensichtliche Tatsache dazu zu benutzen, um ihren Machtgebrauch zu rechtfertigen. Dabei argumentieren sie wie folgt: Kinder brauchen Grenzen. Deshalb müssen Eltern von ihrer Autorität Gebrauch machen, um diese Grenzen zu setzen. Die Schwäche des Arguments liegt darin, daß Kinder es ihren Eltern übelnehmen, wenn diese einseitig festlegen, was sie, die Kinder,

nicht tun dürfen. Gewöhnlich beginnen sie dann, passiv oder aktiv gegen die Macht der Eltern Widerstand zu leisten. Ich habe niemals ein Kind kennengelernt, das es begrüßt hätte, sich solche Verhaltensgrenzen von seinen Eltern diktieren zu lassen. Nehmen wir folgende Beispiele:
»Du darfst nicht zu dem Basketballspiel, weil heute ein Wochentag ist.«
»Ich erlaube nicht, daß du den Wagen zur Party nimmst.«
»Nach Sonnenuntergang darfst du nicht mehr draußen spielen.«
»Ein Bonbon – mehr erlaub ich nicht.«
In der ›Familienkonferenz‹ haben wir ein besseres Prinzip entwickelt. Es sieht folgendermaßen aus:
Kinder brauchen von ihren Eltern eine Information, der sie entnehmen können, ob ihr Verhalten akzeptabel oder nicht-akzeptabel ist. Wenn es nicht-akzeptabel ist, ist es den Kindern lieber, die Veränderungen selbst vorzunehmen, die ihr Verhalten akzeptabel machen – sie ziehen es vor, die Grenzen selbst zu setzen. Im Konfliktfall möchten die Kinder an der Problemlösung teilnehmen. Nach Möglichkeit soll jede Entscheidung, die ihr Verhalten begrenzt, auch für sie akzeptabel sein.
Kinder brauchen Grenzen, sicher, aber keine Grenzen, die ihnen aufgezwungen werden. Vielmehr sollten sie die Grenzen selbst wählen oder es sollten Grenzen gefunden werden, die in gegenseitiger Übereinstimmung gesetzt wurden. Die Aufgabe von Methode I heißt nicht, daß Grenzen fortan in der Familie unbekannt seien. Gewöhnlich bedeutet sie *mehr* Grenzen und Regeln – und sie lassen sich leichter befolgen! Sobald Eltern dies Prinzip erst einmal verstanden haben, sind sie lange nicht mehr so versessen auf elterliche Macht.

Die Wahrheit über elterliche Macht

Die Eltern mögen sich noch so sehr dagegen gewehrt haben, elterliche Macht und Autorität zugunsten der Niederlage-losen Methode aufzugeben, im Anschluß an den Kurs kommt es häufig zu überraschenden Eingeständnissen:
»Methode I funktionierte sowieso nicht.«
»Ich habe mich selbst gehaßt, wenn ich von meiner Macht Gebrauch gemacht habe.«
»Ich habe immer Schuldgefühle gehabt, wenn ich die Kinder bestrafte.«
»Ich hatte Angst, auf meine Autorität zu verzichten, obwohl ich der

Meinung war, sie bewirke nichts.«

Es ist in der Tat merkwürdig, von Eltern solche Äußerungen über Macht und Autorität zu hören, nachdem sie sie noch kurz zuvor so heftig verteidigt hatten. Ein Ehepaar, Fran und Karl, teilten uns mit:

Fran: Karl war bei seinem ersten Kommen durchaus nicht mit dieser Methode einverstanden. Er machte kein Hehl daraus, daß nach seiner Meinung die einzige Weise, mit Kindern umzugehen, in Schlägen und Anschreien bestünde.

Karl: Ja, wissen Sie, Ben konnte ich in seinen Gefühlen allein dadurch verletzen, daß ich ihn anblaffte. Ich konnte ihn wirklich verletzen. Für ihn war das schlimmer, als hätte ich ihn geschlagen. Bei Mark war das ganz anders. Ihm machten auch Schläge keinen Eindruck. Er sagte: »In Ordnung, Papa, schlag mich ruhig, ich mach doch, was ich will. Schlag mich, wenn es dir Spaß macht.«

Fran: Erinnerst du dich an den Abend, als er die zehn Wörter schreiben lernen sollte? Er sagte: »Du kannst sagen was du willst, aber ich lern das nicht.« Hast du ihn eigentlich geschlagen, ich weiß das nicht mehr recht?

Karl: Ja, das habe ich.

Fran: Eine Stunde lang hat er sich an den zehn Wörtern aufgehalten, dann ging er in die Schule und hat nur eins von den zehn richtig geschrieben.

Karl: Ja. Nur ein Wort! Als wir in der nächsten Woche im Kurs von diesem Vorfall berichteten, haben wir viel Gelächter damit geerntet.

Oder nehmen wir die Mutter, deren Mann darauf drang, daß sie Methode I verwendete:

»Mein Mann sagte stets: ›Es ist deine Pflicht, dafür zu sorgen, daß er seine Hausaufgaben macht. Er muß täglich zwei Stunden in seinem Zimmer arbeiten. Wenn du eine gute Mutter bist, sorgst du dafür.‹ Ich habe alles versucht – zum Beispiel habe ich ihm sechs Monate lang das Fernsehen verboten, woran er sich nie hielt. Das funktionierte alles nicht. Er mußte in seinem Zimmer bleiben, aber er saß nur da und starrte die Wände an. Er war sehr unglücklich und wir auch.«

Eine andere Mutter schilderte, wie unwirksam ihre Versuche blieben, ihre Macht zur Geltung zu bringen:

»Ich wollte Betty nicht erlauben, per Anhalter zu fahren. Sie sollte es nicht tun! Das Problem war aber, daß die Anordnung ohne Wirkung blieb. ›Du wirst es nicht tun‹, hieß für sie, daß sie sich davonschlich und es doch tat. Und ich wußte, daß sie es tat.«

Dieselbe Mutter berichtete uns, wie sehr sie es haßte, gegenüber ihren Kindern im Vorschulalter auf ihre Macht zu pochen:
»Immer noch nehme ich zur Macht meine Zuflucht. Es gelingt mir nicht, das Problem des Schuhezubindens zu lösen. Es ist so leicht, in all diesen alltäglichen Dingen den Kindern zu befehlen. Weniger leicht ist es aber, diese Befehle alle fünf Minuten zu geben, weil die Kinder dann nicht mehr zuhören. Wissen Sie, immer und immer wieder nörgele ich an ihnen herum. Ich hasse das! Es hängt mir zum Halse heraus. Ich wähle den bequemen Weg und gebe dem Kind einen Befehl. Dabei hoffe ich, es wird das Problem lösen. Aber das tut er nicht. Ich fange an zu schreien. Und das bleibt erst recht ohne Wirkung.«
Andere Eltern haben berichtet, daß sie schreckliche Schuldgefühle empfanden, wenn sie von ihrer Macht Gebrauch machten. Dies gilt besonders für die Fälle, in der sie körperliche Gewalt in irgendeiner Form anwendeten. Ich habe den Eindruck, daß es die meisten Eltern wenig befriedigt, wenn sie jemandem wehtun, der kleiner und schwächer ist als sie. Natürlich tut es ihnen weh, denen Schmerz zuzufügen, die sie lieben. Ebensowenig bereitet es den Eltern älterer Kinder Vergnügen, ihren Sprößlingen etwas zu verbieten, was diese sich sehr wünschen. Wenigen Menschen macht es Spaß, sich in der Rolle eines Alleinherrschers oder strafenden Elternteils zu wissen. Dabei spielt es keine Rolle, wie geistreich oder logisch die Argumentation ist, mit der sie den Machtgebrauch zu rechtfertigen versuchen.
Als Psychologe habe ich während des Studiums einiges über die »autoritäre Persönlichkeit« gelernt. Vor allem machte ich dabei die Bekanntschaft eines Buches, in dem eine Reihe von Untersuchungen zusammengetragen wurden. Sein Titel lautet »The Authoritarian Personality«. Ich kam zu dem Schluß, daß die Erde voller Menschen sei, deren Persönlichkeit sie zum Gebrauch von Macht und Autorität vorherbestimmte. Deshalb erwartete ich, als ich mit dem Programm der ›Familienkonferenz‹ begann, daß eine große Zahl der Eltern dieser Stereotype entsprechen würden. Wahr ist, daß die meisten Eltern, die sich für den Kurs anmeldeten, die Methode I verwendeten, um ihre Kinder zum Gehorsam zu erziehen. Doch mit wenigen Ausnahmen hat der überwiegende Teil die Alternative, die wir anzubieten hatten, begrüßt. Die meisten zeigten sich erleichtert, die Schuldgefühle erzeugende Rolle des strafenden Elternteils aufgeben zu können. Viele haben später zugegeben, daß die Macht und Autorität, auf die sie sich bislang verlassen hatten, sowieso nicht die erwünschte Wirkung zeitigte.

Deshalb bin ich zu der Hypothese gekommen, daß ein großer Teil der Eltern, die als »autoritär« zu klassifizieren wären, keine »autoritären Persönlichkeiten« sind. Ihre Handlungsweise ist auf den Umstand zurückzuführen, daß sie nur eine Alternative zur Macht sehen, die Nachgiebigkeit. Und diese Rolle schätzt niemand – in *keiner* Beziehung. Man zeige diesen angeblich autoritären Personen eine dritte Methode – ein machtfreies, Niederlage-loses Verfahren, das ihnen gestattet, auch ihre Bedürfnisse zu befriedigen – und sie werden sich erleichtert und dankbar zeigen (zumindest nach anfänglicher Skepsis).
Wenn ich Recht habe, besteht durchaus Anlaß zum Optimismus. Dann ist die Möglichkeit gar nicht so von der Hand zu weisen, daß wir unsere Gesellschaft von all der Gewalt, dem Vandalismus, der Rachsucht und Brutalität befreien können, die heute ihr Bild so sehr bestimmen. Jenes Verhalten, das wir »die Unmenschlichkeit des Menschen gegenüber dem Menschen« genannt haben, könnte in hohem Maße abgebaut werden, wenn einem möglichst großen Personenkreis diese menschlichen Methoden zur Konfliktbewältigung vermittelt werden könnten.
In den nächsten Kapiteln werden wir Einblick erhalten in die Familien, die unsere machtfreien Methoden anzuwenden versuchen. Wir werden ihre Mühe ebenso wie ihre Erfolge beobachten können. Jeder mag für sich selbst beurteilen, ob mein Optimismus gerechtfertigt ist.

X Verwendung der Niederlage-losen Methode: Probleme und Lösungen

Den Eltern fällt es nicht nur schwer, das Konzept der Niederlage-losen Konfliktbewältigung im Prinzip zu akzeptieren, sondern es wurde uns auch von vielen Schwierigkeiten in der Praxis berichtet. Offensichtlich haben die Absolventen mehr Probleme bei der Anwendung der Niederlage-losen Methode als mit den Techniken des Zuhörens und der Konfrontation. Damit soll nicht gesagt sein, daß die Niederlage-lose Methode allen Eltern schwerfällt. Wir haben auch mit Eltern gesprochen, die die Methode effektiv und erfolgreich anwendeten. Dabei kam es häufig zu erstaunlichen Ergebnissen.

In diesem Kapitel will ich auf die Schwierigkeiten eingehen und anschließend Hinweise geben, wie diese unter Umständen vermieden werden können. Im folgenden Kapitel werde ich zeigen, wie man sich der Niederlage-losen Methode mit Erfolg bedienen kann.

Wir sind auf eine Vielfalt von Problemen gestoßen, die Eltern bei der Anwendung der Niederlage-losen Methode hatten. In unseren Interviews und Fragebogen zeigten sich jedoch bestimmte immer wiederkehrende Themen und Verhaltensmuster. In manchen Familien scheiterte der Niederlage-lose Problemlösungsprozeß aus Zeitdruck. Zahlreiche Eltern fanden es leichter, in ihre alten Gewohnheiten zurückzufallen. Sie begannen wieder, ihren Kindern gegenüber ihre Macht und Autorität auszuspielen – in manchen Fällen kehrten sie sogar zu Schlägen und anderen Formen körperlicher Gewalt zurück. Andere Eltern hielten nicht durch. Sie brachten nicht die nötige Geduld auf, um ihre Kinder dazu zu bewegen, sich an die eingegangenen Verpflichtungen zu halten. Wieder andere Eltern konnten der Versuchung nicht widerstehen, Befehle zu geben, besonders wenn sie es mit sehr kleinen Kindern zu tun hatten. Eine Handvoll Eltern wurde schließlich von ihren ersten Versuchen mit der Methode III so entmutigt, daß sie den Versuch zur Problemlösung voller Verzweiflung aufgab.

Jemand drückte das so aus: »Es ging völlig daneben – das reinste Fiasko!«

Zeitdruck und Unterbrechungen

Die Problemlösung braucht ihre Zeit. Manche Eltern können sie nicht im notwendigen Umfange erübrigen, um die Niederlage-lose Methode effektiv zu verwenden. Im folgenden Auszug macht ein Vater dieses Zugeständnis:

»Wir halten diese kleinen Konferenzen – diese Problemlösungssitzungen – zu selten ab. Immer sind wir beschäftigt. Ich bin selbst Schuld daran. Immer bin ich unterwegs, arbeite wie ein Wilder, um das Schiff flott zu halten. Auch mein Sohn hat ständig etwas vor, nicht anders mein kleines Mädchen. Da ist es schwierig, eine Zeit zu finden, da niemand in Eile ist und alle entspannt sind.«

Eine Mutter berichtete, wie wenig Erfolg sie hatte, ihre Kinder zu einer Problemlösungssitzung zu bekommen:

»Sie konnten sich einfach auf keinen Zeitpunkt einigen. Sie wollten nicht darüber reden. Eines von ihnen las: also war es nicht der richtige Zeitpunkt, um das Problem zur Sprache zu bringen. Das andere Kind sagte: ›Warum fängst du jetzt davon an?‹ Es war also wohl ein schlechter Zeitpunkt. Aber es ist ziemlich schwierig, überhaupt irgendeinen Augenblick zu finden, wo sie gerade nichts vorhaben.«

Ein Vater äußerte sich wie folgt zum Zeitdruck:

»Auch Gary, mein Sohn hat sich über die Dauer des Problemlösens beklagt. Die Kinder haben irgend etwas Dringendes vor – zum Beispiel wollen sie fort. Oder das Problem ergibt sich, wenn wir praktisch schon zur Tür hinaus sind. Dann geraten wir unter Zeitdruck. Das Problem verliert aber an Bedeutung, wenn man wartet und später darüber reden will.«

Es überrascht durchaus nicht, daß so viele Eltern Schwierigkeiten haben, ihre Kinder zu einer Problemlösungs- oder Konfliktbewältigungssitzung zu versammeln. Vor allem gewinnen Kinder (ebenso wie Erwachsene) der Vorstellung wenig Geschmack ab, sich einem Konflikt zu stellen und sich dem häufig sehr unangenehmen Prozeß einer Konfrontation auszusetzen. Sie müssen eine Lösung erarbeiten und sich darüber hinaus dazu verpflichten, ihr Verhalten zu modifizieren. Die meisten Menschen ziehen es vor, der Bewältigung eines Konfliktes aus dem Wege zu gehen. Es ist leichter und bequemer zu lesen, fernzusehen oder das Problem in anderer Weise aufzuschieben oder zu vermeiden. Man hofft, es werde sich von allein geben.

Eltern müssen schon recht nachdrückliche Ich-Botschaften senden, wenn sie ihre Kinder zu einer Konfliktbewältigungssitzung bewegen wollen:

»Es ist erforderlich, daß dieses Problem sofort gelöst wird, weil ich nicht bereit bin, meine Bedürfnisse noch länger zurückzustellen.« »Dieses Problem muß gelöst werden, weil ich darüber verdammt unglücklich bin.«

»Ich weiß, daß ihr im Augenblick beschäftigt seid, aber ich möchte, daß wir uns mit diesem Problem auseinandersetzen, sobald ihr fertig seid. Wann ist das der Fall?«

»Ich weiß, daß ihr keine Lust habt, darüber zu sprechen, aber ich wünsche es! Ich habe keine Lust, die Dinge so weiterlaufen zu lassen.«

Einige Eltern, die wir interviewt haben, erzählten uns von den Techniken, die sie verwenden, um Unterbrechungen vorzubeugen: sie nehmen den Telefonhörer ab, sorgen dafür, daß keine Bekannten hereinplatzen, setzen einen bestimmten Zeitpunkt am folgenden Tag fest, wählen einen Zeitraum, da keine Fernsehsendung läuft, die irgendjemand besonders interessiert usf.

In dem Bericht einer Mutter fand sich ein ganz deutlicher Hinweis dafür, warum ihre Kinder solchen Problemlösungssitzungen gewöhnlich ausweichen. Der Leser mag prüfen, ob er selbst den Grund entdeckt.

»Ich sagte: ›Wenn ich euch bitte, daß ihr die Türen abschließen sollt, dann finde ich, daß ihr das tun müßt. Wenn ich euch jeden Abend daran erinnern muß, ist das ein Problem für mich. Ich muß mich immer noch darum kümmern, aber ich möchte, daß ihr die Verantwortung dafür übernehmt ... Außerdem ist da die Frage der Disziplin – ihr kümmert euch nicht darum, wenn ich euch um irgendetwas bitte.‹ Daraufhin sagte er: ›Ich weiß auch nicht, was man da tun kann ... Du möchtest, daß ich mich darum kümmere, und ich tue es nicht.‹ Ich antwortete: ›Das ist richtig. Ich möchte die Gewißheit haben, daß du meinem Wunsch nachkommst, wenn ich dich um etwas bitte, das notwendig ist.‹«

Der Bericht zeigt sehr deutlich, warum die Kinder in dieser Familie den Problemlösungsprozeß sabotieren. Die Mutter bedient sich immer noch »der Sprache der Autorität« – sie erwartet Gehorsam von ihrem Sohn, möchte daß er sich um das »kümmert«, was sie sagt. Sie möchte die Gewißheit haben, daß »getan wird«, was sie anordnet. Diese Einstellung ist mit der Niederlage-losen Methode nicht zur Deckung zu bringen.

Das Prinzip heißt: Die Niederlage-lose Methode bleibt ohne Wirkung, wenn die Absicht eines Elternteils besagt: Ich siege, du verlierst.

Die Tatsache, daß die Niederlage-lose Problemlösung ihre Zeit braucht, ist denen, die sie mit Erfolg anwenden, sicherlich bekannt – ob es sich nun um Verantwortliche aus Wirtschaft und Verwaltung oder um Eltern handelt. Sie wissen aber auch aus Erfahrung, daß sie ihnen auf lange Sicht Zeit *spart*. Warum? Weil das Problem mit großer Wahrscheinlichkeit für immer vom Tisch ist, wenn es von den beteiligten Personen so gelöst wurde, daß die Bedürfnisse aller befriedigt und alle die Lösung akzeptiert haben. Wenn das Problem zur Zufriedenheit aller gelöst ist, sind sie auch alle motiviert, die Lösung zu verwirklichen.

»Mit Kindern geht das wirklich nicht«

Anders als dem aktiven Zuhören und der Ich-Botschaft wird der Niederlage-losen Methode von manchen Eltern zum Vorwurf gemacht, sie funktioniere nicht. Einige Eltern konnten sich anfangs nicht dazu überwinden, sie auszuprobieren. Entweder vertrauten sie ihren Kindern zu wenig oder die Methode nahm sich zu fremd in ihrem Familienleben aus.
»Als ich mit dem Problemlösen anfing, dachte ich: ›Oh nein, das ist einfach zu lächerlich – ich kann mich nicht hinsetzen und es wirklich versuchen.‹ Ich konnte mir nicht vorstellen, daß ich wirklich mit den Kindern auf diese Weise umgehen würde. Ich war davon überzeugt, daß sie mir nicht zuhören und sich nicht um die Abmachung kümmern würden. Sie würden ihren Kopf durchsetzen wollen, und nichts anderes ... Ich war sehr mutlos. Ich dachte: ›Das wird nie gut gehen.‹«
Oder hören wir diese Mutter, die meinte, ihr fehlten alle Voraussetzungen für die neue Methode:
»Sie soll im Dunkeln nicht mit dem Fahrrad fahren. Manchmal tut sie es aber trotzdem. Sie hat die Gewohnheit, überall Besuche abzustatten, ohne uns mitzuteilen, wo sie ist ... Das ist das Problem. Ich weiß, daß wir uns hinsetzen sollten und es ausdiskutieren müßten ... Als wir die Methode im Kurs durchgearbeitet haben, erschien alles so einfach und selbstverständlich. Im Alltag funktioniert es aber nicht. Natürlich muß ich zugeben, daß ich es nicht versucht habe ... Deshalb muß ich das Buch noch einmal lesen. Ich weiß einfach nicht weiter. Von dem, was ich gelernt habe, habe ich die Hälfte schon wieder vergessen.«
Ein Vater erzählte, daß er in der Firma eine ganz andere Einstellung zur Problemlösung hat als zu Hause:
»Sie macht viel Arbeit, kostet viel Zeit. In der Firma nehme ich an einer Sitzung teil, praktiziere das aktive Zuhören und teile den Leuten mit, was

ich empfinde, zu Hause geht das nicht... Weder habe ich die Geduld noch den Mut, es konsequent durchzuführen.«

Zweifellos erscheint die Niederlage-lose Methode vielen Eltern zu Hause deshalb so fremd oder undurchführbar, weil sie niemals Gelegenheit hatten, die Methode als Kinder in ihrer Familie zu erleben. Ihr Urteil, daß »Kinder sich nicht darum kümmern« oder »ihren eigenen Kopf durchsetzen wollen«, wird wohl von der Erinnerung an ihre eigene Kindheit bestimmt, von dem Klima der Siege und Niederlagen in ihrer eigenen Familie. Wie läßt sich solchen Menschen, die nun selbst Eltern sind, helfen, den Sprung zu wagen, und mit ihrer Gewohnheit zu brechen?

Auch ich habe kein todsicheres Rezept – nur einige Vorschläge, die vielleicht nützen.

Erstens: Erproben Sie anfangs die Niederlage-lose Methode bei weniger wichtigen Konflikten. Wählen Sie Vorfälle, in denen keine starken Emotionen im Spiel sind.

Beispiele: »Wie wollen wir alle zusammen das lange Wochenende verbringen?« »Was wollen wir in der nächsten Woche, wenn deine Freundin Emmi zu Besuch kommt, tun, damit ihr es möglichst schön habt, aber auch wir?« »Wie könnten wir das Problem lösen, das ich deshalb habe, weil ich morgens drei- oder viermal aufstehen muß, damit du rechtzeitig zur Schule kommst?«

Wenn Eltern mit solchen »präventiven Problemlösungs«-Situationen beginnen, wird ihnen die Methode nicht nur weniger schwierig erscheinen, sondern sie werden auch Gelegenheit haben zu erleben, wie bereitwillig Kinder Lösungen akzeptieren, die ihren Eltern helfen (natürlich vorausgesetzt, daß auch *ihre* Bedürfnisse berücksichtigt sind).

Zweitens: Wählen sie ein Problem aus, das ihr Kind unglücklich macht, weil seine Bedürfnisse bislang nicht berücksichtigt wurden. Bei solchen Problemen kann das Kind tatsächlich durch die Problemlösung etwas gewinnen.

Beispiele: »Du kannst es nicht ausstehen, wenn Mami oder Papi dir jeden Abend sagen, daß du ins Bett gehen sollst. Wir wollen sehen, ob wir irgendeine Lösung entdecken können, die du und die wir akzeptieren können.« »Du magst Eier nicht besonders und ich hasse es, deswegen jeden Morgen meckern zu müssen. Ich würde mich freuen, wenn du und ich gemeinsam irgendeine Lösung finden würden, mit der wir beide zufrieden sind.«

Sobald die Kinder gemerkt haben, daß *sie* durch die Problemlösung erheblich gewinnen können, werden sie weit eher dazu bereit sein, auch wenn es später einmal um Probleme geht, die ihre *Eltern* an der Befriedigung ihrer Bedürfnisse hindern.

Wenn Kinder während der Problemlösung hinausgehen

Einige Eltern haben berichtet, daß ihre Kinder bei dem Versuch zur Niederlage-losen Problemlösung unruhig oder gelangweilt erschienen. Manchmal gingen sie auch einfach hinaus:

»Ich erinnere mich an das erste Mal, als wir das Problem der unangenehmen Arbeiten im Hause verhandelten. Mitten drin wurden die Kinder es müde und sagten: ›Wir haben es jetzt satt.‹ ... Da hörten wir auf, und sie gingen hinaus und spielten. Später nahmen wir das Thema wieder auf und beendeten es.«

Eine Mutter machte eine ähnliche Erfahrung:

»Ich sagte, daß ich gern mehr Hilfe im Haus haben würde. Ich könne nicht alles allein machen. ›Ich arbeite in der Gemeinde, und ich brauche wirklich Hilfe – ich weiß nicht, was man da tun kann. Wollen wir sehen, welche Lösungen wir gemeinsam entdecken können?‹ Sie zeigten sich nicht sehr aufgeschlossen. Zu diesem Zeitpunkt wollten sie nicht darüber sprechen. ›Können wir nicht später darüber reden‹«, sagten sie. Ich antwortete: ›In Ordnung, wann wäre es euch recht?‹ Eines sagte: ›Überhaupt nicht.‹ Sie hatten keine Lust dazu. Ein anderes sagte: ›Ich kann diese kleinen Konferenzen nicht ausstehen.‹«

In solchen Situationen stehen Eltern verschiedene Handlungsweisen zur Verfügung. Als erstes würde ich empfehlen, auf aktives Zuhören »umzuschalten«. Man sollte herausfinden, *warum* sie keine Lust haben. Möglicherweise kann man sein Vorgehen dann entsprechend korrigieren.

Zweitens kann man einen späteren Zeitpunkt vereinbaren, vorausgesetzt man ist mit einer solchen Verschiebung wirklich einverstanden. Wenn nicht, ist eine starke Ich-Botschaft angebracht – wie zum Beispiel: »Wenn ich ein Problem habe und ihr das nicht zur Kenntnis nehmt oder fortgehen wollt, bin ich wirklich verletzt und habe das Gefühl, daß ihr euch nicht um mich kümmert.« Haben Sie keine Angst, ehrlich zu sein.

Die meisten Kinder ziehen einen angenehmen Status quo bei weitem der Verpflichtung vor, ihr Verhalten zu verändern. Es ist mühevoll, Probleme zu lösen (und Kinder empfinden es selten als angenehm, sich anhören zu müssen, daß ihr Verhalten ihre Eltern unglücklich macht). Folglich müssen Sie ihnen klarmachen, wie ernst das Problem für *Sie* ist.

Eine Warnung: Wenn Sie zu nachgiebig sind und Ihre Kinder aus einer solchen Problemlösungssitzung vorzeitig entlassen, werden diese rasch lernen, Ihre späteren Versuche durch ähnliches Ausweichen zu sabotieren.
Eine Mutter, eine Lehrerin, beschrieb, wie wichtig diese Problemlösungssitzungen mit ihren Kindern für sie geworden sind:
»Es ist wie mit der Ehe. Wenn man dort eine gute Beziehung wünscht, muß man ständig an ihr arbeiten. Soll alles nach Wunsch gehen, darf man es zu keiner Zeit an der nötigen Offenheit fehlen und die Dinge ungeklärt lassen. Die Problemlösung ist immer erfolgreich, es sei denn, irgend jemand ist nicht bereit, seine Gefühle über irgendeine Schwierigkeit mitzuteilen. Dann kann sie natürlich nicht aufgearbeitet werden.«

Wenn Kinder sich nicht an ihre Vereinbarungen halten

Die Niederlage-lose Methode macht es viel *wahrscheinlicher*, daß Kinder ihre Verpflichtungen einhalten. Aber sie ist natürlich keine Garantie dafür. Das erfahren Eltern rasch, besonders wenn sie es mit kleineren Kindern zu tun haben. Unsere Interviews lieferten viele Beispiele dafür. Man kann in ihnen aber auch entdecken, auf welch einfallsreiche Lösungen die Eltern verfielen.
Eine Mutter berichtet, daß ihre beiden Töchter ihren Teil des Handels ganz und gar nicht einhielten. Es ist zugleich ein Beispiel dafür, wie Eltern auf solch ein Problem keinesfalls reagieren sollten:
»Barbie hatte mit mir vereinbart, daß sie ihr Badezimmer selbst sauber hielt – es wird häufig von Gästen benutzt. Oft sah es dort schlimm aus! Sue hatte versprochen, die Zeitungen um das Haus herum aufzusammeln. Aber schon in der nächsten Woche vernachlässigte Barbie ihre Aufgabe, während Sue sich stets an die Vereinbarung hielt. Barbie hatte die besten Absichten, aber es war eine anstrengende Woche für sie. Am Wochenende wurde jedoch deutlich, daß es nicht funktionierte. Schließlich tat auch Susie ihren Teil nicht mehr. Ich sagte irgend etwas wie: ›Das Papier liegt immer noch draußen‹ oder ›Sammelst du das Papier auf?‹ Vielleicht begann ich auch, es selbst zu machen. Ja, wahrscheinlich war es das. Jedenfalls muß ich zugeben, daß es ein Mißerfolg war.«
Ohne es zu wollen, vermittelte diese Mutter Barbie und Sue den Eindruck, sie brauchten sich nicht an gemeinsame Entscheidungen (Übereinkünfte) oder Verpflichtungen (Versprechen) zu halten. Denn schließ-

lich würde sich die Mutter ja doch ihrer Pflichten annehmen. Eine ganz andere Lehre hätten die beiden Mädchen erhalten, wenn ihnen die Mutter eine starke Ich-Botschaft gesandt hätte. Sie hätte den Kindern darin genau mitteilen müssen, wie ihr angesichts der Tatsache zumute war, daß die Mädchen ihre Vereinbarung nicht einhielten – z. B.: »Wenn wir eine Vereinbarung treffen und ihr sie nicht einhaltet, bekomme ich nicht die Hilfe, die ich brauche. Dann werde ich wütend.«

Einige Eltern verfallen in den Fehler, ihr Heil dann wieder bei Methode I zu suchen. Sie versuchen das Problem, das durch den Bruch der im Rahmen von Methode III getroffenen Vereinbarungen entsteht, mittels ihrer Macht zu lösen, wie wir im folgenden Beispiel beobachten können:

»Morgens pflegten die Kinder den Kühlschrank zu plündern. Wir sind nun aber auf die Lebensmittelmarken der Wohlfahrt angewiesen. Deswegen ist das Essen bei uns für die ganze Woche eingeteilt. Wir lösten die Frage in einem Problemlösungsprozeß und entschieden uns gemeinsam für folgendes: In den Eisschrank sollte eine ›Aufwach-Schachtel‹ gestellt werden – ein Schuhkarton mit Obst und einem kleinen Imbiß, Erdnußbutterschnitten und irgendeiner Überraschung. Sie durften sich aus dem Karton nehmen, was sie wollten – aber nicht mehr. Ich hielt das für eine ideale Lösung und sie ebenfalls. Am nächsten Morgen fehlte eine Packung Hot dogs. Als hätten wir überhaupt keine Lösungsversuche unternommen... Ich mag ihnen gar nicht sagen, was wir daraufhin taten: wir schlossen die Kinder in ihre Zimmer ein, bis wir aufgestanden waren.«

Der Rückgriff auf die Macht, wenn Kinder sich nicht an ihre Verpflichtungen halten, macht das eigentliche Ziel der Niederlage-losen Problemlösung zunichte: den Kindern mehr Verantwortungsbewußtsein und Selbstdisziplin zu vermitteln. Außerdem straften die Eltern die Kinder in dem Moment, als sie sie in ihren Zimmern einsperrten. Damit beschworen sie aber auch alle Gefahren der Strafe herauf: Groll, Feindseligkeit, Rachsucht, Unehrlichkeit und ähnliche Haltungen.

Noch einmal möchte ich allen Eltern empfehlen, es in solchen Situationen mit starken Ich-Botschaften zu versuchen, statt sich auf ihre Machtmittel zu besinnen.

Vielleicht hilft es den Eltern, wenn sie sich ihrer eigenen Kindheit erinnern – wie schwer es ihnen damals fiel, Verpflichtungen einzuhalten und wie verführerisch die Hoffnung war, die Eltern würden es schon nicht allzu schwer nehmen, wenn man sich nicht an solche Vereinbarungen hielt. Verantwortungsbewußtsein und Vertrauenswürdigkeit lassen sich nicht im ersten Anlauf lernen. Sie müssen geübt werden, wie

Klavierspielen oder Tennis. Dabei stehen den Eltern verschiedene Möglichkeiten zur Verfügung, den Lernprozeß zu beschleunigen:
Sie könnten Ich-Botschaften senden.
Sie können auf aktives Zuhören umschalten.
Sie können eine stärkere Ich-Botschaft senden.
Sie können einen neuen Problemlösungsprozeß in Gang setzen, um festzustellen, ob sich eine bessere Lösung finden läßt.
Sie können in einem Problemlösungsprozeß zu klären versuchen, warum das Kind sich nicht an die Verpflichtungen hält.
Natürlich können Eltern trotz all dieser ihnen zur Verfügung stehenden Möglichkeiten fragen: »Aber was ist, wenn alles nichts nützt?« In allen Interviews ist uns nur von einem einzigen Kind berichtet worden, das fortgesetzt gegen eine Vereinbarung verstieß, obwohl wiederholte Versuche gemacht wurden, es durch machtfreie Methoden zu beeinflussen. Es handelte sich um ein 18jähriges Mädchen, das sich damit einverstanden erklärt hatte, den Stall sauberzuhalten, wenn ihre Eltern ihr ein Pferd kauften. Sie tat es aber nicht. Man stellte sie zur Rede. Sie sagte, sie sei bereit, den Stall auszumisten. Die Tage vergingen, der Stall wurde nicht gesäubert. Abermals wurde sie dazu aufgefordert. Wieder versprach sie, sich zu bessern. Der Vater der Mädchens, ein sehr wortgewandter Arzt, beschrieb die Situation wie folgt:
»Schließlich war ich nicht mehr bereit, es zu akzeptieren. Das Pferd wurde aus dem Stall entfernt. Drei Monate später wollte sie das Pferd zurück. Das ganze begann von vorne. Sie hielt sich nicht an den Vertrag. Was sollten wir tun? Wie hätten Sie sich an unserer Stelle verhalten? Wenn mich Menschen immer wieder enttäuschen, lasse ich sie schließlich links liegen. Ich habe dann das Gefühl, daß ihnen nichts an mir oder unserer Beziehung liegt. Sonst würden sie sich mir gegenüber anders verhalten. Wissen Sie, entscheidend für unser Dasein ist, daß man sich auf die Menschen verlassen kann, zu denen man in enger Beziehung steht – das müssen junge Menschen nach meiner Überzeugung lernen. Manchmal ist es schwer. Wenn unsere Kinder es jetzt lernen können, werden sie viel weniger Schwierigkeiten als Erwachsene haben und viel glücklicher sein ... Schließlich sagte ich: ›Dottie, meine Geduld ist erschöpft. Ich habe dir immer wieder gesagt, daß du dich um dein Pferd kümmern und den Stall sauber halten mußt. Du hast dich geweigert, es zu tun. Es tut mir leid, aber dein Pferd kommt fort. Ich möchte, daß das Pferd am Freitag nicht mehr auf dem Grundstück ist.‹ Am Freitag war das Pferd nicht mehr da ... Das Mädchen ist jetzt 18 Jahre alt. Ich finde, wenn man in diesem

Alter überhaupt kein Verantwortungsbewußtsein hat, ist es eine schlimme Sache. Schlimm für sie, denn wann soll sie es noch lernen? Sicherlich wird sie es mit der Zeit lernen. Es ist eine Frage des Wertsystems, das sie ihrer Beziehung zu anderen zugrunde legt. Das muß sie begreifen.«

Wahrscheinlich würden wenige Eltern diesem Vater widersprechen. So wie er die Sache darstellt, würde ich es wohl auch nicht. Aber die Erfahrung rät mir, mich meines Urteils zu enthalten, da ich nicht weiß, was Dottie denkt. Vielleicht gibt es ein tieferliegendes Problem – eine versteckte Absicht. Aus der Niederschrift des Interviews läßt sich das nicht klären. Trotzdem ist mir klar, daß Verhandlungen (sagen wir zwischen zwei Nationen oder zwischen Gewerkschaften und Arbeitgeberverbänden) unmöglich sind, wenn eine Seite nicht daran denkt, sich an die getroffenen Vereinbarungen zu halten. Die Niederlage-lose Methode beruht auf Gegenseitigkeit. Sie setzt voraus, daß die Bedürfnisse beider Seiten befriedigt werden.

Wirklichkeitsfremde Lösungen von Kindern

Eher amüsant als ernst sind Problemlösungssituationen, in denen Kinder sich mit Lösungen einverstanden erklären, die wirklichkeitsfremd oder zu schwierig sind, als daß sie sie einhalten könnten. Im Überschwang der Problemlösungssitzung schlagen sie die unmöglichsten Lösungen vor und verpflichten sich dazu. Natürlich wissen die Eltern aus Erfahrung, daß sie nicht zu verwirklichen sind. Ein Fünfjähriger erklärt sich stolz und in der besten Absicht bereit, jeden Abend den Tisch abzuräumen und das Geschirr abzuwaschen. Das ist eine Aufgabe, die die meisten Erwachsenen als überaus lästig empfinden würden. Oder Ihr 12jähriger Junge erklärt sich bereit, jeden Samstag Ihre beiden Autos zu waschen.

Hier ist die Geschichte eines 5jährigen Mädchens, das sich verpflichtete, jeden Abend um 7.30 Uhr ins Bett zu gehen, obwohl sie daran gewöhnt war, bis 9 Uhr oder länger aufzubleiben.

»Ich sprach mit Jan darüber, daß sie morgens beim Wecken immer sagte, sie habe keine Lust, zur Schule zu gehen, weil sie so müde sei. Ich sagte: ›Es ist mir sehr lästig, ständig bei dir hereinzuschauen und dir beim Anziehen zu helfen. Dadurch fehlt mir die Zeit, mich anzuziehen, und dir, zu frühstücken.‹ Sie verstand, was ich meinte. So setzten wir uns hin und sprachen darüber. Sie sagte, sie sei morgens wirklich müde. Es war sehr

niedlich. Sie konnte nicht schreiben, aber sagte: ›In Ordnung, ich schreib meine Vorschläge auf.‹ Gleich darauf meinte sie: ›Ich geh unmittelbar nach meiner Fernsehsendung oder nachdem du mir eine Geschichte vorgelesen hast, schlafen – ich werde dann wirklich schlafen.‹ Das wäre um halb acht gewesen. Dabei pflegte sie um neun oder halb zehn ins Bett zu gehen. Sie konnte sich unmöglich daran halten – es war eine wirklichkeitsfremde Lösung ... Aber an diesem Abend ging sie um halb acht ins Bett. Nach fünf Minuten sagte sie, sie wolle eine Platte auflegen. Das tat sie. Fünf Minuten später kam sie aus ihrem Zimmer und sagte: ›Ich glaube nicht, daß das eine gute Lösung war.‹«

Die Mutter war damit einverstanden, es am folgenden Tag mit einer neuen Problemlösung zu versuchen. »Es war völlig unrealistisch, darauf einzugehen, aber die Lösung erschien ihr so einfach und einleuchtend, daß sie sich dazu verpflichtete. Abends dachte sie anders darüber.« Zwar bewundere ich die Mutter, daß sie an sich hielt und nicht eingriff, als Jan diesen Vorschlag machte, doch hätte der Mutter auch eine andere Möglichkeit offengestanden. Sie hätte sagen können: »Bist du sicher, daß du das wirklich willst? Das scheint mir doch sehr früh für ein Mädchen zu sein, das gewohnt ist, um 21.30 Uhr zu Bett zu gehen.« Vielleicht hätte Jan dann ihren ersten Vorschlag mit anderen Augen betrachtet. Der Vorteil einer solchen Botschaft liegt darin, daß das Kind sehr wahrscheinlich davon überzeugt wird, die Mutter interessiere sich wirklich für seine Bedürfnisse. Erinnern wir uns: kleinen Kindern fehlt es an der Erfahrung, sich zu vergegenwärtigen, wie leicht oder schwer eine Verpflichtung ist. Deshalb soll man zu Anfang nicht fest darauf pochen.

Auch bei einer anderen Sorte von Lösungsvorschlägen sollte man skeptisch sein. Wenn Sie wissen, daß Ihr Kind Schwierigkeiten hat, sich zu behaupten, wenn es allzu bereitwillig ist, seine eigenen Bedürfnisse zu verleugnen, um anderen zu gefallen, sollten Sie seine Vorschläge mit Vorsicht aufnehmen. Nehmen wir den kleinen Tim als Beispiel:

»Tim und Gina spielten mit einem Wagen im Wohnzimmer. Der Lärm störte mich beim Gespräch mit einer Freundin. Ich rief die beiden zu einer kleinen Problemlösungssitzung zu mir. Nach meiner Ich-Botschaft sagte ich: ›Versuchen wir einen guten Vorschlag zu finden, der uns alle glücklich macht.‹ Daraufhin sagte Tim: ›Wir spielen nicht mehr mit dem Wagen.‹ Eine typische Bemerkung für Tim: Stelle um Gottes willen jeden Erwachsenen zufrieden, mit dem du zu tun hast. Ich antwortete: ›Glaubst du, daß es dich glücklich macht, wenn du nicht mehr mit dem Wagen spielst? Ist das eine gute Lösung für dich?‹ Da mischte sich Gina ein und sagte: ›Nein,

nein, Tim, halt den Mund; ich mach das schon.‹ Sie schob ihn beiseite und sagte: ›Wir können in der Küche nicht spielen, weil uns der Mülleimer im Weg steht.‹ Ich antwortete: ›OK, ich nehm den Mülleimer raus. Könnt ihr dann in der Küche spielen?‹ Sie nickte und Tim sagte: ›Ja.‹ Ich nahm den Mülleimer heraus, und sie ließen sich im Wohnzimmer nicht mehr blicken.«

Hieraus haben wir die Lehre zu ziehen, daß einige Kinder allzu bereitwillig sind, aufzugeben und eine Lösung zu akzeptieren, die ihren Bedürfnissen nicht gerecht wird. Tims Schwester Gina kam ihm in diesem Beispiel zu Hilfe. Eltern sollten aber grundsätzlich darauf achten, ob solch ein Lösungstypus vorliegt und sehr genau prüfen, ob sich in dem Vorschlag des Kindes nicht zuviel Unterwürfigkeit und Selbstverleugnung ausdrückt.

Gibt es überhaupt eine Rechtfertigung für Macht und Strafe?

Einige Eltern haben in unserer Erhebung berichtet, warum sie sich – aus den vielfältigsten Gründen – doch dazu entschlossen (oder dazu getrieben wurden), auf ihre Macht- und Strafmittel zurückzugreifen. Die Interviews mit ihnen oder die von ihnen ausgefüllten Fragebögen sind eine sehr interessante Informationsquelle. Aus ihnen haben wir erfahren, wann die Eltern Macht anwendeten und warum sie meinten, das sei notwendig. Manchmal führte der Machtgebrauch, wie nicht anders zu erwarten, zu den erwünschten Ergebnissen, manchmal erwies er sich aber auch als zweischneidiges Schwert, was ebenfalls zu erwarten war. Manche Eltern bedauerten anschließend, daß sie von ihrer Macht Gebrauch gemacht hatten und berichteten von Schuldgefühlen. Andere verteidigten den Machtgebrauch und fühlten sich durchaus im Recht.

Ein Vater, ein Arzt, war sich offensichtlich der Nachteile und schädlichen Auswirkungen der Macht bewußt, doch rechtfertigte er ihre Verwendung, wenn die Gesundheit seiner Kinder auf dem Spiel stand:

»Wenn man sie in der Atmosphäre von Autorität, Befehlsgewalt und Kontrolle aufwachsen läßt, wird man sie verlieren ... Diese Erkenntnis hat meine Denkweise verändert – ich versuche nicht mehr, ihr Leben für sie zu leben ... Durch die ›Familienkonferenz‹ bin ich heute besser in der Lage, sie aus meiner Kontrolle zu entlassen ... Ich glaube mein entscheidendes Problem ist die Frage, wann sie schlafen müssen. Sie haben ihre Vorstellungen dazu, die ich mir zwar anhöre, aber es kommt der Moment,

wo ich ihnen Anordnungen geben muß, damit sie die Ruhe bekommen, die sie für ihre Gesundheit und Entwicklung brauchen ... Als Arzt weiß ich, wieviel Ruhe ihr Körper braucht. Der Schlaf – das ist die entscheidende Zeit für ihre körperliche Entwicklung ... Manchmal ist es einfach notwendig, einen Befehl oder eine bestimmte Anweisung auszusprechen.«

Zwar ist es logisch, was dieser Vater sagt und auch seine Absichten sind die allerbesten. Trotzdem frage ich mich, warum sich seine Ziele nicht ebensogut dadurch erreichen lassen sollten, daß Kinder und Eltern in einer Problemlösungssitzung klären, wie die Schlafenszeiten so zu regeln sind, daß Kinder genug Schlaf bekommen. Auf diesem Wege könnte er seinen Kindern sicherlich seine besonderen medizinischen Kenntnisse vermitteln, die zu berücksichtigen sie gar nicht umhin könnten. Macht oder Strafe wird also wohl von einigen Eltern nicht deshalb verwendet, weil die Niederlage-lose Methode versagt hätte, sondern sie versuchen es erst gar nicht. Nehmen wir ein anderes Interview als zweites Beispiel:

»Manchmal mache ich von meiner Macht rücksichtslos Gebrauch – jetzt wird dies oder das getan, ganz egal, was ihr dazu meint! Ich mache das, wenn ich das Gefühl habe, daß meine Bedürfnisse viel stärker als die ihren sind ... Ich sage ihnen: ›Wenn ihr irgend etwas nicht mehr braucht, räumt es weg.‹ Und manchmal, zum Beispiel samstags, wenn ich einen anstrengenden Tag hinter mir habe, sage ich: ›In Ordnung, ihr habt nicht getan, worum ich euch gebeten habe.‹ Oder manchmal treffe ich mit Chris eine Vereinbarung, und er hält sich nicht an sie, dann sage ich: ›OK, ich bestrafe dich.‹ Dann nehme ich ihm irgend etwas für zwei oder drei Tage weg.«

Auch hier wurde die Problemlösung gar nicht erst versucht. Statt dessen hat sich die Mutter von Anfang an für Macht- und Strafandrohung entschieden (schließlich hat sie sogar wirklich gestraft).

Das scheint nebensächlich zu sein, ist aber entscheidend und einer eingehenderen Betrachtung wert: Manche Eltern wenden Macht an oder drohen mit ihr, *bevor noch irgendein Konflikt vorliegt.* In jeder anderen Beziehung, sagen wir zwischen Mann und Frau, würde sich solch ein Verhalten recht merkwürdig ausnehmen. Nehmen wir an, ich sagte zu meiner Frau: »Liebes, könntest du den Anzug heute in die Reinigung bringen – ich habe dazu keine Zeit, weil ich in diese Sitzung muß.« Soweit so gut, aber was wäre, wenn ich dann hinzufügte: »Du machst das, ganz gleich wie du dazu stehst!«

Ich bin davon überzeugt, daß sie keine große Lust hätte, den Anzug zur

Reinigung zu bringen. Sie wäre über diesen »Machtmißbrauch« wütend. Unserer Beziehung würde das nicht gerade gut tun. Es gibt keinen Grund anzunehmen, daß Kinder anders reagieren.

Zahlreiche Eltern haben von Situationen berichtet, in denen sie den Machtgebrauch durch den Umstand gerechtfertigt sahen, daß das Kind vor irgendeiner Gefahr geschützt werden müsse:

»Ich bin nach wie vor der Meinung, daß es besonderer und unbedingt zu befolgender Regeln und Vorschriften bedarf, wenn man mit einem Gewehr des Kalibers 22 zum Schießstand geht. Ist das nicht der Fall, wird es unter Umständen jemand mit seinem Leben bezahlen. Es kann ein Unfall passieren, und der ist dann mein Problem. Ich bin verantwortlich für meinen Zehnjährigen, wenn er mit einem solchen Gewehr umgeht... Wenn ich ihn nicht sofort mit einer Ich-Botschaft beeinflussen kann, bin ich dazu gezwungen, mich eines Befehls zu bedienen.«

Soll dieser Vater von seiner Macht Gebrauch machen? Einige Absolventen unseres Kurses sind dieser Meinung. Häufig führen sie ähnliche Situationen an, um die Richtigkeit dessen infrage zu stellen, was in der ›Familienkonferenz‹ gelehrt wird – oder genauer, dessen, was wir ihrer Meinung nach lehren. Offensichtlich können einige Eltern nicht zur Deckung bringen, was das Familienkonferenzmodell empfiehlt und was nach ihrer Auffassung angemessenes elterliches Verhalten in solchen konkreten Alltagssituationen wäre.

In der Abbildung unten wird deutlich, wie ich die Situation mit dem Gewehr analysiere. Nehmen wir an, der Vater hat gesehen, daß sein 10jähriger Sohn mit dem geladenen und entsicherten Gewehr in das Auto steigt – offensichtlich eine sehr gefährliche Handlung und ganz gewiß

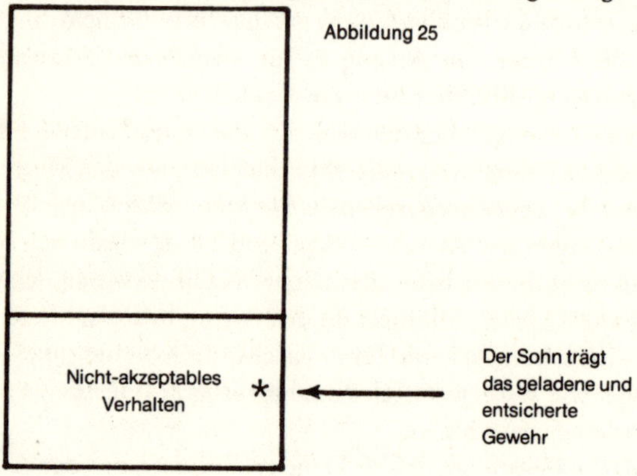

Abbildung 25

nicht-akzeptabel für den Vater. Das Rechteck des Vaters wird in Abbildung 25 dargestellt.
Wir empfehlen nicht-akzeptables Verhalten durch eine Ich-Botschaft zu modifizieren, statt es mit irgendeiner der zwölf Kommunikationssperren zu versuchen. Anstelle eines Befehls, den der Vater für notwendig und gerechtfertigt hielt, würde die Familienkonferenztheorie eine Ich-Botschaft vorschlagen, z. B.:
»Ich habe wirklich große Angst, wenn du das Gewehr geladen und entsichert trägst – es könnte losgehen und jemanden töten!«
Ich bin davon überzeugt, daß eine solche Botschaft genauso wirkungsvoll wäre wie der Befehl:
»Sofort sicherst du das Gewehr!«
Doch selbst wenn der Vater diesen Befehl gesandt hätte, würde ich ihn nicht unter Machtgebrauch einordnen. Ich würde sagen, der Vater hätte nur eine starke Du-Botschaft gesandt. Allerdings sagt mir meine Erfahrung, daß sie mit größerer Wahrscheinlichkeit zu Widerstand geführt und die Beziehung zum Sohn beeinträchtigt hätte. Aus diesem Grunde optieren wir für die Ich-Botschaft.
Nehmen wir nun an, die Ich-Botschaft brächte die erwünschte Verhaltenskorrektur nicht zustande. Vielleicht sagt der Sohn: *»Ich bringe schon niemanden um. Ich weiß, wie man mit einem Gewehr umgeht!«*
Damit befänden sich die beiden in einem Konflikt. Der Vater hätte die Wahl zwischen drei Methoden.
Methode I: »Sichere es, oder wir fahren nicht zum Schießstand.« Oder: »Gib mir sofort das Gewehr her!«
Methode II: »Na gut, aber sei vorsichtig.«
Methode III: »Es genügt mir nicht, daß du dich sicher fühlst. Ich bin es nicht, bevor das Gewehr nicht gesichert ist. Das müssen wir klären, bevor wir einen Schritt weitergehen.«
Ich bin mir zwar ziemlich sicher, daß Methode III hier Erfolg hätte – und der Beziehung weniger Schaden als die anderen zufügen würde – trotzdem würde ich es keinem Elternteil verargen, wenn er sich hier für das Feldwebelverfahren entscheiden würde, schon deshalb, weil ich selbst eine Heidenangst vor Schußwaffen habe. Für Methode II kann ich allerdings kaum Verständnis aufbringen.
Wenn der Vater in dieser Situation einen Befehl äußern sollte, würde ich ihm sehr empfehlen, daß er sich, nachdem sein Sohn das Gewehr gesichert hat, diesem gegenüber etwa wie folgt äußerte:
»Es tut mir leid, daß ich dir das so barsch befohlen habe, aber ich habe

wirklich einen Schreck bekommen und mochte nicht erst lange mit dir darüber sprechen.«

Die meisten Kinder würden das ohne weiteres einsehen. Andere Eltern beschrieben ähnliche Vorfälle. Das Prinzip bleibt aber dasselbe. Eine Mutter meinte, sie mache von ihrer Macht Gebrauch, wenn sie sagte: »In Ordnung, ihr Lieben, sobald ihr eure Sicherheitsgurte angelegt habt, können wir losfahren.« Wie nicht anders zu erwarten, kam es zu keinem Konflikt. Alle Kinder legten rasch ihre Sicherheitsgurte an. Für die Fahrerin bestand überhaupt keine Veranlassung, irgend*eine* der drei Methoden zur Konfliktbewältigung anzuwenden.

Was läßt sich zur körperlichen Gewaltanwendung sagen? Ist sie als Machtgebrauch zu betrachten? Betrachten wir den folgenden Vorfall.

Ein 9 Monate alter Säugling bekommt eine Mittelohrentzündung. Ihm wird flüssiges Ampicillin verordnet, aber er weigert sich, es zu sich zu nehmen. Die Mutter vermischt es mit Erdbeereis. Das Baby weigert sich, auch dies zu essen. Der Apotheker gibt der Mutter eine Plastikvorrichtung, die dem Säugling in den Mund geschoben wird und durch die die Medizin dann eingeführt werden kann. Das geht aber nur, wenn die Mutter den Säugling auf den Rücken legt und ihm Arme und Beine festhält. Das Baby bekam zwar seine Medizin, aber wehrte sich ärgerlich und wütend.

Ist das elterliche Macht? Lag ein Konflikt vor? Beide Fragen sind mit ja zu beantworten. War die elterliche Macht (Methode I) gerechtfertigt? Ich meine ja, vor allem da die Eltern zuerst alles nur Erdenkliche im Sinne der Methode III versucht haben. Angesichts des ernsten Charakters der Erkrankung, hätten nach meiner festen Überzeugung die meisten Eltern von ihrer Macht Gebrauch gemacht, um dem Baby die Medizin einzugeben.

Ist Schlagen erlaubt?

Einige Eltern berichteten uns, daß sie ihre Kinder schlügen. Offen gesagt war ich überrascht, daß es überhaupt Eltern gibt, die nach dem Kurs immer noch ihre Zuflucht zu Schlägen nehmen. Ich war sehr neugierig zu erfahren, warum das geschieht. Die ›Familienkonferenz‹ liefert den Eltern doch im Umgang mit ihren Kindern so viele Alternativen zu körperlicher Gewalt. Ich bin mir darüber klar, daß das Schlagen in allen Teilen des Landes, bei Eltern aus allen sozioökonomischen Schichten eine wichtige Rolle in der Erziehung spielt. Selten spreche ich vor Elterngruppen, ohne daß mir die folgende Frage so oder ähnlich gestellt wird: »Doktor Gordon, sicherlich vertreten Sie nicht die Ansicht, daß Eltern ihre Kinder nicht schlagen sollten?«

Allein der Tatsache, daß jemand die eigentlich überall – in den Familien genauso wie in der Schule – anzutreffende Gewohnheit, Kinder zu schlagen, infrage stellt, begegnen die Eltern mit ungläubigem Staunen. Die meisten fürchten, die Kinder seien überhaupt nicht mehr zu bändigen, wenn man die Freiheit, sie zu schlagen, einschränke. Sie glauben, die Kinder würden dann zu wilden Tieren, mit denen jedes weitere Zusammenleben unmöglich und denen der Weg in die Delinquenz vorgezeichnet sei. Ein Absolvent unseres Kurses äußerte folgende Einstellung zum Schlagen:

»Im Kurs oder von den Studenten im Kurs wurde die Auffassung vertreten, daß man nicht schlagen solle. Das war völlig falsch. Wir werden ernsthafte Probleme mit unseren Kindern bekommen, wenn wir zu nachsichtig sind. Sehr bald werden wir jegliche Kontrolle über sie verlieren.«

Nebenbei bemerkt sind es viel häufiger die Väter in unseren Kursen als die Mütter, die für das Schlagen eintreten. Wir können nur vermuten, warum das so ist. In dem oben zitierten Beispiel zeigt sich, daß der Vater Angst hat, die Kontrolle zu verlieren. Er meint, die einzige Alternative zu einem solchen Verlust der Kontrolle über die Kinder sei körperliche Strafe. Nun liegt der besondere Wert der ›Familienkonferenz‹ doch darin, daß sie Eltern so viele Alternativen der Einflußnahme zeigt, die sie davor bewahren, die Kontrolle zu verlieren:

Techniken zum Aufbau einer herzlichen und liebevollen Beziehung;

Ich-Botschaften, die den Kindern zeigen, daß ihre Eltern Rechte, Bedürfnisse und Empfindungen haben; Problemlösungstechniken, deren Ergebnis es ist, daß die Bedürfnisse der Eltern in gleicher Weise wie die der Kinder berücksichtigt werden;

Methoden, mit deren Hilfe in der Familie Regeln gesetzt werden können, die Unordnung, Chaos und Willkür verhindern.

Es handelt sich um eben jene Methoden und Techniken, die dem »Kontrollverlust« in allen zwischenmenschlichen Beziehungen vorbeugen. Aus unseren Interviews habe ich einige sehr wichtige Einsichten gewonnen. Erstens ist mir klar geworden, daß sich einige Eltern die irrige Vorstellung zu eigen gemacht haben, wir propagierten aktives Zuhören als Alternative zum Schlagen oder zu anderen Strafformen. Diese Ver-

wechslung geht deutlich aus der folgenden Aussage eines Vaters hervor:
»Vielleicht müssen Kinder älter sein, bevor sie die Achtung zu schätzen wissen, die ihnen ihre Eltern durch aktives Zuhören entgegenbringen. Bei unserem Zweijährigen hat sich aktives Zuhören als völlig wirkungslos erwiesen. Da bemalt er die Wand zum Beispiel mit Buntstiften, und ich sage: ›Jimmy, du möchtest auf der Wand kritzeln.‹ Das geht bei ihm nicht, weil er zu jung ist.«

Dieser Vater hat eines der Grundprinzipien nicht begriffen: *Eltern sollten aktives Zuhören nicht verwenden, wenn ein Kind eine nicht-akzeptable Verhaltensweise zeigt.* Die angemessene Technik wäre eine Ich-Botschaft.

Kein Wunder, wenn dieser Vater sich beklagt, das aktive Zuhören bliebe ohne Wirkung! Wie sollte es auch! Jimmys Antwort auf das aktive Zuhören seines Vaters (»Du möchtest auf der Wand kritzeln«) würde lauten: »Ja, das möchte ich!« Man kann den Vater sehr gut verstehen, wenn er meint, irgendeine andere Methode sei erforderlich, um Jimmy daran zu hindern, die Wände zu bekritzeln. Er ist fürs Schlagen, die ›Familienkonferenz‹ für eine Ich-Botschaft.

Ich meine, Jimmy hätte vielleicht mit dem Bekritzeln der Wand aufgehört, wenn sein Vater eine Ich-Botschaft wie die folgende gesandt hätte: »He, wenn du die Wand bekritzelst, habe ich Angst, daß man es nicht wieder abbekommt. Ich kann schmutzige Wände aber nicht ausstehen!« Vielleicht sollte ich hinzufügen, daß Jimmys Vater ihm auch einige große Papierbogen hätte geben können, auf denen der Junge dann seine Zeichnungen hätte anfertigen können (Umweltmodifizierung).

Eine Mutter berichtete, daß sie ihre 6jährige Tochter Melanie das erste Mal schlug, während sie am Kurs teilnahm. Der Grund, den sie dafür nennt, ist interessant:
»Eines Tages schlug ich Melanie das erste Mal in ihrem Leben. Sie war sechs Jahre alt. Alle im Kurs waren davon schockiert. Ich war mir darüber klar geworden, daß ich meine ersten beiden Kinder nach Methode I großgezogen hatte und die beiden folgenden mit der Methode II. Zu diesen gehörte auch Melanie. Mein Groll ihr gegenüber war immer mehr angewachsen. Schließlich erfuhr ich im Kurs, welche Macht Kinder ausüben können. Das machte mich so wütend auf das Kind, daß ich es schlug ... Durch dieses Schlagen sagte ich ihr ganz einfach: ›Ich bin nicht länger gewillt, dich tun zu lassen, wozu du Lust hast.‹ Ich wollte mich nicht überrollen lassen.«

Es ist kaum wahrscheinlich, daß diese Schläge, die von so außergewöhnlicher Bedeutung für die Mutter waren, jemals wiederholt wurden. Sie waren wohl einfach nötig, um ihrem Ärger darüber Luft zu machen, daß sie sechs Jahre lang allzu nachgiebig gewesen war.

Eine andere Mutter berichtete, sie habe ihren 4jährigen Sohn geschlagen, der allen Bemühungen zur Sauberkeitserziehung widerstanden habe:

»Ich konnte es einfach nicht ertragen, daß ein vierjähriges Kind, das bald in den Kindergarten kommen sollte, noch nicht sauber war. Vor unserer Teilnahme an dem Kurs hatten wir ihn lächerlich gemacht, ihm Spielsachen fortgenommen, ihn geschlagen, ihn bestraft, ihm ein Stofftier versprochen, wenn er sein Geschäft in die Toilette mache. Nichts half ... Aber auch die ›Familienkonferenz‹ leistete keinen Beitrag zur Sauberkeitserziehung. Eines Tages wurde mein Mann Clark entsetzlich wütend auf Bill – er hatte seine Windeln sechs- oder siebenmal in drei oder vier Stunden wechseln müssen. Wissen Sie, Bill unterdrückte seinen Stuhlgang absichtlich. Dann machte er ein wenig in seine Windeln, so daß Clark sie ihm wechseln mußte. Dann machte er wieder ein bißchen. Es war schrecklich. Clark verlor einfach die Beherrschung und schlug ihn wirklich hart – ich meine sehr hart. Von da an machte Bill es nie wieder. Das Zuhören und Verständnis waren ohne jede Wirkung geblieben.«

Obwohl nicht ganz klar ist, was Bill »niemals wieder getan hat«, kann man sicherlich Verständnis für die Lage des Vaters aufbringen. Damit ist aber die Frage noch nicht beantwortet, ob Bills hartnäckiger Widerstand gegen die Sauberkeitserziehung nicht auch mit der Niederlage-losen Methode hätte überwunden werden können. Die Mutter gab zu, daß der Versuch, ihn zu beschämen, ebenso erfolglos blieb wie Entzug, Strafe und die Aussicht auf Belohnung. Warum haben es die Eltern nicht mit der Problemlösung versucht? Auch sie scheinen zu »Zuhören und Verständnis« Zuflucht genommen zu haben. Statt dessen wäre aber die *Problemlösung* erforderlich gewesen. Besaßen doch die *Eltern*, nicht Bill, das Problem. Wir können nur vermuten, was dabei herausgekommen wäre, wenn die Eltern von Methode III Gebrauch gemacht hätten. Sie hätten mit folgender Äußerung beginnen können:

»Bill, wir haben ein Problem. Aus irgendeinem Grund hast du nicht gelernt, dein Geschäft auf dem Klo zu machen. Mama und ich haben aber keine Lust, dich ständig zu wickeln. Wir hassen das. Andererseits können wir den Gestank nicht aushalten. Das ist ein ernstes Problem für uns. Wir wollen sehen, ob wir eine Lösung finden können, mit der du zufrieden bist und mit der auch wir glücklich werden können.«

In vielen Familien haben Eltern außerordentliche Erfolge bei der Problemlösung selbst mit Vierjährigen erzielt – sogar mit Kindern, die nicht älter als zwei waren. Ich sehe keinen Grund dafür, daß die Methode bei Bill hätte versagen sollen, *hätte man sie nur erprobt.*

Warum werden Kinder von Eltern geschlagen? Meines Wissens hat man das nie mit Hilfe empirischer Studien herauszufinden versucht. Die Hypothese, die ich aus der Arbeit mit Eltern in der ›Familienkonferenz‹ gewonnen habe, besagt, daß drei Faktoren zusammenwirken, wenn eine Mutter oder ein Vater schlägt, Ohrfeigen verteilt, kneift, schubst, knufft:

1. Die eigenen Eltern haben diese körperlichen Strafen ihnen gegenüber angewendet.
2. Sie wissen nicht, daß es machtfreie Alternativen zur körperlichen Züchtigung gibt.
3. Sie greifen zu diesen Methoden, wenn sie verzweifelt, in Panik, frustriert – wenn sie am Ende ihrer Weisheit sind.

Eine Mutter analysierte die Umstände, unter denen sie schlug, etwas genauer:

»Ich schlug sehr häufig. So hatte man mich selbst erzogen ... Wir beide, mein Mann und ich, sind in Familien groß geworden, in denen eine sehr strenge Disziplin herrschte und in denen das Schlagen das vorherrschende Erziehungsmittel war ... Ich war mir bewußt, daß ich eigentlich körperliche Strafen gar nicht anwenden wollte, aber ich hatte noch keinen anderen Weg gefunden ... Deshalb nahm ich am Kurs teil. Es war aber kein plötzlicher Wandel. Ich brauche lange Zeit, um über den Wunsch hinwegzukommen, sie zu schlagen. Heute ist es aber soweit. Sie ist jetzt 12 Jahre alt. Damals aber war ich schnell mit Schlägen bei der Hand. Ich schlug immer, ganz gleich warum ich wütend wurde. Hinterher wünschte ich stets, ich hätte es nicht getan ... Ich hatte von Anfang an eine sehr schwierige Beziehung zu diesem Kind. Heute bin ich mir meiner selbst sicher, damals, als sie zweieinhalb war, war ich aber stets in Angst und Schrecken, da wir ständig Zusammenstöße hatten, bei denen sie entweder in ihr Zimmer geschickt oder geschlagen wurde ... Am schnellsten begriff ich in der ›Familienkonferenz‹ die Ich-Botschaften. Sie waren für mich von großem Nutzen. Ich stand dann in der Diele und schrie sie an: ›Mir ist wirklich danach zumute, dich jetzt zu schlagen – du bringst mich auf die Palme.‹ Dadurch gelang es mir aber, den Drang, sie zu schlagen, zu kontrollieren. Statt den Wunsch in die Tat umzusetzen, verbalisierte ich ihn ... Es dauerte fünf Jahre, bis mir diese Verhaltensweise wirklich in Fleisch und Blut überging.«

Eine andere Mutter äußert sich in einigen Punkten ganz ähnlich:

»Wir kommen mit Anne, die vier Jahre alt ist, recht gut zurecht. Nur wenn sie jammert, fällt es uns auf die Nerven. Ein jammerndes Kind, kann einen die Wände hochgehen lassen!!! Ich pflegte zu sagen: ›Du gehst in dein Zimmer und kannst wieder rauskommen, wenn du nicht mehr rumjammerst. Wir können es nicht ausstehen!‹ Es passiert häufig zur Abendbrotzeit – dann bin ich müde, sie ist müde ... Die größte Veränderung, die die ›Familienkonferenz‹ bewirkte, ist die Tatsache, daß ich einen Weg gefunden habe, meinem Ärger Luft zu machen, ihn verbal zu äußern, statt in einer Weise, die ihr mehr Schaden zufügt.«

Oder beachten wir, wie verzweifelt die Mutter war, von der der folgende Interviewauszug stammt:

»Als ich Paul erwartete, war Gene anderthalb Jahre alt. Da begann er nachts mit kläglichem und durchdringendem Gejammer aufzuwachen. Ich ging zu ihm und versuchte alles, was mir einfiel, um seine Bedürfnisse zu befriedigen. Er sagte nicht, was ihm fehlte, sondern fuhr nur mit seinem lauten Gejammer fort. Zuerst kam das zweimal in der Nacht vor, dann viermal. Die ganze Familie litt darunter. Ich war allmählich völlig verzweifelt. Der Tag der Niederkunft kam immer näher, und ich mußte jede Nacht heraus. Schließlich schlug ich ihn, aber ich war mir darüber klar, einen Fehler zu machen.«

Trotz der Fälle, in denen Kursabsolventen berichten, daß sie geschlagen haben, finde ich es ermutigend, wieviele Eltern in der ›Familienkonferenz‹ brauchbare Alternativen zu körperlicher Strafe gefunden haben. Viele brachen mit den Verhaltensweisen, die ihnen ihre eigenen Eltern vorgezeichnet haben. Viele hießen die Ich-Botschaften und die Niederlage-lose Methode der Problemlösung willkommen als Alternativen zur körperlichen Strafe, die ihnen selbst schon lange zuwider war. Selbst die Eltern, die nicht ganz auf das Schlagen verzichteten, beschränkten es auf Situationen, in denen die Gesundheit ihrer Kinder auf dem Spiel stand.

XI Die erfolgreiche Anwendung der Niederlage-losen Methode

Unsere Erhebung unter Kursabsolventen macht in überzeugender Weise deutlich, daß es vielen Eltern gelingt, die Niederlage-lose Methode erfolgreich anzuwenden. Wir hörten von zahlreichen Konfliktsituationen, die dadurch bewältigt wurden. Einige Situationen waren einfach. Dementsprechend war der Problemlösungsprozeß kurz. Andere Situationen waren komplexer, dort nahm das Verfahren mehr Zeit in Anspruch. In einigen Fällen ging es um einen Konflikt zwischen einem Elternteil und einem Kind. In anderen Beispielen mußte die ganze Familie an dem Problemlösungstreffen teilnehmen. Obgleich die meisten Eltern anfangs der Meinung sind, daß Methode III nur mit älteren Kindern funktioniert, hörten wir von vielen, daß sie die Methode dann auch bei Kleinkindern und manchmal sogar bei Säuglingen anwendeten. Wir haben auch die Fälle zusammengestellt, in denen die Niederlage-lose Methode zur Bewältigung von Konflikten zwischen Geschwistern benutzt wurde. Dort spielten die Eltern die Rolle von neutralen Schlichtern. In manchen Familien wurde die Methode III der Problemlösung präventiv eingesetzt. Entscheidungen wurde getroffen oder Regeln gesetzt, die die Entscheidung zukünftiger Konflikte abwenden sollten.

Die Beispiele einer konkreten Anwendung der Niederlage-losen Methode soll in diesem Kapitel als Grundlage dafür dienen, jene Punkte zu klären, die es zu beachten gilt, wenn die Niederlage-lose Methode funktionieren soll. Will man einen Konflikt so bewältigen, daß es am Ende keinen Verlierer gibt, muß man sich vor allem auf einen *Prozeß* einlassen – auf eine genaue einzuhaltende Schrittfolge bestimmter Verfahren. So scheint es mir zum Beispiel angebracht, darauf hinzuweisen, wie wichtig es ist, daß ein Rahmen geschaffen wird, der bei den Kindern die Bereitschaft schafft, an der Problemlösung teilzunehmen. Außerdem werde ich erörtern, warum Eltern Ich-Botschaften senden müssen, die frei von jedem Vorwurf sind, statt urteilsbefrachtete Du-Botschaften, die in den Kindern Widerstand gegen die Problemlösungsmethode hervorrufen. Ich werde zeigen, wie wichtig es ist, viele Alternativlösungen vorzuschlagen. Ich werde den Eltern einige neue Einsichten und Vorschläge darlegen, die ihnen unter Umständen dabei helfen können, einige der üblichen Fallen zu meiden.

Der angemessene Rahmen für die Niederlage-lose Problemlösung

Eine wichtige Erkenntnis, die wir im Laufe der Jahre gewonnen haben, besagt, daß es Eltern immer dann gelingt, die Niederlage-lose Methode in der Familie einzuführen (besonders bei älteren Kindern, die an Methode I oder II gewohnt sind), wenn sie sich die Mühe machen, die neue Methode vor ihrer Anwendung zu erklären.
Einige gingen bei dieser Erklärung sehr in die Einzelheiten. Sie erläuterten den Unterschied zwischen Methode I und II und warum beiden der Erfolg versagt bleiben muß. Einige benutzten sogar das Diagramm der Methoden, um ihren Kindern das Verständnis zu erleichtern. Eine Mutter beschrieb, wie sie Methode III einführte, als sie das Problem angingen, daß die Kinder so schlecht aßen:
»Wir aßen zu Abend. Nachdem der Tisch abgeräumt war, setzten wir uns ... Wir sagten, wir würden gerne versuchen, dieses Problem zu lösen, und zwar gemeinsam. Wir holten die Tafel herein und stellten sie auf. Ich sagte: ›Papa und ich sind der Meinung, daß vieles schiefgelaufen ist. Wir sind alle ärgerlich. Wir würden gern wissen, ob sich irgend etwas tun läßt, um die Situation zu verändern.‹ Ich fuhr fort: ›Wir werden es mit einer neuen Methode versuchen, die Papa und ich in unserem Kurs gelernt haben. Sie beginnt damit, daß jeder die Möglichkeit hat, zu sagen, mit welchem Problem er sich gerne befassen möchte.‹ Ich fügte hinzu: ›Ich werde alle Punkte auf der Tafel festhalten. Dann können wir entscheiden, wie wir das Problem lösen wollen ... Wir wollen das so anfangen, daß niemand in dieser Situation unterliegt – daß niemand sich überfahren fühlt ... Wenn es keine Lösung ist, die alle begrüßen, glaube ich nicht, daß sie etwas taugt.‹«
Wenn Kinder keinerlei Erfahrung mit der Niederlage-losen Methode haben, wird die Bemerkung: »Wir wollen das Problem lösen«, kaum ausreichen, um sie an ihr zu beteiligen. Für die Kinder hieß Problemlösung in der Vergangenheit: Der Elternteil siegt, das Kind unterliegt. Deshalb ist es von entscheidender Bedeutung, daß die Grundregeln des

neuen Verfahrens erklärt werden. Niemand soll unterliegen. Jedermann muß die Lösung begrüßen. Wir möchten unsere Bedürfnisse befriedigen, aber zugleich eine Lösung finden, die auch eure Bedürfnisse befriedigt.

Ein Vater berichtete, wie sein halbwüchsiger Sohn auf den ersten Versuch einer Problemlösung reagierte, als die Eltern die neue Methode nicht ausreichend erklärt hatten:

»Als wir eine Lösung vorschlugen, sagte mein Sohn: ›Was für eine neue psychologische Technik habt ihr jetzt gelernt, um euern Willen durchzusetzen?‹«

Um sicher zu gehen, daß Kinder die Methode III wirklich verstehen, müssen die Eltern unbedingt mit Ich-Botschaften beginnen. Du-Botschaften sind unter allen Umständen zu vermeiden. Der Grund leuchtet ein: Du-Botschaften drohen dem Kind mit dem moralischen Zeigefinger. In diesem Fall würde das Kind ganz zwangsläufig zu der Auffassung gelangen, die Problemlösung solle bewirken, daß es sich ändere. Denn schließlich scheinen die Eltern ja schon zu der Meinung gekommen zu sein, daß das Problem »sein Fehler« sei.

Wie sich ein Problem wirkungsvoll als Ich-Botschaft äußern läßt, zeigt sich in unseren Interviews:

»Ich werde ärgerlich, wenn du dich in der Kirche so unruhig verhältst, weil ich mich dann nicht konzentrieren kann.«

»Wo wir jetzt den schönen großen Gemeinschaftsraum haben, macht es mir zusätzliche Arbeit, den Wohnbereich in Ordnung zu halten. Ich bin dann ärgerlich, wenn ich vom Flur aus sehe, daß die Schreibtische in eurem Zimmer Tag für Tag bis oben hin mit Spielzeugen vollgepackt sind.«

»Ich habe Angst, daß die Lampen von den Tischen fallen und kaputt gehen, wenn ihr im Wohnzimmer Fangen spielt.«

»Ich bin traurig, wenn ihr beim Essen fernseht. Ich würde beim Abendessen gern hören, was ihr am Tag erlebt habt, und euch berichten, was ich erlebt habe. Ich bin ein bißchen verletzt, daß das nicht geht.«

Wenn Sie Problemlösungssitzungen mit Botschaften wie diesen beginnen, erhöhen Sie dadurch die Wahrscheinlichkeit erheblich, daß die Kinder bereitwillig an dem Prozeß teilnehmen. Sie haben dann das Gefühl, daß auch sie eine Chance haben, zu siegen.

Wenn die Bedürfnisse klar sind, stellen sich auch Lösungen ein

Häufig wollen Eltern die Niederlage-lose Methode für manche Situationen nicht gelten lassen. Sie sind in diesen Fällen der Meinung, der einzige Weg zur Konfliktbewältigung bestünde darin, daß der eine seinen Willen bekomme und der andere nicht.

Der Vater braucht den Wagen heute Abend. Mark hat fest mit ihm gerechnet, da er eine wichtige erste Verabredung mit einem Mädchen hat.

Die Mutter muß morgens zur Arbeit, aber Bonnie weigert sich, zur Schule zu gehen.

Judy will ihren Regenmantel nicht anziehen, weil sie die Farbe haßt. Aber die Mutter besteht darauf, daß sie ihn trägt, wenn es regnet.

Beide Eltern wünschen, daß die Kinder mit ihnen gemeinsam zu Abend essen. Diese möchten aber ihre Lieblingssendungen im Fernsehen nicht versäumen.

Wenn von solchen Konflikten die Rede ist, sagen Eltern häufig: »Entweder ich bekomme meinen Willen oder die Kinder«, oder, »es gibt keine Lösung, die für Eltern und Kinder gleichermaßen akzeptabel ist. Irgend jemand *muß* unterliegen.« So scheint es in der Tat zu sein. Diese Auffassung rührt aber daher, daß die meisten Menschen gewöhnt sind, von *konkurrierenden Lösungen* statt von *konkurrierenden Bedürfnissen* auszugehen.

Wenn man das Regenmantel-Problem als einen Konflikt zwischen konkurrierenden Lösungen betrachtet, erscheint es selbstverständlich so, als existierten nur zwei Lösungen: entweder wird das Mädchen dazu gebracht, ihn anzuziehen, oder man erlaubt ihr, es zu lassen. Ein Sieger und ein Verlierer. Betrachten wir das Problem aber einmal unter der Perspektive konkurrierender Bedürfnisse. Dann stellen wir fest, daß Judy keinen Regenmantel anziehen mag, dessen Farbe ihr mißfällt. Sie aber haben das Bedürfnis zu verhindern, daß Judy krank wird. Plötzlich eröffnen sich viele verschiedene Lösungen: Judy kann einen Regenschirm nehmen, sie kann einen Regenmantel bekommen, dessen Farbe ihr gefällt. Vielleicht kann der Regenmantel gefärbt werden, vielleicht kann sie ihren Regenmantel gegen den einer Freundin eintauschen usf.

Von Familien, in denen die Methode III erfolgreich angewendet wurde, wissen wir, daß sie immer dann funktioniert, wenn die Bedürfnisse klar erkannt und mitgeteilt werden. Sie schlägt dagegen häufig fehl, wenn Eltern und Kinder sich engherzig an die Vorstellung eines »Entweder-oder« klammern. Nirgends zeigte sich das deutlicher als im folgenden

Beispiel, das uns ein Vater von zwei Kindern im Alter von sieben und neun Jahren lieferte:

»Das Fernsehen überschnitt sich mit dem Abendessen. Die Kinder wollten mit ihren Tellern vor dem Fernsehapparat sitzen oder gar nichts essen. Es hatte schon viel Streit darum gegeben. In einer Problemlösungssitzung der ganzen Familie faßte ich das Problem zusammen. Meine Frau und ich sandten Ich-Botschaften. Das Fernsehen störte uns, (1) weil ich mich während des Abendessens gern mit den Kindern unterhalten hätte; (2) für meine Frau die Vorbereitung des Abendessens zum Problem wurde – es warm zu halten, bis die Sendung vorbei war; (3) es zum Streit kam, die Gefühle verletzt wurden und niemand wirklich Spaß am Essen hatte, wenn wir versuchten, die Kinder dazu zu zwingen, am Tisch zu essen. Wenn sie vor dem Fernsehapparat aßen, blieb das Geschirr dort stehen und meine Frau und ich waren beide traurig, weil wir nicht mit ihnen reden konnten. Nun äußerten die Kinder ihre Bedürfnisse:

1. *Die besten Sendungen für ihre Altersgruppe gab es zwischen sechs und sieben Uhr abends.*
2. *Sie begannen, sich eine Sendung anzusehen und sich für sie zu interessieren, und dann riefen wir sie zum Essen. Sie fanden das nicht gerecht. Wenn das Abendessen jeden Tag zur gleichen Zeit stattfinden würde, würde es sie nicht so stören.*

Wir begannen nach Lösungen zu suchen:

1. *Die Zeit für das Abendessen konnte festgesetzt werden. Damit war meine Frau einverstanden. Die Kinder würden zu dieser Zeit auf ihre Sendungen verzichten.*
2. *Gewöhnlich gab es zwei Abende in der Woche, an denen ich länger arbeitete. Meine Frau sagte, sie wäre damit einverstanden, wenn sie an den Abenden, an denen ich nicht zu Hause war, während des Essens fernsehen würden. Damit war ich einverstanden.*
3. *Die Kinder erklärten sich freiwillig bereit, an den Wochentagen auf alle Sendungen zu verzichten. Ich fiel beinahe hintenüber. Meine Frau und ich antworteten, daß wir das für nicht-akzeptabel hielten, weil das unserer Meinung nach zu weit gehe. Dies sei ein Vorschlag, den sie wahrscheinlich nicht würden einhalten können.*
4. *Sie antworteten, daß sie sich selbst auf eine Fernsehsendung am Abend von Sonntag bis Donnerstag beschränken wollten. Damit waren wir einverstanden – wobei ›Sondersendungen‹ ausgenommen wurden.*

Ergebnis: Der Fernsehstreit bei uns hörte wirklich auf. Die Kinder suchten sich ihre Sendungen sorgfältig aus und hielten sich an die Be-

schränkung, die sie sich gesetzt hatten. Dies war eine Übereinkunft, an die wir nie zu denken gewagt hätten – aber sie war herrlich. Wir hatten am Abend Zeit zu Familienspielen. Die Kinder hatten Zeit für ihre Hausaufgaben, und sie gingen früher zu Bett. Dieser Plan wurde wohl anderthalb bis zwei Jahre durchgehalten. Dann hatten sich bestimmte Gewohnheiten herausgebildet. Die Kinder waren älter, und es bestand überhaupt keine Notwendigkeit mehr zu irgendwelchen Regeln. Das Problem war einfach nicht mehr akut. Auch heute noch wird das Fernsehen bei uns nur sehr sparsam in Anspruch genommen.

Betrachten wir eine andere Problemlösungssituation. Sie findet zwischen dem vierjährigen Tom und seinem Vater statt. Wieder wird deutlich, daß es außerordentlich wichtig ist, die Bedürfnisse des Kindes zu verstehen und konkurrierende Lösungen zu vermeiden. Tom und sein Vater waren allein zu Haus. Die Mutter und das zweijährige Kind hatten die Stadt über das Wochenende verlassen. Am ersten Tag verbrachten Tom und der Vater viel Zeit mit gemeinsamen Beschäftigungen. Dann zeigte sich der Vater aber zusehends gereizter und frustrierter darüber, daß er nicht zu seiner eigenen Arbeit kam:

Tom: Papa, baust du jetzt ein Haus mit mir?

Vater: Ich muß jetzt wirklich an meine eigene Arbeit denken.

Tom: Nur noch ein Haus bitte, ja?

Vater: Du hast jetzt keine Lust, allein zu spielen, nicht wahr?

Tom: (*schmollend*) Nein.

Vater: Du möchtest gern bei mir bleiben.

Tom: Ja.

Vater: Ich hab aber keine Lust, jetzt noch länger mit dir zu spielen.

Tom: Vielleicht kannst du ja in meinem Zimmer arbeiten.

Vater: Ich möchte aber hier im Wohnzimmer arbeiten, wo all meine Bücher und Unterlagen sind und wo ich meinen bequemen Stuhl habe.

Tom: (*Pause*) Würdest du mir helfen, meine Bauklötze hierher zu bringen?

Vater: Du möchtest mit mir im selben Raum sein, während ich meine Arbeit mache?

Tom: Ja.

Vater: In Ordnung, holen wir deine Klötze.

Tom spielte etwa eine Stunde mit seinen Klötzen. Der Vater konnte einen Gutteil seiner Arbeit erledigen. Dadurch waren dann beide in der Stimmung, später am Tag wieder zusammenzuspielen.

Achten wir im nächsten Dialog darauf, wie Anns Bedürfnisse eines um das andere erkannt werden und wie dies dazu führt, daß Lösungen auftauchen:

Mutter: Ich werde ärgerlich, wenn du dich in der Kirche so unruhig verhältst, weil ich mich dann nicht konzentrieren kann.

Ann: Ich mag die Kirche nicht.

Mutter: Dir gefällt es dort nicht.

Ann: Nein, ich kann nicht so lange ruhig sitzen.

Mutter: Dich ermüdet das Sitzen.

Ann: Ja. Nicht daß ich nicht zuhören mag, aber das Knien tut mir weh und das ständige Aufstehen und Hinsetzen.

Mutter: Es fällt dir schwer, dich auf diesem kleinen Raum zu bewegen.

Ann: Ach das ist nicht das Schlimmste. Meistens ist es mir zu heiß.

Mutter: Fällt dir irgend etwas ein, was man da tun könnte?

Ann: Wir könnten unsere Mäntel draußen lassen.

Mutter: In Ordnung, versuchen wir es. Sonst noch etwas?

Ann: Ich weiß nicht immer, was da eigentlich passiert.

Mutter: Wollen wir ein bißchen früher hingehen und uns alles zuerst einmal durchlesen?

Ann: In Ordnung. Vielleicht könntest du mir auch Zeichen in mein Gebetbuch machen, wie du sie in deines machst.

Mutter: In Ordnung. Dann nehmen wir in Zukunft nur dein Buch mit zur Kirche. Das ist einfacher, als wenn wir jeder ein Buch benutzen.

Ann: Gut. Keine Probleme, nicht wahr Mama?

Gewöhnlich gibt es mehr als eine Lösung

Häufig funktioniert Methode III der Problemlösung nur deshalb nicht, weil man glaubt, daß es immer nur eine Lösung für die Probleme in zwischenmenschlichen Beziehungen gäbe. Die größte Gefahr, die dadurch auftreten kann, ist die, daß Eltern versucht sind, das Kind durch Manipulation dazu zu bringen, eine im voraus als »richtig« festgelegte Lösung zu akzeptieren. Wenn das Kind die Lösung der Eltern dann nicht übernimmt, geben sie die Methode auf. Wir versuchen den Eltern die Bereitschaft dafür zu vermitteln, daß jedes Problem mit großer Wahrscheinlichkeit viele mögliche Lösungen hat. Ihre Aufgabe ist es, dafür zu sorgen, daß nach der Definition des Konfliktes eine Vielfalt von Lösungen vorgeschlagen werden.

Es folgen einige Richtlinien dafür:

1. Geben Sie Ihrem Kind Gelegenheit eine oder mehrere Lösungen vorzuschlagen, bevor Sie selbst irgendeine anbieten.
2. Erwarten Sie nicht, daß es auf alle Lösungen selbst kommt. Auch Sie sind an dem Problemlösungsprozeß beteiligt. Nehmen Sie sich also das Recht, auch Ihre Ideen einzubringen. Bei kleineren Kindern müssen Eltern gewöhnlich mehr Lösungen anbieten.
3. Bewerten Sie keine der vorgeschlagenen Lösungen, bis nicht eine ausreichende Zahl genannt wurde. Wertungen ersticken alle Kreativität und nehmen Kindern den Mut, ihre Gedanken zu äußern.
4. Ermutigen Sie Ihre Kinder, jede Lösung zu nennen, die ihnen einfällt, ganz egal wie dumm oder unpraktisch sie ihnen erscheinen mag. Die Menge ist entscheidend. Das heißt »Brainstorming«. In Wirtschaft und Industrie wird die Technik sehr häufig verwendet, um auftauchende Probleme zu lösen.

In der folgenden Situation ist zu beachten, wie viele Lösungen vorgeschlagen wurden, bis schließlich eine akzeptabel für das Kind war:

»An einem warmen Nachmittag spielte Danny mit zwei anderen Kindern auf dem Hof der Nachbarn. Die Mutter bot ihnen Eis an. Danny sagte irgend etwas Dummes zu ihr, woraus sie schließen mußte, daß er keines wollte. Er kam nach Hause, weinte und sagte, er wolle ein Eis haben. Er verlangte von mir, daß ich zur Nachbarin gehen und eins holen solle! Meine erste Reaktion bestand in dem Wunsch zu antworten: ›Das wird dich lehren, noch einmal so eine dämliche Antwort zu geben!‹ Statt dessen entschloß ich mich zur Problemlösung. Ursprünglich war es gar nicht mein Problem. Es wurde aber in dem Moment zu meinem Problem, als Danny verlangte, daß ich die Nachbarin um ein Eis bitten solle. Ich stellte die möglichen Lösungen zusammen: Seine Lösung, daß ich das Eis hole; er konnte um ein Eis bitten; er konnte sich aus Fruchtsaft selbst ein Eis machen; er konnte ein Eis bekommen, wenn wir das nächste Mal einkaufen gingen; er konnte einen Keks bekommen. Ohne Zögern beschloß Danny, sich selbst ein Eis zu machen, nachdem ich ihm mitgeteilt hatte, daß die erste Lösung für mich nicht-akzeptabel sei.«

Interessant ist auch die Erfahrung, die ein anderes Ehepaar machte. Sie sind beide in den Zwanzigern und haben erst ein Kind (zwei Jahre alt). Sie kamen zu dem Ergebnis, daß die Techniken der ›Familienkonferenz‹ sich in den unterschiedlichsten Beziehungen anwenden lassen. Vor allem strichen sie die Tatsache heraus, daß der Problemlösungsprozeß dem kreativen Denken überhaupt zugute komme.

Immer wieder stellte sich in den Interviews heraus, daß die Eltern überrascht waren, wie kreativ auch ihre Kinder sich bei der Entwicklung von Lösungen zeigten. Wir unterschätzen Kinder in dieser Hinsicht, weil wir ihnen wenig Gelegenheit geben, ihr kreatives Denkvermögen unter Beweis zu stellen. Es versteht sich von selbst: Die Methode I enthält den Kindern jede Möglichkeit vor, sich an der Entwicklung von Lösungen zu beteiligen – die Lösung wird ihnen von den Eltern diktiert. So wird man vielleicht die Überraschung der Mutter im folgenden Beispiel nachempfinden können:

»Eines unserer Probleme bestand darin, daß die Kinder mit schmutzigen Schuhen zur Hintertür hereinkamen. Zu Anfang ließen wir sie ganz um das Haus herumgehen und zur Garage hereinkommen. Ja, das war meine Lösung. Sie wendeten dagegen ein, daß sie kalt und naß seien und daß der Weg um das Haus herum sehr lang sei. Sie meinten, sie könnten die Schuhe auch auf der hinteren Veranda ausziehen und in die Kiste für schmutzige Schuhe stellen ... Ich wäre von alleine nicht auf diese Lösung gekommen. Wenn ich ihnen sonst meine Lösungen mitteilte, wurden sie zum eisernen Gesetz ... Dieses Ereignis öffnete mir die Augen. Meine Wünsche wurden berücksichtigt, auch wenn es sich nicht um die Lösungen handelte, die ich für notwendig erachtet hatte. Sie waren viel kleiner und jünger als ich. Deshalb hatte ich mich aufgeführt, als sei ich allwissend und würde alle Antworten kennen. Und da kamen sie mit einer verdammt guten Idee. Sie genügte ihren und meinen Wünschen ... Der Streit war beigelegt.«

Eine andere Mutter berichtete, daß sie im Zuge der Problemlösung entdeckte, wie vernünftig ihre Tochter eigentlich schon war – wie viele gute Ideen sie hatte:

»Wir beide lernten ebenso wie unsere vierjährige Tochter Mary Ann, daß gute Ideen von jedem einzelnen zu erwarten waren. Vorher war es immer dasselbe: ›Nein, das darfst du nicht tun.‹ Nun steuerte auch sie neue Ideen bei. Ich glaube, uns ist erst dabei klar geworden, daß Kinder dieselben Rechte haben wie wir ... Und es passiert sehr häufig, daß sie Ideen hat. Ich erinnere mich, daß sie einmal alle Pflanzen in den Töpfen begießen wollte, die wir im Hinterhof stehen haben. Ich erklärte ihr, daß einige der Pflanzen eingehen würden, wenn sie begossen würden. Daraufhin hatte sie den Einfall, daß ich ihr doch sagen könnte, welche begossen werden dürften. Ich nannte ihr diejenigen, die sie so oft begießen konnte, wie sie wollte, und diejenigen, bei denen das nicht der Fall war. Vorher hätte es geheißen: ›Nein das geht nicht.‹ Die Folge wäre ein Riesengeschrei gewesen und beide wären wir zutiefst unglücklich gewesen.«

Abänderung der ursprünglichen Entscheidung

Nicht alle Entscheidungen, die aufgrund der Niederlage-losen Methode gewonnen werden, stellen sich als so günstig heraus, wie die Beteiligten erwartet haben. Methode III kann nicht in jedem Einzelfall für eine rundum zufriedenstellende Lösung garantieren. Das gilt nicht nur für Familien, sondern ebenso für Wirtschafts- und Industrieunternehmen. Häufig müssen die Probleme erneut angegangen werden, sobald man entdeckt, daß die erste Lösung ihren Zweck nicht erfüllt. Eltern sollten deshalb nicht in den Fehler verfallen, krampfhaft an einer Entscheidung festzuhalten, wenn sich deutlich zeigt, daß sie aus irgendwelchen Gründen nicht funktioniert. Die folgende Anekdote illustriert, daß Eltern manchmal eine zweite Problemlösungssitzung ansetzen müssen, um zu einer besseren Entscheidung zu gelangen:

»Meine beiden Töchter Gina und Laurie waren mit mir in einer Problemlösungssitzung übereingekommen, täglich den Abendbrottisch zu decken und abzuräumen. Wir hatten uns darauf geeinigt, daß sie sich wöchentlich damit abwechseln wollten. Die eine wollte den Tisch abräumen und abwischen, die andere wollte ihn decken. In der ersten Woche ging das sehr gut. Dann begann aber Gina, die Vierjährige, sich zu sträuben und Umstände zu machen. Allerdings nur, wenn sie an der Reihe mit Abräumen und Abwischen war. Es machte ihr großen Spaß, den Tisch zu decken. Wir hielten eine neue Familienkonferenz auf dem Boden unseres Wohnzimmers ab. Ein großes Stück Zeitungspapier war an der Holzwand befestigt . . . Ich erfuhr, daß Gina, die natürlich noch ziemlich klein war, Schwierigkeiten hatte, an das Geschirr auf dem Tisch zu kommen. Sie hatte Angst, es fallen zu lassen, wenn sie es herunternahm und zur Spüle brachte. Sie hatte nichts dagegen, den Tisch abzuwischen. Aber sie mochte es nicht, wenn sie dabei in der Küche allein gelassen wurde. Die ganze Familie beschloß, ihr bei diesem Problem zu helfen. Unten gebe ich wörtlich wieder, was wir auf das Stück Zeitungspapier schrieben. Wir kamen zu der neuen Entscheidung, daß die Mädchen sich wie bisher abwechseln würden. Wenn Gina an der Reihe war, würde Papa allerdings für sie abräumen und sie würde wie gewöhnlich den Tisch abwischen. Das war vor über vier Monaten, und seither funktiniert es reibungslos.«

Problem: Wie soll der Tisch jeden Tag gedeckt, abgeräumt und abgewischt werden.

Bedürfnisse

Laurie	*Mama*	*Gina*	*Papa*
mag sich nicht mit Gina darüber streiten, wer an der Reihe ist; mag mit ihr die Aufgaben nicht tauschen; braucht den Job, um sich die Dinge, die sie sich wünscht, kaufen zu können;	braucht Hilfe; will den Kindern nicht erst lange sagen müssen, was sie und wie sie es tun müssen; möchte, daß der Tisch schneller abgeräumt wird, so daß sie nicht erst lange warten muß;	Laurie soll sie nicht anschreien; am liebsten möchte sie nur den Tisch dekken; mag den Tisch nicht abräumen (die beiden letzten Äußerungen sind keine Bedürfnisse, trotzdem haben wir sie akzeptiert);	möchte, daß die Mädchen sich an der Hausarbeit beteiligen; möchte nicht streiten, schreien, Gejammer hören und wütend werden müssen, wenn jemand den Tisch nicht abräumt;

Lösungen:
(Zuerst die der Mädchen)
1. Laurie läßt Gina den Tisch heute abend decken.
2. Gina deckt immer auf, Laurie räumt immer ab und wischt ab.
3. Täglicher, nicht wöchentlicher Wechsel.
4. Irgendeiner wischt immer ab.
5. Papa hilft abräumen, wenn Gina an der Reihe ist, abzuräumen und abzuwischen, und wischt ab, wenn Laurie an der Reihe ist abzuräumen und abzuwischen.

Anmerkung: Es braucht wohl kaum erwähnt zu werden, daß Nummer 5 sich bei der anschließenden Wertung als akzeptabel für alle erwies; und wie bereits erwähnt, war das vor Monaten, ohne daß seither irgendwelche Schwierigkeiten aufgetreten wären.

Das eigentliche Problem

Häufig erweist sich das Problem (oder der Konflikt), der ursprünglich in Erscheinung tritt, als ein bloß »vordergründiges Problem«, das das eigentliche verbirgt. Im Schritt 1 des Problemlösungsprozesses müssen Eltern häufig zum aktiven Zuhören greifen, damit ihre Kinder ihnen auch wirklich mitteilen, was sie auf dem Herzen haben. Auf diese Weise erfahren die Eltern eher, was wirklich in ihren Kindern vorgeht. Eine

Mutter berichtete von einer Konfliktsituation, die oberflächlich betrachtet auf den Umstand zurückzuführen war, daß ihr siebenjähriger Sohn die Schule haßte:

»Mein Sohn hatte keine Lust, morgens zur Schule zu gehen. Ärgerlich verkündete er, daß er die Schule hasse, fragte, warum er da hingehen müsse, und ging jeden Morgen zu spät und in Tränen aufgelöst fort. Diese Szene regte jeden in der Familie und vor allen Dingen mich auf. Nachdem, ich sein ›ich hasse die Schule‹ als eine Botschaft entschlüsselt hatte, die in Wirklichkeit hieß: ›Ich hasse es, mich zur Schule fertig zu machen‹, unterzog ich unsere morgendliche Routine einer eingehenden Untersuchung: Ich blieb so lange wie möglich im Bett. Erst dann ging ich ihn wecken. Dann war es aber auch Zeit, daß er ›sofort‹ aufstand und sich augenblicklich entschied, was er anziehen wollte. Er mochte nicht aufstehen und weigerte sich, irgend etwas anzuziehen – alles was ich aussuchte, wies er zurück. Inzwischen war die Zeit noch knapper geworden. Er mußte sich beim Essen, Zähneputzen, Schuhezubinden, Haarekämmen sehr beeilen, bis es zum tränenreichen Abschied kam. Wir entwickelten folgende Lösung: Wir legen abends, wenn er ins Bett geht, die Kleidung für den nächsten Tag bereit. Zu dieser Tageszeit ist er guter Dinge und mit allem einverstanden, was ich aus dem Schrank ziehe. Ein Wecker klingelt rechtzeitig, so daß er noch eine Zeit im Bett liegenbleiben kann. Die Ergebnisse? Er wird wach, bevor der Wecker klingelt und ist angezogen, bevor ich aufgestanden bin. Er ist sehr stolz auf sich und hilft mir in der Küche; er holt die Milch herein und füttert den Hund. Seine Haltung hat sich auffallend verändert. So verbringen wir beide unsere Morgen jetzt in friedlicher, glücklicher Stimmung.«

Wie diese Problemlösung zeigt, ergeben sich die weiteren Schritte gewöhnlich recht rasch, sobald die eigentliche Frage erst einmal geklärt ist. Es kann gar nicht deutlich genug gemacht werden, wie wichtig es ist, *während des ersten Schrittes* – der Definition des Problems – *intensiven Gebrauch vom aktiven Zuhören zu machen.*

Ein anderes Beispiel berichtet davon, wie das aktive Zuhören bei einem Kleinkind dazu verhalf, das eigentliche Problem zu entdecken.

»Es war schrecklich. Jede Nacht um halb vier wachte Mark auf und kam zu seinen Eltern ins Bett. Das mußte aufhören. Er sagte uns: ›Ich mag nicht in meinem Bett schlafen.‹ Aber er liebte sein Bett – er war ganz aus dem Häuschen gewesen, als er es bekommen hatte. ›Ich mag mein Bett nicht und ich möchte bei Mama und Papa schlafen.‹ Wir versuchten es also mit aktivem Zuhören und erfuhren, daß das eigentliche Problem ganz

woanders lag. Sein kleiner Bruder Greg weckte ihn auf. Es lag also gar nicht daran, daß er sein Bett nicht mochte. Deshalb meinten wir: ›Es wird zu eng, wenn du in unser Bett kommst, wir können dann nicht schlafen.‹ Wir fragten ihn, was man tun könnte, um das Problem zu lösen. Er antwortete: ›Wir könnten Greg unten in seiner Tragetasche lassen. Dort wäre er kein Problem.‹ Wir wandten ein: ›Was aber, wenn Greg aufwacht, naß ist, kalt ist, weint und wir können ihn nicht hören?‹ Mark sagte: ›Das würde mich nicht kümmern.‹ Natürlich fanden John und ich aber, daß dies ein Problem sei . . . Er schlug vor, er könne in unserem Zimmer auf dem Fußboden schlafen. Das hielten wir für keine gute Lösung, weil er sich erkälten könnte. Wir überlegten, ob andere Betten zur Verfügung stünden. Schließlich einigten wir uns alle darauf, daß er im Doppelbett im Gästezimmer schlafen könnte.«

Kinder können sehr vernünftig sein

Wir hatten Gelegenheit, sehr viele Vorfälle zu sammeln, die zeigen, wie vernünftig Kinder sein können. Sie akzeptieren Lösungen, die weit weniger gefährlich sind als die Lösungen, die sie ursprünglich wünschten. Häufig können Eltern kaum glauben, daß ihre Kinder diesen Lösungen mit solcher Bereitwilligkeit zustimmen. Sie hätten sie niemals für akzeptabel gehalten. Methode III bewirkt etwas sehr Bemerkenswertes: Sie scheint Kinder dazu zu veranlassen, ihre »für mich kommt nichts anderes in Frage, als meinen Willen zu bekommen«-Haltung aufzugeben. Wenn sie sehen, daß ihre Eltern bereit sind, ihre Haltung aufzugeben, zu verhandeln – die Bedürfnisse ihrer Kinder ernsthaft zu berücksichtigen – sind auch die Kinder bereit zu verhandeln. Das Denken in den Begriffen von »entweder-oder« verliert sich. Die Haltung des »ich-gegen-dich« wird fallengelassen. Der Wille zu siegen wird durch den ehrlich gemeinten Wunsch ersetzt, die Bedürfnisse der Eltern zu berücksichtigen.

In der folgenden Konfliktlösungssitzung läßt sich deutlich verfolgen, wie das ursprünglich sehr ausgeprägte Bedürfnis, mit dem Fahrrad auf der Straße zu fahren, der Bereitschaft Platz macht, eine weniger verlockende Lösung zu akzeptieren:

»Mein Sohn wollte mit dem Fahrrad auf der Straße fahren, in der wir wohnen. Soweit wir das beobachten konnten und soweit uns seine Reaktionen im Verkehr bekannt waren, hielten mein Mann und ich es

einfach für zu gefährlich, ihn dort fahren zu lassen. Wir teilten unserem Sohn mit, wie wir darüber dachten. Er war völlig niedergeschmettert. Es war so schön, auf einer ebenen Fläche zu fahren – das machte soviel Spaß. Wir hörten ihm zu und ihm wurde klar, daß wir ihm das Radfahren gönnten. Wir faßten zusammen, wie wir die Situation einschätzten. Alle drei begannen wir mit der Problemlösung. Unser Sohn meinte, ihm würde es Spaß machen, auf der Asphaltdecke des Schulhofes zu fahren. Es war sein Vorschlag, und wir waren damit einverstanden. Wir kamen überein, daß er sein Fahrrad zum Schulhof schieben müsse und dann dort fahren könne. Dort war kein Verkehr. Er war erfreut, und wir waren zufrieden. So ging das einige Wochen, bis er genügend Geschicklichkeit und Selbstvertrauen gewonnen hatte, um verantwortungsbewußt und sicher auf der Straße zu fahren.«

Problemlösung mit Säuglingen

Eltern von Säuglingen und Kleinkindern meinen häufig, die Techniken, die sie in der ›Familienkonferenz‹ lernen, seien für sie nicht so brauchbar wie für die Eltern älterer Kinder. Dieser Auffassung begegnet man besonders häufig im Zusammenhang mit der Niederlage-losen Problemlösung, da die Sprachentwicklung des Kindes relativ fortgeschritten sein müsse. Eltern und Kursleiter sind deshalb gewöhnlich davon ausgegangen, daß Methode III nicht angewendet werden könne, bevor ein Kind nicht drei oder vier Jahre alt ist. Wir wissen heute jedoch, daß Eltern die Methode durchaus bei Säuglingen und der Sprache noch nicht mächtigen Kleinkindern anwenden können. Der Problemlösung bei Säuglingen liegt dieselbe Folge von sechs Schritten zugrunde, nur daß sie im wesentlichen nicht-verbal ist. Alle sechs Schritte sind im folgenden Beispiel deutlich zu erkennen:

»Mein Kind weinte und schrie im Laufstall. Es rüttelte an den Stäben und machte ein Höllentheater. Offensichtlich wollte es hinaus. Ich wollte es nicht im Wege haben. Ich machte nämlich das Haus sauber, weil wir Freunde erwarteten (Schritt I: Definieren des Konfliktes). Ich wollte es mit Methode III versuchen. Ich überlegte mir verschiedene Lösungen. Zuerst füllte ich seine Flasche halb mit Milch und gab sie ihm (Schritt II: Lösungen vorschlagen). Er warf die Flasche aber fort und schrie nur noch lauter (Schritt III: Lösungen bewerten). Dann legte ich ihm eine Klapper in das Ställchen (Schritt II). Er beachtete sie überhaupt nicht, weinte

weiter und rüttelte am Ställchen (Schritt III). Schließlich erinnerte ich mich an eine kleine farbige Schachtel, die ich irgendwann einmal gekauft und fortgelegt hatte. Ich ging zum Schrank, nahm sie heraus und gab sie ihm (Schritt II). Sofort hörte er zu weinen auf und begann mit der Schachtel zu spielen. Er versuchte die Bänder abzumachen, mit denen sie umwickelt war (Schritt IV: Entscheidungsfindung). Glücklich beschäftigte er sich eine halbe Stunde mit ihr, während ich meiner Hausarbeit nachging (Schritt V: Die Lösung verwirklichen). Jedesmal wenn ich in das Zimmer zurück kam, um nach ihm zu sehen, war er immer noch mit dem Schächtelchen beschäftigt (Schritt VI: Nachprüfung).«

Die Mutter unterlag nicht, das Kind unterlag nicht – beide siegten! Alles vollzog sich nicht-verbal.

Die Mutter eines Säuglings berichtete sehr eingehend von einem anderen Vorfall:

»Als Bobby vierzehn Monate alt war, liebte er seine Flasche. Wenn er an ihr saugte, sah es aus, als befände er sich in einem Trancezustand. Er lud sozusagen seine Batterien auf. Er saugte einige Augenblicke und wandte sich dann einer anderen Beschäftigung zu. Die Flasche blieb irgendwo auf dem Fußboden. Das Problem bestand darin, daß aus dem Schnuller der vollen Flasche, wenn sie auf der Seite lag, Milch tröpfelte. Diese hinterließ häßliche Flecke auf unserem neuen, teuren Teppichboden. Zuerst versuchte ich meine eigene Einstellung zu modifizieren. Ich nahm mir vor, den Teppich von einer Spezialfirma säubern zu lassen, sobald Bobby die Flasche nicht mehr brauchte. Aber im Laufe der Monate nahm der Teppich ein immer schlimmeres Aussehen an. Ich konnte den Anblick der häßlichen Flecken auf unserem schönen neuen Teppich nicht mehr ertragen. Mir wurde jedesmal ganz anders, wenn ich ihn ansah. Als nächstes kaufte ich ganz neue Schnuller, weil ich dachte, daß die Löcher in den alten ausgefranst seien und daß sie deshalb leckten. Auch das half nicht. Die neuen Schnuller leckten genauso wie die alten. Mein dritter Versuch bestand darin, es mit einer neuen Flaschenart zu versuchen. Sie leckte nicht, aber Bobby war nicht an sie gewöhnt. Bobby gefiel das gar nicht, weil er nicht in seiner Lieblingshaltung trinken konnte: die Flasche senkrecht auf dem Fußboden, Bobby über ihr sitzend, das Kinn an den Nuckel gelegt, beim Saugen den Blick auf den Fußboden gerichtet, auf seine Finger, ein Buch oder ähnliches. Bobby weinte, als ich ihm die neue Flasche gab. Er gab sie mir zurück und ging zum Kühlschrank, wo ich, wie er wußte, die alten Flaschen aufhob. Mein nächster Einfall erwies sich dann endlich als erfolgreich. Ich vergegenwärtigte mir noch einmal meine

Bedürfnisse. 1. Es hatte mich viele Stunden gekostet, die Milchflecke aus dem Teppich zu schrubben. Ich wollte keinen neuen darin haben. 2. Ich verbringe viel Zeit im Wohnzimmer und habe dabei gern einen hübschen sauberen Teppich vor Augen. Man könnte sagen, daß es für mich fast ein ästhetisches Vergnügen ist. Bobbys Bedürfnis lag auf der Hand: Er wollte jederzeit, an jedem Ort in eben der Weise aus seiner Flasche trinken, die ihm genehm war. Da beschloß ich, seine Flasche, wenn wir unten waren, mit Wasser zu füllen. Die Milch bekam er oben, wo es mir gleichgültig war, ob Flecken in den Teppich kamen oder nicht. Ich versuchte es damit, und er akzeptierte es klaglos. Ihm ging es um die Flasche, nicht um ihren Inhalt. Und mir war es gleichgültig, ob Wasser auf den Teppich tröpfelte, weil diese Flecken trockneten, ohne Spuren zu hinterlassen. Ich glaube, wir sind beide mit dem Ergebnis zufrieden. Durch die Methode der Familienkonferenz wurden unser beider Bedürfnisse, Bobbys und meine, berücksichtigt. Auf lange Sicht wird der Effekt hoffentlich sein, daß Bobby in dem Bewußtsein aufwächst, daß er ein Mensch ist, der zählt, der ein Recht darauf hat, seine Bedürfnisse zu befriedigen. Aber auch ich habe die gleichen Rechte.«

Die Entdeckung, daß Eltern die Niederlage-lose Methode auch schon verwenden können, wenn ihre Kinder noch Säuglinge sind, ist von weitreichender Bedeutung für die Vorbeugung gegen Kindesmißhandlungen. Erst in den letzten Jahren ist es in die Öffentlichkeit gedrungen, wie viele Kinder in unserer Gesellschaft das Opfer elterlicher Brutalität werden. Ein sehr hoher Prozentsatz dieser Opfer sind Säuglinge. Ist die Erklärung vielleicht darin zu suchen, daß Säuglinge nicht mittels verbaler Kommunikation (durch Strafandrohung, angstinduzierende Befehle und Warnungen) beeinflußt werden können? Dies sind die Botschaften, zu denen die meisten Eltern älterer Kinder Zuflucht nehmen. Die Eltern von Säuglingen greifen jedoch auf nicht-verbale Gewaltakte zurück (Klapse, Schläge, Fausthiebe, Fußtritte, Brandverletzungen). Die Zahl der Kindesmißhandlungen müßte also dadurch drastisch reduziert werden können, daß man Eltern in der nicht-verbalen Methode III unterweist. Sicherlich wäre es einen Versuch wert.

Die Niederlage-lose Methode bei der Bewältigung von Konflikten zwischen Geschwistern

Die Niederlage-lose Methode der Problemlösung ist ebenso effektiv bei der Bewältigung von Konflikten zwischen Kindern wie in Eltern-Kind-Konflikten. Es gilt, dieselbe Schrittfolge zu beachten.

Der einzige Unterschied liegt darin, daß der Elternteil, da er im Konflikt nicht Partei ist, eine etwas andere Rolle spielt. In Geschwisterkonflikten versucht der Elternteil *die Kinder* dazu zu bekommen, den sechs Schritten der Problemlösung zu folgen. Sie besitzen das Problem, der Elternteil hat nichts damit zu tun.

Der Vater von Gary, sieben Jahre alt, und Steven, elf Jahre alt, machte erfolgreichen Gebrauch von der Niederlage-losen Methode, als die beiden Jungen in einen Konflikt über einige Baseball-Bilder gerieten:

»Steven besaß ein paar Baseball-Bilder, die Gary mit in die Schule nehmen wollte, um sie in einer Klasse herumzuzeigen. Steven war sicher, daß Gary sie verlieren oder beschädigen würde.

Gary: *(weint)* Steven hat mir meine Bilder weggenommen.

Steven: Es sind meine; er hat sie aus meinem Zimmer genommen.

Gary: Sag Steven, daß er sie mir zurückgibt.

Steven: Es sind meine. Sag ihm, er soll mich in Ruhe lassen.

Vater: *(Legt die Arme um beide)* Ihr seid wirklich aufgebracht. *(Mehr Anschuldigungen und lauteres Weinen)* Gary du weinst so bitterlich, du bist wohl wirklich aufgebracht. Aber ich kann nicht verstehen, was du sagst.

Gary: *(Ruhiger nun, erklärt, daß er die Bilder mitnehmen möchte, um sie zu zeigen)*

Steven: *(Unterbricht Gary und unterstellt ihm, er werde die Bilder verlieren)*

Vater: Steven, du machst dir Sorgen, daß deine Lieblingsbilder verloren gehen könnten. Und du, Gary, findest es sehr schade, daß du die Bilder nicht mit in die Schule nehmen kannst. Du findest es schade, daß du keine hast, die du deinen Klassenkameraden zeigen kannst. Hast du irgendwelche Vorschläge, Gary, wie du einige Bilder bekommen könntest? Und du, Steven, hast du irgendwelche Vorstellungen, wie Gary sich Programme besorgen kann?

Gary: Ich habe 15 Cents. Ich könnte sie Steve abkaufen.

Steven: Das ist prima. Ich kann die 15 Cents gut gebrauchen, um ein Kaugummipäckchen mit neuen Bildern zu kaufen.

Vater: Gary, Steve ist bereit, neue Bilder zu kaufen. Er behält den Kaugummi und gibt dir die Bilder.
Gary: Ich möchte auch den Kaugummi haben.
Steven: Immerhin fahre ich in die Stadt und kaufe den Kaugummi und die Bilder. Ich bekomme zwei Stück Kaugummi für die Fahrt. Du kannst ein Stück haben und die Bilder.
Gary: Kann ich die Bilder heute nehmen?
Steven: Ja, wenn du mir die 15 Cents jetzt gibst.
Wir konnten sehen, daß der Vater sehr häufig Gebrauch vom aktiven Zuhören machte. Es war auch festzustellen, daß das Kommunikationsverhalten sich allmählich veränderte, als die Jungen begannen, sich direkt aneinander zu wenden. Der Vater bahnte den Problemlösungsprozeß durch aktives Zuhören an, mischte sich aber nicht in den Streit ein und ergriff keine Partei. Daraufhin nahmen die Jungen die Angelegenheit selbst in die Hand.
In der nächsten Episode werden zwei recht ernste Probleme, die drei Kleinkinder betreffen, mit Hilfe der Methode III gelöst:
»Wir haben jetzt April. Vor acht Monaten habe ich am Kurs teilgenommen. Mir und meiner Familie fiel es am schwersten, das Verfahren der Problemlösung anzuwenden. Meine Kinder sind jetzt viereinhalb, sechs und acht Jahre alt. Vor kurzem kam es zu einem Vorfall, der mir bewußt machte, welche Entwicklung wir alle durchgemacht haben, trotz zahlreicher Rückschläge bei dem Versuch, unsere Probleme zu lösen. Hinzu kommt noch, daß wir vor sechs Monaten unsere Scheidung in die Wege geleitet haben.
Zwei Probleme stellten sich vor allem. Das eine bestand darin, daß die Kinder nicht mehr ohne ewige Kämpfe und Streitereien ins Bett zu bringen waren. Das andere waren die immer häufigeren körperlichen und verbalen Auseinandersetzungen zwischen den dreien. Eines Morgens also, als wir alle noch frisch und ausgeruht waren und noch leidlich gut miteinander auskamen, brachte ich meine Sorge über diese beiden Probleme zum Ausdruck. Meine Tochter (acht) schlug vor, die Wandtafel zu verwenden und Lösungen zu suchen. Im Laufe der Monate waren sie mit den Begriffen vertraut geworden. Sie wußten, was ›Lösungen‹ waren, sie machten abwechselnd Vorschläge und akzeptierten das Bedürfnis nach einer Lösung, ›mit der wir alle einverstanden sind‹.
Zuerst schrieben wir ›Schlafengehen‹ auf. Darunter wurden die Vorschläge aller Beteiligten gesammelt. Selbst mein Vierjähriger hatte einige Einfälle. Ursprünglich war er leicht durch die sprachliche Überlegenheit

der älteren Schwester und den ihn beherrschenden älteren Bruder einzuschüchtern gewesen. Dann hatten sie aber rasch die Regel akzeptiert, daß in dieser Phase die vorgeschlagenen Lösungen nicht beurteilt werden. Anschließend wurde jeder Vorschlag kurz erörtert. Schließlich einigten wir uns auf einen Kompromiß zweier Vorschläge: Sie bezogen wieder getrennte Schlafzimmer und teilten sich das Spielzimmer. Jeder sollte dort für seine Sachen eine eigene Ecke bekommen.

Dann gingen wir das nächste Problem an. Sie nannten es Beschimpfen, Hänseln, Schlagen, Füße stoßen, Petzen. Die Jungen waren nämlich nicht damit einverstanden, nur die körperlichen, offeneren Interaktionsweisen zu berücksichtigen. An ihnen beteiligt sich meine Tochter kaum. Aber auf eine verdecktere Weise trägt sie ihren Teil zum allgemeinen Zank und Streit bei. Deshalb wurden die Bezeichnungen ›Beschimpfen‹ und ›Petzen‹ hinzugefügt. Ich war sehr erfreut, daß das Problem wirklich uns alle einbezog. Wenn irgendeiner die Überzeugung gehabt hätte, daß die anderen nicht eigentlich zu dem Problem beitrügen, wäre ihm ein wirkliches Interesse an der Lösung abgegangen.

Wieder verwendeten wir die Tafel und machten uns an den gleichen Prozeß. Dabei kamen wir zu einigen Schlußfolgerungen. Die Kinder äußerten das Bedürfnis, ›zu randalieren‹, solange es ihnen Spaß mache. Das sollte draußen geschehen. Wenn sie sich prügelten oder in irgendeinen der oben aufgeführten Fehler verfielen, waren sie zu trennen und zum ›Abkühlen‹ in ihre Zimmer zu schicken. Statt die anderen zu beschimpfen oder zu verpetzen, sollten sie ›Ich-Botschaften‹ senden – sollten sie sagen, was sie wirklich aufbrachte.

Ich übertrug unsere Ergebnisse auf einen Anschlag, der jetzt im Spielzimmer angebracht ist. Er wird von uns häufig zu Rate gezogen. Ich behaupte nicht, daß es überhaupt keinen Streit mehr gäbe. Die Lage hat sich aber erheblich verbessert. Dieser Erfolg ist meiner Meinung nach auf den Umstand zurückzuführen, daß wir alle an dem Prozeß teilgenommen haben. Es war nicht Mama, die irgendein Ultimatum gestellt hat.

Ich hoffe, daß wir alle an diesem Prozeß weiterarbeiten werden, bis er uns ›in Fleisch und Blut‹ übergegangen ist, so daß wir ihn dann auch auf Probleme übertragen können, die wir mit Freunden, Partnern oder im Beruf haben.

Es war übrigens sehr nützlich, die Tafel zu verwenden. Das gilt besonders für die beiden Kleinen. Auch wenn sie noch nicht alle Wörter lesen konnten, konnten sie doch wirklich jeden Schritt sehen! Dadurch waren sie des Versuches enthoben, alles akustisch aufnehmen zu müssen.«

Im nächsten Beispiel mußte die Mutter mit Hilfe der Methode III eingreifen, um einen ernsten Konflikt zwischen ihren beiden »Kindern« zu schlichten: es ging um den sechsjährigen Jack und den 34jährigen John (ihren Mann):

»Es kam zwischen den beiden zu einem echten Konflikt über das Fernsehen, besonders jeden Montag zur Zeit des ›Montag-Abend-Footballs‹. Streit, Geheul, Geschrei. Schließlich war John wieder der Buhmann, weil er sich am Ende natürlich durchsetzte. Er sagte: ›Ich verdiene das Geld, mit dem wir den Fernsehapparat gekauft haben.‹ Jack saß dabei, ballte die Fäuste, knirschte mit den Zähnen und stieß Robbie mit den Füßen. Robbie ging auf sein Zimmer und knallte mit den Türen. Da ging ich hinein und sagte: ›Also jetzt hab ich wirklich die Nase voll.‹ Ich legte dar, wie sich das Problem aus meiner Sicht ausnahm: ›Jack möchte eine Sendung im anderen Programm sehen, während du Football siehst. Wir haben nur einen Fernsehapparat und können uns keinen zweiten leisten. Was können wir tun?‹ Wir begannen nach Lösungen zu suchen. Schließlich einigten wir uns darauf, daß John sich freiwillig auf das eine Footballspiel am Montagabend beschränken wollte, es sei denn, es läge ein besonderer Anlaß vor und Jack würde ihm seine Fernsehzeit abtreten. Auf diese Weise konnte auch Jack das ansehen, was er gerade sehen wollte. Die Regelung hat sich bewährt. Vielleicht anderthalb Monate haben wir unter dem Problem gelitten.«

Regelmäßige Problemlösungstreffen

Einige Familien haben festeingeplante Problemlösungstreffen für die ganze Familie zur Institution gemacht, so ähnlich wie Mitgliederversammlungen in Unternehmen. Eine Mutter berichtet:

»Nach meinem ersten Besuch des Kurses haben wir zwei Jahre lang einen Anschlag an der Schranktür gehabt, wo alle sehen konnten, was zur Problemlösung anstand. Wir trafen uns einmal die Woche. Ich schrieb die Dinge, die uns störten, auf die Liste, so daß sich jeder schon vorher Gedanken über sie machen konnte. Außerdem durften die Kinder die Liste ergänzen, damit sie das Gefühl hatten, auch an ihr mitgewirkt zu haben. Unsere Lösung haben wir immer schriftlich festgehalten und sie in einem Ordner aufbewahrt, damit wir nachsehen konnten, ob sie sich auch bewährten. Das half, das Gedächtnis der Kinder aufzufrischen – es war eine Verstärkung.«

Die Vorteile regelmäßiger, zeitlich fixierter Problemlösungstreffen liegen auf der Hand. Man sollte aber einige Richtlinien beachten:

1. Lassen Sie sie nicht zu lange dauern. Denken Sie daran, wie rasch Kinder ermüden und unruhig werden.
2. Manche Konflikte müssen sofort bewältigt werden. Die regelmäßigen Treffen sollten also keine Sitzungen ersetzen, die für sofort zu lösende Konflikte notwendig werden.
3. Behandeln Sie im Familientreffen nur Fragen und Konflikte, in die *alle* Kinder verwickelt sind. Die anderen Kinder langweilen sich bei einem Treffen, in dem es um einen Konflikt zwischen einem Elternteil und einem Kind geht.
4. Wenn die Tagesordnung lang ist, lassen Sie die Familie darüber entscheiden, welches Problem Vorrang hat und zuerst angegangen werden sollte. Weniger wichtige Programmpunkte können auf das nächste Treffen vertagt werden.

Präventive Problemlösung

Jene Familien, die die Methode mit Erfolg dazu verwendeten, Konflikten vorzubeugen, hielten gewöhnlich Treffen ab, in denen Regeln und Übereinkünfte festgesetzt wurden, die für ein harmonisches Familienleben und den reibungslosen Ablauf geplanter Unternehmen sorgten. Im folgenden Beispiel wird geschildert, wie solch ein Planungstreffen in einer dieser Familien ablief:

»Meine Tante und mein Onkel treffen am Mittwoch zu einem Besuch bei meiner Mutter ein. Für den Donnerstagabend haben wir sie eingeladen. Ich beschloß meine beiden Söhne mit meinem Problem zu konfrontieren. Es war der Wunsch, daß das Haus an diesem Tage tipptopp sein sollte. Tim ist zwölf Jahre alt. Er ist sorgsam und handelt mit viel Umsicht. Übrigens beobachtet er auch sehr gut und sagt, er weiß, wenn ich ›aktiv zuhöre‹, weil meine Stimme sich dann verändere. Marvin ist acht Jahre alt, sehr leicht begeistert und stets bereit, sich blind in irgendwelche Abenteuer einzulassen. Ich erklärte ihnen, daß Mister Miller, mein Kursleiter, vorgeschlagen hätte, mein Problem mit ihnen zu erörtern. Ich sei sehr an ihren Vorschlägen interessiert. Sie waren von der Idee begeistert, daß ich ihnen nicht einfach sagte, was sie zu tun hätten, sondern daß wir uns darüber unterhalten wollten.

Tim: *Du* mußt ordentlich arbeiten.

Mutter: Ja, ich werde ordentlich arbeiten.
Marvin: Wenn du das Haus sauber hast, läßt du niemanden mehr von uns hinein!
Tim: Wir dürfen hereinkommen!
Marvin: Ich könnte dir beim Saubermachen helfen. Was hältst du davon, wenn du drei Zimmer saubermachst und wir uns um den Rest kümmern.
Mutter: In Ordnung, ich könnte das Wohnzimmer saubermachen.
Tim: Oh nein, das Wohnzimmer geht am leichtesten – das machen wir.
Mutter: Was haltet ihr davon, wenn ich das Eßzimmer, den Salon und die Küche saubermache?
Marvin: Oh nein! Die Küche geht am leichtesten. (Ich vermute, mein Gesichtsausdruck sah einigermaßen ungläubig aus.) In Ordnung, Mama, mach du die Küche.
Tim: Ich vermute, du meinst, daß wir unsere eigenen Zimmer saubermachen sollten.
Marvin: Ich kann Jeff bitten, mir dabei zu helfen, mein Zimmer sauber zu machen. Ihn interessieren die Sachen in meinem Zimmer nicht besonders, wir spielen dann nicht damit.
Tim: Ich räume meinen Schreibtisch auf. Vom Fensterbrett aber nur die Hälfte. (Das Fensterbrett ist ungefähr zweieinhalb Meter lang und mit Schätzen bedeckt wie halbfertigen und fertigen Modellen, Tintenfässern, die mit farbigem Wasser gefüllt sind, einem großen Saftkanister, Bleistiften, Murmeln usw.)
Mutter: Brauchst du das wirklich alles?
Marvin: Wo soll er all das Zeug denn hintun?
Tim: O Marvin!
Mutter: Er hat doch die ganzen Regale rund um seinen Eisenbahntisch.
Tim: Ich räume aber nur das halbe Fensterbrett frei. Es ist noch lange hin bis Donnerstag.
Marvin: Machen wir's am Montag.
Tim: In Ordnung. Ich mach' es am Montag, wenn ich Zeit habe. *(Pause)* Du machst das Haus doch immer am Dienstag von oben bis unten sauber. Wir müssen es dann nur noch bis Donnerstag sauber halten.
Mutter: Können wir uns dann also darauf einigen, daß kein Kind nach Dienstag mehr im Hause spielt?
Marvin: Oh! *(Entsetzen)* Niemand?
Mutter: Ihr könnt doch anderthalb Tage bei Jeff spielen.
Marvin: Also, OK.

Mutter: Mr. Miller sagte, wir sollen uns die Vereinbarungen sorgfältig durchlesen und sie dann wie einen Vertrag unterschreiben. Ich soll euch nicht daran erinnern, weil ich dann ja wieder meckern würde.
Marvin: Oh, nein – kannst du mich nicht wenigstens ein *bißchen* erinnern?
»Das Gespräch ging noch weiter, aber an den Rest kann ich mich nicht mehr genau erinnern. Als wir das Zimmer verließen, waren wir einander alle sehr zugetan. Tim sagte im Fortgehen: ›Willst du mir »aktiv« zuhören, ob ich nicht an dem Schlittschuhausflug deiner Pfadfindergruppe teilnehmen kann?‹ Als ich am letzten Montag zum Kurs ging, hatte Marvin sein Zimmer noch nicht fertig. Es war aber der Fall, als ich nach Hause kam. Tim machte sich nach der Schule an sein Zimmer und räumte das ganze Fensterbrett frei. Marvin war von seinem Zimmer so erfreut, daß er aus Papier Fußabdrücke ausschnitt und damit eine Spur von der Haustür bis zu seinem Zimmer legte, um Tante Helen und Onkel Bill die blendende Sauberkeit seines Reiches vor Augen zu führen. Es war eine amüsante und interessante Erfahrung.«
In einer anderen Familie wurden Regeln und Übereinkünfte zur Vorbereitung eines Ferienausflugs entwickelt.
»Letzten Sommer beschlossen wir, mit den vier Kindern (neun, acht, vier und zwei) zur kanadischen Nationalausstellung, einem großen alljährlich stattfindenden Ereignis in Toronto, zu gehen. Wir wohnen nicht weit entfernt. Trotzdem standen wir dem Unternehmen etwas zögernd gegenüber, weil mein Mann Dave und ich nicht recht wußten, ob wir all dem gewachsen sein würden: der Menge der Besucher, vier müden Kindern, kostspieligen Attraktionen, dem Geheul usw. Wir entschlossen uns dann, uns am Vortag mit den ältesten drei Kindern zusammenzusetzen, ihnen unsere Bedenken mitzuteilen und das Problem zu lösen.
Gemäß Methode III nannte jeder seine Bedürfnisse. Nachdem wir geklärt hatten, was jeder auf der Ausstellung sehen und tun wollte, versuchten wir uns darüber klar zu werden, was sich gegen die Versuchung, zu viel Geld auszugeben, tun ließ. Wir beschlossen, jedem für diesen Tag fünf Dollar für Essen, Karussellfahrten und Souvenirs zur Verfügung zu stellen. Jeder sollte für sich entscheiden können, wie er diese fünf Dollar ausgeben wollte. (Wenn sich ein Kind beispielsweise entschloß, sie nur für Karussellfahrten auszugeben und an diesem Tag das Essen darüber vergaß, war es in Ordnung.) Lisa (neun) und Jennifer (acht) bekamen ihr Geld selbst und wollten sich selber drum kümmern; Dave und ich halfen den kleineren, mit ihren fünf Dollars zurechtzukom-

men. Zu unserer Überraschung und zu ihrer Freude, verbrachten wir dort elf Stunden (dazu noch je eine Stunde für Hin- und Rückfahrt) und hatten nicht einen einzigen Auftritt oder Streit. Jeder guckte sich an und tat, wofür er sich während der Problemlösung entschieden hatte. Wir blieben länger, als wir erwartet hatten, und hatten alle viel Spaß.«

XII Hilfe bei Wertkollisionen

»Ich bin nach wie vor frustriert«, schreibt ein Vater. *»Soll ich mich zurückhalten und ihn seine Probleme selbst lösen lassen? Ihm ist gar nicht bewußt, daß er ein Problem hat! Ein schönes Beispiel ist die Tatsache, daß er gerne für seine Schule Tennis spielt. Er trainiert aber nicht, um besser zu werden. Dann kommt er völlig niedergeschlagen nach Hause, weil er ein Spiel verloren hat . . . Ich mag ihn sehr gern, aber ich weiß nicht, wie ich ihm helfen soll.«*

Eine Mutter, die sechs Jahre vor unserem Interview an unserem Kurs teilgenommen hat, äußerte sich völlig hoffnungslos.

»Ich glaube, jeder weiß, daß die ›Familienkonferenz‹ ohne Nutzen ist, wenn Eltern und Kinder unterschiedliche Wertvorstellungen haben. Ich glaube, wir haben festgestellt, daß sie nicht funktioniert. Nichts funktioniert, wenn man unterschiedliche Wertvorstellungen hat.«

Beiden Elternteilen konnte die ›Familienkonferenz‹ offensichtlich wenig dabei helfen, die unvermeidlichen Konflikte in Eltern-Kind-Beziehungen zu bewältigen. Beide sind der Auffassung, daß sie nichts in den Händen haben, um mit Kindern fertig zu werden, deren Überzeugungen und Wertvorstellungen mit denen ihrer Eltern kollidieren.

Zwar *haben* viele Eltern Techniken erworben, mit deren Hilfe sie besser als früher mit solchen Wertkollisionen fertig werden, wie ich an späterer Stelle in diesem Kapitel darlegen werde. Doch können einige Eltern mit den Richtlinien, die die ›Familienkonferenz‹ für den Fall solcher Differenzen vermittelt, nichts anfangen. Sie sind verwirrt und enttäuscht. Was erfahren Eltern bei uns über Wertkollisionen? Diese Frage soll kurz erörtert werden, bevor ich auf die Fehler eingehe, die den Eltern nicht selten unterlaufen, wenn sie unsere Technik anwenden. Anschließend werde ich illustrieren, wie sich Wertkonflikte effektiv bewältigen lassen.

Die Besonderheit der Wertkollision

Schon sehr früh in der Entstehungsphase des Kurses (und ebenso im Buch ›Familienkonferenz‹) wurde mir klar, daß die Niederlage-lose Konfliktbewältigung in bestimmten Fällen selten Erfolg hat. Es haben sich immer dann Schwierigkeiten bei ihrer Anwendung ergeben, wenn sich die Konflikte zwischen Eltern und Kindern auf bestimmte Problemkreise beziehen: Wertvorstellungen, Lebensstile, Kleidungsfragen, Freundeswahl, ästhetische Vorlieben, Moralvorstellungen, politische Überzeugungen, Lebensziele, persönliche Gewohnheiten. Viele Kinder sehen einfach keinen Grund dafür, ihr Verhalten zu verändern. Noch nicht einmal die Notwendigkeit, mit ihren Eltern zu verhandeln (sich zu Methode III bereitzufinden), erkennen sie an. Sie sind der Überzeugung, daß diese besonderen Konflikte (später haben wir sie Wertkollisionen getauft) *Verhaltensweisen betreffen, die ohne konkrete oder greifbare Einwirkung auf das Leben ihrer Eltern sind.* Sie halten ihren Eltern entgegen: »Warum sollen wir das verändern, woran wir glauben oder dem wir Wert zumessen – es stört euch doch nicht konkret und fügt euch keinen Schaden zu.«

Wenn sie langes Haar tragen und es so leiden mögen, sind sie nicht bereit, es nur deshalb schneiden zu lassen, weil ihre Eltern kurzes Haar vorziehen. Wie sie ihr Haar tragen, ist nicht das Problem der Eltern. Dasselbe gilt für die Freundeswahl, die Art und Weise, wie sie sich anziehen, die Musik, die sie mögen, wieviel Make up sie auflegen, wie kurz die Röcke sind – oder wie eng die Hosen. Kein Wunder, daß die Eltern mit ihren Ich-Botschaften und ihren Versuchen, die Kinder zur Niederlage-losen Konfliktbewältigung zu überreden, heftigem Widerstand begegnen. Die Kinder sind hinsichtlich ihrer Wertvorstellungen und Überzeugungen zu keinem Kompromiß bereit. Schließlich beeinträchtigt ihr Verhalten die Bedürfnisse ihrer Eltern überhaupt nicht. Die Kinder kämpfen also um ihre *Rechte*. Es geht hier um ein entscheidendes Prinzip, wenn es von Eltern auch nur schwer zu akzeptieren ist: Kinder sind gewöhnlich nur dann bereit, sich an der Niederlage-losen Methode zu beteiligen, wenn ihnen hinreichend deutlich wird, daß ihr Verhalten in irgendeiner *greifbaren und konkreten Weise* (der Schlüsselbegriff) die Eltern an der Befriedigung ihrer Bedürfnisse hindert.

Erinnern wir uns, welcher Nachdruck auf den dritten Teil der Ich-Botschaft, »den greifbaren und konkreten Effekt« gelegt wurde. Wenn man Menschen zur Veränderung ihres Verhaltens motivieren will, muß man sie davon überzeugen, daß der Effekt auf den anderen in irgendeiner *realen* (glaubhaften) Deprivation besteht. Unsere Erfahrung in den Familienkursen hat gezeigt, daß es den Eltern im Falle der meisten Wertkollisionen schwerfällt, eine dreiteilige Ich-Botschaft zu senden. Sie können nicht mit einem realen (konkreten oder greifbaren) »Effekt« dienen oder auch nur mit einem Effekt, der glaubhaft genug ist, um die Kinder zu einer Veränderung ihres Verhaltens zu motivieren. Versuchen Sie es selbst in den folgenden Beispielen. Ergänzen Sie die Lücken:

1. Wenn du dir Löcher in die Ohrläppchen machen läßt,	– nicht-akzeptables Verhalten
bin ich wirklich ärgerlich	– Gefühl
weil ———	– greifbarer Effekt
2. Wenn du diese alten Jeans trägst,	– nicht-akzeptables Verhalten
bin ich sehr gereizt	– Gefühl
weil ———	– greifbarer Effekt

Wie die meisten Eltern werden auch Sie wahrscheinlich keinen plausiblen Grund anführen können – zumindest keinen, der für das Kind so überzeugend klingt, daß es sein Verhalten verändert. Unser Verhaltensrechteck (Abb. 26) gibt wieder, daß bestimmte nicht-akzeptable Verhaltensweisen bei Kindern überdauern *werden*, selbst nachdem Sie es mit Ich-Botschaften und Methode III versucht haben.
Für Wertkollisionen bedürfen Eltern anderer Techniken.

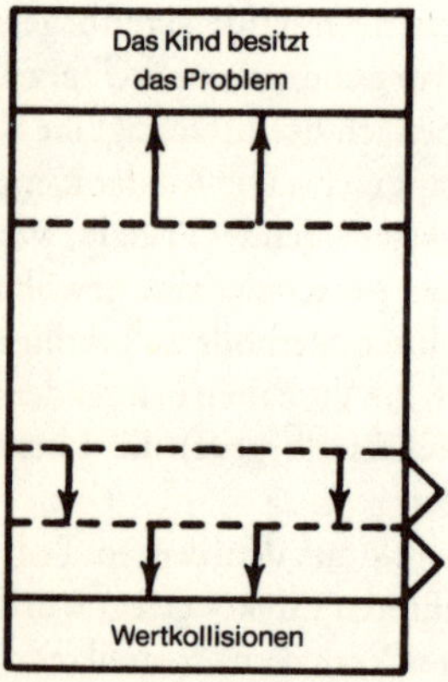

Abbildung 26

Effektive Ich-Botschaften

Effektive Anwendung der Methode III

Allzu beharrliche Eltern

Wir können uns mit allen uns zu Gebote stehenden Mitteln bemühen, die Eltern davon zu überzeugen, daß sie besser auf Methoden verzichten sollten, denen mit hoher Wahrscheinlichkeit der Erfolg versagt bleibt – manche halten an diesen Methoden trotzdem fest. Hören wir, was das Ehepaar im folgenden Interview vorzubringen hat. Die Mutter möchte ihren Sohn dazu bringen, ein kostspieliges Sitzelement nicht als Spielzeug zu verwenden:

Mutter: Kim hat ein sackartiges Sitzelement – es hat fast dreißig Dollar gekostet – viel Geld für mich. Die Kinder springen und toben auf ihm herum. Ich weiß wohl, es ist »sein Sessel« und er ist aus dickem Kunststoff. Man sollte ihnen also ihren Spaß lassen und ihnen erlauben, darauf herumzutoben. Trotzdem kann ich es nicht akzeptieren. Immer wieder habe ich es versucht. Dann bin ich doch in sein Zimmer gegangen und habe erklärt, daß es ein Sitzmöbel ist.

Vater: Für dich ist es ein Sessel, weil du und der Innenarchitekt einen Sessel wollten. Da ist er anderer Ansicht. Für ihn ist es ein herrliches Spielzeug.

Mutter: Ich kann es nur schwer akzeptieren, daß ich das Problem habe und nicht er.

Vater: Ich habe in der Familienkonferenz gelernt, daß sie das Problem hat und nicht unser Sohn. Der Wert, den er dem Sitzelement zuweist, unterscheidet sich von dem, den sie ihm zumißt . . .

Mutter: Es ist dasselbe wie mit der Kleidung – ich kann es nur schwer ertragen, wenn jemand in schmutzigen Kleidern herumläuft. Ich kann das nicht akzeptieren. Ich möchte, daß er sich die richtigen Wertvorstellungen aneignet . . . Wir vermitteln ihm unsere Wertvorstellungen, weil wir meinen, es seien die richtigen . . . und wenn er sie nicht akzeptiert, kann ich mich schwer damit abfinden.«

Eine Mutter berichtete, wie sie versuchte, ihren fünfjährigen Sohn Ted dem Einfluß seines einige Jahre älteren Freundes zu entziehen:

»Ich kann Ted sagen, daß Dan sich falsch verhält und daß auch dessen Mutter mit ihm ärgerlich sein wird. Ich sage Sachen wie: ›Ich bin nicht glücklich darüber, daß du dich ebenso verhältst wie Dan. Er ist ein böser kleiner Junge, und die Leute mögen keine bösen kleinen Jungen. Sie mögen nette kleine Jungen.‹ Dann sagt Ted stets: ›Aber Dan ist mein Freund.‹ Darauf antworte ich: ›Er ist nicht wirklich dein Freund.‹ Und Ted meint: ›Doch, das ist er!‹ Ich kann wirklich nicht viel vorbringen, was

ihn davon überzeugen könnte, daß Dan kein wahrer Freund ist.«
Wahrscheinlich fällt es Eltern am schwersten, ihren Kindern gegenüber von Vorwürfen Abstand zu nehmen, wenn es zu Wertkollisionen hinsichtlich der Schule und des Lernens kommt. Ein Beispiel für einen solchen Konflikt wurde uns von einer Mutter berichtet, die viel Wert auf gute Schulleistungen legte:

»Wir sagten: ›Weißt du, du solltest in der Schule fleißig sein, weil du ein heller Kopf bist. Im Test hast du einen hohen IQ erzielt. Du bist ein heller Kopf und in der Schule hast du Gelegenheit, davon Gebrauch zu machen.‹ Darauf antwortete er: ›Ach weißt du, ich bin gar nicht so sicher, daß die Schule mir wirklich die Ausbildung gibt, die man braucht.‹ Daraufhin sagte ich: ›Vielleicht findest du das nicht; offensichtlich ist aber die Gesellschaft dieser Auffassung.‹ Darauf er: ›Ich bin nicht sicher, daß mir soviel an der Gesellschaft liegt.‹ ›Welche andere Möglichkeit siehst du?‹ Da sagte er: ›Ich weiß nicht, im Wald unter Bäumen leben.‹«

Wenn diese Mutter dann im Fortgang des Interviews das Verhalten ihrer Kinder in solchen Situationen beschreibt, kommt sie zum Kern des Problems:

»Wenn ich mit meinen Kindern zu tun habe, besonders mit dem älteren, stelle ich immer wieder fest, daß er, was den passiven Widerstand anbelangt, Mahatma Gandhi übertrifft. Er sagt: ›In Ordnung, aber ich weiß nicht genau, was du damit meinst.‹ Oder es gelingt ihm auf irgendeine Weise einen Streit oder einen Konflikt in Luft aufzulösen. Als wolle man ein Stück Seife greifen.«

Genauso ist es: Die meisten Kinder sind wie ein schlüpfriges Stück Seife, wenn die Eltern versuchen, ein Verhalten zu verändern, das sich auf sie weder greifbar noch konkret auswirkt. Ich-Botschaften dürften da in der Regel völlig nutzlos sein. Wenn Eltern dann zum Moralisieren, zum Belehren und Meckern oder anderen Formen von Vorwürfen übergehen, stoßen sie meist auf Feindseligkeit.

Zu den schlimmsten Auseinandersetzungen kommt es, wenn Eltern in ihrer Enttäuschung und Verzweiflung ihre mächtigsten Geschütze auffahren: Macht und Autorität. Wenn sie dann drohen, verbieten, strafen, rächen sich die Kinder dadurch, daß sie mitten im Gespräch das Zimmer verlassen, sich einigeln, lügen und manchmal auch die Familie verlassen.

Unsere Erfahrung lehrt uns, daß Auseinandersetzungen über Wertvorstellungen der Familie den größten Schaden zufügen. Die Beziehungen werden zerstört, die Kommunikation bricht zusammen, die Familie fällt auseinander. Der verbohrte Wunsch, die Schlacht um die Wertvorstellungen zu gewinnen, ist schuld daran, daß die Eltern dann auch den Krieg verlieren. Die Kinder lassen sich sozusagen von ihnen scheiden. Mit hoher Wahrscheinlichkeit läßt sich dann auch vorhersagen, daß die Kinder sich weigern werden, sich in irgendwelchen anderen Situationen an der Methode III zu beteiligen – das gilt dann selbst für Konflikte, die normalerweise durch das Niederlage-lose Verfahren bewältigt werden könnten.

Effektive Verfahren zur Beilegung von Wertkollisionen

Daß die Methode III auch bei derartigen Konflikten zum Erfolg führt, dazu bedarf es einer tiefgreifenden Einstellungsänderung. Hören wir dazu den Bericht eines Vaters:

»Mir ist allmählich klar geworden, daß wir versucht haben, sie durch die Vorschriften, die wir ihnen hinsichtlich des Haarschnitts und der Kleidung machten, unserer eigenen Bezugsgruppe anzupassen. Ich wollte einen guten Eindruck mit ihnen machen, wenn ich sie Geschäftsfreunden vorstellte. Aber das ist nicht ihre Bezugsgruppe. Sie sind Menschen und als solche haben sie ebenso sehr ein Recht darauf, in ihrer eigenen Bezugsgruppe etwas zu gelten, wie ich in der meinen. Diese Erkenntnis ist mir schwergefallen. Ich glaube, manche Eltern werden das nicht akzeptieren. Ich bin mir auch nicht sicher, daß ich es immer hinnehme, aber zumindest bin ich bereit, einige meiner Wertvorstellungen zu modifizieren, damit sie die Möglichkeit haben, in ihrer Bezugsgruppe akzeptiert zu werden.«

Eine Mutter berichtet, wie sich ihre Einstellung zu langem Haar veränderte:

»Ich hätte sein Haar gern kürzer gesehen, aber ich sagte: ›Es ist dein Haar, und ich bin bereit zu akzeptieren, daß du es gern länger wachsen lassen möchtest . . . Vielleicht befürchtete ich, den letzten Rest von Kontrolle über meine Kinder zu verlieren – es war Angst.«

Im folgenden Beispiel fängt der Vater an, allmählich die Tatsache zu akzeptieren, daß Kinder ihre eigenen Erfahrungen machen müssen:

»Das uralte Problem von Eltern: sie möchten, daß ihre Kinder sich ihren Rat zu eigen machen. Aber Kinder müssen ihre Erfahrungen selber machen. So ist man enttäuscht, wenn man seinen Erfahrungsschatz nicht weiterreichen kann . . . Aber ich denke, er ist alt genug, daß man ihn von nun an seine eigenen Erfahrungen machen lassen kann, und damit basta.«

Wenn Eltern zu dieser grundlegenden Einsicht bereit sind, schaffen sie es eher, ihre Kinder nicht mehr mit Vorwürfen zu überschütten. Sie sind dann reif, die Methoden anzuwenden, die wir in der ›Familienkonferenz‹ für den Umgang mit Wertkollisionen lehren.

Ein wirkliches Vorbild sein

Heute ist mir klar, daß wir den Eltern im Kurs nicht deutlich genug zeigen, welche Bedeutung vorbildhaftem Verhalten zur Formung und Beeinflussung kindlicher Werte und Überzeugungen zukommt. Sicher, wir teilen den Eltern mit, daß Kinder darauf angewiesen sind, viele der elterlichen Wertvorstellungen dadurch zu lernen, daß sie beobachten, was ihre Mütter und Väter tun, und daß sie hören, was sie sagen. Wir machen deutlich, daß Eltern ihre Vorstellungen eigentlich dadurch vermitteln, daß sie sie in der Realität vorleben. Schließlich warnen wir sie vor der Inkonsequenz des »tu, was ich sage, nicht was ich tue.«

Leider haben Eltern aus irgendeinem Grund wenig Vertrauen zu diesem Prozeß. Sie befürchten, daß ihre Kinder die Wertvorstellungen möglicherweise nicht übernehmen, die ihnen von ihren Eltern vorgelebt werden. Was wir bislang vernachlässigt haben, ist die Tatsache, *daß Kinder mit viel größerer Wahrscheinlichkeit am elterlichen Beispiel lernen, wenn sie eine positive Beziehung zu ihren Eltern haben.* Selten richten Kinder sich nach dem Modell von Erwachsenen, die sie nicht mögen oder die sie fürchten. Sie machen sich die Werte von Menschen zu eigen, die sie bewundern, achten, lieben – das sind die Menschen, denen die Kinder ähneln möchten. Ihre Vorbilder!

Um wirklich ein Vorbild für die Kinder zu sein, sollten die Eltern die Techniken der ›Familienkonferenz‹ lernen. Sie dienen dazu, eine Beziehung aufzubauen und beizubehalten, in der das Kind sich ebenso wie die Eltern als selbständige Person entwickeln kann. Um das Credo der Familienkonferenz zu zitieren:

»Unsere Beziehung ruht also stets auf einer gesunden Basis, weil sie alle Beteiligten befriedigt. Jeder von uns kann sich seinen Möglichkeiten entsprechend entwickeln, ohne das gegenseitige Gefühl der Achtung und Liebe zu mindern, ohne die Freundschaft und den Frieden zu gefährden.«

Eine Mutter berichtete uns folgendes:

»Wenn man sieht, wie die eigenen Kinder andere mit Achtung behandeln,

weiß man, daß man sie selbst richtig behandelt. Erst an der Art und Weise, wie sie mit anderen Kindern umgehen, habe ich das gesehen. Wenn ich an der Tür lausche, wie sie sich unterhalten, kann ich hören, wie mein Kind aktives-Zuhören anwendet. Ein Kind sagt: ›Ich mag dieses Spielzeug nicht.‹ Und ich höre wie mein Sohn sagt: ›Das hört sich an, als wenn du das wirklich nicht magst, was?‹ Sie wenden es schon selbst an.«

Im folgenden Beispiel wird über eine ähnliche Beobachtung berichtet: *»Am hübschesten fand ich, wie Sharon und Joey untereinander von Ich-Botschaften Gebrauch machten ... Sie haben sich die Technik offensichtlich angeeignet und senden viele eindeutige Ich-Botschaften. Das erscheint ihnen jetzt ganz natürlich.«*

Zwar macht sich das Beispiel der Eltern erst im Laufe der Zeit bemerkbar, doch Kinder übernehmen weit mehr Werte, als man gemeinhin vermutet. Voraussetzung ist allerdings eine gute Beziehung zu ihnen. Aber selbst wenn die Beziehung ideal ist, darf man nicht erwarten, daß die Kinder sich *alle* Werte der Eltern zu eigen machen werden. Bei manchen werden sie zu der Überzeugung kommen, sie seien nicht-akzeptabel, unangemessen oder seien mit der eigenen Lebensauffassung nicht zu vereinbaren.

Wie wird man ein effektiver Berater?

Die Werte und Überzeugungen von Menschen und das sich daraus ergebende Verhalten sind fraglos Veränderungen unterworfen. Menschen bleiben sich nicht immer gleich: Werte, Überzeugungen und Verhaltensmuster sind keine auf immer festgelegten Wesenszüge. Wie jedermann weiß, kann es zu bemerkenswerten Veränderungen kommen, wenn Menschen durch jemanden beeinflußt werden, der über das entsprechende Wissen, über Fakten, einen überzeugenden Erfahrungsschatz, Einsicht oder offensichtliche Kompetenz verfügt.

Will jemand zum Motor der Veränderung werden, muß er sich an bestimmte Grundsätze und Praktiken halten. Nur derjenige ist fähig, Verhaltensveränderungen bei anderen hervorzurufen, der ein guter »Berater« geworden ist. Wenn Eltern also Einfluß auf die Wertvorstellungen, Überzeugungen und Verhaltensweisen ihrer Kinder gewinnen wollen, sollten sie dem Beispiel erfolgreicher Berater folgen.

Versorgen Sie sich mit Fakten und Informationen

Erfolgreiche Berater gehen eine Aufgabe nur an, wenn sie über ausreichende Information in der Frage verfügen, in der ihr Urteil eingeholt wird. Sie erzählen dem »Klienten« nicht, was er glauben oder tun soll, wenn sie nicht selbst davon überzeugt sind und das auch belegen können. Sonst wird es kaum gelingen, dem Klienten glaubhaft zu machen, daß die angezielte Verhaltensveränderung für ihn von Vorteil sein wird.
Häufig versuchen Eltern, ihre Kinder in Dingen zu beeinflussen, über die sie selbst kaum Bescheid wissen. Unser Rat: verzichten Sie auf die Beraterrolle, wenn es Ihnen an der nötigen Erfahrung und an überzeugenden Argumenten fehlt. Wenn Sie beispielsweise Ihre Kinder dazu bringen wollen, keine Zigaretten zu rauchen, dann besorgen Sie sich den staatlichen Gesundheitsbericht, sammeln Sie Artikel von Fachleuten, sprechen Sie mit Ihrem Hausarzt – tun Sie alles, um vorbereitet zu sein. Die Menschen wollen überzeugt sein, bevor sie ihr Verhalten verändern. Und vergessen Sie nie, Kinder sind Menschen!

Zuerst müssen Sie als Berater akzeptiert sein

Erfolgreiche Berater versichern sich, daß ihre Klienten bereit sind, ihren Rat wirklich anzunehmen. Die Klienten müssen in der richtigen Stimmung zum Zuhören sein und genügend Zeit mitbringen. Eltern sollten daher die folgenden Punkte beachten:

1. Fragen Sie Ihre Kinder, ob sie an Ihrem Wissen und Ihren Meinungen interessiert sind.
2. Bitten Sie sie, Ihnen einen Zeitpunkt vorzuschlagen, der nach Möglichkeit ihnen und *den Kindern* genehm ist.
3. Teilen Sie ihnen mit, daß Sie Ihrer Meinung nach einige nützliche Informationen besitzen.

Überlassen Sie Ihrem Klienten die Verantwortung

Erfolgreiche Berater *bieten* ihre Erfahrung und ihr Urteil nur *an.* Sie überlassen es ihrem Klienten, ob er sie annimmt oder zurückweist. *Das ist ein entscheidender Punkt.* Erfolgreiche Berater machen Mitteilungen, sie halten keine Predigten. Sie zwingen ihre Vorstellungen nicht auf, sondern schlagen sie vor. Sie regen an, statt zu fordern. Ebenso wichtig ist, daß sie in der Regel ihr Urteil nur einmal anbieten. Sie schmeicheln ihren Klienten nicht, hacken nicht auf ihnen herum, machen ihnen keine Vorwürfe, wenn diese anderer Ansicht sind, und fallen ihnen mit ihrer Auffassung nicht auf die Nerven. Wenn sie es doch tun, verzichtet der Klient auf ihre Dienste – und zwar schnell.

Allzu häufig verzichten Jugendliche auf den Rat ihrer Eltern, den sie oft als unerwünscht zurückweisen. Warum? Weil die meisten Eltern ihre Ratschläge aufdrängen wollen und sich ärgern, wenn diese nicht angenommen werden. Sie meinen, sie seien dafür verantwortlich, daß ihre Kinder ihr Verhalten verändern. Sie stehen auf dem Standpunkt: »Meine Kinder *müssen* sich zu eigen machen, was ich ihnen sage.« Tun sie es nicht, haben die Eltern das Gefühl, versagt zu haben.

Eltern begehen den Fehler, »harte Verkaufsmethoden«, anzuwenden, die, wie jeder Berater nur zu gut weiß, Widerstand und Abneigung hervorrufen. Kein Wunder, daß die Kinder schließlich sagen: »Rutsch mir den Buckel runter«, »Hör auf zu meckern«, »Ich weiß, was ich deiner Meinung nach tun sollte, bete es mir doch nicht jeden Tag aufs neue vor.«

Wenn Eltern sich nach den Regeln guter Berater richten würden, würden ihre Kinder ein offeneres Ohr für die Lebenserfahrung und das Wissen ihrer Eltern haben. Sie wären eher bereit, auf sie zu hören.

Eine Mutter berichtete uns, wie sie sich in der Beraterrolle versucht hat, um ihre Tochter dazu zu bekommen, einen Mantel überzuziehen, da sie sich sonst erkältet hätte. Sie wählte ein amüsantes Verfahren. Statt sich unmittelbar an das Mädchen zu wenden, äußerte sie ihre Meinung gegenüber einigen Damen, die bei ihr zu Besuch waren. Dabei sprach sie so laut, daß ihre Tochter sie hören mußte:

»Freitag waren einige Freundinnen mit ihren Kindern hier. Die Kinder beschlossen übereinstimmend, ohne ihre Mäntel nach draußen zu gehen. Am Vortag war es zwar noch warm gewesen, doch an diesem Tag war es kalt. Eine meiner Freundinnen sah, wie ihr Sohn im Begriff war, ohne Mantel hinauszugehen und sagte: ›Bobby, du ziehst deinen Mantel an!‹ Er sah mich an und sagte: ›Lisa hat ihren Mantel auch nicht an – darf sie ohne Mantel hinaus?‹ Sehr laut – so daß Lisa es hören konnte – sagte ich dann zu meinen Besucherinnen: ›Ich kümmere mich jetzt nicht mehr so viel um Lisa. Ich versuche nicht mehr, sie zu bestimmten Dingen zu zwingen. Sie soll lernen, daß sie für ihr Tun selbst verantwortlich ist. Sie soll aus den Folgen ihres Verhaltens lernen. Wenn sie jetzt ohne ihren

Mantel hinausgeht, wird sie sich wahrscheinlich erkälten. Sie hat im Laufe der Woche einige Kostümproben und am Freitag eine Ballettaufführung. Es würde mir leid tun, wenn sie daran nicht teilnehmen könnte. Das wäre aber wohl die Folge, wenn sie heute ohne Mantel hinausginge ... Aber ich muß es ihr überlassen.‹ Und wie sie lief und ihren Mantel holte!«

In einem anderen, weit ernsterem Fall, beweist ein Vater, daß auch er die Beraterrolle begriffen hat:

»Mein Sohn hatte mit zwei Nachbarjungen beschlossen, ein Marihuanabeet anzulegen. Einer der Jungen – er hat schwere emotionale Probleme – hatte das schon oft gemacht. Ich teilte meinem Sohn nur einmal – wirklich nur einmal – mit, was ich davon hielt: ›Ich glaube, es ist deine Entscheidung, Marihuana anzupflanzen, solange es nicht auf unserem Grundstück geschieht. Da würden wir Schwierigkeiten bekommen. Du mußt dir klar darüber sein, daß dieser Junge dich mit hineinziehen kann, wenn er gefaßt wird. Sehr wahrscheinlich wird er es verhökern, um Geld damit zu verdienen. Dadurch wirst auch du zum Dealer, und das ist ein schweres Vergehen.‹ Mehr habe ich nicht gesagt. Nur dieses eine Mal habe ich meine Meinung darüber zum Ausdruck gebracht. Seither habe ich nichts mehr darüber verlauten lassen. Ich weiß nicht, was dann geschehen ist. Aber ich denke, daß ich damit meiner Beraterrolle Genüge getan habe – mehr kann ich nicht tun ...«

Eine Mutter bekam es zu ihrer Bestürzung mit folgender Frage zu tun: »Was würdest du davon halten, Mama, wenn ich Berufsverbrecher würde?«

»Darüber mußte ich erst einmal nachdenken ... Ich mußte erst einmal in mich gehen, um die Antwort zu finden, die wirklich wiedergab, was ich dachte. Ich sagte: ›Vermutlich würde ich die Achtung vor dir verlieren, weil jedes Verbrechen so viel Ungerechtigkeit birgt: irgend jemand anderem wird immer Schaden zugefügt. Das würde ich am Bedauerlichsten finden. Außerdem hätte ich große Angst um dich, da du ja die Gesetze übertreten würdest. Am meisten würde ich aber wohl schon bedauern, daß ich die Achtung vor dir verlieren würde.‹ Später berichtete er, daß ihm meine Reaktion gefallen habe.«

Im folgenden Beispiel sind Mutter und Sohn unterschiedlicher Ansicht über die Verantwortung, die der Sohn in der Schulstaffel übernommen hat:

»Er entschloß sich zum Schilaufen zu gehen und nicht zum Staffeltraining. Er wollte lieber Schilaufen. Er rief einen Freund an, aber der konnte ihn nicht mitnehmen. Er bat seinen Vater um den Wagen, aber der sagte

Nein. Schließlich meinte er: ›Ich kann nicht zum Schilaufen, weil ich dann schon um vier Uhr morgens fortmüßte.‹ Er fügte dann hinzu: ›Gut, ich laufe nicht Schi, deswegen gehe ich aber noch lange nicht zum Staffeltraining.‹ Da sagte ich zu ihm: ›Wenn du dem Problem in dieser Weise ausweichst, habe ich das Gefühl, daß du mich ärgern willst. Du weißt genau, daß ich der Meinung bin, du seist deiner Staffelmannschaft gegenüber verpflichtet. Wenn du nun einmal so gut bist, läßt du nach meiner Meinung die anderen im Stich. Du drückst dich. Ich weiß, daß dir das nicht paßt, was ich sage, weil du lieber zum Schilaufen gehen möchtest. Deshalb habe ich das Gefühl, daß du dich an mir rächst, indem du mich bewußt ärgerst! Er sagte: ›Du kannst dir die Mühe sparen, mich zu wecken – ich gehe nicht hin.‹ Nun, er stand von allein auf und ging zum Staffeltraining. Von allein! Ich habe nichts mehr dazu gesagt. Erkläre wer kann, warum sie dann doch so handeln – ich kann es nicht.«*

Die Mutter hat völlig recht – Eltern können häufig nicht wissen, warum Kinder nach solchen Gesprächen dann doch im Sinn der Eltern handeln. Wir wissen nur, daß sie es manchmal tun.

Überprüfung der eigenen Wertvorstellungen

Wertkollisionen zwischen Eltern und ihren Kindern erweisen sich häufig als gegenstandslos oder werden bewältigt, wenn die Eltern *ihre* Wertvorstellungen modifizieren. Bisher haben wir lediglich gezeigt, wie Eltern die Wertvorstellungen eines Kindes wirkungsvoll verändern können. Wie wir aber alle wissen, müssen Veränderungen nicht einseitig sein. Auch Eltern *können* ihre Haltung gegenüber bestimmten Fragen verändern, und sie tun es – häufiger als man denkt.

Eine Mutter veränderte ihre Einstellung hinsichtlich der Ordnung im Zimmer ihres Sohnes:

»Vor ein paar Monaten setzten wir uns hin und sprachen darüber. Ich sagte: ›Tim, wenn du dein Zimmer in diesem Zustand verläßt, gefällt es mir ganz und gar nicht. Ich kann es nun einmal nicht ausstehen, daß sich mir solch ein Anblick bietet, wenn ich in dein Zimmer sehe.‹ ›Aber warum schließt du nicht einfach die Tür?‹ antwortete er. Ich fragte ihn: ›Stört es dich denn nicht, wenn es so aussieht?‹ Daraufhin meinte er: ›Es kümmert mich überhaupt nicht.‹ Da sagte ich: ›In Ordnung, dann machen wir es eben so.‹ Ich schließe also einfach die Tür und warte. Die Kinder wissen,

was wir von unordentlichen Zimmern halten, aber was macht das? Warum soll ich mich darüber aufregen? Heute bin ich viel eher in der Lage, es zu akzeptieren ... Und wissen Sie, seither hält er es viel sauberer.«

Natürlich führen nicht alle Veränderungen in den elterlichen Einstellungen zu entsprechenden Verhaltensveränderungen bei den Kindern. Manchmal hält das Kind auch an seiner Einstellung fest. Das geschah beispielsweise, als ein Kind den Wunsch äußerte, bei Licht zu schlafen:

»Es ist eine sehr einfache Lösung, das Licht anzulassen. Trotzdem reagierte ich anfangs ablehnend. Wissen Sie, man glaubt einfach nicht, daß jemand bei Licht schlafen kann. Dann dachte ich aber: ›Wenn er bei Licht schläft, stört mich das doch nicht. Es ist ein Problem, das ich besitze ... Einfach weil jeder im Dunkeln schläft. Aber warum soll man ihn dazu zwingen, nur weil jeder andere es tut?‹ Ich habe das bei vielen Dingen festgestellt. Es ist lediglich erforderlich, daß ich eine Zeitlang mit ihnen lebe und meine Widerstände überwinde. Dann erweist sich das Problem sehr bald als gegenstandslos.«

Manchmal ändern Eltern ihre Einstellung auch dadurch, daß sie den Sinn ihrer Vorstellungen in Frage stellen oder ihre Berechtigung überprüfen. Oft genügt es, sich einmal klarzumachen, woher man seine Wertvorstellungen überhaupt hat. Dann ist es oft viel einfacher, sie zu verändern. Eben dies wurde einer Mutter klar, als es ausgerechnet um Erdnußbutterbrote ging:

»Immer muß es Erdnußbutter und Brot mit Gelee sein. Und das Brot muß braun und darf nicht durchgeschnitten sein, wissen Sie. Was kümmert es mich, ob er sein Brot nicht durchgeschnitten haben will? Weil ich in einem Restaurant gearbeitet habe, und in Restaurants gibt man dem Gast das Brot hübsch säuberlich in Hälften geschnitten mit einer Olive und einer Gurke verziert ... Wenn ich mir klarmache, daß er das Recht hat, sein Brot so zu bekommen, wie er es wünscht, was macht mir das schon aus?«

Akzeptieren Sie, was Sie nicht verändern können

»Man muß es hinunterschlucken und den Mund halten.«
»Ich werde damit leben müssen.«
»Man darf ihnen nicht die Möglichkeiten nehmen, ihre Entscheidungen selbst zu treffen.«
»Wenn wir ihnen bis zu dem Zeitpunkt, da sie halbwüchsig werden, den

Unterschied zwischen Recht und Unrecht nicht beigebracht haben, kann ich nichts mehr tun, um das noch zu ändern.«

»Welches Gesetz schreibt vor, daß meine Kinder mit dem konform gehen müssen, was ich denke?«

Das sind Äußerungen von Eltern, die auf irgendeine Weise die Gelassenheit erworben haben, zu akzeptieren, was sie nicht verändern können. Die ›Familienkonferenz‹ hilft Eltern, ihre Kinder als Menschen anzusehen, die eigenständig sind und auch das Recht haben, sich dafür zu entscheiden, anders als ihre Eltern zu leben. Viele Verhaltensweisen und Wertvorstellungen von Kindern werden Eltern niemals verändern können. Die einzig logische Alternative besteht darin, diese Tatsache zu akzeptieren. Niemand wird etwas an den Überzeugungen und Werten der Menschen verändern können. Das ist auch solange nicht bedauerlich, solange niemandem dadurch in irgendeiner greifbaren Weise Schaden zugefügt wird. Kinder wissen ihre Rechte und ihre Freiheit zu schätzen. Ich bin sicher, daß man sie ihnen eines Tages auch garantieren wird.

Hilft die ›Familienkonferenz‹ allen Eltern dabei, zu akzeptieren, daß sie ihre Kinder nicht verändern können? Ich bezweifle das. Und ich weiß auch beim besten Willen nicht, wie wir das ändern können. Hoffentlich werden wir in der Zukunft einmal besser wissen, wie sich bei *allen* Eltern die grundsätzliche Bereitwilligkeit schaffen läßt, andere zu akzeptieren. Wie diese Bereitschaft aussehen sollte, zeigt sich im folgenden Interview:

»Unser Sohn lebt mit einer Frau zusammen, die mehrere Kinder hat, aber nie verheiratet gewesen ist. Diese Kinder haben noch nicht einmal einen gemeinsamen Vater. Außerdem ist sie etliche Jahre älter. Heute habe ich Kontakt zu ihr. Ich bin mir bewußt, daß mein Sohn sie gewählt hat. Wenn er etwas an ihr findet, dann muß ich sie akzeptieren, da ich ihn liebe. Das ist sehr befreiend! Eines Tages sagte er: ›Mama, was wäre, wenn ich sie heiraten würde?‹ Und ich antwortete: ›Dann, mein Lieber, heiratest du sie, und sie wird deine Frau sein.‹ Ich sagte das wirklich, ohne mich zu belügen ... Ich dachte wirklich, in Ordnung, dann bringt er sie her, und sie wird seine Frau sein, und damit basta.«

Woher kommt diese Fähigkeit, jemandem seine Liebe nicht zu entziehen, der eine andere Lebensweise gewählt hat? Wie können wir diese grundsätzliche Bereitschaft, andere zu akzeptieren, fördern? Ich bin der festen Überzeugung, daß dies die wichtigste Voraussetzung für eine wirklich demokratische Gesellschaft ist. Diese Einstellung garantiert nicht nur die Freiheit der anderen, sondern befreit einen auch selbst.

XIII Unterschiedliche Einstellungen zur Familienkonferenz und ihre Gründe

Wer braucht die ›Familienkonferenz‹? Nur einige Eltern, viele Eltern oder alle Eltern? Sicherlich, die Einübung in die Elternrolle ist eine verhältnismäßig neue Idee. Es gibt sie noch nicht sehr lange, und sie ist auch noch nicht allgemein akzeptiert als etwas, das Eltern nützt und noch viel weniger als etwas, was unserer ganzen Gesellschaft zugute kommt. Ist es eine Vorstellung, für die die Zeit reif ist? Oder ist es nur eine dieser Moden, die plötzlich in Erscheinung treten und dann rasch in Vergessenheit geraten?

Alle Eltern brauchen Antworten auf diese Fragen, damit sie entscheiden können, ob die ›Familienkonferenz‹ ihnen nützen und ihr Familienleben verbessern kann.

Aus den vielen Berichten der Kursabsolventen, mit denen wir Kontakt aufgenommen haben, haben wir erfahren, warum sie sich dazu entschlossen, daran teilzunehmen. Einige waren skeptisch und zögerten ihre Entscheidung hinaus. Andere hatten ein dringendes Bedürfnis nach Hilfe und griffen sofort zu, als sie eine Möglichkeit sahen, geeignetere Verhaltensweisen zu erwerben. Manche Mütter nahmen teil, obgleich ihre Männer sich weigerten, sich ebenfalls anzumelden. Außerdem haben wir viel Information darüber erhalten, warum Eltern den Gedanken einer Elternausbildung ablehnen oder warum er ihnen bedrohlich erscheint.

In diesem Kapitel möchte ich über unsere Einsichten berichten. Ich hoffe, den Eltern damit eine eingehendere und klarere Vorstellung von der ›Familienkonferenz‹ zu vermitteln. Mögen sie dann entscheiden, ob sie ihnen oder der Gesellschaft nützen kann. Die Vorstellung, daß die Elternrolle durch eine spezielle Ausbildung eingeübt werden soll, verträgt sich sicherlich nicht mit vielen weithin anerkannten traditionellen Vorstellungen über diese Rolle. Solange ich mich erinnern kann, führen Eltern, die auf irgendwelche Schwierigkeiten bei der Erziehung ihrer Kinder stoßen, diese auf die Kinder zurück – Jimmy ist ein »Problemkind«, Sue »paßt sich nicht an«, Dave ist »schwer erziehbar«, Kevin ist

»überaktiv«, Linda will einfach keine »Autorität anerkennen«, Ray ist »emotional gestört«, Peter ist »schlecht«. Kaum fragen sich die Eltern solcher Kinder einmal, ob die Probleme vielleicht daher rühren, daß es ihnen selbst an den richtigen Techniken fehlt oder daß sie über Verhaltensmuster verfügen, die für die Elternrolle völlig ungeeignet sind. Wenn es dann zu ernsten Rissen in der Eltern-Kind-Beziehung kommt, bringen die Eltern das Kind gewöhnlich irgendwohin, wo es wieder auf Vordermann gebracht werden soll, wo es »beraten«, »angepaßt«, »diszipliniert« oder »umerzogen« wird. In jüngerer Zeit nehmen Eltern sogar die Hilfe von Ärzten in Anspruch und lassen ihren überaktiven Kindern Pharmaka verschreiben.

Noch einer zweiten feststehenden Überzeugung begegnet man bei den meisten Eltern. Sie meinen, daß der gesellschaftliche Wandel die Schuld an ihren Problemen trage: Das allgegenwärtige Fernsehen, der Autoritätsverlust, die Drogen, die Auflösung der Großfamilie, der Anstieg der Scheidungsrate, der Zweifel an den grundlegenden moralischen Werten, der wachsende Wohlstand usf. Ich will gar nicht in Abrede stellen, daß alle diese Faktoren das Familienleben beeinflussen. Ich glaube aber, daß sich derjenige, der ihnen allein die Schuld zuschiebt, eine recht traditionelle und allzu enge Denkweise zu eigen gemacht hat. Mit ihr allein läßt sich nicht erklären, warum heute in den Familien die Eltern-Kind-Beziehungen so häufig im argen liegen. Diese Denkweise hält die Eltern nur davon ab, den Gedanken in Betracht zu ziehen, daß möglicherweise die Art und Weise, in der sie ihre Elternrolle wahrnehmen, der entscheidende Faktor für die Störungen in der Beziehung zu ihren Kindern sein könnte. Wir haben viele andere Gründe dafür entdeckt, daß Eltern kein Interesse am Elterntraining haben. Wenn die Kursleiter vor Elterngruppen das Programm erläutern und beschreiben, wie es das Familienleben verbessern soll, bekommen sie zu hören, warum die Eltern einem solchen Training ablehnend gegenüberstehen:

»*Es genügt, wenn man seine Kinder liebt.*« Diese Überzeugung geht davon aus, daß Liebe so etwas wie ein Medikament ist, das einem in unbegrenztem Maße zur Verfügung steht, und das man täglich verabreichen kann, unabhängig davon, wie einem zumute ist oder wie die Kinder sich verhalten. (Wie ich im Fortgang dieses Kapitels zeigen werde, machen viele Eltern die Erfahrung, daß es ihnen schwerfällt, ihre Kinder noch zu lieben, wenn die Probleme ernster werden.)

»*Wir haben jetzt gar keine ernsten Probleme.*« Diese Überzeugung ähnelt dem Widerstand gegenüber den meisten vorbeugenden Maßnahmen. Wenn man keine ernsten Krankheitssymptome hat, warum soll man sich dann gesund ernähren, regelmäßig Gymnastik betreiben oder das Rauchen aufgeben? Wenn Ihr Wagen gut läuft, haben Sie keine große Lust, ihn zur Inspektion zu geben.

»*Andere Eltern brauchten solch ein Training viel nötiger.*« Gewöhnlich sind mit diesen »anderen Eltern« die armen, die schlecht ausgebildeten oder die »kulturell deprivierten« gemeint. Die meisten Eltern halten an der Überzeugung fest, daß es nur in solchen Familien vorkommen könne, daß Kinder zu Kriminellen, Randexistenzen oder Drogenabhängigen würden. Alle Daten sprechen dagegen – solche Schwierigkeiten können in jeder Familie vorkommen.

»*Wir haben noch so viel Zeit – unsere Kinder sind noch klein.*« Diese Auffassung übersieht, daß Kinder ihre Verhaltensmuster in den ersten Lebensjahren erwerben. Hier entscheidet sich, ob sie Rücksichtnahme gegen andere, Selbstwertgefühl, Verantwortungsbewußtsein, Selbstbewußtsein – oder die entgegengesetzten Wesenszüge entwickeln. Eltern brauchen geeignete Techniken, wenn ihre Kinder noch klein sind – dann sind sie am wirkungsvollsten.

»*Gestörte Kinder kommen meist aus gescheiterten Ehen.*« Eine weitere irrige Annahme. Gescheiterte Ehen (Scheidungen) können auch auf Schwierigkeiten mit Kindern zurückzuführen sein. Menschen, denen es an geeigneten Verhaltensweisen in der Ehebeziehung fehlt, werden sich mit großer Wahrscheinlichkeit auch falsch in der Eltern-Kind-Beziehung verhalten. Das bedeutet, daß unter Umständen gestörte Kinder und gescheiterte Ehen zusammen auftreten, es bedeutet aber nicht, daß das Scheitern einer Ehe die Störung der Kinder verursacht.

»*Wir sind keine seelisch Kranken.*« Unglücklicherweise trägt der Gedanke, Menschen in ihre Elternrolle einzuüben, das Stigma der »Therapie«, besonders wenn Eltern irgend etwas »Psychologisches« im Übungsprogramm entdecken. Der Besuch eines Kurses für Eltern heißt nicht, daß die Betreffenden »krank« sind. Der Besuch einer Sonntagsschule bedeutet ja auch nicht, daß der Betreffende ein Sünder ist. Die ›Familienkonferenz‹ ist eine Fortbildungsmaßnahme – keine Therapie.

»*Den Fachmann gibt es nicht, der mir erzählen könnte, wie ich meine Kinder zu erziehen habe.*« Diese Einstellung zeigt, daß die Zielsetzung der ›Familienkonferenz‹ mißverstanden wird. *Sie will den Eltern nicht vorschreiben, wie sie ihre Kinder zu erziehen haben.* Vielmehr unterweist sie die Eltern in erprobten Techniken und Verfahren, die zu einer effektiven, auf gegenseitiger Anerkennung beruhenden Kommunikation beitragen. Mit ihrer Hilfe sollen die Kinder ihre Probleme selbst lösen, und sie soll dazu beitragen, daß Konflikte zwischen Eltern und Kind so bewältigt werden, daß keiner verliert. Es sind also dieselben Techniken, die man verwendet, um gute Beziehungen zu irgendwelchen anderen Personen zu unterhalten – zum Ehepartner, zu Freunden, zu Mitarbeitern, zur Verwandtschaft.

Warum *akzeptieren* andere Eltern die Vorstellung einer solchen Ausbildung? Was sind das für Eltern, die ein Bedürfnis zum Elterntraining verspüren? Das wollten wir herausfinden. Die Interviews mit den Absolventen unseres Kurses haben uns einige Antworten geliefert.

Zuallererst haben wir begriffen, daß diese Eltern durchaus keine homogene Gruppe darstellen. In unserer Stichprobe gab es weit mehr Unterschiede als Ähnlichkeiten. Einige nahmen am Kurs teil, als ihre Kinder noch klein waren, andere hatten halbwüchsige Kinder. Manche meinten, sie seien schon recht gute Eltern, andere hielten sich für völlige Versager. Es gab Familien, in denen keine ernsthaften Probleme auftraten, andere in denen erste Anzeichen beginnender Probleme zu beobachten waren und wieder andere, in denen die Eltern bereits sehr schwerwiegende Probleme hatten. Ein paar Eltern nahmen deshalb teil, weil sie im Kurs eine weitere Möglichkeit zur Entwicklung und Entfaltung ihrer Persönlichkeit sahen. Viele Eltern waren verzweifelt oder sahen sich irgendeiner schweren Krise gegenüber. Manche kamen von allein, andere wurden von Kinderärzten oder Geistlichen überwiesen. Einige auch von der Jugendgerichtsbarkeit. Zahlreiche Eltern hatten ihr erstes Kind (oder ihre ersten Kinder) ohne Schwierigkeiten großgezogen. Beim Letztgeborenen versagte nun aber ihre Erziehungsmethode. Manche Eltern empfanden die Elternrolle als eine Herausforderung und stellten hohe Ansprüche an ihre eigenen Leistungen. Andere gingen die Elternrolle in dem sicheren Gefühl, daß es zu ernsten Schwierigkeiten kommen werde, mit Furcht und Zagen an.

»Sie können es besser machen, als Sie glauben«

So lautet eine überschwengliche Feststellung in dem Erfolgsschlager *The Sound of Music.* In den Intervievs mit einigen Eltern wurden wir sehr an diese Zeile erinnert. So berichtete uns eine Krankenschwester von ihrem Wunsch, ihren beiden Jungen eine bessere Mutter zu werden:

»Ich glaube, daß eigentlich jeder das Gefühl hat, daß er, was immer er auch tut, es noch ein wenig besser machen könnte. Ich habe in gutem Einvernehmen mit meinen Kindern gelebt, aber ich hatte immer das Gefühl, daß es noch besser sein könnte. Ich hätte gern genauer erfahren, was meine Kinder vorzubringen hatten, um ihnen und mir helfen und unsere Beziehung verbessern zu können.«

Oder hören wir, was dieser Vater zu sagen hat: Er hat zwei Mädchen und einen Jungen im Alter von sieben bis dreizehn:

»Immer erzählten uns die Leute, wie nett unsere Kinder seien – wie gut sie sich betrügen und wieviel Rücksicht sie übten. Darauf waren wir sehr stolz. Als Mary dann die ›Familienkonferenz‹ las, gingen ihr die Augen auf. Der Kurs war eine Möglichkeit, unsere Kinder besser zu verstehen – eine Möglichkeit, uns mehr Kenntnisse anzueignen.«

Die nächste Aussage stammt von der Mutter zweier Mädchen im Vorschulalter. Sie geht einer Teilzeitbeschäftigung in einem örtlichen Buchgeschäft nach und verbindet so ihre Liebe zu Büchern mit ihrem Bedürfnis, einer Tätigkeit außerhalb des Hauses nachzugehen:

»Wissen Sie, ich habe einen Magistergrad – fünf Jahre hat er mich gekostet –, dabei habe ich aber nichts erfahren, woraus ich hätte entnehmen können, wie ich mich als Mutter zu verhalten habe. Joe war der gleichen Meinung. Wir dachten, es würde gut sein, irgendwelche Richtlinien zu haben. Ich las jede neue Erscheinung auf diesem Gebiet, mußte aber feststellen, daß es allzu viele unterschiedliche Auffassungen gab – hier hieß es, tu dies, dort wurde einem gesagt, tu das. Ich stellte fest, daß ich nach einer einzigen einsichtigen Methode suchte. Da ich nicht viel Geduld habe, nutzten mir diese vielen unterschiedlichen Auffassungen überhaupt nichts.«

Die Mutter, die wir als nächstes zitieren, äußerte ähnliche Empfindungen. Die Bücher, die sie gelesen hatte, hatten sie verwirrt.

»Ich hatte das Bedürfnis nach mehr Kommunikation mit meinen Kindern. Es hätte mir nicht nur im Umgang mit meinen Kindern, sondern auch mit anderen Menschen geholfen. Ich war verwirrt. Ich las einen Ratgeber für Kindererziehung und beschloß, mich daran zu halten. Dann las ich einen anderen und wollte mich nach diesem richten. Meine Kinder verwirrte das ziemlich. Deshalb brauchte ich ein Verfahren, das sich für mich als brauchbar erwies, nach dem ich mich richten und an das ich mich halten konnte.«

Die Elternrolle wurde von der Mutter dreier Mädchen (zehn, acht, vier) als Herausforderung empfunden:

»Ich wollte unbedingt eine gute Mutter sein. Ich glaube, die meisten Eltern haben diesen Wunsch. Ich las viele Bücher über die Elternrolle. Immer dann, wenn ich gerade ein bestimmtes Buch las, hörte es sich großartig an, und ich konnte mich am ersten und vielleicht noch am zweiten Tag nach ihm richten. Dann verfiel ich aber allmählich wieder in den alten Trott – ich glaube, daß ich damit nicht allein stehe. Die ›Familienkonferenz‹ zeichnet sich dadurch aus, daß die Techniken so einfach, entschieden und klar sind. Gute Gründe sprechen für sie. Sie erscheinen mir sinnvoll. Deshalb kann ich mich leicht an sie halten. Ich kann nicht sagen, daß mir das besonders gut gelungen wäre. Als ich das Buch nämlich noch einmal las, habe ich festgestellt, daß ich viele Dinge vergessen hatte. Es gab aber bestimmte Richtlinien, an die ich mich gehalten hatte. Mit ihrer Hilfe war es mir gelungen, aus einigen wirklich argen Situationen mit den Kindern herauszufinden.«

Schon bald nach ihrer Heirat merkten Bob und seine Frau, daß ihr Familienleben harmonischer verlaufen könnte. Nun, da ihre Kinder 17, 11 und 5 sind, erzählt Bob, wie die ›Familienkonferenz‹ ihnen geholfen hat:

»Schon im dritten Jahr unserer Ehe spürten wir, daß irgendein Bedürfnis offen blieb, daß es hätte besser gehen können, daß es noch eine andere Möglichkeit zu leben geben müsse – eine bessere Kommunikationsweise oder so etwas. Wissen Sie, zwei Menschen gehen nicht einfach zum Geistlichen, lassen sich trauen und gehen dann aus der Kirche hinaus, um auf ewig glücklich zu leben. So leicht ist es nicht. Das stellten wir fest. Dann nahmen June und ich am Kurs teil, und plötzlich sprang uns ins Auge, was uns bislang geplagt hatte. Aber das hieß nicht, daß nun alles ein für alle Mal in Ordnung war. Vielmehr ist damit gemeint, daß etwas vor sich geht. Wir müssen es immer wieder überprüfen.«

Diese Eltern stehen für eine offensichtlich wachsende Zahl von Menschen, die den Kurs zur ›Familienkonferenz‹ als eine neue Gelegenheit begrüßen, sich als Person zu entfalten, ihre zwischenmenschlichen Beziehungen zu bereichern und sich intellektuell zu entwickeln.

»Ich werde nicht die Fehler wiederholen, die meine Elten an mir begangen haben«

»Ich fühlte mich als Mutter sehr unzulänglich, da ich mit achtzehneinhalb schwanger wurde und geheiratet habe. Mir gefielen die Erziehungsme-

thoden meiner Eltern nicht besonders. Ich wollte sie auf keinen Fall anwenden, aber ich hatte auch keine Alternativen«, berichtete eine Mutter.

Eine geschiedene Frau von 31 Jahren, Mutter zweier Kinder im Alter von 12 und 10, hatte neun Jahre zuvor an unserem Kurs teilgenommen. Damals hatte sie das Gefühl gehabt, wenig auf ihre Elternrolle vorbereitet zu sein und in dieser Hinsicht Hilfe und Anleitung zu brauchen:

»Ich erinnere mich, daß ich, als meine Kinder klein waren, fürchtete, sie würden mich hassen, wenn sie heranwüchsen, so wie ich meine eigene Mutter gehaßt habe.«

Die Eltern von heute sind die Kinder von gestern. Häufig haben sie die Methoden ihrer eigenen Eltern nur allzu lebhaft im Gedächtnis. Sie haben den Schmerz und den Groll, den sie als Kinder empfanden, nicht vergessen. Viele sind entschlossen, ihre eigenen Kinder mit diesen unzulänglichen Methoden zu verschonen. So auch die Mutter im folgenden Interview:

Mutter: Ich hatte einen sehr autoritären Vater und eine Mutter, die mich dadurch zu kontrollieren suchte, daß sie mich emotional erpreßte. Sie hatte da so bestimmte, Schuldgefühle erzeugende Redewendungen. Ich haßte das, und ich haßte sie dafür, daß sie so redete. Ich wollte es mit meinen Kindern ganz anders machen.

Interviewer: Und sind Sie dann doch in diese Methoden verfallen?

Mutter: Aber ja doch. Ich war der Prototyp der autoritären oder der nachgiebigen Mutter – eher nachgiebig, bis ich meine Kinder nicht mehr ausstehen konnte. Da wurde ich autoritär, und schließlich konnte ich mich selber nicht mehr ausstehen.«

Ganz ähnlich äußert sich eine andere Mutter. Sie ist 32 Jahre alt und hat zwei Kinder im Alter von drei und einem Jahr. Auch sie berichtete, daß sie unglücklich über die Art und Weise gewesen sei, in der ihre Eltern sie behandelt hätten:

Interviewer: Sie haben an der Familienkonferenz teilgenommen, weil ihre Eltern ein sehr schlechtes Beispiel waren, ist das richtig?

Mutter: Ja. Ich beschloß, an der ›Familienkonferenz‹ teilzunehmen, weil ich keine gute Beziehung zu ihnen hatte ... Ich hatte sehr häufig das Gefühl, manipuliert zu werden. So tat ich dann meist, was sie wünschten, weil ich glaubte, daß sie mich nur dann lieben würden. So wollte ich es wirklich nicht mit meinen eigenen Kindern machen.

Interviewer: Sie erinnerten sich, wie Sie als Kind dabei empfanden?

Mutter: Ja. Niemals das Gefühl, mitreden zu können, und immer unter der Verpflichtung leiden, jemand zu sein, der man eigentlich gar nicht war ... Da blieben mir nicht viele Wahlmöglichkeiten. Ich hatte eben panische Angst, so daß ich immer wieder umkehrte und ihnen folgte. Das machte mich nicht glücklich, weil dabei viele meiner Begabungen und Möglichkeiten brachlagen. Das wollte ich nicht an meinen eigenen Kindern wiederholen.

Interviewer: Aha.

Mutter: Oh, noch etwas. Weil ich der Meinung war, sie seien autoritär gewesen, wurde ich schließlich zu einer liberalen (nachgiebigen) Mutter. Ich fiel ins andere Extrem. Aber mir gefiel diese liberale Haltung nicht, die ich da gewählt hatte ... Mir wäre es viel lieber gewesen, meine Kinder hätten viele der Dinge, die ich ihnen durchgehen ließ, nicht getan, aber ich hatte Angst vor dem anderen Extrem – zu streng zu sein ...«

Diese Eltern wollen den Teufelskreis durchbrechen – sie wollen anders erziehen, als sie erzogen wurden. Ihre Kinder sollen es besser haben als sie. Doch die Motivation birgt eine Gefahr: allzu leicht gehen sie in die andere Richtung! Sharon, die Mutter in dem zuletzt angeführten Dialog, war sich der Falle bewußt, in die sie da gegangen war. Mit ihrer Nachgiebigkeit hatte sie überkompensiert. Das Ergebnis? Ich habe es nur zu oft gesehen. Die Eltern beginnen ihren Kindern zu grollen – und hören manchmal sogar auf, sie überhaupt zu mögen.

»Die Elternrolle ist eine schwere Aufgabe«

Manche Eltern versprachen sich von der ›Familienkonferenz‹ eine bessere Vorbereitung auf die schwere Aufgabe der Elternrolle. »Ich glaube, ich brauchte alle Hilfe, die ich bekommen konnte«, bekannte ein Elternteil. »Ich hatte Angst vor dem, was ich da zu bewältigen hatte.«

Penny und John, ein Ehepaar Ende zwanzig, sahen ihren Wunsch nach einem Kind in Erfüllung gehen, nachdem sie fünfeinhalb Jahre kinderlos geblieben waren. Sie hatten aber das Bedürfnis nach Anleitung in diesem neuen Lebensabschnitt. Sie wollten nicht auf die ihnen kostbare gemeinsame Zeit verzichten. Sie wollten ihre Ehebeziehung nicht zugunsten der Beziehung zu ihrem Kinde aufgeben. Penny äußerte sich dazu:

»Der Grund dafür, daß ich an der Familienkonferenz‹ teilnahm, lag darin, daß die Elternrolle für mich eine neue Erfahrung war. Ich erinnerte mich nicht mehr, was meine Eltern getan hatten. Es war so lange her. Ich war der Meinung, ich könne jeden Rat gebrauchen, den ich bekommen

konnte. Das schien ein guter Plan zu sein. Wenn ich ihn nun aber schon verwirklichen wollte, wollte ich es auch sofort tun.«

Sich so früh wie möglich in die Elternrolle einzuüben, war auch der Hauptanlaß für eine andere Mutter, die wir interviewt haben. Sally ist Grundschullehrerin und bereitet sich auf ihre Magisterprüfung vor. Sie teilt sich in die Erziehung ihrer beiden Jungen (dreieinhalb Jahre und sieben Monate) mit ihrem Mann, der ebenfalls Lehrer ist. Als die Kinder wie geplant nach Abschluß der Berufsausbildung und Verwirklichung der persönlichen Ziele kamen, suchten die Eltern in der ›Familienkonferenz‹ Hilfe für ihre Elternrolle:

»Ich weiß aus meiner eigenen Familie, daß sich Jungen häufig auflehnen, fortgehen und nicht zurückkommen. Meinem Mann und mir war wirklich daran gelegen, eine offene Beziehung zu unseren beiden Jungen zu schaffen – und wissen Sie, das sollte von Dauer sein. Auch wenn sie einmal erwachsen sind, wollen wir noch auf gutem Fuß mit ihnen stehen. Ich dachte mir, es sei eigentlich das beste, sofort damit zu beginnen.«

Alice, die Mutter zweier halbwüchsiger Mädchen, ruft sich die Gründe ins Gedächtnis zurück, die sie vier Jahre zuvor veranlaßten, an unserem Kurs teilzunehmen. Sie hatte einen besonderen Grund, die Verantwortung der Elternrolle zu scheuen: Sie mußte diese Aufgabe allein auf sich nehmen. Ihr Mann war vor kurzem gestorben.

Interviewer: Gab es irgendeinen besonderen Anlaß, daß Sie Ihre Erziehungsmethoden ändern wollten?

Mutter: Ja, mein Mann war gerade gestorben. Ich hatte zwei halbwüchsige Kinder im Alter von zwölf und vierzehn Jahren. Ich war nicht daran gewöhnt, alle Entscheidungen selber zu treffen – die ganze Verantwortung zu tragen. Wir hatten wirklich sehr vieles gemeinsam gemacht. Wissen Sie, wenn Sie einen Gesprächspartner haben, ist das ganz anders. Als mein Mann ertrank, waren meine Kinder mit ihm auf dem Meer. Ich wußte nicht, wie sich das auf sie auswirken würde. Deshalb war ich der Meinung, ich könnte jede Hilfe gebrauchen, um mit dem fertig zu werden, was da möglicherweise noch auf mich zukommen würde.«

Auch der Wunsch, auf die »Flegeljahre«, die Unruhe und den Streß der »gefährlichen« Adoleszenz vorbereitet zu sein, bewegte viele Eltern dazu, sich früh dem Elterntraining zu unterziehen. Karen, Mutter dreier Kinder (dreizehn, zehneinhalb, zweieinhalb), hatte schon an zahlreichen Trainingsprogrammen und Kursen teilgenommen. Sie sagte:

»Ich hatte eine recht gute Beziehung zu den Kindern. Ich nahm am Kurs teil, weil ich wußte, daß er mir nützen würde. Ich hatte viele Freunde mit

halbwüchsigen Kindern. Ich sah die Probleme, die da auftauchten, ich erlebte, wie die Kommunikation mit den Jugendlichen zusammenbrach. Und ich dachte, daß es sehr schön wäre, wenn das mir mit meinen eigenen Kindern nie passieren würde.«
Überraschenderweise berichteten nur sehr wenige Eltern aus unserer Stichprobe, daß dieser Gesichtspunkt der Vorbeugung sie zu dem Schritt bewegt habe – das heißt, das »Training für den Ernstfall« oder die Vorbereitung auf Probleme, die in der nahen Zukunft erwartet wurden. Offensichtlich fällt es den Menschen hier wie in den anderen Lebensbereichen nicht leicht, ein beträchtliches Opfer an Zeit und Energie zu bringen, um Problemen bereits dann vorzubeugen, wenn sie noch in weiter Ferne sind.

»Wir lesen die Schrift an der Wand«

Was anderes ist es, wenn Eltern Gefahrensignale wahrnehmen. Nichtakzeptable und besorgniserregende Verhaltensweisen stellen sich ein. Die Kinder zeigen ihren eigenen Willen oder werden immer unzufriedener mit sich selbst. Bei den Eltern macht sich Hilflosigkeit breit. Sie werden nicht mehr mit den belanglosen Konflikten fertig, die der Alltag ihnen mit ihren Kindern beschert. Sie sind erschöpft und reizbar. Viele Eltern berichteten uns, daß sie Hilfe suchten, weil sie die »Schrift auf der Wand lasen«. Nichts wirklich Schlimmes, keine großen Krisen, keine Tragödien, sondern die ersten Anzeichen drohender Schwierigkeiten.
Unsere Tonbandinterviews bezeugen diese bohrenden Ängste und Zweifel:
»Ich glaube, unsere Methoden hatten ausgedient . . .«
»Mein Mann sagte mir, daß ich die ganze Zeit auf ihnen herumhacke. Beide hatten wir das Gefühl, daß wir der Aufgabe nicht mehr ganz gewachsen seien; es gab zu viel Reibung.«
»Freddy, der Zweitälteste, neigte eher zur Auflehnung. Unser ältester Sohn hielt sich an die Regeln. Freddy wollte das aber ganz und gar nicht. Da fing es an schief zu laufen.«
»Ich erinnere mich, wie mir zumute war, als David etwas bedrückte – ich wußte nicht, wie ich ihn dazu bringen sollte, es mir mitzuteilen.«
»Etwas anderes, an das ich mich erinnere, war die Tatsache, daß es mich häufig bekümmerte, wenn Ralph unglücklich war. Ich wollte ihm helfen und darüber sprechen. Er hatte aber Schwierigkeiten, mir mitzuteilen,

was ihn bedrückte. Ich fühlte mich sehr hilflos. Es war scheußlich für mich einzusehen, daß ich ihm nicht dabei helfen konnte.«

In einer anderen Familie nahm die Mutter vor ungefähr sechs Jahren an unserem Kurs teil. Damals waren ihre vier Jungen im Alter von fünf bis vierzehn. Sie sagte, sie sei zunächst verärgert gewesen, als ihr ein Freund vorschlug, den Kurs zu besuchen. Dann veranlaßten sie aber zwei besonders schwerwiegende Ereignisse doch einzusehen, daß sie Hilfe brauchte:

»Ich will ihnen eine Bemerkung wiederholen, die mein Sohn mir gegenüber machte und die mich etwas nachdenklich stimmte. Eines Tages fragte ich ihn irgend etwas und wie ich meinte in ganz normalem Tonfall. Er aber sagte: ›In Ordnung, aber hör auf zu jammern.‹ Ich dachte, mein Gott, wenn sich das für ihn so anhört, dann ist wirklich etwas nicht in Ordnung.«

». . . Oh ja, und wir hatten viel Ärger mit dem ältesten Jungen, der seine Hausaufgaben nicht machen wollte. Er war sehr schlampig. Mein Mann sagte immer wieder, ich sollte etwas dagegen unternehmen – ihn dazu zwingen, daß er am Tag zwei Stunden in seinem Zimmer arbeitete oder ihm das Fernsehen für sechs Monate streichen. Und wissen Sie, ich habe all diese Sachen ausprobiert, aber sie funktionierten nicht. Ich konnte ihn in seinem Zimmer einsperren, aber er saß nur da und sah auf den Fußboden. Mit seinen Leistungen ging es rapide abwärts. Er war sehr unglücklich, wir alle waren unglücklich. Daraufhin ging ich in eine Gruppe und gleich anschließend zum Familienkonferenz-Kurs.«

Einige Eltern berichteten, wie sie ihre Illusionen über die Elternrolle verloren. Sie stellte sich als durchaus nicht so rosig heraus, wie überall zu hören ist. Die Dinge entglitten ihnen. Steve und Ann beschrieben, wie sie immer mehr Enttäuschungen mit ihren beiden Kindern im Alter von zehn und sieben erlebten:

M: Ich meckerte mit ihm und merkte selbst, daß ich es tat. Ich konnte aber nicht aufhören. Ich war davon überzeugt, daß Mutter sein unmöglich heißen konnte, von einem Streit in den anderen zu geraten – so kann niemand leben.

I: Worüber meckerten Sie?

M: O mein Gott, über alles.

I: Über alltägliche Dinge wie Zähneputzen und Haareschneiden?

M: Hm.

V: Ja, oder daß sie ihr Zimmer aufräumen, ihre Betten machen, sich bei Tisch besser benehmen, sich nach Tisch selbst um ihr Geschirr kümmern

oder ihren Teil zur häuslichen Arbeit beitragen sollten. All diese Sachen scheinen so nebensächlich zu sein, aber das sind die Dinge, die im alltäglichen Leben eine Rolle spielen ...
I: Wie war Ihnen zumute?
M: Ich war sehr ärgerlich. Ich bin sicher, ich war ärgerlich auf mich und auf sie. Ich wußte genau, daß ich das Ganze eigentlich viel besser hätte machen können ... Es kostet nur so viel Zeit, eine gute Mutter zu sein. Die ›Familienkonferenz‹ kann einem da sehr viel Zeit ersparen, weil alles sehr viel effektiver wird.«

Glücklicherweise betrachteten diese Eltern das Gefühl der Hilflosigkeit und des Ärgers als ernstes Anzeichen. Sie handelten, als sie bemerkten, daß ihnen die Dinge aus der Hand zu gleiten drohten. Sie nahmen sich ihre Überzeugung zu Herzen, daß Familien auch ohne solche ständigen Streitereien auskommen können. Viele andere Eltern versäumten es, etwas zu unternehmen, als sich frühe Warnzeichen bemerkbar machten. Sie steckten den Kopf in den Sand und hofften, die Situation würde sich von allein bessern. Hilflosigkeit wird zu Hoffnungslosigkeit; Enttäuschung verwandelt sich in Desillusionierung; die Elternrolle wird zur Last, statt eine Freude zu sein.

Wenn Verzweiflung aufkommt

Bei einigen Eltern in unserer Stichprobe spitzten sich die Dinge zu. Kleinere Probleme wurden zu schwerwiegenden, Konflikte wuchsen sich zum Krieg aus, die Gemüter erhitzten sich, die Eltern hatten das Gefühl, überrannt zu werden, Kinder fühlten sich unterdrückt, immer häufiger kam es zu Machtkämpfen, die Kommunikation riß ab, die Kinder lehnten sich auf oder zogen sich zurück. Darauf brachten die Eltern ihre Kinder häufig zu Psychologen, Psychiatern oder Familienberatern und hofften, diese würden sie wieder auf Vordermann bringen. Leider richten zu viele dieser Therapeuten ihre Anstrengungen auf die Kinder und bemühen sich nicht genug, den Eltern zu helfen, geeignete Verhaltensveränderungen vorzunehmen. In manchen Fällen erkennt ein Therapeut die Bedeutung der Eltern und versucht, seinen Einfluß dahingehend geltend zu machen, daß auch die Eltern ihr Verhalten gegenüber dem Kind modifizieren. Dies war der Fall bei Ruth, die große Schwierigkeiten mit ihrem 14jährigen Sohn hatte:
»Unser Psychiater ließ uns vor allen Dingen sehr viele Dinge lesen. Wir

sollten dann sehen, ob sie uns nützten. Dabei stolperte ich, wie ich schon sagte, über die ›Familienkonferenz‹ ... Sie erklärte alles.«
Manche Eltern warten viel zu lange, bevor sie sich nach Hilfe umsehen. Manche wehren sich gegen den Gedanken, zu einem Therapeuten zu gehen. Viele sind der Meinung, daß sie sich die hohen Kosten einer Einzelbehandlung nicht leisten können. Deshalb versuchen die Eltern im allgemeinen, mit ihren Problemen allein fertig zu werden. Meist verlassen sie sich dabei auf Versuch und Irrtum. Nur wissen Sie zuwenig über die Dynamik, die der gestörten Beziehung zugrunde liegt. Zu häufig ändert sich nichts an dem Problem. Dann macht sich Hilflosigkeit breit.
Laura und Daniel berichteten von ihrer Erfahrung mit der fünfzehnjährigen Tochter Janice. Sie haben zwei kleinere Kinder und leben in einem großen Haus. Sie kommen aus England. Dort sind ihnen Sauberkeit und sehr feste Vorstellungen über das, was richtig und falsch ist, in Fleisch und Blut übergegangen. Daniel sagte:
»Meine Erziehung hat mir einige fixe Ideen vermittelt. Ich versuchte nach bestimmten Regeln zu leben, die mein Vater sicherlich von seinem, und dieser wieder von seinem übernommen hat. Zu diesen Regeln gehörte auch, daß man ein Kind zwar sehen, aber nicht hören darf.«
I: Warum haben Sie am Familienkonferenz-Kurs teilgenommen?
M: Nun, im wesentlichen ging es um unsere ältere Tochter, die fünfzehn ist und zu der uns rasch der Kontakt verlorenging. Wir hatten einen schrecklichen Sommer hinter uns – wissen Sie, die ganze Zeit hat sie geweint und schlechte Laune gehabt, es war scheußlich. Stets war irgend etwas ... Wir redeten nicht mehr miteinander. Es war sehr frustrierend, wissen Sie.
V: Ich glaube das, was dich aufregte, war der Umstand, daß zwischen ihr und mir keine Kommunikation mehr möglich war – kaum sprachen wir noch miteinander. Aber du dachtest, du könntest immer mit ihr reden. Dann kam aber der Zeitpunkt, wo auch meine Frau nicht mehr mit ihr sprechen konnte ... Wir sahen, wie sie sich von uns abwandte.
I: Was meinen Sie mit abwenden? Zog sie sich zurück?
V: Ja, sie zog sich zurück.
M: Ja, sie kam nach Hause und schloß sich die ganze Nacht in ihrem Zimmer ein. Niemals sagte sie von sich aus etwas, wenn man sie nicht ansprach. Ihrem Vater gegenüber äußerte sie sich überhaupt nur mit einem Grunzen oder etwas dergleichen. Es ging mir wirklich auf die Nerven. Das ging uns beiden so. Dann hörte ich von der ›Familienkonferenz‹. Das hörte sich so großartig an, daß ich dachte, o mein Gott, ein

Strohhalm, wir brauchen wirklich Hilfe. Schon im Sommer war ich der Meinung, daß wir Hilfe brauchten. Wir begannen aber erst im Oktober.

V: Ich muß zugeben, daß ich nicht der Meinung war, irgendwelche Hilfe zu brauchen.

M: Ich mußte ihn erst davon überzeugen.

Bemerkenswert ist Daniels Widerstand gegen den Elternkurs, obwohl die Kommunikation mit der Tochter Janice schon seit Monaten fast völlig zusammengebrochen war. Das ist nicht ungewöhnlich. Trotzdem überrascht es mich immer wieder, daß Eltern es so lange hinausschieben, bevor sie sich dazu durchringen und akzeptieren, daß sie eine solche Ausbildung brauchen.

In einer anderen Familie ging es in einem heftigen Machtkampf zwischen den Eltern und der siebzehnjährigen Tochter Clara um bestimmte Wertvorstellungen. Claras Mutter beschreibt, wie ängstlich sie die Entwicklung ihrer halbwüchsigen Tochter aufnahm, und wie hilflos sie ihr gegenüberstand.

»Eltern können die autoritäre Position nur schwer aufgeben ... Wir versuchten, ihr unsere Lebensweise aufzuzwingen – sie sollte so handeln, so leben, so aussehen, wie wir es wollten ... Wir erfuhren, daß Clara rauchte. Wir fielen aus allen Wolken. Wir nahmen ihr den Wagen weg. Dadurch wurde sie nur noch aufsässiger. Mein Gott, sie rauchte trotzdem, selbst wenn wir so darauf reagierten. Ihre Kleider! Wir bedachten sie mit diesen strafenden Blicken – wir brauchten gar nichts zu sagen, die Botschaft bestand in unseren Blicken. Sie sagten genug aus über ihre schlampige Kleidung und alles, was so dazu gehörte. Sie war das erste unserer Kinder, das halbwüchsig wurde. Um die Zeit kamen die Beatles in Mode. Das war alles so neu für uns, so verschieden von den Umständen, unter denen wir erzogen worden waren. Ich habe immer gedacht, wenn man seine Kinder mit in die Kirche nimmt, selbst ein ordentlicher Mensch ist und den geraden Weg geht, müßte sich alles von alleine fügen. Es war ein arger Schock für mich, feststellen zu müssen, daß Clara nicht in der Weise lebte, in der sie es meiner Meinung nach hätte tun müssen.«

Der Schmerz dieser Mutter besteht darin, daß »Clara nicht in der Weise lebte, in der sie es meiner Meinung nach hätte tun müssen«. Ähnlich empfinden Tausende von Eltern, wenn ihre Kinder anders leben als sie selbst. Verfügen die Eltern dann nicht über Techniken, solche Situationen konstruktiv zu bewältigen, werden sie immer wieder versucht sein, sich auf dauernde Kämpfe einzulassen, bis sie schließlich aufgeben. Die

Beziehungen verschlechtern sich, die Kinder schließen die Eltern aus ihrem Leben aus, man lebt in mürrischem Schweigen zusammen oder die Kinder kündigen die Beziehung auf, wie im folgenden Beispiel:
»Meistens schwiegen beide Seiten. Kaum jemals änderte er sein Verhalten, es sei denn, er wurde bestraft. Manchmal brachte Strafe für kurze Zeit eine Veränderung, aber es war nicht für lange ... Wie ich gesagt habe, er war sehr feindselig, manchmal war er in fürchterlicher Verfassung. Ich glaube, es war sein Protest dagegen, daß wir mit soviel Autorität ihm gegenüber auftraten ... Einmal, als er in Harnisch war und den Schlüssel an den Wagen warf, sagte ich: ›Heb den Schlüssel auf.‹ Er ging fort. Er ging einfach fort! Vierzig Kilometer ging er bis zur Wohnung eines Freundes.«

Das Dilemma der Eltern

»Als sie halbwüchsig wurden, hielt ich die Zügel straffer, statt ihnen mehr Freiheit zu geben, wie es richtiger gewesen wäre ... Ich glaubte, bei den Risiken der Drogen, des Alkohols, des Sex und was weiß ich, müsse man gut auf sie aufpassen, wenn man keine Schwierigkeiten bekommen wolle.«
»Ich glaube, ich war der Meinung, das richtige Vaterimage wäre der Boß – stark und mächtig ... Sie sollten tun, was ich ihnen ihnen sagte.«
»Als Mutter und als Mensch wurde ich über den Haufen gerannt. Ich wählte den Weg der Nachgiebigkeit, besonders bei unserem zweiten Kind. Und dieses kleine Wesen rannte mich wirklich über den Haufen. Ich tat einfach nichts, um meine Rechte durchzusetzen ... Das ging so weit, daß ich sie schließlich haßte.«

Sehr häufig war in unseren Interviews davon die Rede, daß Eltern Hilfe suchten, weil sie sich im Dilemma zwischen Strenge und Nachgiebigkeit gefangen sahen. Erschreckt von den »Risiken der Adoleszenz«, werden manche Eltern Diktatoren und manche Fußabtreter. Keines von beidem ist eine Lösung. Die Diktatoren leiden unter Schuldgefühlen und hassen sich selbst, die Fußabtreter fühlen sich ohnmächtig und hassen ihre Kinder. Einige Eltern schwanken zwischen diesen beiden Haltungen wie ein Pendel hin und her. So berichtete uns die Mutter einer 7jährigen Tochter:
»Ständig wollte sie gefahren werden. Ich fuhr sie zu diesem und jenen

Zweck, hierhin und dorthin. Es war, als wüßte ich gar nicht, daß ich auch selbst Bedürfnisse hätte. Ich gab ihr viel mehr Freiheit, als sie brauchte und als ich ihr hätte geben müssen. Auch wenn ich das Bedürfnis, irgend etwas am Nachmittag zu tun, deshalb zurückstellen mußte, kam ich trotzdem ihren Wünschen nach ... Dann ganz plötzlich – es konnte irgendein unbedeutender Vorfall sein, brachte sie das Faß zum Überlaufen. Sie tat irgend etwas Destruktives, und ich kam wie das Donnerwetter über sie ... Hinterher tat es mir sehr leid. Und das Ganze begann von neuem: ›O mein Gott, was habe ich diesem kleinen Kind Schreckliches angetan.‹ Die Feindseligkeit, die sich im Laufe einer ganzen Woche angesammelt hatte, kam heraus, und dann litt ich unter schlimmen Schuldgefühlen ... Reagierte sie dann in irgendeiner Weise, die mir zeigte, daß sie darunter litt – wissen Sie, Tränen oder Rückzug –, machte ich mir Vorwürfe, weil ich ihr all das angetan hatte ... Es war keine gesunde Situation, für keinen von uns beiden.«

Von einem ähnlichen Machtkampf berichtete uns die lebhafte Mutter dreier halbwüchsiger Jungen:

»Meine eigene Erziehung war weiß Gott nicht dazu angetan, mich auf den Umgang mit irgend jemandem vorzubereiten. In meiner Familie ging es alles andere als ideal zu – meine Eltern sind nicht sehr gut miteinander ausgekommen. Natürlich kamen dann auch mein Mann und ich nicht gut miteinander aus. Ich sah ein, daß es mir an der nötigen Erfahrung fehlte, um eine Wiederholung zu vermeiden. In einem Zustand ziemlicher Verzweiflung hörte ich von dem Familienkonferenzkurs ... Da gab es schwere Machtkämpfe zwischen den Jungen und mir, und ich wußte einfach nicht, daß es noch eine dritte Weise gab, sie zu führen. Ich glaubte, der einzige Weg, mit solchen Situationen fertig zu werden, sei entweder »ich siege und du verlierst« oder »ich verliere und du siegst«. In der Vergangenheit hatte ich gewöhnlich verloren, aber ich war es müde, zu verlieren. So schrie ich ein wenig lauter, und dann gewann ich gewöhnlich. Aber ich stellte fest, daß das keine endgültigen Siege waren – stets war es nur ein Waffenstillstand für einige Zeit ...«

Krisen und Tragödien

Manche Familien erlebten leider auch eine ernsthafte Krise, ein traumatisches Ereignis oder eine schreckliche Tragödie, bevor sie am Kurs zur ›Familienkonferenz‹ teilnahmen. Hören wir, was der Vater im folgenden

Interview zu sagen hat. Er berichtet von der Verzweiflung, die ihn erfaßte, als seine Tochter (die Älteste von drei Kindern) von zu Hause fortging und alle Hoffnungen zunichte machte, die er auf sie gesetzt hatte:

»Ich glaube, mein Hauptmotiv (am Kurs teilzunehmen) war die Tatsache, daß wir einen fürchterlichen Zusammenstoß mit unserer Tochter hatten. Sie war mit der Highschool fertig, und ich drängte sie, das College zu besuchen und mit irgendeinem Studium zu beginnen. Sie war sich aber durchaus nicht sicher, ob sie das wollte. Sie freundete sich mit einem Jungen an, der mir nicht gefiel. Ich machte das eine Zeitlang mit. Schließlich ließ ich sie aber wissen, daß mir dieser Bursche und sein Lebensstil durchaus nicht angenehm waren. Der Konflikt spitzte sich so zu, daß sie fortging – sie packte ihre Sachen und zog aus, um bei dem Jungen und seinen Eltern zu leben. Sie leben auch jetzt noch zusammen, oben in den Bergen, in einem Lastwagen – typische Hippies . . . Ich hatte das Gefühl, als Vater völlig versagt zu haben.«

Eine Mutter sah sich zu ihrer völligen Überraschung der Tatsache gegenüber, daß eines ihrer halbwüchsigen Kinder von zu Hause fortlief:

»Unsere Beziehung brach zusammen, besonders zu unserem 16jährigen Sohn. Wir wurden mit den Problemen nicht richtig fertig. Meist pochten wir auf unsere Autorität, waren aber auch recht nachgiebig. Dann lief er eines Tages von zu Hause fort. Die Probleme, die uns auseinanderbrachten, waren Stehlen, Marihuana und langes Haar. Ich glaube, altmodischen Eltern fällt es sehr schwer, solche Dinge zu akzeptieren. Auch Kleiderfragen, die Unordnung in seinem Zimmer, das Scheuen jeder Verantwortung und freche Redensarten mir gegenüber führten zu Streit. Er war der Meinung, daß er nun, da er so groß sei wie ich, keine Angst mehr vor mir zu haben brauche.«

Diese Mutter weist auf ein Phänomen hin, das die meisten Eltern nicht verstehen. Wenn ihre Kinder älter (und »größer«) werden, verfehlt die elterliche Autorität, die ihren Zweck erfüllte, als die Kinder noch kleiner waren, einfach deshalb ihre Wirkung, weil den Eltern keine Macht mehr bleibt. Ihre halbwüchsigen Kinder sind nicht länger bereit, sich unterdrücken und einschüchtern zu lassen.

Zum Schluß sei noch von zwei Krisen die Rede, von denen uns Eltern im Interview berichteten:

»Ich forderte sie auf, ihr entsetzlich unordentliches Schlafzimmer aufzuräumen . . . Sie ließ mich einfach abfahren: »Nein, ich denke nicht

daran.« Schließlich verabreichte ich ihr eine Tracht Prügel und warf sie dann so hart auf das Bett, daß ich sie wirklich ernsthaft hätte verletzen können. In diesem Moment haßte ich das Kind schrecklich. Ich haßte sie wirklich, wissen Sie, und dachte daran, sie zur Adoption frei zu geben.«
Ein sehr erfolgreicher Manager in leitender Position berichtete im Familienkonferenzkurs, warum er sich zur Teilnahme entschlossen hatte. Sein ältester Sohn hatte beinahe alles erreicht, was er erreichen konnte: er war Pfadfinderführer gewesen, hatte eine Schule im Osten mit summa cum laude abgeschlossen, war Jungpräsident seiner Handelskammer und war zum Jungkaufmann des Jahres ernannt worden. Drei Wochen nach dieser letzten Auszeichnung erschoß er sich. Er hinterließ eine Nachricht mit folgendem Wortlaut: »Vater, ich kann so nicht mehr weitermachen, weil ich nicht weiß, wer ich bin. Ich glaube beinahe, daß ich du bin.«

Wer braucht Elterntraining?

Offensichtlich waren die von uns interviewten Eltern der Meinung, daß sie ein spezielles Training brauchten, um ihrer Aufgabe besser gerecht werden zu können. Sie hatten viele verschiedene Gründe: Selbstentfaltung, Vorbeugung, der Wunsch, es besser als die eigenen Eltern zu machen, die Furcht vor der »schrecklichen Adoleszenz«, erste Gefahrenzeichen oder eine ernste Krise. Der größte Teil der Eltern hat wahrscheinlich niemals in Betracht gezogen, an einem Elternkurs teilzunehmen. Wie wir entdeckt haben, weisen auch viele den Gedanken zunächst zurück. Ihr Widerstand wurzelt in der sehr verbreiteten Überzeugung, daß man zum Kindererziehen keine Ausbildung braucht!
Eines kann ich allerdings daran nicht verstehen. Selbst jene, die die Vorstellung eines Elterntrainings ablehnen, sind sofort bereit zuzugeben, daß sie Stunden nehmen, zum Training gehen oder sich einem bestimmten Ausbildungsprogramm unterziehen müssen, wenn sie irgendeine andere Fertigkeit erlernen wollen. Diejenigen, die Tennis spielen wollen, nehmen Tennisstunden; gute Bridgespieler haben irgendwann ganz bestimmt Bridgestunden genommen. Wenige Menschen werden sich auf Schipisten wagen, wenn sie nicht an einem Schikurs teilgenommen haben. Das gilt auch für Autofahren, Nähen, Malen, Kochen, Schwimmen usw. Bei der Elternrolle ist das anders. Die Menschen gehen von der Annahme aus, sie würden schon gute Eltern, wenn sie die Kinder erst hätten. Oder sie können die Tatsache nicht akzeptie-

ren, daß es da jemand geben soll, der ihnen beibringen kann, wie sie besser mit ihrer Aufgabe fertig werden. Tatsächlich stammt unser Wissen über die wirkungsvolle Ausübung der Elternrolle aus jüngster Zeit. Die Verhaltenswissenschaftler begannen erst vor ungefähr 25 Jahren die zwischenmenschlichen Beziehungen zum Gegenstand ihrer Forschung zu machen. Heute weiß man recht viel darüber. Wir wissen, welche Techniken erforderlich sind, um in einer interpersonalen Beziehung wechselseitige Kommunikation zu schaffen. Wir wissen, wie sich interpersonale Konflikte so lösen lassen, daß keiner verliert und keiner siegt. Wir wissen, wie wir jemand anderen dazu veranlassen können, unsere eigenen Bedürfnisse zu berücksichtigen. Wir verfügen über ein Verfahren, das dem anderen dabei helfen kann, seine persönlichen Probleme aufzuarbeiten und eigene Lösungen zu finden. Wir wissen, in welchem Maße Macht und Autorität zwischenmenschliche Beziehungen zerstören. Und erst in allerjüngster Zeit fand dieses Wissen unmittelbare Anwendung auf die Eltern-Kind-Beziehung. Man hätte fast denken können, diese Beziehung sei sehr verschieden von anderen Formen zwischenmenschlicher Beziehungen – denen zwischen Freund und Freund, Mann und Frau, Lehrer und Schüler, Vorgesetztem und Untergebenem. Das wissen wir heute besser.

daß es da jemand geben soll, der ihnen beibringen kann, wie sie besser ihrer Aufgabe fertig werden. Tatsächlich stammt unser Wissen über wirkungsvolle Ausübung der Elternrolle aus jüngster Zeit. Die haltenswissenschaftler begannen erst vor ungefähr 25 Jahren die ischenmenschlichen Beziehungen zum Gegenstand ihrer Forschung machen. Heute weiß man recht viel darüber. Wir wissen, welche chniken erforderlich sind, um in einer interpersonalen Beziehung chselseitige Kommunikation zu schaffen. Wir wissen, wie sich interrsonale Konflikte so lösen lassen, daß keiner verliert und keiner siegt. ir wissen, wie wir jemand anderen dazu veranlassen können, unsere genen Bedürfnisse zu berücksichtigen. Wir verfügen über ein Verfahn, das dem anderen dabei helfen kann, seine persönlichen Probleme fzuarbeiten und eigene Lösungen zu finden. Wir wissen, in welchem aße Macht und Autorität zwischenmenschliche Beziehungen zerstön. Und erst in allerjüngster Zeit fand dieses Wissen unmittelbare nwendung auf die Eltern-Kind-Beziehung. Man hätte fast denken önnen, diese Beziehung sei sehr verschieden von anderen Formen wischenmenschlicher Beziehungen – denen zwischen Freund und reund, Mann und Frau, Lehrer und Schüler, Vorgesetztem und Unterebenem. Das wissen wir heute besser.

Zweck, hierhin und dorthin. Es war, als wüßte ich gar nicht, daß ich auch selbst Bedürfnisse hätte. Ich gab ihr viel mehr Freiheit, als sie brauchte und als ich ihr hätte geben müssen. Auch wenn ich das Bedürfnis, irgend etwas am Nachmittag zu tun, deshalb zurückstellen mußte, kam ich trotzdem ihren Wünschen nach . . . Dann ganz plötzlich – es konnte irgendein unbedeutender Vorfall sein, brachte sie das Faß zum Überlaufen. Sie tat irgend etwas Destruktives, und ich kam wie das Donnerwetter über sie . . . Hinterher tat es mir sehr leid. Und das Ganze begann von neuem: ›O mein Gott, was habe ich diesem kleinen Kind Schreckliches angetan.‹ Die Feindseligkeit, die sich im Laufe einer ganzen Woche angesammelt hatte, kam heraus, und dann litt ich unter schlimmen Schuldgefühlen . . . Reagierte sie dann in irgendeiner Weise, die mir zeigte, daß sie darunter litt – wissen Sie, Tränen oder Rückzug –, machte ich mir Vorwürfe, weil ich ihr all das angetan hatte . . . Es war keine gesunde Situation, für keinen von uns beiden.«

Von einem ähnlichen Machtkampf berichtete uns die lebhafte Mutter dreier halbwüchsiger Jungen:

»Meine eigene Erziehung war weiß Gott nicht dazu angetan, mich auf den Umgang mit irgend jemandem vorzubereiten. In meiner Familie ging es alles andere als ideal zu – meine Eltern sind nicht sehr gut miteinander ausgekommen. Natürlich kamen dann auch mein Mann und ich nicht gut miteinander aus. Ich sah ein, daß es mir an der nötigen Erfahrung fehlte, um eine Wiederholung zu vermeiden. In einem Zustand ziemlicher Verzweiflung hörte ich von dem Familienkonferenzkurs . . . Da gab es schwere Machtkämpfe zwischen den Jungen und mir, und ich wußte einfach nicht, daß es noch eine dritte Weise gab, sie zu führen. Ich glaubte, der einzige Weg, mit solchen Situationen fertig zu werden, sei entweder »ich siege und du verlierst« oder »ich verliere und du siegst«. In der Vergangenheit hatte ich gewöhnlich verloren, aber ich war es müde, zu verlieren. So schrie ich ein wenig lauter, und dann gewann ich gewöhnlich. Aber ich stellte fest, daß das keine endgültigen Siege waren – stets war es nur ein Waffenstillstand für einige Zeit . . .«

Krisen und Tragödien

Manche Familien erlebten leider auch eine ernsthafte Krise, ein traumatisches Ereignis oder eine schreckliche Tragödie, bevor sie am Kurs zur ›Familienkonferenz‹ teilnahmen. Hören wir, was der Vater im folgenden

Interview zu sagen hat. Er berichtet von der Verzweiflung, die ihn erfaßte, als seine Tochter (die Älteste von drei Kindern) von zu Hause fortging und alle Hoffnungen zunichte machte, die er auf sie gesetzt hatte:

»Ich glaube, mein Hauptmotiv (am Kurs teilzunehmen) war die Tatsache, daß wir einen fürchterlichen Zusammenstoß mit unserer Tochter hatten. Sie war mit der Highschool fertig, und ich drängte sie, das College zu besuchen und mit irgendeinem Studium zu beginnen. Sie war sich aber durchaus nicht sicher, ob sie das wollte. Sie freundete sich mit einem Jungen an, der mir nicht gefiel. Ich machte das eine Zeitlang mit. Schließlich ließ ich sie aber wissen, daß mir dieser Bursche und sein Lebensstil durchaus nicht angenehm waren. Der Konflikt spitzte sich so zu, daß sie fortging – sie packte ihre Sachen und zog aus, um bei dem Jungen und seinen Eltern zu leben. Sie leben auch jetzt noch zusammen, oben in den Bergen, in einem Lastwagen – typische Hippies . . . Ich hatte das Gefühl, als Vater völlig versagt zu haben.«

Eine Mutter sah sich zu ihrer völligen Überraschung der Tatsache gegenüber, daß eines ihrer halbwüchsigen Kinder von zu Hause fortlief:

»Unsere Beziehung brach zusammen, besonders zu unserem 16jährigen Sohn. Wir wurden mit den Problemen nicht richtig fertig. Meist pochten wir auf unsere Autorität, waren aber auch recht nachgiebig. Dann lief er eines Tages von zu Hause fort. Die Probleme, die uns auseinanderbrachten, waren Stehlen, Marihuana und langes Haar. Ich glaube, altmodischen Eltern fällt es sehr schwer, solche Dinge zu akzeptieren. Auch Kleiderfragen, die Unordnung in seinem Zimmer, das Scheuen jeder Verantwortung und freche Redensarten mir gegenüber führten zu Streit. Er war der Meinung, daß er nun, da er so groß sei wie ich, keine Angst mehr vor mir zu haben brauche.«

Diese Mutter weist auf ein Phänomen hin, das die meisten Eltern nicht verstehen. Wenn ihre Kinder älter (und »größer«) werden, verfehlt die elterliche Autorität, die ihren Zweck erfüllte, als die Kinder noch kleiner waren, einfach deshalb ihre Wirkung, weil den Eltern keine Macht mehr bleibt. Ihre halbwüchsigen Kinder sind nicht länger bereit, sich unterdrücken und einschüchtern zu lassen.

Zum Schluß sei noch von zwei Krisen die Rede, von denen uns Eltern im Interview berichteten:

»Ich forderte sie auf, ihr entsetzlich unordentliches Schlafzimmer aufzuräumen . . . Sie ließ mich einfach abfahren: »Nein, ich denke nicht

daran.« Schließlich verabreichte ich ihr eine Tracht Pr
dann so hart auf das Bett, daß ich sie wirklich ernsthaf
können. In diesem Moment haßte ich das Kind schreckli
wirklich, wissen Sie, und dachte daran, sie zur Adoption fr
Ein sehr erfolgreicher Manager in leitender Position beri
lienkonferenzkurs, warum er sich zur Teilnahme entschlo
ältester Sohn hatte beinahe alles erreicht, was er erreichen
Pfadfinderführer gewesen, hatte eine Schule im Osten m
laude abgeschlossen, war Jungpräsident seiner Handelska
zum Jungkaufmann des Jahres ernannt worden. Drei
dieser letzten Auszeichnung erschoß er sich. Er hinterließ ei
mit folgendem Wortlaut: »Vater, ich kann so nicht mehr w
weil ich nicht weiß, wer ich bin. Ich glaube beinahe, daß ic

Wer braucht Elterntraining?

Offensichtlich waren die von uns interviewten Eltern der Me
sie ein spezielles Training brauchten, um ihrer Aufgabe bess
werden zu können. Sie hatten viele verschiedene Gründe: Sel
tung, Vorbeugung, der Wunsch, es besser als die eigenen
machen, die Furcht vor der »schrecklichen Adoleszenz«, erste G
zeichen oder eine ernste Krise. Der größte Teil der Eltern hat wah
lich niemals in Betracht gezogen, an einem Elternkurs teilzunehn
wir entdeckt haben, weisen auch viele den Gedanken zunächst
Ihr Widerstand wurzelt in der sehr verbreiteten Überzeugung, d
zum Kindererziehen keine Ausbildung braucht!
Eines kann ich allerdings daran nicht verstehen. Selbst jene,
Vorstellung eines Elterntrainings ablehnen, sind sofort bereit zu
ben, daß sie Stunden nehmen, zum Training gehen oder sich
bestimmten Ausbildungsprogramm unterziehen müssen, wenn
gendeine andere Fertigkeit erlernen wollen. Diejenigen, die T
spielen wollen, nehmen Tennisstunden; gute Bridgespieler habe
gendwann ganz bestimmt Bridgestunden genommen. Wenige Mens
werden sich auf Schipisten wagen, wenn sie nicht an einem Schik
teilgenommen haben. Das gilt auch für Autofahren, Nähen, Mal
Kochen, Schwimmen usw. Bei der Elternrolle ist das anders. Die Me
schen gehen von der Annahme aus, sie würden schon gute Eltern, we
sie die Kinder erst hätten. Oder sie können die Tatsache nicht akzepti

XIV Die persönlichen Berichte von vier Familien

Die folgenden vier Berichte wurden aus 34 persönlichen Darstellungen ausgewählt. Wir hatten sie als Antwort auf ein Schreiben erhalten, in denen wir Eltern baten, in allen Einzelheiten zu berichten, wie sich ihre Familien nach der Teilnahme an der Familienkonferenz verändert hätten. Die Darstellungen unterscheiden sich sehr voneinander; wir geben sie hier im wesentlichen unverändert wieder. Es sind nur die Namen geändert worden, um die Anonymität der Familie zu wahren.

»Sie kann Berge bewegen«

»Ich weiß nicht, was man dir in Chicago beigebracht hat, Mama. Doch es funktioniert. Ich kann kaum glauben, wie gut es mir tut, wenn du mir nur zuhörst.« (In Chicago hatte ich mich zum Trainer für den Familienkonferenz-Kurs ausbilden lassen.)

Wenige Minuten zuvor hatte er noch geweint, und ich hatte gedacht: »Mein Gott, kann ich damit fertig werden?« Jetzt weiß ich, daß ich mit weit mehr Dingen fertig werden kann, als ich mir jemals zugetraut hätte, und meine Söhne können das ebenfalls. Ich fühle mich nützlich und als sorgende Mutter bestätigt.

Ich glaube heute, daß Eltern mit Situationen, wie sie in meiner Familie vorkommen, häufig sehr viel besser fertig werden können, als irgendein Außenstehender. Seit Beendigung meiner Ausbildung habe ich ein viel engeres und intimeres Verhältnis zu meinen Söhnen, als ich es mir je hätte träumen lassen. Zugleich registriere ich ihre zunehmende Unabhängigkeit. Ich kann auf ihre Gefühle und Ängste eingehen, und sie sprechen sich über ihren Ärger und ihre Frustrationen aus.

Der Vorfall, von dem ich oben berichtet habe, ereignete sich an Marks 16. Geburtstag. Es war spät am Abend. John, mein Mann, war ebenso wie Mark und der 12jährige Stan schon zu Bett gegangen. Ich räumte noch die

Küche auf, als Mark hereinkam und sich auf den Küchentisch setzte. »Ich kann nicht schlafen«, sagte er. »Ich vermute, mir geht zuviel im Kopf herum.«

Es war nicht ungewöhnlich, daß Mark schwer einschlief. Er leidet an einer Mucoviscidose. Sein Husten wird häufig schlimmer, wenn er sich hinlegt. Nachts ist es schon immer schwierig gewesen. Als er noch ein Säugling war, haben John und ich häufig die Nacht an seinem Bett verbracht und ihn hoch genommen, so daß ihm das Atmen leichter fiel. Als er älter wurde, stand er dann von selbst auf und las oder sah fern. Manchmal arbeitete er auch an irgendeinem Bild. An diesem Abend war aber sehr deutlich zu merken, daß mehr erforderlich war: »Es geht mir zuviel im Kopf herum.« Ich hörte es deutlich und klar.

Mucoviscidose ist eine ernste Lungenkrankheit. Häufig führt sie vor dem 18. Lebensjahr zum Tode. Bei Mark wurde sie mit drei Jahren festgestellt, eine Woche, bevor seine Schwester im Säuglingsalter an der gleichen Krankheit starb. Kinder mit Mucoviscidose sondern einen zähflüssigen klebrigen Schleim ab, der die Kanäle in der Bauchspeicheldrüse und andere innere Organe verstopft. In der Bauchspeicheldrüse führt das zu schwerwiegenden Verdauungsproblemen. Den meisten Schaden richtet dieser Schleim aber in den Lungen und den Bronchien an: Er verstopft kleine Bereiche, führt zu Entzündungen, die eine allmähliche Zerstörung der Lungen bewirken können. Ständig versucht man mit Antibiotika und anderen Maßnahmen die Lungeninfektionen unter Kontrolle zu halten.

Bei Mark wie bei vielen anderen, die unter dieser Krankheit leiden, ist es häufig eine verlorene Schlacht. Jedes Jahr verbringt er mehr und mehr Zeit im Krankenhaus. Sein täglicher Bedarf an Tabletten bewegt sich zwischen 40 und 50. Er kann nicht ohne Antibiotika leben.

Mark weiß um seinen Zustand. Zwei Jahre zuvor hatte er das Baseball aufgegeben. Er weiß, daß Kinder an dieser Krankheit sterben. Einige der Freunde, die er im Krankenhaus kennengelernt hat, sind tot. Ganz offensichtlich weiß er auch, daß er in diesem Jahr nicht mehr soviel unternehmen kann, wie noch vor ein oder zwei Jahren. Wir haben es stillschweigend hingenommen, ohne viel darüber zu reden. Tatsächlich glaube ich, daß wir Jahre damit verbracht haben, darum herumzureden. Ich hätte sehr gewünscht, daß Mark sich über seine Krankheit geäußert hätte, aber ich dachte, er wollte nicht darüber sprechen – er hat das Thema nie angeschnitten – oder was wahrscheinlicher ist, ich habe die Signale nie verstanden. In dieser Nacht tat ich das.

Er sagte, er wolle sich für das Gedicht bedanken, das ich ihm geschrieben hätte und für die Karte, die ich angefertigt hatte. Ich erklärte ihm, wie ich mich überall nach dem richtigen Geschenk für ihn umgesehen hätte, mich dann aber daran erinnert hätte, daß er immer gesagt hätte, daß es ihm nicht gefalle, wenn die Menschen einfach Geschenke kauften, nur weil es ein besonderer Tag sei. Ich berichtete ihm, daß ich Angst gehabt hätte, ihm das Gedicht zu geben, weil es zugleich glücklich und traurig sei. Er nickte. »Aber«, sagte ich, »ich entschloß mich, dir meine Gedanken mitzuteilen, weil mir klargeworden ist, daß dies das bedeutsamste Geschenk ist.« Nicht nur für ihn, sondern auch für mich. Er begann dann darüber zu sprechen, wie wichtig es sei, daß die Menschen sich einander wirklich mitteilen. Er erlebe täglich viele Menschen, die nichts als Lügen äußerten. Sein Tonfall brachte erst Abscheu, dann Ärger zum Ausdruck. Bitter sprach er über die Menschen in der Schule und in unserer Kirche. Er äußerte sich äußerst abfällig über »diese verdammten Sonntagschristen«. Dabei ging er meiner Meinung nach zu weit. Es fiel mir sehr schwer zuzuhören. Ich hatte meinen Impuls niederzukämpfen, diese Menschen zu verteidigen, und ihn aufzufordern, doch etwas freundlicher über sie zu sprechen.

Da ich ihn nicht unterbrach, fuhr er fort. Nun waren es nicht mehr nur die Menschen . . . auch die Lehre der Kirche war »dumm«. Dann waren die Menschen grausam. »Woher beziehen sie all ihre Antworten auf die Frage, wie man ein schönes langes Leben führen soll?« stieß er ärgerlich hervor.

Allmählich ging mir sein Verhalten auf die Nerven. Ich konnte mich nicht erinnern, ihn jemals fluchen gehört zu haben. Das tat er jetzt.« Sie glauben, daß sie so gottverdammt schlau sind«, und »Woher, zur Hölle, wollen sie wissen, wie es ist, wenn man anders ist?«

Ich hatte Angst, ich könnte es nicht ertragen, ihm noch länger zuzuhören. Ich hatte einen Kloß im Hals, und als ich merkte, wie fest meine Hand den Küchenstuhl umklammerte, wurde mir bewußt, daß ich nur den einen Wunsch hatte: fortzulaufen. Immer wieder sagte ich mir selbst: »Halt dich aus diesem Problem heraus. Laß ihm seine Gefühle, dann kannst du sie dir anhören.«

Schließlich brach er zusammen und schluchzte. Er schlug so heftig auf den Tisch, daß ich Angst hatte, er würde sich wehtun. Er schrie: »Ich habe Angst zu sterben. Ich möchte nicht sterben.«

Nach einigen Augenblicken, die mir wie Stunden vorkamen und in denen ich mich verzweifelt fragte, was ich tun könnte, hob er seinen Kopf hoch

und sah mir in die Augen: »Ich mußte das mal sagen, Mama«, sagte er. Wir umarmten einander und weinten zusammen. Nachdem wir dann einen Moment schweigend dagesessen hatten, sah er etwas verlegen auf und sagte: »Na dann mal los, bringen wir hier das Geschirr hinter uns.«
Wenn ich den Dialog gesteuert hätte, hätte ich ihm wahrscheinlich vorgeschlagen, daß ich in sein Zimmer kommen und ihm gute Nacht sagen würde. Mark wollte nichts dergleichen. Es war Mitternacht, als wir das Geschirr abwuschen und über unsere Gefühle und Ängste sprachen ...
Inzwischen weiß ich, es genügt nicht, daß Mark an diesem Abend einmal über seine Gefühle gesprochen hat. Die Tür muß für neue Gespräche offen bleiben. Jetzt da Mark entdeckt hat, daß ich ihm zuhöre, spricht er häufiger mit mir und auch mit anderen darüber. Dabei stellte er fest, daß er mit sich und anderen besser klarkommt. Er versucht ehrlich herauszufinden, wie seine Gefühle aussehen, und sich darüber klarzuwerden, was er wirklich glaubt und schätzt – und handelt dementsprechend.
Mit sechzehn ist Mark sehr gut in der Lage, seine Probleme selbst zu lösen. Manchmal versuche ich, sie ihm abzunehmen. Für solche Gelegenheiten hat er von sich aus sehr deutliche »Ich-Botschaften« entwickelt, mit denen er mir zeigt, was ich da tue. Seine Krankheit ist dadurch natürlich nicht besser geworden, aber sie scheint uns jetzt nicht mehr so zu beherrschen.
Eine chronische Krankheit zieht die ganze Familie in Mitleidenschaft. Oft fällt sie den gesunden Geschwistern mehr zur Last als dem Kind, das an der Krankheit leidet. Nicht lange nach Marks Geburtstag hatte Stan wieder Alpträume, unter denen er schon früher gelitten hatte. Wir hatten schon Fachleute zu Rate gezogen, aber immer wieder wachte er schreiend auf und konnte nicht wieder einschlafen. Über den Inhalt seiner Träume hat er nie gesprochen. Er sagte, er könne sich nicht an sie erinnern. Dieses Mal wollte er nicht allein ins Bett zurück. Zwei Nächte lang blieb ich bei ihm, bis er eingeschlafen war. Nach der dritten Nacht sprach ich am folgenden Tag mit ihm darüber. Ich war gespannt, ob die erlernten Techniken auch hier helfen würden.
Ich begann das Gespräch mit den Worten: »Stan, ich befürchte, deine Träume sind auch für mich ein Problem. Beide finden wir keinen Schlaf. Ich bin bekümmert, und Papa findet, daß ich in meinem Bett schlafen sollte. Das möchte ich auch, aber andererseits möchte ich auch nicht, daß du Angst hast. Ich bin wirklich hin und her gerissen. Ich finde, wir sollten jetzt am Tage über die Träume sprechen.«

Das taten wir dann auch – wir versuchten es zumindest. Die Szene, die sich in den nächsten fünf Tagen wiederholte, nahm immer mehr oder weniger den gleichen Verlauf:
Irgendwann im Verlaufe des Tages gab Stan einen tiefen Seufzer von sich und sah zu Boden oder ins Leere. Ich sagte . . . »Bist du jetzt bekümmert, Stan?« Er antwortete nicht. Daraufhin meinte ich: »Stan, ich habe das Gefühl, wir sollten über diese Träume sprechen. Ich bin sehr bekümmert. Können wir darüber sprechen?« Er nickte. An den ersten vier Tagen nahm unser Gespräch den folgenden Verlauf:
Stan: Ich kann es nicht ändern, Mama. Ich habe Angst und kann nicht wieder schlafen.
Mutter: Deine Träume jagen dir große Angst ein.
Stan: Ich mag nicht wieder alleine schlafen gehen.
Mutter: Wenn ich mich zu dir lege, ist deine Angst nicht so groß.
Stan: Ja.
Und dann schwiegen wir. Weiter ging es nicht. Ich hegte bestimmte Vermutungen über den Inhalt dieser Träume, aber etwas riet mir, nicht weiter zu fragen. Ich dachte: »Es ist sein Problem, er muß sich selbst dazu äußern.« Ich versuchte aber unser Gespräch nicht abreißen zu lassen. Ich meinte, er solle sich an den Traum zu erinnern versuchen. Er weinte und sagte, er könnte das nicht bzw. er hätte Angst, es zu tun. Schließlich sagte ich: »Nun, vielleicht träumst du heute nacht gar nicht.« Aber wieder wachte er schreiend auf. Am sechsten Tag sagte ich: »Stan, ich befürchte, daß ich dir nicht über deine schlimmen Träume hinweghelfen kann. Ich bin so hilflos. Ich bin müde und entmutigt. Ich weiß nicht mehr, was ich tun soll. Ich frage mich, ob wir nicht jemand aufsuchen sollten, der dir vielleicht besser bei deinen Problemen helfen kann.«
Dieses Mal antwortete er: »Ich möchte mit niemand anders sprechen, ich möchte nur mit dir sprechen.«
»Über den Traum?« fragte ich.
»Nein«, sagte er, »über meine Angst«.
Wir sprachen lange. Oft hatte das Gespräch lange Pausen:
Stan: Wenn ich im Dunkeln aufwache, habe ich Angst, allein auf der Welt zu sein.
Mutter: *(will ihn trösten)* Du hast Angst, daß alle dich verlassen haben.
Stan: *(ärgerlich)* Ja, man kann sich nicht darauf verlassen, daß irgend jemand da ist.
Mutter: Du hast das Gefühl, du kannst dich nicht darauf verlassen, daß wir bei dir sind.

Stan: Ja, du und Papa ihr geht immer zur Arbeit oder sonst irgendwohin.
Mutter: Du glaubst, wir sind zuviel fort.
Stan: *(ungeduldig)* Nein. Es ist nur, daß ich mich nicht darauf verlassen kann, daß alles beim alten bleibt.
Mutter: Die Dinge verändern sich. Diese Ungewißheit ängstigt dich.
Stan: Ja, nimm zum Beispiel dich und Papa. Ihr seid auch nicht immer hier.
Mutter: *(verwirrt und sich selbst verteidigend)* Aber Stan, Papa und ich gehen abends nicht sehr häufig fort, und wenn wir es tun, kommen wir immer zurück.
Stan: Aber die Dinge bleiben nicht gleich *(weint jetzt)*. Ich kann mich auf niemanden verlassen. Die Menschen sterben, weißt du.
Mutter: Du hast Angst, daß Papa und ich sterben und Mark und dich allein lassen könnten.
Stan: *(schüttelt mit dem Kopf, Schweigen, weint heftiger und dann . . .)* Du und Papa ihr seid gesund, Mark ist es nicht . . .
Mutter: Du hast Angst, daß Mark stirbt. Du wirst ihn vermissen und dich ohne ihn einsam fühlen.
Er nickte. Mein Gott, welchen Schmerz, welche Angst hatte er mit sich herumgetragen! Wir sprachen dann weiter darüber. Er erzählte mir, er wisse, daß er schon seit sehr, sehr langer Zeit davor Angst habe. Ich fragte ihn, ob das seit sechs Monaten, einem Jahr oder zwei Jahren so sei. »Es ist viel länger her«, sagte er. Ich weinte mit ihm.
Er erzählte mir, daß er Angst gehabt habe, über Marks möglichen Tod zu sprechen. Er habe befürchtet, ihn dadurch herbeizuführen. Wir sprachen über vieles. Darüber, daß ich auch Angst hätte und daß es Mark und Papa nicht anders gehe. Darüber, daß es völlig richtig sei, daß er Freunde habe und Dinge tue, die Mark nicht mehr tun könne. Wir sprachen über die Forschung, darüber, daß viele Menschen verzweifelt nach einer Heilungsmöglichkeit suchten. Darüber, daß man die Krankheit eines Tages vielleicht besiegen könnte, daß das aber nicht sicher sei.
Nach einem Augenblick sagte er: »Ich glaube, ich gehe jetzt spielen.« Es war vorbei. Ich saß auf der Couch und war sehr erschüttert von dem, was ich soeben erlebt hatte. Kurz darauf sah er um die Ecke und sagte: »He, Mama, wetten, daß ich heute abend schlafe.« Und er tat es. Es gab keine »Träume« mehr.
Ich weiß nicht, ob ich die Familienkonferenz-Techniken immer richtig anwende, aber ich weiß, daß sie mich einige sehr wichtige Dinge über

andere Menschen gelehrt haben. Sie haben mir den Weg zu einer offenen und ehrlichen Kommunikation in unserer Familie gezeigt, die ich noch vor einem Jahr mit all meinen guten Absichten verhindert habe.
Vor einigen Wochen kam Stan eines Nachts zu mir und sagte, er könne nicht einschlafen. »Möchtest du darüber sprechen?« fragte ich. Er tat es. Er hatte sich an diesem Tage mit Mark gestritten und wurde nun von seinem schlechten Gewissen geplagt. Mark war ein oder zwei Wochen recht krank gewesen und an diesem Tage sehr reizbar gewesen. Wir sprachen darüber, wie schwer es für alle sei, wenn jemand krank sei. Stan meinte, es müsse Mark wirklich schwerfallen, ihn Basketball spielen zu sehen und es nicht selbst tun zu können. (Für Stan stand ein Turnier vor der Tür.)
Dann meinte Stan: »Ich glaube, ich muß mir klarmachen, daß es nicht mein Fehler ist, wenn Mark krank ist. Schließlich hat er mir auch einige wirklich gemeine Dinge gesagt. Und ich habe das gleiche Recht, Dampf abzulassen, wie er.« Das sagte er, dann umarmte er mich und war mit einem »Gute Nacht« verschwunden.
Als das Gespräch zwischen mir und den Jungen intensiver wurde, kam John sich ziemlich ausgeschlossen vor. Damit ist zu rechnen, wenn nur einer der beiden Elternteile neue Techniken anwendet. Auch darüber mußten wir sprechen. John zeigte sich anfangs skeptisch, als er aber sah, was vor sich ging, hat sich seine Skepsis schnell gelegt. Wenn ich Stan nachts tröstete, sah er darin eine allzu große Nachgiebigkeit. Er meinte, ich verzöge Stan dadurch. Dann bemerkte John aber, daß Stan sich veränderte, wie er mehr Selbstvertrauen erwarb und häufiger auf seine eigenen Rechte pochte ... Die Familienkonferenz sprach für sich selbst. Ich glaube, es gibt da immer noch einiges zu sagen! Und ich hoffe, daß John bald an einem Familienkonferenzkursus teilnimmt. In der Zwischenzeit bedeutet es schon viel Freiheit für uns zu wissen, daß wir in unserer Haltung den Kindern gegenüber nicht immer eine geschlossene Front bilden müssen. John kann John sein, ich darf ich sein. Wenn Eltern darauf verzichten, immer einer Meinung zu sein, befreien sie sich damit von einer großen Last. Sehr nützlich ist auch noch die Erkenntnis, daß es festzustellen gilt, wer das Problem besitzt. Was wir in unserer Familie erleben, mag eine Ausnahme sein. Meine Erfahrung als Kursleiter hat mir jedoch gezeigt, daß wir vieles mit anderen Familien gemeinsam haben. Dank der Einsichten, die ich erworben habe, kann ich auch außerhalb der Familie sehr viel nützlicher wirken. Ich habe einen neuen, sehr viel größeren Aufgabenkreis übernommen. Dabei stelle ich fest, daß die

neuen Techniken ein integrierender Bestandteil meiner täglichen Beziehung zu Mitarbeitern und der Öffentlichkeit ist. Da ich gesehen habe, wie heilsam es für uns war, über unsere wirklichen Gefühle hinsichtlich der Mucoviscidose zu sprechen, hat meine freiwillige Arbeit in unserer Stiftung eine neue und, wie ich finde, sehr wichtige Dimension angenommen. Ich habe eine Tagung organisiert und geleitet, die unter dem Motto stand »Eltern und Mucoviscidose«. Dabei half ich den Eltern mit Hilfe des aktiven Zuhörens, ihre Gefühle auszusprechen und eine neue Einstellung zu finden.

Im Februar sprach ein Psychiater von der Universität unseres Bundesstaates auf einer Tagung für Erziehungsberater mit besonderen Aufgaben. Wir hatten ein einstündiges Gespräch mit Familien geführt, die an Mucoviscidose leidende Kinder haben. Das Gespräch war auf Videoband aufgenommen worden und wurde den Tagungsmitgliedern vorgeführt. Diese Familien sprachen sich rückhaltlos über den Kummer und die Freude aus, die das Leben mit einer unheilbaren Krankheit beschert. Es sieht so aus, als werde man aufgrund dieser Konferenz bald ein wichtiges Forschungsprojekt in die Wege leiten.

Vor kurzem hielt ich eine Rede bei einer internen Fortbildungsveranstaltung, die von einer der örtlichen sozialen Institutionen veranstaltet wurde. Ich berichtete den Mitarbeitern von einigen der Gefühle, die die Eltern der an Mucoviscidose leidenden Kinder mir geschildert hatten:

»Sehen Sie«, sagte ich »meistens sagen sie, daß sie traurig, ärgerlich und müde sind. Sie möchten wissen, ob das, was sie tun, richtig ist. Jedermann versucht unablässig, ihnen eine Unzahl neuer Probleme zu bescheren und ihnen Dutzende unterschiedlicher Antworten zu geben.«

»Warum haben Sie uns das noch niemals vorher gesagt?« fragte der Direktor.

»Weil ich das vor der Familienkonferenz selber noch nicht wußte«, antwortete ich.

Als Mark das letzte Mal im Krankenhaus war, gab ich dem Kaplan, der gerade zu Besuch war, meine Geschäftskarte. Er las sie langsam und laut und sagte dann: »›Familienkonferenz‹. Funktioniert die Methode wirklich?«

»Es ist genau dasselbe wie mit Ihrer Arbeit«, erwiderte ich. »Wenn Sie an sie glauben und sie praktizieren, funktioniert sie. Vielleicht bewegt sie nicht immer Berge, aber sicherlich hilft sie viele Brücken bauen.«

Jenseits aller Techniken: Tagebuch einer Mutter

Damals wurde Alice geboren. Es ist gerade zwei Jahre her. Weder Joe noch ich wußten das geringste über Kinder. Wir hatten große Angst, etwas »falsch« zu machen – nicht auf ihre Bedürfnisse einzugehen. Wir wollten ihr den bestmöglichen Start ins Leben bieten, vor allem in emotionaler Hinsicht. Häufig opferten wir dafür unsere eigenen Interessen und Bedürfnisse, nur damit sie es möglichst gut hatte. Wir wußten nicht, was das Beste für sie war.
Als Alice 18 Monate war, brachte ich sie zur Routineuntersuchung zum Kinderarzt. Ich fragte ihn, ob er ein Buch wüßte, dessen Lektüre mir dabei helfen könnte, mit dem »Trotzalter« fertig zu werden. Der Arzt schlug die ›Familienkonferenz‹ von Thomas Gordon vor. Ich verschlang das Buch von der ersten bis zur letzten Seite! Die Konzepte leuchteten mir sofort ein. Ich war überzeugt, daß dieses Buch für mich geschrieben sei und daß jeder es lesen solle, der mit Kindern zu tun hat – oder auch nicht mit ihnen zu tun hat.
Aber so überzeugt ich auch von der Brauchbarkeit der Techniken war, machte es mir doch Schwierigkeiten, sie zu verwirklichen (uns fehlte es am Geld, an einem Familienkonferenzkurs teilzunehmen).
Eines Tages war ich zutiefst erschrocken, als ich mich dabei ertappte, wie ich Alice anschrie und ihr damit drohte, sie zu schlagen. Da sah ich mich einem Aspekt meines Selbst gegenüber, der nur sehr selten an die Oberfläche tritt. Ich war mir bewußt, daß das, was sie getan hatte, meinen Ärger nicht verdiente. Es war *mein* Problem, und es war ein Teil meiner Selbst, den ich nicht mochte. Ich wollte nicht, daß Alice leiden mußte, nur weil ich nicht fähig war, mit einem alltäglichen Konflikt fertig zu werden. Kurz darauf erfuhr ich, daß die Universität von Kalifornien einen Familienkonferenz-Fernlehrgang anbot. Meine Mutter finanzierte die Teilnahme. Vielleicht würde ich mit ein wenig Hilfe und fortgesetztem Bemühen die Familienkonferenztechniken anwenden können. Es folgt das Tagebuch, das ich während des neunwöchigen Kurses führte: Welche Gedanken ich dabei hatte, welchen Schwierigkeiten ich begegnete und welchen Spaß ich daran hatte, die Techniken zu erlernen:

11. Januar 1975:

(Folgendes sei angemerkt: Alice wird am 15.1.75 zwei Jahre alt. Ihre Sprachentwicklung ist nicht abgeschlossen – im wesentlichen behilft sie

sich mit Substantiven. Derzeit ist sie noch Einzelkind.) Alice wacht weinend aus ihrem Mittagsschlaf auf. Sie sieht erschreckt aus. Ich gehe in ihr Zimmer, um zu sehen, was ihr fehlt:
Mutter: Hast du einen schlimmen Traum gehabt?
Alice: Ja . . . Bert . . . Ernie!
M: Du hast von Ernie und Bert geträumt? (Puppen aus der Sesamstraße)
A: Ja. *(Weint heftiger)*
M: Sie machen dir Angst?
A: Ja. *(Das Weinen legt sich langsam.)*
Später, als sie ganz wach ist:
M: Der Traum hat dir Angst gemacht.
A: Ja, Ernie!
M: Weißt du, Träume sind keine Wirklichkeit. *(Ich weiß nicht, wie ich es ihr erklären soll.)*
A: Spielzeug!
M: Spielzeug?
A: Ja!
Da erinnere ich mich, daß wir vor einigen Tagen meine Mutter besucht haben. Alice entdeckte ein künstliches Insekt, das meine Mutter sehr effektvoll an einem Vorhang angebracht hatte. Alice hatte ein wenig Angst davor. Ich erklärte ihr, daß es nicht »wirklich sei«, sondern daß es sich um ein »Spielzeug«-Insekt handle. Daraufhin faßte sie es an und lachte. Die Verbindung, die sie zwischen den beiden Vorfällen herstellte, war die Art und Weise, in der sie meine sehr unangemessene Erklärung ihres Alptraums verstand. Säuglingsmetaphysik!

14. Januar:

Die Reaktion meines Bruders auf mein »aktives Zuhören« bei Alice. Wenn sie hinfällt und sich weh tut oder sich den Finger in der Tür klemmt und weinend zu Mama gelaufen kommt, sage ich etwas in der Art von: »Oh! Das tut dir wirklich weh!« Oder wenn ihr irgend jemand etwas weggenommen hat und sie ärgerlich ist, sage ich: »Du möchtest das wirklich wiederhaben, nicht wahr?« Daraufhin meinte mein Bruder: »Warum reibst du es ihr immer unter die Nase?«
Ich kann verstehen, daß aktives Zuhören auf jemanden, der es nie versucht hat, so wirken kann. Tatsache ist aber, daß Alice *in der Tat* meine Anstrengungen, ihr mein Verständnis mitzuteilen, zu schätzen scheint.

Es scheint ihren Kummer auch *tatsächlich* ein wenig zu lindern.

17. Januar:

Heute morgen habe ich eine pervertierte Form des aktiven Zuhörens angewendet. Auf subtile Weise versuchte ich Alice mit seiner Hilfe abzulenken und von ihrem Thema abzubringen. Ich bemerkte, daß meine rückmeldenden Botschaften ganz bewußt von der Botschaft abwichen, die ich erhielt. Ich wollte Alice auf etwas anderes bringen, ich wollte ihrer Aufmerksamkeit eine andere Richtung geben:
Als wir am Waffelstand vorbeifuhren, sagte sie mit einigem Nachdruck: »Waffel . . . Alice!«
Ich wußte sehr gut, daß die Botschaft heißen sollte: »Alice möchte eine Waffel haben!« Ich versuchte dem Thema auszuweichen, indem ich meinte: »Oh, Alice mag Waffeln sehr gerne!« Ich nahm nicht zur Kenntnis, was ich nicht hören wollte. So leicht läßt sie sich aber nicht überfahren. Sie verbesserte mich: »Waffel, *jetzt!*«
Ich sagte: »Jetzt!« Mir war klar, daß dieses halbherzige Nachplappern eine Form des aktiven Zuhörens ist – wenn es überhaupt noch diese Bezeichnung verdient –, die nicht besser als die »zwölf Kommunikationssperren« ist. Tatsächlich war es eine von ihnen. Wahrscheinlich wäre eine ehrliche »Ich-Botschaft« weit angebrachter gewesen.
Ich glaube, ich neige ihr gegenüber häufig dazu. Unter dem Mäntelchen des aktiven Zuhörens setze ich meinen Willen durch. Darauf werde ich zu achten haben!

19. Januar:

Wenn ich bei Alice vom aktiven Zuhören Gebrauch mache, scheint sie positiv darauf zu reagieren. Mir ist aber auch deutlich bewußt geworden, wie häufig ich ihr sage, was sie tun soll oder ihr Vorschläge mache. Ich habe festgestellt, daß sie mich nicht selten fragt, ob es in Ordnung ist, wenn sie dieses oder jenes tut. Ich glaube, meine Bevormundungen und Einmischungen haben sie daran gehindert, ihre eigenen Kräfte zu entwickeln und die Verantwortung für sich selbst zu übernehmen. Mir wäre es lieber, wenn sie sich wesensgemäß und in dem ihr angemessenen Tempo entwickeln würde. Ich schätze es, wenn sie sich um meine Meinung kümmert! Vermutlich geht es ihr genauso!

20. Januar:

Ich glaube, ich achte sehr bewußt darauf, wie Menschen mit ihren Kindern und miteinander sprechen. Ich muß schon sagen, es stört mich erheblich, wenn ich mit Freunden zusammen bin und höre, wie sie all die »Kommunikationssperren« im Umgang mit ihren Kindern und mit mir verwenden. Da die meisten Menschen sich dieser traditionellen Sprechweisen bedienen, bin ich immer weniger bereit, *dieses* Verhalten zu akzeptieren! Und das wiederum, das muß ich hinzufügen, bekümmert mich, weil ich nicht mit so negativen Einstellungen gegenüber dem Verhalten anderer leben mag. Mir wäre es lieber, wenn ich sie spüren lassen könnte, daß sie auf ihre Weise verfahren können und ich auf meine, und daß, was für mich richtig ist, nicht unbedingt für sie richtig sein muß. Das fällt mir aber bei der Kindererziehung nicht leicht, die ich für so wichtig halte. Vielleicht werde ich wieder toleranter sein, wenn ich diese verwünschte Erkältung überwunden habe.

21. Januar:

Das aktive Zuhören bewährt sich auch bei Joe (meinem Mann). Ihm gefällt es, wenn ich ihm zuhöre und er feststellen kann, daß ich wirklich daran interessiert bin zu verstehen, wie ihm angesichts seiner Probleme zumute ist. Ich schätze es, weil ich besser verstehen kann, wie er zu bestimmten Dingen steht. Ich habe nicht mehr das Gefühl, daß ich die Probleme an seiner Statt lösen müßte – was ich ohnehin nicht kann!
Wir sind uns aber auch bewußt, daß wir eine Kommunikationsweise verwenden, die recht merkwürdig ist. Die Tatsache aber, daß wir wissen, wir verwenden sie, weil wir einander besser verstehen *wollen*, hilft uns darüber hinweg. Ich denke, daß wir uns des Verfahrens nicht mehr so bewußt sein werden, wenn wir unsere Techniken verbessern und vertrauter mit ihnen werden. Ich hoffe es!
Ich stelle auch fest, daß ich es den Menschen manchmal sehr übel nehme, daß sie mich meine Probleme nicht selbst lösen lassen, wenn von ihnen die Rede ist! Heute mag ich es nicht mehr, wenn man mir Vorschriften macht, Predigten hält, Lösungen vorschlägt (ausgenommen manchmal!), mich kritisiert, analysiert und tröstet. Ich finde, daß die anderen sich damit in meine Angelegenheiten mischen. Was ich begrüßen würde, wäre aktives Zuhören!!! Selten wird mir der Luxus zuteil, daß man mir mit aktivem Zuhören begegnet. Dieses Bewußtsein wird mich hoffentlich

darin bestärken, ein ähnliches »Nicht-Zuhören« anderen gegenüber zu vermeiden. Wahrscheinlich wissen sie es ebenso wie ich zu schätzen, wenn man ihnen zuhört.

22. Januar:

Aktives Zuhören erfordert die ganze Aufmerksamkeit des Zuhörers. Sowohl Alice wie auch John reagieren positiv auf mein Bemühen, wenn – und nur wenn – ich ihnen meine ungeteilte Aufmerksamkeit schenke. Man kann nicht abwaschen und aktiv zuhören – nicht sehr gut! Ich glaube, die anderen haben das Gefühl, daß man ihnen das Gesicht zuwenden, sie ansehen müsse, wenn man ihnen wirklich zuhören und sich um sie kümmern will. Sie haben recht damit!

24. Januar:

Ich glaube, ich bekomme ein Empfinden dafür, ob bestimmte Situationen für das aktive Zuhören geeignet sind oder nicht. Ich glaube, manchmal habe ich den Fehler begangen, nicht aktiv zuzuhören, wenn jemand ein Problem hatte. Wir sind dann nicht zum Kern der Dinge gekommen. Andererseits sehe ich heute ein, daß es besser ist, auf das Zuhören zu verzichten, wenn mir nicht danach zumute ist. Das geht ganz in Ordnung! Heute schüttete mir eine Nachbarin ihr Herz aus. Ich dachte: »Das ist eine gute Gelegenheit zum aktiven Zuhören.« Dann merkte ich aber, daß ich nicht bereit war, sie zu akzeptieren – sie reizte mich heute einfach. So kam ich zu dem Schluß, daß die Situation doch nicht geeignet sei, daß mein aktives Zuhören bloße Heuchelei gewesen wäre.
Beim aktiven Zuhören Erwachsenen gegenüber stört mich der Umstand, daß ich mir so sehr bewußt bin, es anzuwenden. Ich habe dann Angst, damit fortzufahren, weil der Sender es unter Umständen merkt und glaubt, ich probiere irgendeine »Methode« an ihm aus. Ich glaube, diese Befangenheit wird sich geben, wenn ich geschickter werde und sichergehen kann, meine alten Reaktionsweisen abgelegt zu haben. Was den Sender angeht, da bin ich weit ehrlicher als früher daran interessiert, ihm zu helfen.

26. Januar:

Alice scheint auf meine »Ich-Botschaften« zu reagieren (bzw. ihr nichtakzeptables Verhalten in gewissem Maße zu verändern!). Wenn sie sich

meinen Gefühlen gegenübersieht, scheint sie sich nicht streiten zu wollen. Irgendwie versteht sie, daß ich ihr nicht *sage*, was sie tun soll oder was sie nicht tun soll, sondern daß ihr Verhalten mir nicht gefällt oder mich bedrückt. Sie kann es ganz nach Belieben verändern, *wenn* es ihr beliebt. Sie braucht sich nicht zu wehren oder sich zu rächen. Ich glaube, das gefällt ihr. Ein Beispiel (Alice spielte in der Badewanne):
Ich: Es gefällt mir ganz und gar nicht, daß du das Wasser aus deinem Becher auf den Fußboden schüttest. Ich muß den Boden nämlich wieder aufwischen. Ich bin es müde, es immer und immer wieder zu tun. (Alice setzt den Becher auf den gegenüberliegenden Rand der Badewanne, von wo aus kein Wasser auf den Boden schwappen kann.) Beide sind wir zufrieden!

28. Januar:

Mir fällt auf, daß Alice den Katzen ständig Befehle erteilt! Selbst den Bildern von Katzen! Ich frage mich, ob sie sich ihnen gegenüber so verhält, weil ich sie bevormunde oder weil ich und andere Erwachsene Katzen ständig Befehle erteilen. Anderen Tieren und Menschen gegenüber verhält sie sich ganz anders (sie stellt zwar Forderungen, aber bevormundet sie nicht!). Auch bei ihren Spielzeugtieren versucht sie es nicht. So glaube ich, daß sie wahrscheinlich unser Verhalten den Katzen gegenüber nachahmt, wenn wir ihnen sagen, was sie tun sollen: »Hinlegen!«, »Nein!« Ich vermute, sie mag sie ebenso gern wie wir. Es ist interessant, wie rasch Verhaltensweisen und Einstellungen übernommen werden und welche Wirkung wir als Verhaltensmodelle auf das Kind ausüben.

29. Januar:

Ich empfinde es jetzt nicht mehr als gemein, deutlich zu sagen, was ich nicht akzeptiere, oder für meine Rechte einzutreten. Ich denke, ich hatte Angst, mich mit Alices negativen Reaktionen zu befassen. Ich hatte Angst, ihr die Erfahrung von negativen Gefühlen und von Frustrationen zu gestatten. Ich glaube, sie besitzt (wie in allen Dingen so auch hier) eine enorme Fähigkeit, Frustrationen zu entwickeln. Sie ist aber *auch* sehr gut in der Lage, *selbst* mit ihnen fertig zu werden, wenn ich sie wissen lasse, was ich mag oder was ich ertragen kann und was nicht. Die Situationen geraten nicht aus der Kontrolle, wenn ich sie sofort wissen lasse, wie ich zu ihnen stehe. Sie läßt uns stets sofort wissen, wie *sie* zu etwas steht, aber ich denke, ich habe dazu geneigt, mit meinen Gefühlen so lange als möglich hinter dem Berg zu halten! Ich wäre besser ihr gegenüber genauso ehrlich gewesen, wie sie mir gegenüber.

30. Januar:

Ich finde großen Gefallen an der Vorstellung, in der Kindererziehung und in meinen Beziehungen zu anderen auf *alle Macht zu verzichten. Mir gefällt es nicht*, von meiner Macht Gebrauch zu machen. Es ist eine aufregende Idee, daß es möglich sein soll, ganz auf sie zu verzichten!

2. Februar:

Offensichtlich haben wir häufig Problemlösungstechniken angewendet, ohne daß es uns bewußt war. Das waren die Male, da die Konflikte in der für uns alle befriedigendsten Weise bewältigt wurden! Beispielsweise schreibe ich dies hier im Badezimmer, während Alice badet. Sie badet gerne zwei oder dreimal am Tag! Mir gefällt es nicht, sie so oft zu baden. So haben wir eine Lösung entwickelt, mit der wir beide zufrieden sind. Sie geht zum Spielen in die Badewanne, häufig ohne daß sie gewaschen wird, während ich dabei sitze und ein Buch lese – oder tue, wozu immer *ich* Lust habe. Das ist mir durchaus nicht immer möglich, wenn sie sich anders beschäftigt. Die Lösung ist für uns *beide* sehr akzeptabel.

3. Februar:

Eine andere Konfliktbewältigung, die funktioniert. Ich bin überrascht, weil ich dachte, daß die Methode III sich auf ein zweijähriges Kind nicht besonders gut anwenden ließe. Aber zu meiner Verwunderung und meinem Entzücken geht es! Es bedarf einiger Phantasie, um auf Lösungen zu verfallen, die ihr und mir gleichermaßen genehm sind. Häufig kommt man aber durch einen Ausleseprozeß und etwas Einfallsreichtum zu befriedigenden Ergebnissen! Alice wachte heute um vier Uhr nachts auf und wollte in unserem Bett weiterschlafen (das hat sie schon seit einer ganzen Weile nicht mehr verlangt). Ich teilte ihr (nach einigem aktiven Zuhören) mit, daß ich das nicht akzeptieren könne, daß ich nicht schlafen könne, wenn sie bei mir im Bett liege und daß ich meinen Schlaf wirklich brauche, um am Tage meinen Pflichten nachkommen zu können. Mit ihrer Flasche voller Wasser war sie nicht zufrieden, auch nicht damit, daß ich ihr etwas vorsang, aber sie war durchaus bereit, in ihrem Bett zu bleiben, wenn ich ihre Hand hielt *und* ihr einige Minuten etwas vorsang! Wieviel *angenehmer*, als wenn ich ihr erstes Ansinnen einfach abgeschlagen und sie weinend zurückgelassen hätte oder wenn ich nachgegeben und eine schlaflose Nacht verbracht hätte!

4. Februar:

Ein interessanter Vorfall heute: Ein Beispiel für das, was letzte Woche im Kurs dran war: »Beziehungen sind unter Umständen nicht so zerbrechlich, wie wir meinen.« Es war im Zusammensein mit meinem Mann und meiner Schwiegermutter (*sie* war die eigentliche Versuchsperson). Ich machte den beiden deutlich, wie wenig es mir paßte, daß ich unbedingt an einem Spiel teilnehmen sollte, mit dem sie gerade beschäftigt waren: sie vergnügten sich damit, sich auszumalen, daß ich eine Erholungsreise unternähme. Ihr Verhalten fiel mir wirklich auf die Nerven (mein Toleranzniveau war nahezu auf dem Nullpunkt). Schließlich raffte ich mich dazu auf, ihnen das mittels der besten »Ich-Botschaft« mitzuteilen, auf die ich im Moment kommen konnte. Sie begriffen, daß ich mich durch ihr Verhalten wirklich stark gestört fühlte, und stellten es ein. Ich war mir bewußt, daß ich eine Seite meines Selbst offenbarte, die ich nicht besonders mag und von der ich annehme, daß andere sie ebensowenig mögen (das heißt, meist bin ich viel zu ernst, statt mich etwas großzügiger und unbekümmerter zu geben). Aber es wurde ohne große Aufregung akzeptiert. Mein Himmel! Ich war wirklich erleichtert und darüber erfreut, daß ich das Risiko eingegangen war, eine »Ich-Botschaft« zu senden. Ich freute mich, daß sie so gut aufgenommen worden war.

5. Februar:

Auch heute geschah etwas Interessantes. Nach dem Abendessen bei meinen Eltern war Alice müde und hatte schlechte Laune. Wir warteten darauf, daß »Papa« seinen Kaffee austrank, damit wir nach Hause gehen konnten. Alice forderte »Großvater« auf, ihr etwas Orangensaft zu geben. Dann wurde sie aber ganz schön ärgerlich, als er ihn ihr in die Tasse goß. Er verstand nicht, was sie hatte. Ich übersetzte ihm also, was Alice ihm zu verstehen geben wollte. Sie wollte aus der großen Saftdose trinken, *nicht* aus ihrer Tasse (sie sieht das zu Hause manchmal bei Mama so!) Großvater sagte: »Nein.« Alice sagte: »Ja!« Dann warf sie sich auf den Boden und weinte. Er nannte sie verzogen und meinte zu *mir*, daß ich besser jetzt etwas in ihrer Erziehung unternähme, bevor es zu spät sei! Ich wandte mich Alice zu, die immer noch auf dem Fußboden lag und ihre Show abzog, und sagte: »Du bist wirklich wütend, daß Großvater dich nicht aus der großen Dose trinken läßt!«

»Ja ... Alice ... groß jetzt!« weinte sie.

»Du bist groß genug, um *jetzt* aus der großen Dose trinken zu können!« sagte ich.

»Ja!!« Damit hörte sie zu weinen auf, stand vom Fußboden auf und sagte: »Nacht! Hausegehen!«

Ich wandte mich meinem Vater zu und fragte ihn, ob es noch irgendein Problem gäbe. Während meiner Unterhaltung mit Alice hatte er sich nämlich weiter darüber ausgelassen, daß nun etwas »geschehen« müsse, da *sie* nicht aufhöre! Er hatte gar nicht gemerkt, was passiert war. Er gab aber zu, daß es kein Problem mehr zu geben scheine. Ich war überrascht, daß ihm nicht bewußt zu sein schien, wie rasch das Problem beigelegt worden war (ich wußte nur zu gut, wie schnell solche Vorfälle sich zu Riesenauftritten auswachsen können!). Er hat auch nicht bemerkt, daß Alice einen ganz wichtigen Aspekt des Problems angesprochen hatte: daß *sie* jetzt ins Bett wollte!

10. Februar:

In letzter Zeit habe ich große Schwierigkeiten, Alice in der Obhut anderer zu lassen. Sie wird bei meinem Fortgang so aufgeregt, daß der Babysitter – ganz gleichgültig, um wen es sich handelt – vor einer schweren Aufgabe steht. Auch mich macht das sehr bekümmert. Aktives Zuhören und »Ich-Botschaften« scheinen an dem Problem nichts ändern zu können. Mit der Problemlösung komme ich nicht von der Stelle. So habe ich schließlich herauszufinden versucht, warum *ich* so wütend darüber werde. Mir wurde bewußt, daß ich mich *wirklich* ängstlich, nervös und unsicher fühle. Dies bleibt Alice offensichtlich nicht verborgen – und dadurch verschärft sich das Problem: sie sieht, wie ängstlich *ich* darüber bin, daß ich sie verlasse, und das verstärkt ihre Angst (es muß irgend etwas Schreckliches an diesem Fortgehen von Mama sein). Deshalb haben alle Mittel versagt.

Warum bin ich in diesem Punkte so nervös? Ich glaube, es hat viel mit meinem Wunsch zu tun, eine *vollkommene* Mutter zu sein. Wohl ein

etwas wirklichkeitsfremdes Ziel. Aber eines, das mir sehr selbstverständlich erschien. Bin ich wirklich so unentbehrlich in ihrem Leben, daß sie einige dieser Dinge nicht selbst bewältigen kann? Offensichtlich *bin* ich für sie als Mutter noch sehr wichtig. Kann ich über meinen Schatten springen und ihr jene Unabhängigkeit einräumen und sie zu der Selbstverantwortlichkeit ermutigen, von denen ich behaupte, daß ich sie wirklich für sie wünsche?
Etwas anderes: Warum habe ich manchmal das Gefühl, ich sollte sie allein lassen? Damit meine ich jene Momente, da ich sie allein lasse in der Meinung, sie brauche das – sie *brauche* Zeiten, in denen sie meiner Gegenwart entzogen sei. Meine eigenen Bedürfnisse könnte ich nicht so genau definieren. Warum soll sie dann für bestimmte Zeiten meiner Gegenwart entzogen sein, wenn sie das nicht mag? Stehe ich da unter Druck. Möchte ich anderen zeigen, daß ich in der Lage bin, sie allein zu lassen, selbst wenn *ich* gar nicht das Bedürfnis habe, allein zu sein? Ist es irgendeine Vorstellung, die ich vom Idealbild eines »angepaßten« Kindes übernommen habe? Meist macht es mir große Freude, mit Alice zusammen zu sein. Wenn irgendein vernünftiger Grund vorliegt (z. B. ein Termin bei einem Arzt, gesellschaftliche Verpflichtungen) habe ich überhaupt keine Angst, wenn ich sie alleine lasse. In der Regel macht sie dann auch keine Schwierigkeiten – sie akzeptiert, daß Mama für eine Weile fortgeht. Aber ich spüre, daß ich entsetzlich nervös werde, wenn ich sie nur verlasse, um dem Prinzip Genüge zu tun, ohne daß ein *eigenes* Bedürfnis das Vorgehen legitimiert. Wahrscheinlich erscheint es ihr nicht gerechtfertigt. Mir eigentlich auch nicht, wo ich darüber nachdenke. Warum zur Hölle soll ich nicht bei ihr bleiben, wenn sie mich in diesen Situationen braucht. Ich *bin,* weiß Gott, mehr daran interessiert, ihren Bedürfnissen zu genügen, als im Wohnzimmer oder sonstwo rumzusitzen! Für mich und für sie ist es viel wichtiger, daß ich bei ihr bin. Hui, da habe ich mir was von der Seele geredet! Nicht, daß sie jetzt nicht mehr unglücklich sein wird, wenn ich sie allein lasse. Zumindest aber habe ich über meine Bedürfnisse und Prioritäten Klarheit gewonnen. Das bricht dem Ganzen die Spitze ab. Ich glaube, ich habe einen bestimmten sozialen Druck und theoretische Vorstellungen für meine Bedürfnisse angesehen. Tatsächlich sind *meine* Bedürfnisse – meine ganz persönlichen Bedürfnisse – weit von dem entfernt, was ich mir da zum Ziel gesetzt habe. Ich kann einen neuen Anfang machen!

14. Februar:

Alice akzeptiert meine Entschuldigungen. Ich fahre aus der Haut, habe ein schlechtes Gewissen deswegen und sage ihr, wie leid es mir tut und unter was für einem Druck ich stehe. Dann kommt sie zu mir, umarmt mich und streichelt mir den Rücken. Ich weiß das wirlich zu schätzen. Sie macht mich glücklich.

15. Februar:

Ich habe ein Problem mit der ›Familienkonferenz‹! Der bewußte Teil meiner selbst übertreibt es wieder! Ständig achte ich auf das, was ich sage, was ich sagen möchte oder nicht sagen möchte, was andere sagen, wie ihnen wohl zumute ist, wie mir zumute ist usw. Manchmal möchte ich aus der Haut fahren. Aber ich tue es nicht. Ich weine.
Ich habe wirklich eine Last daraus gemacht. Ich fühle mich verantwortlich – und zwar ganz und gar – für jede Beziehung, in der ich stehe. Ein gewisses Verantwortungsbewußtsein ist gesund und angemessen. Aber ich glaube, ich gehe dabei zu weit! Ich fühle mich so einsam. Ich merke sofort, wenn jemand nicht versteht, wie mir zumute ist. Die Techniken bringen es mir zu Bewußtsein. Und ich weiß auch sofort, wann ich verstanden *werde* und ich andere verstehe. Die positiven Seiten der ›Familienkonferenz‹ sind gleich zu Anfang sichtbar geworden. Jetzt erst merke ich, auf welche Probleme ich stoße, wenn ich ihre Methoden verwirkliche. Die Probleme sind immerhin so ernst, daß ich beschlossen habe, mich genau zu fragen, was die ›Familienkonferenz‹ mir bedeutet, was ich von ihr erwarte und was ich von ihr bekommen kann.

19. Februar:

Es ist interessant! Vier Tage nur ist es her, seit ich die letzte Eintragung gemacht habe. Heute denke ich ganz anders über die ›Familienkonferenz‹. Mir ist bewußt geworden, welches Problem ich eigentlich mit ihr habe. Die Last und die Einsamkeit, die Verantwortung und die überdeutliche Bewußtheit, erklären sich meiner Meinung nach aus der Tatsache, daß mir wirkliches Interesse – echte Einfühlung – häufig abgegangen sind, wenn ich Gebrauch vom aktiven Zuhören oder der Problemlösung machte. Offensichtlich darf ich die Ursache für eine solche Vielzahl überwältigender Empfindungen nicht nur bei der ›Familienkonferenz‹

und mir suchen. Daran sind eine Menge andere Faktoren beteiligt. Soweit es aber diese Techniken anbelangt, glaube ich wirklich, daß das Maß meiner Einfühlung, meines Interesses den sprachlichen Techniken nicht entspricht, die ich erworben habe. Das verstehe ich *nicht* unter ›Familienkonferenz‹. Ich glaube, echtes Interesse ohne irgendwelche Kommunikationstechniken wäre der Entstehung positiver Beziehungen weit dienlicher als die größte Vollkommenheit in den Methoden.

In den letzten Tagen habe ich festgestellt, daß ich beim aktiven Zuhören oder Problemlösen weit mehr mit *meinen* Ideen und Empfindungen beschäftigt war als damit, die Gefühle der anderen Personen wirklich zu verstehen. Soweit es mir bewußt wurde, war ich in der Lage, meine Gefühle eine Zeitlang wirklich auszuschalten und mit echter Einfühlung zuzuhören – Methode hin, Methode her. Es ist mein ganz persönliches Problem. Sicherlich finde ich es nett, wenn ich verstanden werde. Aber das Buch sagt ganz richtig: wenn es mir wirklich gelingt, all das Geschwätz und die vielen Vorurteile in meinem Inneren abzuschalten und wirklich *mit Interesse* zuzuhören, wird der andere es zu schätzen wissen, daß ich ihn verstehe. Das Verständnis wird dann gegenseitig werden. Dies wirklich zu erleben, ist doch etwas anderes, als es nur zu lesen!

Wiederholt wird im Buch und von den Kursleitern auf die Bedeutung der Einfühlung als Voraussetzung des aktiven Zuhörens hingewiesen. Vom Intellekt her habe ich das zwar verstanden, doch erst in den letzten Tagen habe ich wirklich begriffen und erlebt, was damit gemeint ist. Halbherziges Interesse, halbherziges Zuhören, mein Bewußtsein unter dem Eindruck der eigenen Gedanken und starker Gefühle: damit konnte ich sicherlich nicht weiterkommen! Ich muß meinen »Geist« eine Zeitlang »aufgeben«, wenn ich wirklich zuhören und andere verstehen will. *Das* verstehe ich unter Interesse und das ist notwendig, um die Familienkonferenz-Techniken zu verwirklichen. Sonst braucht man es gar nicht erst versuchen.

22. Februar:

Eine Problemlösungssituation, in der ich begriffen habe, wie man es *nicht* machen sollte! Es war an einem Abend in der letzten Woche. Ich hatte Alice zu Bett gebracht und dann abgewaschen. Schließlich setzte ich mich erschöpft neben Joe, der fernsah und ebenfalls müde war. Ich sagte, daß es einige Dinge gäbe, die mich bedrückten, und ob wir darüber sprechen könnten. Totaler Mißerfolg! Mein Fehler: *Ich* war zu müde, um noch über irgend etwas intelligent sprechen zu können; und auch *er* war müde. Ich weiß jetzt, daß man sich über solche Bedingungen nicht hinwegsetzen darf! Ich hatte mich im Kreis um das Problem herumbewegt (meine »Ich-Botschaften« waren zu nachlässig, und ich vergaß das aktive Zuhören völlig!). Dann brachte ich nicht nur ein zweites Problem auf den Tisch, sondern auch noch ein drittes! Ich kann kaum glauben, daß ich mich so dumm benommen habe. Natürlich hatte er das Gefühl – und völlig zu Recht – daß ich mich nur über ihn beklagen wollte. Welch ein Lehrstück!

23. Februar:

Ich versuche jetzt, nur noch dann aktiv zuzuhören, wenn ich mich *wirklich* für den anderen und sein Problem interessiere. Wenn sich eine entsprechende Gelegenheit ergibt, prüfe ich mich, um zu sehen, ob ich jene Einfühlung aufbringen kann, von der ich weiß, daß ich sie zum Zuhören brauche. Wenn ich feststelle, daß dieses Interesse vorliegt, daß ich wirklich zuhören möchte, schalte ich (so gut ich kann) alles Geschwätz in meinem Inneren ab. Dann nimmt das aktive Zuhören Dimensionen an, die es zuvor nie erlangt hat. Ich finde nicht nur den Umstand außerordentlich, daß der andere seine Probleme in vollem Umfange wahrnimmt, sondern auch welches Ausmaß die Herzlichkeit und Nähe gewinnt, die ich für ihn empfinde. Diese Form der Kommunikation, des Einswerden mit einem anderen Menschen ist der größte Gewinn, den mir die ›Familienkonferenz‹ gebracht hat.

25. Februar:

»Modifikationen des Selbst«: Versuche ich, persönliche Erfüllung in meinen Kindern zu finden? Manchmal frage ich mich das. Ein Großteil meiner Bemühungen scheint dem Versuch gewidmet zu sein, meine Lebensweise den Bedürfnissen meines Kindes anzupassen – und bis zu einem gewissen Grad auch denen meines Mannes. Häufig habe ich das Empfinden, daß meine Bedürfnisse dabei nicht berücksichtigt werden, obgleich ich noch nicht einmal genau sagen kann, welches meine Bedürfnisse sind. Ich habe nur dieses Gefühl der Unerfülltheit. Das ist *mein* Problem. Etwas, das nur mich betrifft, das völlig unabhängig von irgendwelchen nicht-akzeptablen Verhaltensweisen anderer Menschen ist. Ich glaube, damit hätte ich mich beschäftigen sollen, bevor ich anfing, darüber Klage zu führen, daß ich meine Zeit als Mutter und Ehefrau vergeude. Ich habe unendliche Freude an meinem Kind und liebe meinen Mann, ich habe aber auch das Gefühl, daß ein schöpferisches Bedürfnis in mir nach einer Ausdrucksmöglichkeit sucht.

26. Februar:

Um an die Gedanken der letzten Eintragung anzuknüpfen: Ich habe Bedürfnisse, ganz persönliche schöpferische Bedürfnisse – das Bedürfnis, mich selbst und meine Fähigkeiten kennenzulernen, nähere Berührung mit bestimmten Bereichen meiner eigenen Persönlichkeit zu bekommen und diesen Teil meiner selbst vielleicht anderen in irgendeiner Weise mitzuteilen. Die Befriedigung dieser Bedürfnisse ist von lebenswichtiger Bedeutung für meine Persönlichkeitsentfaltung. Vielleicht werfen die stärksten sozialen Beziehungen, die ich habe (meine Familie, die Freunde) etwas Licht auf dieses sehr persönliche »Ich«, aber ich brauche auch Zeit, um jenen Teil meiner selbst zu verwirklichen. Weder mein Mann noch mein Kind können das für mich tun. Meine Beziehung zu ihnen ist immer dann am besten, wenn die Bedürfnisse, für deren Befriedigung ich ganz allein sorgen muß, gestillt worden sind. Ich kann von ihnen nicht verlangen, was nur ich leisten kann. Ich bin am glücklichsten – das heißt, ich akzeptiere mich und andere am ehesten –, wenn ich das Gefühl habe, daß meine Bedürfnisse nach schöpferischem Selbstausdruck befriedigt worden sind.

27. Februar:

Ich stelle fest, daß Alice und irgendein anderes Kind in ihrem Streit um ein Spielzeug eher bereit sind, einander zu akzeptieren, wenn sie feststellen, daß ich nicht gewillt bin, ihr Problem für sie zu lösen. Das Problem verliert viel von seiner Dringlichkeit! Alice ist weit eher bereit, das andere Kind mit ihrem Spielzeug spielen zu lassen, wenn sie sieht, daß ich gar nicht daran danke, einzugreifen.

28. Februar:

Ich stelle mir »negatives« Verhalten immer in den Begriffen von Bedürfniserfüllung oder Wertdifferenzen vor. Nehmen wir zum Beispiel jene Anlässe, da Alice weint, wenn ich sie allein lasse. Wenn sich dieses Weinen, das mir nicht besonders gefällt, in irgendeiner Weise beseitigen läßt (dadurch daß ich das Nicht-Weinen verstärke oder durch ähnliche Maßnahmen), bedeutet das unbedingt, daß sich auch ihr Unglück gelegt hat? Vielleicht ist sie immer noch ganz hübsch »aufgebracht«. Wie sehr möchte ich eigentlich ihr Verhalten manipulieren? Es gefällt mir nicht, daß sie schreit, wenn ich sie verlasse. So empfindet sie nun aber, und ich *möchte* schon, daß sie es mich wissen läßt. Kann ich ihre Gefühle verändern? Möchte ich das? Kann ich ihr gestatten, »negative« Gefühle neben den »positiven« zu haben (als hätte ich irgendeine Kontrolle darüber!)? Darf ich *mir selbst* gestatten, ihre »negativen« Gefühle zu akzeptieren? Sind sie wirklich negativ oder erscheinen sie nur im Rahmen meines Wertsystems als solche?

2. März:

Noch einiges zum »negativen« Verhalten: In diesen Tagen wird mir klar, daß nicht-akzeptables Verhalten in Wirklichkeit ein Ausdruck persönlicher Bedürfnisse ist. Unter diesem Gesichtspunkt erscheint das betreffende Verhalten gar nicht mehr so nicht-akzeptabel – wenn überhaupt noch. Nicht daß ich alles akzeptabel finde, doch wenn ich ein Verhalten unter dem Gesichtspunkt der Bedürfnisse sehe, wird mein Toleranzniveau erheblich höher. Der Kursleiter hat davon gesprochen, doch erst jetzt habe ich es wirklich verinnerlicht.
Ein unmittelbares Ergebnis dieser Erfahrung ist die Tatsache, daß ich nicht mehr solche Angst vor »negativem« Verhalten habe. Weint Alice, wenn ich sie allein lasse, ist mir nicht mehr so unbehaglich und ängstlich zumute. Dies scheint unmittelbar auf sie überzugreifen: gestern abend ging ich fort und ließ sie bei ihrem Papa. Sie war nicht allzu glücklich darüber und begann zu weinen: »Mama, nicht Kursus!« »Du möchtest nicht, daß Mama dich alleine läßt und das macht dich sehr unglücklich«, sagte ich. »Ja . . . (ihre Unterlippe zitterte) . . . Mama zu Hause!« »Du möchtest, daß Mama bei dir zu Hause bleibt. Aber ich muß in meinen Kursus gehen.« Das Beben ihrer Lippen verstärkte sich. Sie sah aus, als hielt sie das Weinen nur mühsam zurück – ich glaube, das habe ich noch niemals zuvor bei ihr gesehen! Ich sage: »Alice, es ist völlig in Ordnung, daß du darüber unglücklich bist, du kannst weinen, wenn du möchtest.« Eine Minute lang weint sie, dann läuft sie zu Papa, ist sehr aufgeregt und sagt: »Papa! Zug!« (Ich hatte ihr gesagt, daß sie mit einem Zug spielen würden, während ich fort sei.)

4. März:

Ich habe ein merkwürdiges Gefühl. Ich fühle mich sehr unsicher, als hätte ich mein Selbstbild verloren. Ich versuche über einige der Werte Klarheit zu gewinnen, an die ich mich bislang gehalten habe. Dabei stelle ich fest, daß ich in vielen Fällen dem Druck gehorche und die Werte von Personen übernahm, die von irgendeiner Bedeutung für mich waren. Manche der Werte besitzen überhaupt keine Gültigkeit mehr für mich.
Beispielsweise habe ich großen Wert auf Sparsamkeit gelegt. Ich neigte dazu, meine Dollars lieber auf die hohe Kante zu legen, als sie für irgend etwas auszugeben, das mir vielleicht Freude gemacht hätte. Ich glaube, ich habe diese Wertvorstellungen von meinem Vater und von bestimmten philosophischen Vorstellungen übernommen, die mich in meiner Adoleszenz bestimmt haben. Doch meine Sparsamkeit verursacht mir Unbehagen. Ich mag dieses Unbehagen und diese Selbsteinschränkung nicht. Bei näherer Prüfung stelle ich fest, daß ich überhaupt keinen Wert darauf lege zu sparen. Mir macht es großen Spaß, ohne irgendein Schuldgefühl mein Geld auszugeben. Ich bin da einer Vorstellung gefolgt, die mir heute völlig veraltet erscheint.
Das trifft auch auf andere Wertvorstellungen zu. Es ist aufregend, die Veränderung zu spüren, Wertvorstellungen abzuschütteln, zu denen ich überhaupt keine Beziehung mehr habe. Auf der anderen Seite ist es natürlich auch erschreckend, mich von so vielen Aspekten meines Selbst zu trennen. Der eigentliche Prozeß macht Spaß, dann stellt sich aber ein plötzliches Gefühl der Leere ein. Ich weiß nicht mehr, wer ich bin und was für mich Bedeutung hat. Es ist wie mit dem Abbruch eines Gebäudes. Bevor ein anderes an seiner Stelle errichtet ist, sieht man nur Ödland. Was werde ich erbauen? Die Möglichkeiten sind sehr erregend – und auch die Vorstellung, daß ich es aufs neue niederreißen und mit einem neuen beginnen kann, wenn es meinen Bedürfnissen nicht mehr genügt.

6. März:

Möglichkeiten! Was für ein neues Ich entsteht da? Ich weiß es nicht. Es ist wie im Frühling, bevor die Saat zu sprießen beginnt. Man spürt, daß sie da ist und ans Licht will. Es macht Spaß, der Phantasie freien Lauf zu lassen, um zu sehen, was dabei herauskommt. Ich bin fest davon überzeugt, daß ich in der Lage bin zu entscheiden, was gut und richtig für mich ist. Ich kann neue Wertvorstellungen erproben und feststellen, ob ich mit ihnen zurechtkomme. Und ich kann neue Verhaltensweisen erproben, von denen ich mir nie hätte träumen lassen, daß ich zu ihnen fähig sei. Wie schön ist es, sich zu verändern, ohne daß ein Ende dieses Prozesses zu sehen ist!

Krieg und Frieden

Tagelang habe ich mich bemüht, einen Anfang für diese Aufzeichnungen zu finden. Ich möchte damit beginnen, unser Familienleben so zu beschreiben, wie es sich vor der ›Familienkonferenz‹ darstellte. Dabei kommt mir die Analogie zum Geburtstrauma in den Sinn. Es ist mir fast unmöglich, mich an die Unerfreulichkeit unseres einstigen Familienlebens zu erinnern. Unsere Familie – das sind vier Menschen, deren Zusammenleben im Laufe des letzten Jahres meine kühnsten Hoffnungen übertroffen hat. Selbst unser Wortschatz, die Art und Weise, in der wir miteinander reden, muß jedem ganz fremd klingen, der noch keine Bekanntschaft mit der ›Familienkonferenz‹ gemacht hat.
Dabei fällt mir sofort ein Beispiel ein. Unser sechsjähriger Sohn Walter und sein Freund Robert spielten kürzlich oben. Ich hörte mit, wie Robert zu Walter sagte: »Wir bekommen vielleicht Ärger, wenn wir das tun«, woraufhin Walter erwiderte: »In unserer Familie haben wir keinen Ärger. Wir haben Konflikte.«
Ärger nahm früher in unserem Haushalt viel Zeit und Energie in Anspruch – für die Missetäter ebenso wie für die Vollzugspersonen. Im letzten Jahr haben wir einige Techniken erlernt, um mit Bedürfnissen, Konflikten und Problembesitz fertig zu werden. Spannungen in unseren Beziehungen betrachten wir nicht mehr als Ärger, sondern eher als entgegengesetzte Vorstellungen, die miteinander versöhnt werden müssen. Alle haben wir daran gearbeitet, durch neue Interaktionsweisen ein neues Gefühl des gegenseitigen Interesses und Vertrauens zu schaffen. Und noch vor kurzem haben wir alle unter den Auswirkungen dieses Streits gelitten. Nun macht sich unser Einsatz an Zeit und Energie bezahlt. Unsere Familienbeziehungen sind heute eine Quelle der Freude, statt wie früher eine des Ärgers. Die Veränderung war ein langsamer und mühsamer Prozeß.
Unser Sohn Brent ist ein außerordentlich vitaler achtjähriger Junge. Jeden Tag auf der Busfahrt zur Schule darf man ihn zu der Gruppe von Jungen zählen, die die Geduld des Fahrers und der aufsichtsführenden

Mutter auf eine harte Probe stellen. Neulich sagte eine Nachbarin, die an diesem Tage mit den Kindern gefahren war: »Ich weiß nicht, was Sie tun, um Brent unter Kontrolle zu halten, aber was es auch immer ist, ganz sicher funktioniert es!« Offensichtlich hatte Brent sich auf dem Weg zur Schule daneben benommen. Meine Nachbarin hatte zu ihm gesagt, sie würde mich am folgenden Tage besuchen, und es würde ihr leid tun, wenn sie mich von seinem schlechten Benehmen in Kenntnis setzen müsse. Brent hatte sie angelächelt, sich umgedreht und den anderen Kindern gesagt, sie würden ihr Spiel in der Pause fortsetzen. Für den Rest der Fahrt hatte Brent dagesessen und sich mit seinen Freunden freundlich und ruhig unterhalten. Als Brent an diesem Tage nach Hause kam, teilte ich ihm mit, daß meine Nachbarin mir von dem Vorfall im Bus erzählt habe. Ich sei glücklich zu hören, daß er bereit gewesen sei, für sein Verhalten geradezustehen. Weiter sagte ich ihm, ich hätte den Eindruck, es sei ihm ganz und gar nicht gleichgültig, wie sein schlechtes Benehmen auf mich wirken würde. Er habe mir eine solche Enttäuschung allem Anschein nach ersparen wollen. Brent bestätigte das. Er habe im Bus vor allem deshalb Ruhe gegeben, weil er mich nicht enttäuschen wollte. Dieses Denken war keine plötzliche Errungenschaft, sondern ist dem fleißigen Gebrauch zu verdanken, den wir von unseren Familienkonferenz-Techniken gemacht haben.

Ich will es mit einem Beispiel erläutern. Vor einigen Monaten kam Brent mit einer Nachricht aus der Schule nach Hause, die besagte, daß er und zwei andere Jungen wegen ständiger Störungen aus dem Turnunterricht hinausgeschickt werden mußten. Bis zum Ende der Stunde mußten sie im Flur stehen. Die Nachricht sollte von den Eltern unterschrieben werden. Brent warf mir die Nachricht zu und sagte: »Du wirst ganz schön wütend auf mich sein.« Da hatte er völlig recht, und daraus machte ich auch kein Hehl. Brent fragte mich, ob sein Vater ihm eine Tracht Prügel verabreichen würde. Ich machte ihm klar, daß das eine Angelegenheit sei, die ihn und seinen Vater anginge. Ich konnte aber sehen, daß er vor dem Ärger seines Vaters Angst hatte. In panischem Schrecken fragte er mich: »Was wirst du denn mit mir tun?« Diese Frage leitete ein sehr eingehendes Gespräch ein, das nach und nach zu einer Atmosphäre der Rücksichtnahme und des Vertrauens geführt hat. Brent erzählte mir, daß er seines Verhaltens wegen ein schlechtes Gewissen hatte. Er wollte es loswerden, für sein Verhalten bezahlen und die ganze Sache hinter sich haben. Ich erklärte ihm, daß ich nicht daran interessiert sei, ihn dafür zu bestrafen. Ich war enttäuscht, daß er nicht bereit war, die Verantwortung für sein

Verhalten zu übernehmen. »Ich weiß nicht, was du damit meinst«, war seine ehrliche Antwort. Daraufhin sprachen wir über Selbstkontrolle. Brent verteidigte sein Verhalten, indem er sich wie üblich hinter den anderen versteckte: »Ich war ja nicht der einzige, der rausgeschmissen wurde . . .« Durch weiteres Zuhören bekam ich heraus, daß er vor allem Angst vor Schlägen hatte. Ich sagte ihm, daß nach meiner Meinung Schläge kein gutes Mittel zur Erziehung seien und daß ich zuversichtlich annähme, daß eine solche Situation sich durch eine Aussprache vermeiden oder zumindest entschärfen lasse. Wir sollten versuchen herauszufinden – so schlug ich ihm weiter vor – wie wir zu dieser Angelegenheit stünden und was wir tun könnten, um Brent vor ähnlichen Situationen zu bewahren.

Brent platzte damit heraus, daß es sehr schwer sei, ein Kind zu sein. Die Erwachsenen könnten alles tun, wozu sie Lust hätten, während Kinder stets mit irgendwelchen Leuten zu tun hätten, die ihnen sagten, was sie tun und lassen sollten. Ich gestand ihm zu, daß das zum Teil richtig sei. Ich sei aber der Meinung, daß er es nicht ganz richtig sähe. Erwachsene müßten schließlich die Verantwortung für ihr Verhalten selbst übernehmen. Auch sie hätten also die Folgen ihres Verhaltens zu tragen. Dann teilte ich ihm meine Hoffnung mit, daß er dieses Verantwortungsbewußtsein erwerben werde, um ein erfülltes und interessantes Leben in dieser Gesellschaft führen zu können.

Diese Gesprächsrichtung sollte sich zwar als sehr zukunftsträchtig erweisen, aber sie befaßte sich nicht mit Brents vordringlicher Sorge: Was er nämlich angesichts des Vorfalls in der Schule zu erwarten habe.

Ich sagte: »Was ich tun werde? Ich werde dir deutlich zu machen versuchen, wie enttäuscht ich bin. Ich werde dir klarmachen, daß dein Verhalten dein Problem ist. Ich bitte dich, einmal zu überlegen, warum du dich in der Schule so verhalten hast, und was du tun kannst, um dein Verhalten zu verändern, da es dir doch Probleme zu schaffen scheint. Wenn du nicht weißt, wie es dir gelingen könnte, dich akzeptabler zu verhalten, sollst du wissen, daß wir nur zu gern bereit sind, mit dir darüber zu sprechen. Ich werde mich bemühen, dir immer für eine solche Unterhaltung zur Verfügung zu stehen.«

Dann sprachen wir über die Nachricht, die Brent mit nach Hause bekommen hatte. Ich vertrat die Auffassung, daß sie letztlich besagte: »O. k., liebe Mutter, machen Sie irgend etwas mit diesem Jungen!« Ich fuhr fort: »Nun gebe ich die Aufforderung an dich weiter. O. k. lieber Brent, mach irgend etwas mit diesem Verhalten. Ich sorge mich sehr um dich und habe das Gefühl, als kümmertest du dich nicht in ähnlicher Weise um mich.«

Brent überlegte nun, wie er die Gunst seines Lehrers zurückgewinnen könne. *Er* schlug vor, eine Entschuldigung zu schreiben. Das tat er. Ich meinte, daß er durch Kooperationsbereitschaft und Selbstkontrolle im Unterricht beweisen könne, daß seine Entschuldigung ehrlich gemeint sei. Über das Schlagen haben wir nie wieder gesprochen. Dazu gab es überhaupt keinen Anlaß mehr.

Als Brent an diesem Abend seinen Vater zur Vordertür hereinkommen hörte, hatte er wirklich Angst. Raymond war wütend und enttäuscht. Er und Brent gingen ins Schlafzimmer. Nach einem längeren Gespräch kamen sie voller Verständnis füreinander wieder heraus. Dies war für uns ein weiterer Schritt auf dem Wege, eine harmonische Familie zu werden. (Zu jener Zeit nahm Raymond am Familienkonferenzkurs teil. Diese Tatsache war entscheidend dafür, daß die positiven Seiten der Vater-Sohn-Interaktion zum Tragen kamen.)

Um noch einmal auf den Vorfall im Bus zurückzukommen, anläßlich dessen meine Nachbarin sich zu unserer Kontrolle »über« Brent geäußert hatte: Ich weiß, daß Brent bereit war, sein Verhalten zu verändern und die Verantwortung dafür zu übernehmen. Häufig sagen Eltern: »Man kann den Kindern nicht auf Schritt und Tritt folgen und ihr Verhalten stets kontrollieren. Drohungen und Bestrafungen sind notwendig, um den Kindern den Unterschied zwischen Recht und Unrecht beizubringen.« Ganz sicher bin ich der Meinung, daß man seinen Kindern nicht auf Schritt und Tritt folgen kann. Aber Brent hat sich dazu entschieden, uns überallhin mitzunehmen. Er begreift, daß er unser Vertrauen, unsere Sorge und Liebe besitzt, wo immer er ist. Gleichzeitig lernt er es, mit seinen Gefühlen verantwortungsvoll umzugehen. Raymond und ich lernen, unsere beiden Söhne positiv zu beeinflussen. Dieser Einfluß wirkt in unserer Gegenwart und Abwesenheit.

Krieg und Frieden auch in anderen Bereichen: Die Schularbeiten, ein Problem, von dem man weiß, daß es die vernünftigsten Eltern zur Verzweiflung bringt. Brent haßte die Schularbeiten. In der Rangfolge seiner täglichen Beschäftigungen nahmen sie den letzten Platz ein. Raymond und ich bildeten eine geschlossene Front im Namen der elterlichen Verantwortung und versuchten Brent dazu zu bewegen, seine Aufgaben zu machen. Wir konfrontierten ihn mit den üblichen Sprüchen wie: »Du wirst dich besser fühlen, wenn du sie hinter dir hast«; »Du wirst an nichts Spaß haben, solange sie dir noch bevorstehen«; »Alle Kinder

müssen Schularbeiten machen«; und, »Als ich ein Kind war ...«
Zuerst versuchte ich durchzusetzen, daß die Schularbeiten sofort nach der Schule gemacht wurden. Dann wäre ich der täglichen Konfrontation ledig gewesen und hätte hoffen dürfen, meinen Abend genießen zu können. Brent konnte es jedoch nicht ausstehen, sich unmittelbar nach der Schule an die Arbeit zu machen. Das galt besonders bei schönem Wetter. Dann wollte er mit seinen Freunden draußen spielen. An regnerischen Tagen wollte er fernsehen. Die Schularbeiten hielten ihn davon ab. Ich machte von jedem denkbaren Argument und jeder Drohung Gebrauch, um zu erreichen, daß die Schularbeiten gleich nach der Schule gemacht wurden. Aber Brent setzte sich mit Weinen, Auftritten, Wutanfällen und ähnlichem durch.

Wenn es reicht, dann reicht es. Ich war der Meinung, daß nicht alles an mir hängen bleiben sollte. So ließ ich das große Geschütz auffahren. Raymond wurde dazu verdonnert, jeden Abend nach dem Essen darüber zu wachen, daß die Hausaufgaben erledigt wurden. Wir verstanden dies als ein Disziplinproblem, bei dem entschiedener Nachdruck auf unserer Seite erforderlich war. Das wurde einige Wochen durchgeführt. Brent sprach kaum noch mit irgend jemand und ließ uns merken, daß er uns deswegen haßte.

Eines Abends redete ich mir meinen ganzen Kummer im Familienkonferenzkurs vom Herzen. Mit ihrer neuerworbenen Technik halfen mir die Leute im Kurs, mir die ganze Crux der Hausaufgaben von der Seele zu reden. Mir wurde klar, daß wir es direkt mit einer Frage des Problembesitzes und indirekt mit einer Frage der Wertvorstellungen zu tun hatten. Das Schularbeitenproblem, das Raymond und ich im Namen unserer Elternrolle in Besitz genommen hatten, betraf in Wirklichkeit Brent und seine Lehrerin. Sicherlich, Raymond und ich legten großen Wert darauf, daß die Kinder ihre Schularbeiten machten. Das lag an unseren persönlichen Zielsetzungen. Letzlich handelte es sich aber doch um Brents Problem.

Ich erörterte diesen Gesichtspunkt mit Raymond (der erst in einigen Monaten am Familienkonferenzkurs teilnehmen sollte, was jedoch eine andere Geschichte ist). Er ließ keine Ungewißheit darüber aufkommen, daß er meine neuen Auffassungen für viel zu nachgiebig und unverantwortlich halte. Schließlich war Raymond aber doch damit einverstanden, daß wir den Versuch unternehmen und das Problem auf meine Weise angehen wollten, da wir in dieser Sache wirklich nichts mehr zu verlieren hatten.

Bei der nächsten passenden Gelegenheit setzte ich mich also mit Brent zusammen und erörterte meine neuen Erkenntnisse mit ihm. Ich erklärte ihm, daß ich zugäbe, daß all der Druck, der Zwang und die Unfreundlichkeit, die wir im Zusammenhang mit den Hausaufgaben aufgewendet hätten, falsch gewesen seien. Ich sagte ihm, daß ich die Hausaufgaben jetzt als etwas betrachtete, das nur ihn und seinen Lehrer anginge. Ich sei aber gerne bereit, ihn daran zu erinnern und ihm in der Rechtschreibung zu helfen, wenn er darum bitte. Jeder Zwang gehöre aber der Vergangenheit an. Ich rief seine Lehrerin an und erklärte ihr, daß von nun an Brent ganz alleine für seine Schulaufgaben verantwortlich sei. Ich bat sie, allen Problemen, die in dieser Hinsicht auftreten sollten, in einer ihr angebracht erscheinenden Weise zu begegnen. Ich berichtete Brent vom Inhalt dieses Gespräches. Brent war außer sich vor Freude. Er schloß daraus, daß er bei seinen Eltern kein Blatt mehr vor den Mund zu nehmen brauche und daß er für den Rest seines Lebens von allen Schulaufgaben entbunden sei. Einige Tage lang ging er glücklich ohne Aufgaben in die Schule. Am dritten Tag jedoch kam er wütend zur Eingangstür hereingeschossen und schrie hysterisch, daß er seine Lehrerin hasse. Es scheint so, als teile sie seine Auffassung über Schulaufgaben ganz und gar nicht. Er hatte eine Extraaufgabe bekommen und mußte die Wörter, die sie aufgehabt hatten, 25mal abschreiben. Ich hörte Brent zu, als er seiner Meinung über die Lehrerin Luft machte. Er meinte, sie hacke auf ihm herum, sie sei ungerecht und könne ihn ganz einfach nicht leiden. Er nahm die Extraaufgabe offensichtlich sehr persönlich. Er hatte wohl noch nicht die Verbindung zwischen ihr und seinem Verhalten hergestellt.

Nach einer unendlich langen Zeit war Brent mit der erschöpfenden Arbeit fertig und kam zu uns herein, um sich über seine schmerzenden Finger zu beklagen. Wir halfen Brent durch aktives Zuhören zu erkennen, was sich wirklich hinter seinem Unbehagen verbarg. Sicher, seine Finger taten ihm weh, aber er äußerte auch, daß es sehr viel leichter sein würde, die regulären Aufgaben zu erledigen als sich jeden Abend irgendwelchen Extraaufgaben unterziehen zu müssen.

Der Frieden? Die Hausaufgaben sind kein Problem mehr. Wir begnügen uns jeden Abend mit der Frage: »Hausaufgaben, Brent?« Er nickt zustimmend oder grunzt unzufrieden, aber hat seine Lektionen hinsichtlich des Problembesitzes, der Handlungskonsequenzen und Verantwortung wirklich gelernt. Das gleiche gilt für Mama und Papa!

Das Einkaufen mit Walter war in unserer Familie immer ein Problem.

Dieser undankbaren Aufgabe mußte ich mich immer irgendwann am Tage entledigen, um meinen Zeitplan einzuhalten. Walter mußte mitgeschleppt werden. Unvermeidlich sah unser Sohn Nr. 2 dann irgendeine Süßigkeit oder ein Spielzeug, das er einfach haben mußte. Stets hielt ich dann eine Vorlesung über Karies, und selbst bevor ich jemals etwas von der ›Familienkonferenz‹ gehört hatte, merkte ich, wie Walter mit Gesicht und Körper zum Ausdruck brachte: »Ja. ja. Hoffentlich bist du mit deiner Predigt bald zu Ende.«

Das verlangte Spielzeug überstieg in der Regel meine damaligen finanziellen Möglichkeiten. So versuchte ich ihm zu erklären, daß wir die Einkäufe planen mußten und nicht mehr ausgeben durften, als wir uns vorgenommen hatten. Mit Walters gütiger Erlaubnis und irgendeinem kleineren Tributzoll ging es dann. Das Einkaufen war weder für ihn noch für mich eine Freude. Walter brachte seine Enttäuschung und seinen Ärger zum Ausdruck, und ich kochte, weil ich mich ständig mit dieser Plage herumschlagen mußte.

Nachdem ich mit Raymond darüber gesprochen hatte, beschlossen wir, daß Walter und ich es einmal mit den Problemlösungstechniken versuchen sollten, die ich vor kurzem im Kurs kennengelernt hatte. Bevor wir also das nächste Mal zu unserer Einkaufsfahrt aufbrachen, fragte ich Walt, ob er Lust hätte, einmal einige neue Techniken auszuprobieren, die ich gelernt hätte. Ich erklärte ihm, wie der Prozeß abläuft: wir wollten uns beide anhören, welche Bedürfnisse wir hatten, wir wollten beide Vorschläge machen, wie diese Bedürfnisse zu befriedigen seien und uns auf einige Grundregeln einigen, die wir dann beim Einkaufen beachten würden.

Ich stellte eine Liste mit meinen Bedürfnissen auf: Der Einkauf sollte rasch über die Bühne gehen, meine begrenzten Finanzen sollten berücksichtigt werden, ich wollte nicht »nein« sagen müssen, wenn das Spielzeug zu teuer war. Außerdem sagte ich ihm, wie wenig ich von Süßigkeiten halte. Mein Vorschlag war, daß er irgendwelches Obst als Alternative bekäme. Walter sagte, er hätte das Bedürfnis, sich die Spielzeugwarenabteilung allein anzusehen, dann würde er mir die Dinge zeigen, die er sich wünsche, und außerdem wäre es ihm lieb, wenn wir es nicht so schrecklich eilig hätten, nach Hause zu kommen.

Ich sagte, daß das der Eiskrem, die auf meinem Einkaufszettel stünde, nicht gut bekommen würde. Aber damit würden wir schon irgendwie fertig werden. Wir hatten es beide eilig, unsere Übereinkunft auszuprobieren. So sprangen wir in den Wagen, um unser Schicksal in die Hand zu

nehmen. Ich machte mich daran, meine Einkäufe zu erledigen, sagte Walter auf Wiedersehen, und fort war er in Richtung Spielwarenabteilung. Ich kaufte ein und genoß es wirklich, daß Walter nicht dabei war und ständig quengelte. Dann kam ich in der Spielwarenabteilung an, wo ich einen aufgeregten Walter vorfand, der mir drei Spielzeuge zeigen wollte, die sein besonderes Interesse gefunden hatten. Wir sahen uns die Preise an, und Walt war zu dem ungeheuren Zugeständnis bereit, sich auf »ein kleines Modell, nur eines« zu beschränken. Ich hatte das Gefühl, übers Ohr gehauen worden zu sein. »Walt, ich habe das Gefühl, daß du mich unter Druck setzt. Außerdem bin ich enttäuscht, daß unsere Vereinbarung so wenig taugt. Ich hatte erwartet, daß wir uns über die Dinge unterhalten würden, die du kaufen möchtest. Ich dachte, wir würden für bestimmte Dinge sparen. Jetzt gewinne ich den Eindruck, daß du gar nicht darüber sprechen willst, wie wir doch eigentlich vereinbart hatten. Du verfällst wieder in das alte Spiel und ziehst ein langes Gesicht, wenn du es nicht sofort bekommst.«
Walter wiederholte seinen Wunsch, daß er das Modell haben wolle und meinte schließlich, ich hätte genügend Geld und er hasse mich. Ich antwortete, ich sähe wohl, daß wir an den grünen Tisch zurück müßten. Das Problem müsse erneut bedacht werden. Dann waren wir wieder zu Hause. Was war schiefgelaufen? Ich hatte Gordons Buch gelesen, am Kurs teilgenommen und die Techniken verwendet. Wo lag des Rätsels Lösung? Walter kam ins Haus, schmiß seinen Mantel auf den Boden, gab der Katze einen Tritt und ging nach oben, um sich von seinen Fernsehcomics trösten zu lassen. Während ich die Lebensmittel forträumte, ließ ich im Geiste die Situation noch einmal Revue passieren und kam zu dem Schluß, daß nicht nur der Supermarkt nicht-akzeptabel war. Walter selbst war nicht-akzeptabel. Warum hatte sich das kleine Ungeheuer nicht an unsere Vereinbarungen gehalten? Ich lobte mich selbst für diese gute Frage.
Nach einiger Zeit hatte ich meine Ruhe und Unvoreingenommenheit wiedergefunden. Ich begab mich also nach oben, um mit Walter zu sprechen. Ich ging in sein Zimmer, schaltete die brutale Zeichentrickserie aus, die er sich gerade ansah, und teilte ihm mit, daß ich darüber, was gerade in dem Laden passiert sei, bekümmert sei. Ich fragte Walt, wie er dazu stehe. Er lief weinend in sein Schlafzimmer. Er warf sich auf sein Bett und zog das Kissen über seinen Kopf. Liebevoll versuchte ich das Kissen fortzuziehen, um den Augenkontakt wiederherzustellen. Er schluchzte und sagte mir, ich solle mich fortscheren. Ich antwortete, daß

wir über diese Frage sprechen und irgendeine Verständigung erzielen müßten. Es war ein hoffnungsloses Unterfangen. Walt redete für den Rest des Abends kein Wort mehr mit mir.
Am nächsten Morgen erörterte ich die Situation mit einer guten Freundin, die sich gleichfalls die Grundsätze der Familienkonferenz zu eigen gemacht hatte. Sie hörte mir aktiv zu, als ich mir meine Frustration vom Herzen redete. Dann verhalf sie mir zu der Erkenntnis, daß ich eigentlich an allem schuld war. Ich hatte nicht zur Kenntnis genommen, daß es Walter nicht gefiel, wenn er so eilig aus dem Laden gezerrt wurde. Statt dessen hatte er von mir die Botschaft empfangen, daß mir meine Eiskrem wichtiger als seine Bedürfnisse sei. Zu Hause war ich wie ein Filmstar in sein Zimmer gerauscht und hatte ihm das Fernsehen ausgestellt, ohne seine Bedürfnisse zu berücksichtigen. Schließlich hatte ich versucht, ihm meine guten Absichten aufzudrängen und hopp! war ich auf den Bauch gefallen.
Meine Freundin und ich wiederholten die Situation in einem Rollenspiel. Dabei wurde mir einiges sehr viel klarer. Walt fühlte sich wahrscheinlich auf der ganzen Linie als Verlierer. Genau dasselbe tat ich. Wir mußten also von vorne anfangen. Aber wie?
Ich entschloß mich, Walt zu fragen, ob er bereit wäre, sich anzuhören, was ich da durch die Hilfe meiner Freundin erkannt hatte. Er war bereit. Ich erklärte ihm, daß wir über den Vorfall beim Einkaufen gesprochen hätten und daß ich wirklich den Wunsch hätte, mich bei ihm zu entschuldigen. Schließlich hätte ich ihn sehr unglücklich gemacht. Ich fragte ihn, ob er mir denn jetzt überhaupt noch zutraue, unsere Vereinbarung einzuhalten. Zum ersten Mal seit unserem Konflikt antwortete Walter. Er sagte, ich sei ungerecht, er habe überhaupt keine Chance. Das beweise schon die Tatsache, daß ich ihm das Fernsehen ausgemacht habe. Er meinte, solche Sachen machte ich ständig.
Ich sagte Walter, daß ich seine Hilfe brauche. Er müsse mir solche Dinge sagen. Ich fuhr fort: »Ich muß wissen, was du über die Art und Weise, in der wir miteinander umgehen, denkst und fühlst. Wenn wir lernen können, miteinander zu sprechen und uns mitzuteilen, wenn wir uns in unseren Gefühlen verletzt fühlen, ist unsere Chance viel größer, daß wir beide bekommen, was wir brauchen.«
Hier hörten wir, daß draußen irgendwelche Kinder spielten. Ich vermutete, daß Walter sich ihnen im Geiste schon zugesellt hatte. Ich vermied meine übliche Forderung, er solle mich zu Ende anhören, und meinte, er wolle doch sicherlich zu seinen Freunden nach draußen. Ich hoffte aber,

daß wir später weiter sprechen könnten. Walter sprang auf, rief ein dankbares: »In Ordnung!« über seine Schulter zurück und war draußen.

Am folgenden Tage kamen wir auf unser Gespräch zurück. Walter wollte wissen: »Warum müssen wir denn noch darüber sprechen?« Ich erklärte ihm, daß ich sehr großen Wert darauf lege. Es sei für uns beide entscheidend, daß wir uns darüber verständigten, wie wir zueinander stünden. Walter wollte wissen, ob das »dieser ganze Gefühlskram« sei, um dessentwillen ich die Schule (meinen Familienkonferenzkurs) besuchte. So verhalte es sich, sagte ich ihm. Ich gestand ihm ein, daß ich sehr unzufrieden mit der Art und Weise sei, in der unser Familienleben vonstatten gehe. »Ich versuche zu lernen, wie ich für euch nicht nur eine Mutter, sondern auch eine Freundin sein kann. Im Kurs sprechen wir über Kinder, die sich von ihren Eltern abwenden, weil sie das Gefühl haben, ihre Eltern verstünden sie nicht oder hörten ihnen nicht zu. Ich möchte nicht, daß du dich von mir abwendest, Walter, und nichts mehr mit mir zu tun haben möchtest. Ich denke, das ist neulich im Supermarkt passiert. Ich habe versucht, dich zum Zuhören zu zwingen, als du allein sein wolltest. Es fällt mir schwer, mich dann zurückzuziehen, weil ich, wie viele Eltern, häufig denke, ich wüßte, was das beste für dich ist und ich könne beurteilen, was für Rechte du hättest.«

Walter wollte wissen, was ich mit »Rechten« meinte. Mir wurde klar, daß er nicht recht verstand, was ich von ihm erwartete. Entweder waren wir in der Vergangenheit ganz problemlos miteinander ausgekommen, oder sofort in offene Kriegshandlungen verstrickt worden. Niemals aber hatten wir gelernt, unsere Gedanken auszutauschen oder unsere Gefühle über unsere Beziehungen zu äußern.

Das Gespräch führte zu einer ganz neuen Kommunikationsweise zwischen Walter und mir. Als Walter sagte, wie frustriert er darüber sei, daß ich ihm »niemals« zum Mittagessen anböte, was er gerne möge, konnte ich meine impulsive Abwehrreaktion und meinen aufsteigenden Ärger unterdrücken. Ich hätte am liebsten geschrieen: »Ich bin kein Gedankenleser! Sag mir, was du willst! Gib mir einen Hinweis. Nur einen kleinen.« Statt dessen fragte ich ihn, was er zum Essen haben wolle, und wir konnten uns darüber verständigen.

Schließlich kamen wir wieder auf den Vorfall beim Einkaufen zu sprechen. Es folgte ein längeres Gespräch über Geld. Dabei begriff ich, daß Walter der Überzeugung war, mir stünden unbegrenzte finanzielle Mittel zur Verfügung. Wann hatten wir uns auch jemals die Zeit genommen, ihm unsere finanzielle Situation zu erklären? Wir waren von der Voraussetzung ausgegangen, daß ein Fünfjähriger nicht reif genug sei, solche Probleme zu verstehen. Mir wurde klar, daß ich unsere Kinder einfach unterschätzt hatte. Tatsächlich waren sie durchaus in der Lage, einen Haushaltsplan zu verstehen. Sie akzeptierten die Notwendigkeit, zu planen und über die Einkäufe nachzudenken.

Wenn wir heute einkaufen gehen, entscheiden Walter und ich uns vorher, ob es ein »Tag zum Aussuchen«, ein »Tag zum Planen« oder ein »Tag zum Kaufen« ist. Friede. Ein andermal kamen Raymond und Brent von einer Ringerveranstaltung nach Hause. Es gab jedoch ein Problem. Raymond, der bei der Marine ist, muß alle Sportereignisse in Uniform besuchen. Das führte früher zu Spannungen, weil Brents Verhalten dann doppelt wichtig für den Vater wurde. Offensichtlich hatte Raymond an diesem Abend in der Militärsporthalle Anstoß an Brents Verhalten genommen. Zu Hause angekommen, schickte er Brent in sein Zimmer. Ich hörte Raymond zu, als er seinem Unwillen Luft machte. Er wollte Brent in Zukunft nicht mehr zu solchen sportlichen Veranstaltungen mitnehmen, bis »er gelernt hat«, wie er sich benehmen müsse. Ich hatte das Einkaufsproblem mit Walter erst vor kurzem gelöst. So teilte ich Raymond mit, wie nützlich es sein kann, Grundregeln festzusetzen und die Technik der Problemlösung zu benutzen. Das waren damals völlig unbekannte Begriffe für Raymond. Aber er war bereit, es gleich zu versuchen.

Bevor Raymond und Brent nun am folgenden Wochenende zu einer Sportveranstaltung aufbrachen, ließen sie die Vereinbarungen, die sie ausgehandelt hatten, noch einmal Revue passieren. Raymond brachte noch einmal sein Bedürfnis zum Ausdruck, auf seinem Platz sitzen bleiben zu können und nicht ständig aufstehen zu müssen, um Brent von irgendwoher zurückzuholen, wo er nicht hindürfte. Sie klärten, welche Orte für Zuschauer verboten waren. Außerdem sollte Brent Raymond für den Erfrischungsstand nicht um mehr Geld als vereinbart angehen. Brent sagte, er hätte das Bedürfnis, sich dorthin zu setzen, wo er Lust hätte. Er wollte allein zum Erfrischungsstand gehen und auch herumgehen dürfen, wenn er Lust dazu hatte. Raymond wies noch einmal darauf hin, daß Brent andere Zuschauer nicht stören dürfe. Sie erörterten, wann sein Herumgehen die anderen Leute am wenigsten stören würde. Nachdem sie sich über die Grundregeln Klarheit verschafft hatten, gingen sie fort. Beim Abendessen mußten Walter und ich uns einen sehr lebhaften Bericht über die Ringerveranstaltung anhören. An diesem Abend gab es in unserer Familie keine dicke Luft. Wir alle genossen ein Familienleben, das frei von Streit und Hader war.

In erster Linie habe ich von Erlebnissen berichtet, die mich und einen der Jungen betrafen. Es ist wichtig zu ergänzen, daß sich auch in anderer Beziehung viel in unserer Familie änderte. Viele Jahre lang hatte ich fast täglich die Rolle des Schiedsrichters für Brent und Walter zu spielen. Da sie im Alter nicht weit auseinander und beide Jungen sind, hatte ich die Gewohnheit angenommen, sie in ihren Beschäftigungen nicht als zwei eigenständige und völlig verschiedene Menschen zu sehen. Einige Beispiele: Beide Jungen wurden zu Schwimmstunden geschickt, beide besuchten die gleiche Pfadfindergruppe. Zu Weihnachten erhielten sie beide einen Lastwagen, ein Paar Schlittschuhe und ein identisches Spiel. Stets dachte ich in der Zahl »Zwei«, und ich war noch stolz darauf, daß ich diese Haltung auch in ihnen geweckt hatte.

Wenn es zum Streit zwischen Brent und Walter kam, verlangte meine Schiedsrichterrolle von mir, gerecht zu sein. Mein Verfahren bestand darin, sie auseinander zu bringen, Ruhe zu verlangen, mir ihre Argumente nacheinander anzuhören, ein Urteil zu finden und den Spruch zu fällen. In manchen Situationen konnte ich aber einfach nicht entscheiden, wer unterliegen sollte (wenn ich gerecht sein wollte). Die einzige Möglichkeit, mit dem Problem fertig zu werden, bestand für mich darin, den Streitgegenstand – sagen wir einen Basketball – fortzunehmen. Das hieß also mit anderen Worten, daß stets entweder eines der Kinder oder beide unterlagen.

Eine Nebenwirkung meiner Methode, den Status quo aufrechtzuerhalten, bestand darin, daß sie um möglichst günstige Urteilssprüche rivalisierten. Ich lehrte sie, sich auf Kosten des anderen in meine Gunst – d. h. in die des Schiedsrichters – einzuschleichen. Schließlich waren sie gar nicht mehr in der Lage, einen Konflikt rational und zusammenhängend zu erörtern, weil sie wußten, daß ich jeden Augenblick eingreifen und dem Problem ein Ende setzen würde. Sie mußten sich nur mit guten Gründen aus der Affäre ziehen können. So sah der Krieg aus.

Als ich das erste Mal in dieser Dreierbeziehung die Technik des aktiven Zuhörens anzuwenden begann, war ich versucht, mir Verpflegung mitzubringen. Es war unglaublich, wieviel Zeit es kostete! Als Neuling in der ›Familienkonferenz‹ wartete ich geduldig auf das Wunder der Harmonie und des Friedens zwischen den Brüdern. Als die Kommunikation mit einer anderen Person (zwischen mir und wem auch immer) effektiver zu werden begann, ging ich natürlich davon aus, daß diese Techniken auch auf die Interaktion zwischen Brent und Walter übergreifen würden. Das geschah beileibe nicht.

Ich war versucht, daraus den Schluß zu ziehen, daß die Familienkonferenztechniken nur auf die Interaktion zwischen einem Erwachsenen und einem Kind anzuwenden seien. Dann kam das Wunder aber doch. Dieses Wunder wurde aus vielen verschiedenen Gründen möglich. Erstens eignete ich mir ihre Probleme nicht an (eine erlernte Technik). Zweitens lernte ich, wirklich auf das zu hören, was sie mir sagten (eine erlernte Technik). Drittens lernte ich, auf die Anwendung der Techniken zu vertrauen, selbst wenn die Wirkungen sich nicht so rasch einstellten, wie es mir lieb gewesen wäre.

Ich sah, daß meine individuellen Beziehungen zu Brent und Walter immer besser wurden. Das lag daran, daß ich wiederholt meine Fürsorge (und mein Vertrauen in sie) unter Beweis gestellt hatte, und daran, daß mein Toleranzniveau sehr gestiegen war. Dadurch entwickelten sich ähnliche Gefühle bei ihnen. Außerdem war mir bewußt, daß sich ein bestimmtes immer wiederkehrendes Konkurrenzverhalten bei ihnen fest ausgebildet hatte. Ich mußte einfach akzeptieren, daß diese Einstellung nicht von heute auf morgen ausgeräumt werden konnte. Aber ich war sicher, den richtigen Weg eingeschlagen zu haben. Ich glaubte daran, daß das Modell unserer individuellen Beziehungen am Ende seine Wirkung zeitigen würde. Es würde allerdings viel Geduld von meiner Seite erfordern.

Kurzum, mir wurde klar, daß der Versuch zum Scheitern verurteilt war, die Familienkonferenz-Techniken in die Beziehung zwischen den beiden einzubringen, wenn sie gerade im schönsten Streit begriffen waren. Jeder war dann viel zu sehr damit beschäftigt, in meinen Augen die Nummer eins zu sein. Schließlich war es meine Schuld, daß sie dies für ein realisierbares Ziel hielten. Sie waren nicht in der Lage, ihre Gefühle füreinander in Ich-Botschaften umzusetzen, weil sie meinten, wenn sie aufeinander herumhackten, könnten sie jeder für sich nur gewinnen. Das ging so nach dem Motto: »Wenn ich auf ihm herumhacke, bevor er auf mir herumhackt, bin ich offensichtlich der bessere.« Mir wurde wirklich schlecht, als ich das merkte. Dann hatte ich einen Einfall.

Brent und Walter sprachen eigentlich nie über ihre gegenseitigen Gefühle. Ich begann möglichst rückhaltlose Gespräche anzuregen über so unverfängliche Themen wie Lieblingsgerichte, interessante Fernsehsendungen und ähnliche Gegenstände, über die wir ungezwungen sprechen konnten. Wenn einer der Jungen die Meinung des anderen nicht gelten lassen wollte (»Wie kannst du diese Show nur mögen? Sie ist so dämlich.«), verlangte ich, auch gehört zu werden. Ich meinte dann, daß wir es doch wohl bloß mit unterschiedlichen Meinungen, nicht aber mit einer Situation zu tun hätten, in der sich entscheiden lasse, wer recht oder unrecht habe. Das konnten sie anfangs nur schwer begreifen. Immer wieder benutzte ich meine Beziehung zu Raymond als Beispiel. Ich wies darauf hin, in wie vielen Dingen wir unterschiedlicher Meinung seien. Wenn Raymond aber mit Gewalt versuchen würde sich durchzusetzen, würde ich ärgerlich, und wir würden Streit bekommen. Sie kicherten, wenn sie sich solche Szenen vorstellten.

Diese Gespräche trugen jedoch dazu bei, daß die Jungen mit der Zeit einsahen, daß es im Leben nun einmal so ist, daß man über ein und dieselbe Sache unterschiedlicher Meinung sein kann. Das ist völlig in Ordnung, solange die anderen uns nicht ihre Meinung aufzuzwingen versuchen.

Wir sprachen darüber, und das war schon etwas. Das war einige Monate, bevor das Problem endgültig gelöst wurde. Ich war gerade in der Küche mit dem Frühstück beschäftigt. Ich muß dazu sagen, daß ich morgens nicht gerade die beste Laune habe. Ich stolperte über irgendwelche Spielsachen von Walter, die hinter der Tür herumlagen. Brent kam gerade in die Küche und sagte mir, daß Walter sich oben anzöge.

»Geh hinauf und sag ihm, er soll sofort herunterkommen, oder ich schmeiß ihn und seine Spielsachen in den Mülleimer.« Brent antwortete in aller Gemütsruhe: »Du scheinst nicht gerade bester Laune zu sein.«

Ich überlegte mir noch, was ich Walter tun würde und wie schwer ich es hätte, als Brent begann, Walters Spielsachen aufzuheben. Ich verbot ihm das, und schrie ihn an, die Unordnung stamme von Walter und er werde das auch hübsch allein aufheben. Brent sah mich an und sagte nur: »Mir macht es nichts aus, meinem Bruder zu helfen. Es scheint mir, als hättest du Walter heute morgen auf dem Kieker. Ich werde ihm helfen. War es nicht das, worüber wir gesprochen haben?«

Wie besonnen diese Äußerung war! Von diesem Zeitpunkt an bemerkte ich, daß sie sich Mühe gaben – nicht immer und nicht um jeden Preis –, Rücksicht aufeinander zu nehmen.

Als Familie haben wir uns im Laufe dieses Jahres wirklich weiterentwikkelt. Die wenigen Situationen, die ich hier beschrieben habe, geben nur einen schwachen Eindruck von all den Kriegs- und Friedenszeiten wieder, die wir erlebt haben. Ich habe als Mutter daran gezweifelt, ob ich für diese Rolle überhaupt die nötigen Voraussetzungen mitbringe. Ich litt darunter, mich immer wieder mit denselben Problemen herumschlagen zu müssen und war frustriert, daß ich dabei keine merklichen Fortschritte erzielte. Darunter litt mein Selbstwertgefühl. Mein Toleranzniveau nahm ab, als Brent und Walter älter wurden.

Wenn ich zusammenfassen soll, wie sich die ›Familienkonferenz‹ auf uns ausgewirkt hat, muß ich auf einige Punkte besonders hinweisen.

Als ich versuchte, die neuerworbenen Techniken in der Familie anzuwenden, äußerte Raymond seine Sorge über das, was er dabei wahrnahm. Beispielsweise bat Walter mich, ihm seine Schuhe zuzubinden. Walter ist zwar sehr gut in der Lage, sich seine Schuhe selbst zuzubinden. Aber oft kam ich seiner Bitte gern und bereitwillig nach. Mir machte das nichts aus. Ich litt aber unter der Anklage Raymonds, ich sei zu nachgiebig. Das war ich zwar nicht, aber er zog diesen Schluß.

Nach einer gewissen Zeit merkte Raymond, daß Walters Toleranzniveau mir gegenüber in dem Maße zunahm, in dem meines gegenüber dem Jungen zunahm. Walter begann, auf viele meiner Bedürnisse positiv zu reagieren. Er begann damit, seinen Mantel aufzuhängen, seine Brotschachtel fortzuräumen und mir seine Hilfe in der Küche anzubieten. Gleichzeitig bemerkte Raymond, daß auch wir selbst einen anderen Ton anschlugen, wenn wir Meinungsverschiedenheiten hatten. Das war ein Ergebnis der Techniken, die ich anwendete. So las er Gordons Buch. Nachdem er mich mit Fragen wie: »Das mag in Ordnung sein, was ist aber, wenn . . .« überschüttet hatte, kam er zu dem Schluß, daß es wohl das beste sein würde, wenn er selbst an einem Kurs teilnähme. Das tat er. Nun verwenden in unserer Familie Vater und Mutter die gleichen Kommunikationstechniken.

Das Klima in unserer Familie wurde zusehends besser. In dem Maße, in dem ich lernte, mich selbst mehr zu akzeptieren, begannen sich auch mein Mann und unsere beiden Jungen zu entwickeln. Über viele Jahre hatten Raymond und ich angenommen, wir hätten als Eltern das Recht, Respekt von unseren Kindern zu verlangen. Ihr Vertrauen würde sich schon ganz von allein einstellen. Die Vorstellung, daß wir uns den Respekt und das Vertrauen anderer, also auch unserer Kinder, zuerst einmal verdienen und uns ihrer würdig erweisen müßten, war neu für uns.

Angesichts dieses ganz neuen Konzepts wurden wir uns darüber klar, daß wir die beiden Schlüsselwörter »Einstellung« und »Disziplin« ganz neu definieren mußten. Als verantwortliche und liebevolle Eltern waren und sind wir sehr daran interessiert, daß unsere Jungen Disziplin zeigen. Wir haben aber erkannt, daß die Art und Weise, in der wir ihnen

Gehorsam beibringen wollten, ein Klima schuf, das von Furcht, Spannung, Mißtrauen und Groll geprägt war. Brent und Walter sind beide sehr eigenwillig aktiv. So wurde es immer schwerer, sie zu kontrollieren. Uns selber nicht bewußt, gingen wir fraglos davon aus, daß unsere Kinder sich verantwortungsbewußt verhalten würden. Wir verlangten von ihnen Respekt als Gegenleistung dafür, daß wir sie in die Welt gesetzt hatten. Jetzt haben wir begriffen, daß die neu erworbene Autorität sich für alle Betroffenen viel günstiger auswirkt und daß es letztlich müßig ist, versuchen zu wollen, das Verhalten anderer durch Zwang zu kontrollieren.

Was ist nun tatsächlich vor sich gegangen? Unser Verhalten hat sich verändert, weil unsere Einstellungen sich verändert haben. Über die Techniken haben wir gelernt, einander zu vertrauen. Ehrlich versuchen wir einander mitzuteilen, wie unsere Gefühle wirklich aussehen, statt uns gegenseitig etwas vorzumachen. Gehen wir als Eltern ein Risiko ein? Ja, aber das tun Brent und Walter auch. Die Gefahr liegt darin, daß wir uns durch unsere Ehrlichkeit zu weit exponieren. Wir können ebensogut abgelehnt wie akzeptiert werden. Wir setzen jedoch darauf, daß wir akzeptiert werden. Wir riskieren enge menschliche Bindungen und damit all den Schmerz und all die Freude, die sie mit sich bringen können. Wir haben gelernt, daß dieses Risiko Vertrauen einbringen kann und es auch tut, und das gilt für jede Beziehung.

Eine Familie verändert sich

Der Beginn meiner Geschichte liegt vier Jahre zurück. Es war einige Wochen vor Allerheiligen an einem kalten feuchten Abend, der schon einen Vorgeschmack des Winters vermittelte. Ich war bei einem Treffen der Pfadfindermütter gewesen, und als ich nach Hause kam, fand ich meinen Mann, zwei unserer älteren Söhne, Steve und Mike, und unsere 14jährige Tochter Lisa am Küchentisch versammelt. Die Spannung war so deutlich, daß man sie fast greifen konnte.

Die Jungen machten sich große Sorgen über Lisa, die – wie wir jetzt erfuhren – Rauschgift nahm, Marihuana, Aufputschmittel und in erster Linie LSD. Auch ihre Freundinnen taten das. Uns war elend zumute, doch bestätigte sich damit nur der wachsende Argwohn, den wir seit etwas mehr als einem Jahr hegten. Lisa war ein attraktives Mädchen mit langem glänzend braunem Haar und dunkelbraunen Augen. Sie war eine gute Schülerin, spielte mehrere Musikinstrumente und schien bei ihren Freunden immer gut angesehen zu sein. Sie war Schulsprecherin in der Grundschule gewesen. Wenn ein Mädchen mit so vielen Gaben in der Schule Schwierigkeiten bekommt und bei dem leisesten Anflug von Kritik zu Hause in Wut gerät, ist irgend etwas ganz und gar nicht in Ordnung. Wir sagten ihr, wie bekümmert wir seien, und Jim, mein Mann, bestand darauf, daß sie jeden Umgang mit ihren derzeitigen Freunden aufgäbe. Vor Wut kochend erklärte sie, daß sie sich von uns nicht vorschreiben ließe, welche Freunde sie sich zu wählen habe. Daraufhin verließ sie das Haus und verschwand.

Am folgenden Tag versuchten wir sie zu finden. Doch ohne Erfolg. Wir hatten angenommen, daß sie wahrscheinlich bei irgendeinem Freund sei. Als wir aber überall vergeblich angerufen hatten, wuchs unsere Angst. Wir wußten einfach nicht, wo sie war und wie es ihr ging. Am zweiten Abend rief sie uns an und bat um die Erlaubnis, in einem Heim für Ausreißer in der Innenstadt zu wohnen. Wir verweigerten unsere Zustimmung und forderten sie auf, nach Hause zu kommen. Sie hing ein und war abermals verschwunden.

Einige Tage später rief uns einer ihrer Lehrer an, bei dem sie sich gemeldet hatte. Er schien der einzige zu sein, dem sie Vertrauen entgegenbrachte. Er hatte veranlaßt, daß sie in einem privaten Heim aufgenommen wurde. Sie wäre auch bereit, an einer Familienberatung teilzunehmen, wenn wir mitmachten. Wir waren damit einverstanden und während der nächsten zwei Wochen kamen wir mehrere Male bei einem Psychologen zusammen.

Schließlich hatten Jim und ich das Gefühl, daß nur wir Zugeständnisse machten. Wir nahmen es Lisa übel, daß sie sich noch immer weigerte, nach Hause zu kommen. Außerdem machten uns die Kosten der Beratung sehr zu schaffen. Sie zog also wieder zu uns und ein sehr gespannter Burgfriede wurde geschlossen. Wir hatten wenig Anlaß, ihr zu trauen. Eines Morgens sah ich, daß sie nicht die Richtung zur Schule einschlug. Ich holte den Wagen heraus und fuhr sie hin. Wie sich später herausstellte, hatte sie sie sofort wieder durch einen anderen Ausgang verlassen und den Tag bei einem Freund zu Hause verbracht. Nicht lange danach brachte ein Berater sie aus der Schule nach Hause. Sie litt an einer Überdosis von Aufputschmitteln. Es folgten einige Tage ohne Zwischenfälle.

Dies allein hätte genügt, uns vor Sorge krank zu machen. Zu allem Überfluß hatte aber auch noch unser 16jähriger Sohn Bill Schwierigkeiten. Er war den größten Teil der Zeit krank. Wahrscheinlich nahm er

Rauschgift und aß nichts Rechtes. Schließlich wurde er ins Krankenhaus eingeliefert. Es bestand Verdacht auf ein Magengeschwür. Die Tests waren allerdings negativ ausgefallen.

Als er wieder zur Schule ging, wurden seine Leistungen immer schlechter. Häufig schwänzte er den Unterricht oder schlief ein. Schließlich wurde er beim Rauchen erwischt und für zwei Wochen vom Unterricht ausgeschlossen. Er verhielt sich völlig unberechenbar und verschwand manchmal für ein oder zwei Tage. Dann erzählte er uns irgendwelche Märchen, wenn wir ihn fragten, wo er gewesen sei.

Bill war als kleines Kind sehr schüchtern und empfindsam gewesen. Er hatte vor vielem Angst. Ich hatte mir Sorgen gemacht, ob er fähig sein würde, mit der Schule fertig zu werden. Wenn der Druck nicht zu groß war, schienen seine Leistungen aber recht gut zu sein. Er hatte sich zu einem großen, gutaussehendem jungen Mann entwickelt. Er liebte die Musik, aber er unterzog sich nicht gerne der Mühe von Übungsstunden. So war er auch in keiner Band. Er hätte niemandem absichtlich wehgetan, aber er war auf dem besten Wege, sich selbst zu zerstören. Meine Enttäuschung und meine Hilflosigkeit krampften mir den Magen zusammen und gingen mir dauernd im Kopf herum. Meine Niedergeschlagenheit war so groß, daß ich mit niemandem sprechen und mir von niemandem helfen lassen mochte. Unser Hausarzt schlug uns die Teilnahme am Familienkonferenz-Kurs vor. Ich glaubte aber nicht, daß mir ein Kurs aus meinen Schwierigkeiten helfen könne. So verbrachten wir das Weihnachtsfest mehr schlecht als recht, bis dann in der Woche nach Silvester der Alptraum seine Fortsetzung fand. Bill nahm eine Überdosis LSD. Seine Halluzinationen hörten nicht auf, und schließlich bat er mich um Hilfe.

Jim war nicht in der Stadt; so fuhren Mike und ich ihn ins Krankenhaus, wo er in die geschlossene Abteilung der psychiatrischen Station eingeliefert wurde. Ich werde niemals das Geräusch vergessen, mit dem die schwere Metalltür hinter uns ins Schloß fiel.

In den nächsten zwei Wochen begann er das Krankenhaus als Ausweg anzusehen. Aller Druck war von ihm abgefallen, man sorgte für ihn, er hatte ein Zimmer für sich, sein eigenes Radio und bekam zu essen, wann er es wünschte. Der Arzt teilte uns aber mit, daß er zu überhaupt keiner Kooperation bereit sei. Er empfahl uns, ihn für schwererziehbar zu erklären und Fürsorgeerziehung für ihn zu beantragen. Wir sahen darin keine Lösung und fürchteten, das Problem dadurch nur zu verschlimmern. Am Ende der zweiten Woche brachten wir ihn nach Hause.

Alles war bereit für den Schlußakt. Jim war wieder zur Arbeit gegangen, nachdem er uns vom Krankenhaus abgeholt hatte. Bill und ich waren in der Küche, aßen eine Suppe, und ich sagte ihm, daß ich nach dem Essen mit ihm zur Schule fahren würde, um festzustellen, wie seine Leistungen seien, und was er tun müsse, um aufzuholen. Damit war er absolut nicht einverstanden. Er widersprach mir, wurde feindselig und sagte, er würde fortgehen. In dem Augenblick, als er das sagte, erschien Lisa und sagte, sie würde mit ihm gehen. Sie hatte die Schule geschwänzt und hatte schlechte Laune, weil wir ihr am Abend zuvor gesagt hatten, daß sie erst im nächsten Sommer ihren Führerschein machen dürfte. Die beiden packten einen Seesack, wobei sie sorgfältig darauf achteten, nur Dinge zu nehmen, von denen sie sicher waren, daß sie wirklich ihnen gehörten. Bevor sie gingen, sagte ich: »Seid ihr sicher, daß ihr wißt, was ihr da macht?« Lisa erwiderte: »Ich weiß, daß wir vielleicht einen Fehler machen, wir müssen das aber selbst herausfinden.« Und damit stapften sie durch das Eis und den Schnee des Parks, der hinter unserem Hause liegt. Es müssen an diesem Tage zehn Grad unter Null gewesen sein und in meinem Innern war es fast genauso kalt und eisig, solche Angst hatte ich um sie.

Dieses Mal gab es keine Anrufe, gar nichts. Selbst ihre Freunde hatten Angst. Wir waren ohne Lebenszeichen von den beiden, seit sie das Haus verlassen hatten. Ich hatte lediglich festgestellt, daß sie Bills Ersparnisse von der Bank abgehoben hatten. Die Tage vergingen. Endlich am zehnten Tag erhielten wir einen Brief, in dem Lisa uns mitteilte, daß sie in Kalifornien auf einer Farm lebten. Sie baten uns, ihnen Bills Führerschein und ihre Sozialversicherungskarten zu schicken. Das taten wir. Einige Wochen später – wir begannen uns gerade, an die Situation zu gewöhnen – wurde Südkalifornien von einem Erdbeben heimgesucht. Es handelte sich ausgerechnet um das Gebiet, in dem sie lebten. Sie hatten kein Telefon. Wir waren außer uns vor Angst! An diesem Nachmittag bekam ich einen Anruf von einer örtlichen Polizeistelle. Der Beamte fragte, ob wir einen Sohn Bill im Alter von 16 und eine Tochter Lisa im Alter von 14 hätten, die sich in Kalifornien aufhielten. Mein Magen drehte sich in panischem Schrecken um! Der Schrecken machte aber rasch Erleichterung Platz, als der Beamte mir mitteilte, daß sie unversehrt seien und sich in der Nähe ihres letzten Wohnortes in Haft befänden. In der Nacht zuvor war Bill von der Polizei aufgegriffen worden, als er sich auf dem Parkplatz des Sheriffs herumtrieb. Er hatte die Polizei auf die Farm geschickt, auf der Lisa sich noch befand. Offensichtlich wuchs ihm die Situation über den Kopf. Ihr Geld und die meisten Dinge aus ihrem Besitz waren konfisziert worden. Sie aßen nur noch sehr unregelmäßig. Das Haus war schmutzig und reparaturbedürftig. Es gab keine sanitären Einrichtungen. Die Haft mußte ihnen wie eine Erlösung vorkommen. Sie wurden aber getrennt untergebracht und keiner von ihnen wußte vom anderen, wo er sich während des Erdbebens befand. Die Haftanstalt war vom Erdbeben in Mitleidenschaft gezogen worden, doch Bill und Lisa blieben unverletzt. Später wurden sie nach Los Angeles überführt.

Mein Mann setzte sich sofort in den Wagen und fuhr die dreitausend Kilometer nach Los Angeles fast ohne Aufenthalt. Bill und Lisa waren sehr erleichtert, ihn zu sehen. Ihnen war wohl klar geworden, wie sehr ihm an ihnen gelegen sein mußte, wenn er alles stehen- und liegengelassen hatte und sich sofort auf den Weg gemacht hatte. Die Heimreise war überraschend friedlich, die Unterhaltung gelöst und verhältnismäßig normal. Zu Hause waren die beiden etwas kleinlaut und schienen eher bereit zu sein, sich unserer Lebensweise anzupassen.

Bill war in der Schule so weit zurückgeblieben, daß er sie ganz aufgab und eine Stellung als Gepäckträger annahm. Ich war glücklich, daß er etwas Konstruktives tat. Ich fragte mich allerdings, wie lange er seine Stellung behalten würde, weil er häufig zu spät kam oder gar nicht hinging. Wir überließen ihm den Wagen nicht sehr oft, weil wir wußten, daß er trank. Aber er fuhr auch mit Freunden, die genauso verantwortungslos waren. Das war eine ständige Sorge für uns.

Lisa ging wieder zurück in die Schule und holte rasch auf, was sie versäumt hatte. Aber sie war ruhelos und fühlte sich nicht wohl in ihrer Haut. Sehr häufig schwänzte sie die Schule und war in ihrer Arbeit sehr saumselig. Voller Sorge fragten wir uns, was sie und ihre Freunde während all der Stunden machten, die sie nicht in der Schule waren. Bei der kleinsten Frage fuhr sie sofort aus der Haut. Wir hatten Angst, durch unsere Fragen alles nur noch schlimmer zu machen. In gewisser Hinsicht ließen wir uns von ihr erpressen. Sie erreichte es, daß wir uns ganz aus ihren Angelegenheiten heraushielten. Die Spannungen wuchsen wieder.

Irgendwie kamen wir über den Frühling, aber wir waren uns darüber klar, daß wir Hilfe brauchten. Unser Hausarzt drängte uns immer wieder, an einem Familienkonferenz-Kurs teilzunehmen, was wir dann im Mai auch taten.

Mein Aufstieg aus den Tiefen der Verzweiflung begann. Mit jeder neuen Woche stieß ich auf neue Erkenntnisse und Einsichten. Es war, als käme ich langsam aus dem dunklen Inneren einer Muschel hervor in eine schöne, von Sonnenlicht erfüllte Welt voller Farbe und Musik.

Welche der Dinge, die ich lernte, führten nun eigentlich zu einer solchen Wandlung? Die erste überraschende Entdeckung war die Tatsache, daß ich die Probleme meiner Kinder nicht »in Besitz zu nehmen« brauchte. Es war nicht meine Aufgabe für die Probleme aller meiner geliebten Kinder Lösungen zu finden. Zweitens lernte ich, mir meine Eigenständigkeit gegenüber meinem Mann und den Kindern zu sichern. Bislang hatte ich mich aufgeregt, wenn irgend jemand von ihnen sich aufregte, und in einer so großen Familie kommt es selten vor, daß sich nicht irgend jemand aufregt. Bei mir heißt aufgeregt sein, daß mein Inneres kalt und klamm wird, daß ich Magenkrämpfe und Durchfall bekomme und daß ich mich am liebsten überhaupt nicht mehr bewege. Die Zubereitung des Essens, überhaupt alles wurde aus Sorge um die Kinder zu einer übermenschlichen Willensanstrengung. Nichts schien mir der Mühe wert zu sein. Ich begriff, daß zu meinem eigenen Wohlgefühl notwendig war, daß jedermann in der Familie glücklich und produktiv war. Ich vermute, daß ich mit dieser Erkenntnis den ersten Schritt zu meiner Selbstbefreiung machte. Ich begriff, daß ich mich selbst bejahen mußte, wenn ich anderen helfen wollte, die sich nicht bejahten.

Das geschah nicht von heute auf morgen. Oben habe ich beschrieben, in welcher Situation Bill und Lisa sich befanden, als wir mit der Familienkonferenz begannen. Ich nehme an, sie argwöhnten anfangs, daß wir irgendein neues Verfahren lernten, um sie zu kontrollieren. Als wir ihnen dann aber erzählten, was wir lernten, begannen sie die Familienkonferenz langsam als einen Weg anzusehen, der alle unsere Familienbeziehungen verbessern und all jene Spannungen vermindern könne, die sie ebenso wie uns gestört hatten.

Wir begannen damit, daß wir über unsere Gefühle sprachen. Auf der Kühlschranktür brachte ich eine Liste mit Worten an, die solche Gefühle bezeichneten. Eine zweite Liste befand sich in meinem Notizbuch. Wenn irgend jemand begann, über ein Problem zu sprechen oder in irgendeiner Weise sonst aufgebracht zu sein schien, nahm ich rasch bezug auf die Liste und sagte: »Du grollst«, »Du bist enttäuscht!«, »Du bist wütend!« oder wählte irgendein anderes passendes Wort. Gewöhnlich handelte ich mir damit Gelächter und Neckereien ein. Dies ist zwar nicht das übliche Ziel des aktiven Zuhörens, aber zumindest war die Spannung entschärft. Allen war wohler zumute und alle hatten das Gefühl, wir seien auf dem richtigen Wege. Schließlich gelang es mir, das aktive Zuhören etwas geschickter zu verwenden. Sobald die Kinder erst einmal gemerkt hatten, wie angenehm es ist, wenn irgend jemand einem wirklich zuhört, achteten sie nicht mehr so sehr auf die Methode selbst. Das aktive Zuhören erwies sich als die wertvollste Technik, die ich gelernt habe.

Als Bill mir vor der Familienkonferenz mitteilte, daß er vom Unterricht ausgeschlossen sei, habe ich ihn umarmt und geweint. Er tat mir leid, aber auch ich tat mir leid, als müsse ich mir irgendwelche Vorwürfe machen. Viel hilfreicher wäre es gewesen, wenn ich ihn hätte wissen lassen, daß es sich um sein Problem handle und daß ich ihm zutraue, es selbst zu lösen. Ich hätte ihm aktiv zuhören und ihm zu verstehen geben sollen, daß ich ihm in jeder mir möglichen Weise helfen würde, wenn er es wünsche. Am Abend, nachdem ich die Bekanntschaft des aktiven Zuhörens gemacht hatte, kam er in die Küche. Er kochte vor Wut, weil sein Vater ihm meinen Wagen nicht gegeben hatte. Das letzte Mal war er zu spät zurückgekommen. »Am liebsten hätte ich den Wagen genommen und ihn gegen den nächsten Baum gefahren!« platzte er heraus.

Früher hätte ich im stillen gedacht: »Du wirst lange warten können, bevor du das nächste Mal meinen Wagen bekommst!« Statt dessen sagte ich jetzt: »Du bist wirklich wütend!« Und er begann seinem Herzen Luft zu machen. Ich fuhr mit dem aktiven Zuhören fort. Nach einer halben Stunde sprach er ruhig und kaute auf einem Sandwich. Die Feindseligkeit hatte sich vollständig gelegt.

Bei Lisa machte mir das aktive Zuhören zu Anfang große Angst. Es gab viele Dinge, von denen sie uns in jenen unruhigen Tagen nicht erzählen mochte. Schließlich war sie verzweifelt genug, um damit herauszurükken. Damals konnten wir dann aber schon mit ihnen fertig werden.

Auch unsere anderen Kinder waren sehr erfreut von dem Wandel, der um sich griff. So viel Spannung ist in einer Familie nicht möglich, ohne daß nicht jedes Mitglied in irgendeiner Weise von ihr in Mitleidenschaft gezogen wird. Die älteren Kinder hatten so viel mit dem Studium und Teilzeitbeschäftigungen zu tun, daß sie außer zum Essen und Schlafen kaum zu Hause waren. Ich machte mir großen Kummer um die jüngeren: Lannie, Rob und Carol. Sie waren unsicher und hatten mit Problemen zu tun. So gab ich mir ihnen gegenüber ganz besondere Mühe mit dem aktiven Zuhören. Ich wollte ihre Gefühle und Bedürfnisse kennenlernen.

Unsere 6jährige Tochter Carol war erst zwei, als ich das erste Mal ihr gegenüber vom aktiven Zuhören Gebrauch machte. Mein Mann war mit den beiden älteren Töchtern fortgefahren. Sie begann zu weinen. Ich wollte ihr schon das Fernsehen oder irgend etwas dergleichen vorschlagen, als ich mich des aktiven Zuhörens erinnerte. So sagte ich: »Du bist aufgebracht, weil Daddy fortgefahren ist.« Sie hörte zu weinen auf und sah mich so liebevoll an, daß mich die Rührung übermannte. Sie hatte erkannt, daß ich wußte, wie ihr zumute war und wie sehr sie sich wünschte, mich über ihre Gefühle in Kenntnis zu setzen. So nach und nach ist sie sich ihrer Gefühle und der Gefühle anderer zunehmend bewußt geworden und sagt heute ihren Freunden und Lehrern, wenn irgendetwas sie unbehaglich, schüchtern oder verlegen macht. Manchmal sagt sie auch zu mir: »Du bist aufgebracht«, oder »Du bist ärgerlich«.

Meine Bemühungen, aktiv zuzuhören, haben auch ganz unerwarteten Nutzen gehabt. Beispielsweise hat Steve, unser ältester Sohn, niemals irgendwelche ernsthaften Probleme gehabt. Er hat aber auch nie viel mit uns gesprochen. Eines Tages kam er nach Hause und sah sehr selbstzufrieden aus. Ich sagte: »Du scheinst außerordentlich glücklich zu sein.« Zu meiner Überraschung ließ er sich in einen Stuhl fallen und verbrachte die nächste halbe Stunde damit, mir zu erzählen, wie gut die Dinge in seinem Beruf liefen. Seit Jahren hatte er nicht mehr so viel erzählt.

Auch Mike hat Bedürfnisse, von denen ich mir nie hätte träumen lassen. Er ist ein ausgezeichneter Schüler. Sein Interesse gilt vor allem einer Band und der Schülerselbstverwaltung. Er ist immer sehr selbständig gewesen, so daß ich mir nie irgendwelche Sorgen um ihn gemacht habe. Aber mir ist doch klar geworden, daß er sehr viel um die Ohren hat und es deshalb durchaus zu schätzen weiß, wenn er seinem Herzen von Zeit zu Zeit Luft machen kann.

Lannie ging in die sechste Klasse und hatte mit den Problemen zu tun, die Mädchen in ihrem Alter nun einmal zu schaffen machen. Für manche Dinge war sie zu alt, für andere nicht alt genug. Sie war weder besonders glücklich noch unglücklich. Ihr gegenüber habe ich vom aktiven Zuhören wohl mehr Gebrauch gemacht, als irgendeinem anderen Familienmitglied gegenüber. Und es funktionierte. Die Probleme, über die sie sich aufregte, blieben ihre Probleme. Das aktive Zuhören tastete diesen Besitz nicht an und ließ ihr die Freiheit, selbst Lösungen zu finden, mit denen sie dann auch wirklich zufrieden war. Natürlich machte sie Fehler, aber sie lernte aus ihnen. Beispielsweise war sie Leiterin der Schulaufsicht. Sie mochte es aber nicht, die anderen Mitglieder der Aufsicht darauf hinzuweisen, wenn diese ihre Aufgabe vernachlässigten. Durch dieses Widerstreben bekam sie Schwierigkeiten mit dem Schulleiter. Da ich ihr den Besitz des Problems überließ, war sie in der Lage, es selbst zu lösen. Ich hörte ihr nur zu, als sie es laut durchdachte.

Am schwersten fiel es mir, das Senden von »Ich-Botschaften« zu erlernen. Es hat mir immer widerstrebt, mich über die ärgerlichen kleinen Dingen zu beklagen, die die Kinder anstellten. Ich mag nicht gerne meckern. So sammelten sich die kleinen Dinge an. Schließlich platzte mir dann aus irgendeinem relativ unbedeutenden Anlaß der Kragen, einfach weil das Maß voll war. Es genügte dann, wenn mich irgend jemand während des Abendessens schief ansah, um mich aus der Haut fahren zu lassen. Jetzt benutze ich »Ich-Botschaften«, um zu verhindern, daß diese geringfügigen Anlässe sich anhäufen und mich schließlich platzen lassen.

Auch mein Mann hatte Schwierigkeiten mit den »Ich-Botschaften«. Ihn frustrierte die Vorstellung entsetzlich, daß man Kindern zwar sagen kann, wie man empfindet – daß man sie dann aber entscheiden lassen muß, was *sie* zu tun gedenken. Nur schwer konnte er die Tatsache akzeptieren, daß er keine Möglichkeit hatte, sie zu dem zu zwingen, wofür er sich entschieden hatte. Es sei denn, er wäre bereit gewesen, sie überall hin zu begleiten und ständig zu bevormunden. Er versuchte aber alle Kommunikationssperren zu vermeiden, und erntete allmählich den Lohn für seine Mühe. In einer Problemlösungssitzung hatten wir festgelegt, wann unsere Kinder abends zu Hause sein sollten. Allmählich zeigten sie sich geneigt, sich an sie zu halten. Wir beschränkten uns selbst darauf, ihnen mitzuteilen, welche Ängste und Sorgen wir hegten, wenn sie abends so spät nach Hause kamen. Vor allem befürchteten wir, daß sie einen Unfall haben könnten. Außerdem bestand die Möglichkeit, daß sie von der Polizei wegen Übertretung der Sperrstunde aufgegriffen wurden. Wir sagten ihnen auch, welche rechtlichen Konsequenzen das für uns gehabt hätte. In der Sprache der ›Familienkonferenz‹ heißt das, daß wir sie über die greifbaren Effekte informierten, die ihr Verhalten auf uns haben würde.

Auch die Problemlösung nach Methode III wurde Teil unserer Verfahrensweise. Lisa haßte es, aufzuräumen. Gerne aber kochte sie und es machte ihr auch nichts aus, Sharon zu baden. Deshalb verteilten wir die Aufgaben untereinander. Meistens machen wir von der Methode III Gebrauch, um kleine Probleme zu lösen. So entscheiden wir zum Beispiel, ob Rob oder Lannie oder Carol das Fernsehprogramm wählen dürfen. Oder es geht um die Frage, wie wir Lannie zur Arbeit und Rob zum Footballtraining bringen können, obwohl sie dazu zur gleichen Zeit in entgegengesetzte Richtungen gefahren werden müssen. Aber wir haben diese Methode auch benützt, um einen unerwarteten Urlaub zu planen. Wir hatten noch überhaupt keine Pläne für den Sommer gemacht, weil wir alle viel zu beschäftigt gewesen waren. Eines schönen Tages im Juli meinten wir dann, daß wir eine Veränderung brauchten. So versammelten Jim und ich die ganze Familie. Zuerst sagten wir, wir erwarteten ihre Vorschläge. Jeder sollte sagen, wohin wir fahren und was wir tun könnten. Niemand hatte zu Beginn des Gespräches irgendeine Entscheidung parat, weil es eben ein plötzlicher Einfall war. Das endete damit, daß wir eine wirklich unvergeßliche Woche in einem herrlichen Gebiet des nördlichen Minesota verbrachten. Wir wohnten in einem Ferienhaus; Bill, Mike Lisa und Lannie machten einen dreitätigen Bootsausflug. Sie setzten von See zu See über und kampierten nachts in der Wildnis. Es war eine sehr schöne Gelegenheit für sie alle, sich wieder enger aneinander zu schließen.

Ich habe nur von einem kurzen Kapitel aus unserem Familienleben berichtet. Aber es war ein Zeitraum dramatischer Veränderungen. Und Tag für Tag verändern wir uns weiter.

Bill hat sich in diesen vier Jahren erheblich entwickelt. Er entschloß sich, wieder in die Schule zu gehen und hat inzwischen sein Abitur gemacht. Er hat seine Rauschgiftabhängigkeit überwunden, bekleidet einen verantwortlichen Posten und ist mit einem Mädchen verlobt, auf das wir stolz sind. Häufig kommt er uns besuchen und unsere Beziehung ist liebevoll und herzlich. Aber was viel wichtiger ist, er weiß sich zu helfen, wenn er Probleme hat.

Auch Lisa hat sich verändert. Ich habe sie jetzt gern in meiner Nähe. Wir verstehen uns wieder sehr gut. Vorbei sind die Spannungen und die unübersteigbaren Hindernisse, die in der Vergangenheit zwischen uns zu bestehen schienen. Sie arbeitet in einer staatlichen Anstalt für Behinderte und hat die Absicht, Krankenschwester zu werden. Auch sie kommt häufig nach Hause und zeigt uns auf viele Arten, wie sehr sie uns liebt.

Der folgende Vorfall kann vielleicht zeigen, wie sehr die ›Familienkonferenz‹ mittlerweile zu unserem Alltag gehört. Vor einigen Tagen mußte Bill eine Verabredung mit Carol absagen. Er hatte ihr versprochen, zum Bowling mit ihr zu gehen. Sie begann zu weinen. Da sagte ich: »Du bist enttäuscht.«

»Ja«, antwortete sie, »niemand hat Lust, irgend etwas mit mir zu unternehmen.«

»Du hast das Gefühl, außen vor zu bleiben«, erwiderte ich.

»Vielleicht nimmt Papa mich mit«, sagte sie.

»Na«, antworte ich, »Papa ist die ganze Woche unterwegs gewesen und gestern abend erst sehr spät nach Hause gekommen. Wahrscheinlich hat er keine Lust, heute auszugehen.«

(Verstärktes Schluchzen.) »Das ist nicht gerecht! Du verbringst viel mehr Zeit mit Papa als ich, weil ich früh zu Bett muß.«

»Du würdest gern mehr mit Papa unternehmen«, antwortete ich.

»Ja. Es macht mir Spaß, etwas mit Papa zu unternehmen. Er fehlt mir, wenn er fort ist.«

»Ich glaube, es würde Papa sehr freuen, wenn du ihm das sagen würdest«, sagte ich.

Sie war jetzt schon etwas getröstet und schluckte einen Schluchzer hinunter. Dann sagte sie: »Es ist schön, seinem Herzen Luft zu machen.«

Es ist so viel Freude und Verständnis in unserer Beziehung. Ich bin sehr gern mit Carol zusammen. Niemals habe ich Angst, sie würde mich nicht verstehen. Wie anders wären die Dinge wohl gelaufen, wenn ich die Techniken und die psychologischen Erkenntnisse der ›Familienkonferenz‹ schon gekannt hätte, bevor unsere Kinder größer wurden. Wir wären nicht von allen Problemen verschont geblieben. Sie scheinen zum Leben des Menschen dazuzugehören. Vielleicht aber hätten wir alle weniger unter ihnen gelitten.

Anhang

Dieses Buch stützt sich im wesentlichen auf die Berichte von Eltern, die den 24stündigen in acht Sitzungen stattfindenden Familienkonferenzkurs absolviert haben.
In diesem Abschnitt möchte ich die Methoden beschreiben, die wir benutzten, um die Berichte zu sammeln. Ich werde darlegen, wie die Daten kodiert und analysiert wurden und werde die wichtigsten Informationen über die Eltern anfügen, die ihre Meinungen, Gefühle und Erfahrungen in den Interviews mitteilten.

Methoden

Interviews

92 Personen wurden in 67 Tiefeninterviews befragt. Jedes hatte eine Dauer von ein bis zwei Stunden. Alle Interviews wurden von Judy Gordon Sands durchgeführt. Alle Interviews wurden auf Tonband aufgenommen und später zu Papier gebracht.
Den Eltern wurde Anonymität zugesichert. Sie haben alle ihre Erlaubnis dazu gegeben, die Interviewdaten im Buch zu verwenden. Meist wurden die Interviews bei den Eltern zu Hause durchgeführt. Die Stichprobe der Interviewten umfaßte:
24 Ehepaare: beide Elternteile waren Familienkonferenzabsolventen.
42 Mütter: die Ehemänner von 20 hatten an der Familienkonferenz teilgenommen. Die Ehemänner von 16 hatten nicht an der Familienkonferenz teilgenommen. 6 waren alleinstehend.
2 Väter: Die Frauen beider hatten an der Familienkonferenz teilgenommen.
Einige Eltern wurden für die Interviews durch ein Zufallsverfahren ausgewählt, dem die Teilnehmerlisten der Kurse zugrundelagen. Einige

(36 insgesamt) wurden von Kursleitern benannt, die nach ihrer Auffassung bereit und fähig sind, uns besondere Beispiele und Erfahrungen zu liefern. Wir nahmen die Verbindung zu den Interviewten per Telefon auf. Alle Interviewten erhielten darüber hinaus ein Schreiben, in dem der Zweck des Projektes und die vorgesehenen Fragen erklärt wurden.

Einige Eltern waren an einem Interview nicht interessiert. Sie nannten verschiedene Gründe dafür: Manche meinten, sie wendeten die Familienkonferenz-Techniken falsch an, andere hatten keine Lust, »in einem Buch zu erscheinen«, manche fühlten sich als Familienkonferenz-Eltern unzulänglich, manche meinten, sie hätten keine passenden Beispiele zu liefern, andere waren zu beschäftigt, wieder anderen paßte der Zeitpunkt nicht.

Die Interviewerin benutzte zwar keinen standardisierten Fragebogen, aber sie folgte doch einem Leitfaden, so daß von den Eltern Daten zu erwarten waren, die in die folgenden Kategorien gehörten:

1. Warum nahm der betreffende Elternteil am Kurs teil? Wie sah es in der Familie vor dem Kursbesuch aus? Was erhoffte sich der betreffende Elternteil von der Teilnahme?
2. Welche Erfahrungen machten die Eltern mit den Familienkonferenz-Techniken, während sie am Kurs teilnahmen? Was funktonierte, was nicht?
3. Welche Erfahrungen machten die Eltern mit den Familienkonferenz-Techniken, nachdem der Kurs beendet war?
4. Die Beschreibung entscheidender Vorfälle, in denen die Eltern das Gefühl hatten, mit großem Erfolg agiert zu haben, und entscheidende Vorfälle, in denen sie das Gefühl hatten, Mißerfolg gehabt zu haben.
5. Welche Dinge aus der ›Familienkonferenz‹ waren für den Elternteil am nützlichsten? Welche haben ihn am meisten enttäuscht?
6. Wie sieht das Familienleben heute aus?
7. Wo haben sich die größten Veränderungen innerhalb der Familie ergeben?

Die 92 interviewten Eltern hatten insgesamt 217 Kinder im Alter zwischen 1 und 32 Jahren. Im Durchschnitt lag das Alter bei 11,4 Jahren. 31 lebten nicht mehr zu Hause. Die Eltern variierten im Alter zwischen 25 und 64 Jahren. Der Altersdurchschnitt lag bei ungefähr 36 Jahren.

Hinsichtlich der Ausbildung zeigten die Eltern folgende Verteilung:

	Mütter	Väter
High school	7	3
Collegebesuch ohne Abschluß	20	10
Collegeabschluß	22	19
Hochschulbildung ohne Abschluß	8	5
Magistergrad	6	10
Promotion	2	14

Die Stichprobe enthielt Eltern, die am Familienkonferenzkurs zehn Jahre vor dem Interview teilgenommen hatten, und solche, bei denen der Kurs erst einige Monate zurücklag. Im Durchschnitt lag der Kurs zwei Jahre zurück.

Von den sechs alleinstehenden Frauen lebten vier getrennt oder geschieden. Eine war verwitwet. Die Stichprobe der verheirateten Eltern umfaßte 12, die zum zweitenmal verheiratet waren, und einen, der in der dritten Ehe lebte. Nur 30 der Eltern hatten keinen Beruf (Hausfrauen oder Studenten). Die übrigen gingen einer Teil- oder Vollzeitbeschäftigung nach. Die Väter hatten mit Ausnahme eines Studenten alle eine Vollzeitbeschäftigung.

Fragebogen

Die Kursleiter bekamen einen Fragebogen, in dem sie aufgefordert wurden, Namen von Eltern zu empfehlen. Diese Eltern sollten um Interviews oder eine schriftliche Fallbeschreibung gebeten werden. Wir baten sie um Namen von Eltern, die sie als »erfolgreich«, »weniger erfolgreich« und »besondere Familien« (alleinstehende Eltern, Pflegeeltern usw.) einstuften. Außerdem wurden die Kursleiter aufgefordert, irgendeinen entscheidenden Vorfall detailliert zu beschreiben, in dem sie die Familienkonferenz-Techniken mit Erfolg angewendet hätten, und einen solchen Vorfall, in denen sie einen Mißerfolg erlebt hätten. Von 1000 versandten Fragebogen erhielten wir 58 ausgefüllt zurück.

Dann wurde ein Fragebogen für die Eltern entwickelt, die uns von den Kursleitern genannt worden waren. Auch sie wurden aufgefordert, zwei entscheidene Vorfälle zu beschreiben (einen Erfolg und einen Mißerfolg) und ihre »mit der ›Familienkonferenz‹ im Zusammenhang stehende

Lieblingsgeschichte«. Von 129 verschickten Fragebogen erhielten wir 20 zurück.
Viele dieser bedeutsamen Vorfälle, von denen uns Kursleiter und Familienkonferenz-Absolventen berichteten, wurden im vorliegenden Buch verwendet.

Berichte

Da wir auch etwas allgemeiner hören wollten, wie sich die ›Familienkonferenz‹ generell auf Familien auswirkt, führten wir einen Wettbewerb durch, in dem sich die Betroffenen ausführlich äußern sollten. Der Titel ihrer Geschichte sollte sein: »Was die ›Familienkonferenz‹ in meiner Familie verändert hat«. Die besten Berichte sollten von einer Jury ausgewählt werden, die sich aus Mitarbeitern der ›Familienkonferenz‹ zusammensetzte. Sie sollten von so allgemeinem Interesse sein, daß sie in das neue Buch aufgenommen werden konnten. Wir erhielten insgesamt 34 Essays.

Tonbandaufzeichnungen

Kursleiter und Absolventen wurden aufgefordert, uns Tonbandaufzeichnungen von Dialogen zuzusenden, anhand derer zu erkennen sein sollte, welchen Gebrauch sie von den Familienkonferenz-Techniken in ihren Familien machten. Insgesamt erhielten wir 11.

Anekdotensammlung

Im Laufe der Jahre haben wir eine Sammlung schriftlicher Anekdoten und Berichte angelegt, die wir von Eltern und Kursleitern erhalten haben. Diese wurden zu den Berichten genommen, die aus den oben genannten Quellen stammten.

Inhaltsanalyse und Kodierung

Die Berichte, Erlebnisse und Beispiele wurden (mit Ausnahme der Tonbänder) einer Inhaltsanalyse unterzogen. Das stellte sich als langwie-

rige und schwierige Aufgabe heraus. Judy las jede Seite eines jeden Interviews und eines jeden Vorfalls, der in den Fragebogen beschrieben wurde, um *Themen*, *Gedanken* und *Probleme* auszumachen. Jeder einzelne dieser Abschnitte (oder Segmente) wurde entsprechend seinem besonderen Inhalt klassifiziert und dann einem Kode zugeordnet. Über 700 Themen, Gedanken und Probleme ergaben sich dabei. Diese wurden dann zu 133 Kategorien zusammengefaßt, die ihrerseits unter 19 Hauptthemen klassifiziert wurden. Sie hießen: Die Rolle des Elternteils, Gründe für die Teilnahme an der Familienkonferenz, die Kurserfahrung, Einstellungsänderungen, Grenzen der Familienkonferenz, aktives Zuhören, Ich-Botschaften, Methode III, Wertvorstellungen, Machtgebrauch, Kommunikationssperren usw. Eine Kartei der ursprünglichen 700 Themen, die wie oben beschrieben klassifiziert worden waren, ermöglichte uns, jeden besonderen Abschnitt in den Interviews und Berichten einzuordnen.
Wir sammelten weit mehr Daten, als wir überhaupt verwenden konnten. Es wäre ein zweites Buch erforderlich, wenn wir all das, was sich in dieser Studie ergab, angemessen darstellen wollten. Sicherlich war es keine Forschungsstudie im engeren wissenschaftlichen Sinn. Unsere Elternstichprobe war nicht anhand eines systematischen oder einer Zufallsmethode zusammengestellt worden. So hatten wir sehr verschiedene Eltern (aus 45 Gemeinden in vier Staaten) in der Stichprobe, die daher nicht repräsentativ sein kann. Außerdem liefert unsere Studie nur *Berichte* von Eltern über ihre Reaktion und Erfahrungen und nicht die Ergebnisse irgendwelcher Testverfahren.
Wir hatten uns jedoch nur ein bescheideneres Ziel gesetzt: wir wollten herausfinden, was die ›Familienkonferenz‹ *den Eltern* bedeutet hatte, welche Wirkung sie ihr auf ihr eigenes Leben und das ihrer Familien zuschreiben. Wir wollten ein Buch mit Fallbeschreibungen zusammenstellen und hoffen, daß andere Eltern daraus lernen können.

Weiterführende Literatur

Axline, Virginia M., Die wunderbare Entfaltung eines menschlichen Wesens. München: Scherz 1970.
Die bewegende Geschichte einer Therapie. Die Autorin, die zu den Pionieren der klientenzentrierten Spieltherapie gehört, führte die Therapie selbst durch. Der Akzent liegt auf aktivem Zuhören und der Sprache der Annahme.

Axline, Virginia M., Kinder-Spieltherapie im nicht-direktiven Verfahren. München: Ernst Reinhardt [4]1976.
Das erste Buch zur klientenzentrierten Therapie. Beispiel für den Gebrauch des aktiven Zuhörens. Grenzt die Anwendungsmöglichkeiten ein. Enthält eine Vielfalt von Fallbeschreibungen und aufgezeichneten Interviews. Die beschriebenen Techniken können von den Eltern selbst übernommen werden.

Bach, George R. und Goldberg, Herb, Keine Angst vor Aggression, Wege zur Selbstbefreiung. Düsseldorf: Diederichs [2]1975.
Beschäftigt sich mit unterdrückten und zum Ausbruch gebrachter Aggression. Enthält einige Übungen. Zeigt, wie sich unterdrückte Aggression konstruktiv und sogar kreativ aufspüren läßt.

Briggs, Dorothy C., Gib deinem Kind Selbstvertrauen. Müller Rüschlikon 1975.
Beschäftigt sich mit der Selbstachtung des Kindes. Erörtert ihre Bedeutung für die Gesundheit. Beschäftigt sich mit Genese und Möglichkeiten der Eltern, das Selbstwertgefühl des Kindes zu stärken. Frau Briggs war früher Kursleiterin und geht von den Begriffen und Methoden der ›Familienkonferenz‹ aus. Sie verbindet sie aber mit ihren eigenen sehr anregenden Gedanken zur Selbstbejahung, Liebe und Selbstachtung. Das Buch ist eine lebendige Ergänzung zur Methodologie und Theorie der ›Familienkonferenz‹.

Fromm, Erich, Die Kunst des Liebens. Frankfurt: Ullstein 1973 (Ullsteinbücher 258).
Ein klassisches Buch. Untersucht die Liebe zwischen Mann und Frau, Eltern und Kindern. Bezieht die Liebesfähigkeit auf die innere Kraft, die Selbstliebe und die Produktivität des einzelnen. Außerordentlich geeignet, den Eltern zu zeigen, welche Bedeutung dem Begriff »seine Kinder lieben« aus psychologischer Sicht zukommt.

Ginott, Haim G., Eltern und Kinder. Elternratgeber für eine verständnisvolle Erziehung. Hamburg: Rowohlt 1971 (rororo 6081).
Beredtes Zeugnis für die Bedeutung des Zuhörens. Behandelt insbesondere Probleme der Geschlechtererziehung, Eifersucht und ernster emotionaler Schwierigkeiten.

Gordon, Thomas, Familienkonferenz. Die Lösung von Konflikten zwischen Eltern und Kind. Hamburg: Hoffmann und Campe 1972.
Eine genaue Darlegung der Theorie. Darstellung der besonderen Techniken, die Eltern brauchen, um verantwortungsbewußte Kinder in einer glücklichen Familie großzuziehen. Viele Beispiele und Fallgeschichten erläutern die Methoden.

Holt, John, Chancen für unsere Schulversager. Freiburg: Lambertus-Verlag 1969.
Scharfsinnige Analyse eines Lehrers. Zeigt die Fehler von Lehrern und Unterricht, die zum Schulversagen führen. Dabei nimmt er auch Kinder mit scheinbar guten Leistungen nicht aus. Geht ein auf die Auswirkungen der Notengebung, zeigt wie die Schule Langeweile, Angst und Verwirrung produziert. Das Buch dürfte für Eltern und Lehrer eine sehr anregende Lektüre sein.

Maslow, Abraham H., Psychologie des Seins. Ein Entwurf. München: Kindler 1973.
Ausgezeichnete Darstellung einer positiven und optimistischen Psychologie. Geht davon aus, daß Menschen ein Bedürfnis haben, ihre Möglichkeiten zu entfalten und zu verwirklichen. Behauptet, daß ihnen das leichter fällt, wenn sie so, wie sie sind, akzeptiert werden.

Missildine, W. Hugh, In dir lebt das Kind das du warst. Vorschläge zur Bewältigung des Alltags. Stuttgart: Klett-Cotta 1976.

Zeigt, wie sich unterschiedliche elterliche Erziehungsstile auf die Persönlichkeit des Kindes und die späteren Bewältigungsmechanismen des Erwachsenen auswirken.

Neill, A. S., Das Prinzip Summerhill. Fragen und Antworten. Reinbek: Rowohlt 1971 (rororo 6690).
Bericht über eine Pionier-Schule in England, in der der Versuch unternommen worden ist, die Prinzipien der Demokratie und die Elemente einer therapeutischen Gemeinschaft auf ein Schulinstitut zu übertragen.
Neill, A. S., Theorie und Praxis der antiautoritären Erziehung. Reinbek: Rowohlt 1969 (rororo 6707).
Neill wendet seine Theorie in spezifischer Form auf die Erwachsenen-Kind-Beziehung an und weist auf den Unterschied zwischen Freiheit und übertriebener Nachgiebigkeit hin.

Rogers, Carl R., Die klientenzentrierte Gesprächstherapie. München: Kindler 1975.
Grundlagentext der klientenzentrierten Theorie. Behandelt Theorie, Praxis und empirische Grundlagen. Beschreibt die Anwendung auf Gruppen, Unterricht, Führungsrolle, Verwaltung und Spieltherapie.
Rogers, Carl R., Entwicklung der Persönlichkeit. Psychotherapie aus der Sicht eines Therapeuten. Stuttgart: Klett-Cotta 1976.
Größtenteils unveröffentlichte Aufsätze von Rogers, die Therapie, Erziehung, Selbst, geistige Gesundheit, Helferbeziehung und ähnliche Gegenstände behandeln. Nützlich für Eltern, denen es um ein umfassenderes Verständnis der klientenzentrierten Therapie und die Besonderheit von Rogers geht.

Russell, Bertrand, Ehe und Moral. Stuttgart: Kohlhammer 1951. Klassische Abhandlung der ökonomischen, religiösen und kulturellen Grundlagen der Familie. Zeigt, welch unterschiedliche Rollen Männer und Frauen in unterschiedlichen Gesellschaften bekleiden. Legt Zeugnis ab für den Wandel der Geschlechterrolle in der Familie. Sehr empfehlenswert für Eltern, die von unwandelbaren und absoluten Moralbegriffen überzeugt sind.

Satir, Virginia, Selbstwert und Kommunikation. Familientherapie für Berater und zur Selbsthilfe. München: J. Pfeiffer 1975.
Beschreibung der kodierten Interaktionen zwischenmenschlicher Kom-

munikation. Vorschläge und Übungen zur Befreiung von unnötigen Kommunikationsschranken.

Stone, Joseph u. Joseph Church, Kindheit und Jugend. Einführung in die Entwicklungspsychologie. Bd. 1 u. 2. München: dtv 1978.
Zeigt Eltern Wege, wie sie während der Adoleszenz Probleme vermeiden können. Eine große Hilfe vor allem für die Eltern, die mit ihren heranwachsenden Kindern Schwierigkeiten haben.